優越的地位濫用規制の基礎理論

―比較法研究を通じた体系的考察―

森平明彦［著］

成 文 堂

はしがき

　優越的地位の濫用規制においては、優越的地位にある事業者が取引の相手方に、自由かつ自主的な判断の阻害を及ぼすことをもって、公正な競争な阻害に係る市場の効果要件を満たすとされる。自由かつ自主的な判断の阻害は、取引の相手方が当該取引を必要とし、その取引に係る回避可能性がないにもかかわらず、自らにとり不利益となる要求を強要される結果により生ずる。この場合不利益行為に関する不当性の判断は、当該取引の給付と反対給付の関係を直接的関係で捉えて評価される。

　このような公正競争阻害性の認定手法は、市場の公正な競争秩序に対する影響を見ないものであり、独占禁止法の体系にとり異質であり、経済的な弊害の除去という専ら目的論的な要請に基づくものにすぎないと批判がされてきた。かかる批判に対し本研究は、優越的地位の濫用規制に係る需要競争と需要力の経済学的、法的分析と同規制の法学基礎論に依拠した法体系上の分析をもって、需要力濫用規制の「ある法」と「あるべき法」が独占禁止法において一致しているとの反論を試みるものである。そしてこのような反論を試みる立場から、比較法的にみて興味深い搾取濫用規制の新動向がドイツでみられる。

　2020年にドイツフェイスブック事件に係り連邦最高裁判所はソーシャルネットワーキングサービス（SNS）の利用者が、回避可能性がなく取引必要性の高いSNSの典型的な利用について、利用者の望まない給付（「オフ・フェイスブックデータ」を用いる「個人化された利用者経験」の提供）の利用を強要され、これに対しフェイスブックが反対給付の収益を増すならば、「本質的な競争のパラメーター」に関する阻害効果が認められるとの判断を示した。このような判旨が注目されるのは、搾取濫用規制でこれまで中心的に用いられた競争制限禁止法19条2項2号でなく、比較的未開拓の領域である同条1項の一般条項が適用された事例であること、この取引の強要行為に対し、データ主体の「自由かつ自主的な判断の阻害」（EUデータ保護規則から導かれた。）

という民事法原則から不当性が導かれている点で、優越的地位濫用規制と類似性がみられること、さらにデータ主体が提供する個人データという「対価」の反対給付としてフェイスブックが得る利得が取引当事者間の一対一の直接的関係で比較され、この点も日本法と類似があること、このような点から一般的に搾取濫用の規制とされる領域において、日本法の先駆的な試みが評価されるからである（邦文引用文献略語表の拙稿・セオリーオブハームを参照）。以上の視点から、本研究では、優越的地位の濫用規制の立法化に際し当時の公正取引委員会の担当者の果たした業績と、同規制の理論的解明に貢献した正田彬教授の業績を評価するものとなった。

　拙い研究成果であるが、これまでご指導を頂いた諸先生の研究成果に多くを負っている。特に、大学院おける菊地元一先生のご指導、東京経済法研究会に加えていただいた正田彬先生、同研究会での舟田正之先生のご指導、経済法判例研究会での金井貴嗣先生のご指導に感謝申し上げます。

　本研究がこのような形で公になることができたのは、成文堂の阿部成一社長と飯村晃弘編集長のご厚情によるものであり、感謝申し上げます。

2024 年夏　　森平 明彦

iii

目　　次

はしがき　　i

欧文引用文献略語表　　vi

邦文引用文献略語表　　xv

序　説………………………………………………………………………… 1

第1章　需要力の本質論………………………………………………… 3

Ⅰ．需要力の経済学；需要力、市場力及び交渉力………………………… 3

　　1．買い手独占モデルと買い手寡占モデル　　3

　　2．需要力と交渉力提示の条件　　5

　　3．交渉力行使による厚生への影響とその評価　　13

Ⅱ．外部選択理論による交渉力概念の基礎付け

　　（ブリュッセル／フィレンツェ報告書)………………………………… 18

　　1．競争制限と異なる市場力の把握──交渉力のアンバランス問題　　20

　　2．「交渉に基づく合意よりも好都合な代替的取引先」の指標　　21

　　3．取引費用経済学に基づく交渉力理論の問題点　　34

Ⅲ．不公正取引慣行の経済学──競争とコンフリクトの融合的理解…… 42

　　1．抗争交換理論による不完備契約論（ボウルズ）　　42

　　2．内生的強制と内生的選好による交渉力理論の検討　　53

Ⅳ．需要力の法的分析（ドイツ)…………………………………………… 69

　　1．市場力としての需要力　　69

　　2．取引相手に対する相対力(Partnermacht)としての需要力(アルント)　　69

　　3．メストメッカーの需要力概念──「流通における販売経路の支配」　　72

　　4．「供給者に対して自己の利益を追求する需要者の力」（ケーラー）　　75

第2章　需要競争の本質論………………………………………………… 83

Ⅰ．ドイツにおける需要競争をめぐる学説と判例の状況………………… 83

　　1．より有利な取引条件の獲得と需要競争　　83

iv　　目　次

　　　　2．供給者の需要者に対する回避可能性と需要競争の本質論（ケーラー理論）
　　　　　94

　　　　3．カルテル法判例における需要競争の本質論　　105

　　Ⅱ．日本における需要競争の本質論……………………………………………113

　　　　1．個別的な競争の機能と市場における競争の機能（今村説）　　113

　　　　2．需要競争及び購買力に関する和田理論　　114

第3章　需要力濫用規制の体系構成……………………………………………117

　　Ⅰ．法学基礎論としての法の体系構成…………………………………………117

　　Ⅱ．法律学における概念形成と体系形成（ラーレンツ／カナリス）………120

　　　　1．法律学的な体系形成の課題と可能性　　120

　　　　2．学問的法律学の課題——法秩序の機能と価値決定の正当化・統一化
　　　　　121

　　　　3．法の外的体系：法技術的概念　　122

　　　　4．類型、類型系列及び類型形成　　122

　　　　5．普遍的法原則の秩序としての内的体系　　126

　　　　6．法律学的体系の構成要因（まとめ）　　129

　　Ⅲ．英国における綱領審判官制——類型形成による体系構成……………130

　　　　1．市場調査の制度による類型形成と普遍的法原則の導出　　130

　　　　2．英国競争委員会による市場調査制度（競争法の補完機能）　　131

　　　　3．綱領審判官制の法理論的な検討　　137

　　Ⅳ．ケーラー提案における普遍的法原則と類型「指導像」の整序……145

　　　　1．ケーラーによる行動綱領提案に至る背景事情　　145

　　　　2．不公正取引慣行規制としての行動綱領案　　146

　　　　3．ケーラー提案の検討　　153

　　Ⅴ．GWBにおける需要力濫用規制の体系的位置付け…………………174

　　　　1．ドイツ需要力濫用規制の展開——歴史と理論的展開　　175

　　　　2．市場支配的事業者の濫用監視（GWB18/19条）と需要力濫用規制　　191

　　　　3．市場構造を指向した市場支配的地位の濫用監視
　　　　　——その捉え方の諸相　　199

　　　　4．市場構造志向論に対する批判　　204

　　　　5．GWBにおける需要力濫用規制の体系的位置付け（まとめ）　　221

目 次　v

Ⅵ．独占禁止法における優越的地位濫用規制の体系構成·················· 222

　　1．独占禁止法の普遍的法原則と体系構成　222

　　2．原始独占禁止法における不公正な競争方法の制定　235

　　3．昭和28年改正による優越的地位濫用規制の導入　236

　　4．独占禁止法の需要力濫用規制に係る類型形成の意義（比較法的考察）
　　　　246

　　5．昭和57年の一般指定の改正　259

　　6．改正法2条9項5号の類型形成——民事法規律との連続性　261

　　7．優越的地位の濫用規制における類型の「指導像」と法的構造類型の達成
　　　　264

第4章　比較法的検討に基づく日本法への示唆····························· 271

　　1．需要競争の本質論　271

　　2．需要力濫用規制の本質論　277

　　3．需要力濫用規制の「ある法」と「あるべき法」　286

　事項索引　291

欧文引用文献略語表

Arundt, Macht　　Helmut Arundt, Macht und Wettbewerb, in Cox, Jens, Markert (hrsg), Handbuch des Wettbewerbs Vahlen, 1981)

Ayres & Nalebuff, Negotiation　　Ian Ayres & Barry J. Nalebuff, Common Knowledge as a Barrier to Negotiation, 44 UCLA L. Rev.(1997) 1631

BMWi　　Wettbewerbsverzerrungeb-Beispielkatalog des BMWi, WRP 1975, 24

Bontrup, Problem　　H.J. Bontrup, Unternehmarische Nachfragemacht—ein zunehmendes Problem, WRP 2/2006, 225

Bontrup & Marquardt, Nachfragemacht　　Heinz-J. Bontrup & Ralf-M. Marquardt, Nachfragemacht in Deutschland-Ursachen, Auswirkun und wirtschaftspolitische Handlungsoptionen（MV- Verlag, 2008)

Bornkamm, Verhaltenskodizes　　Bornkamm, Verhaltenskodizes und Kartellverbot-Gibt es eine Renaissance der Wettbewerbsregeln? In Festschrift Canenbley, Kartellrecht in Theorie und Praxis（Beck, 2012) 67

Bowles, Microeconomics　　Samuel Bowles, Microeconomics：Behavior, Institutions, and Evolution（2004, Princeton)

Bowles, & Gintis, Contested exchange　　Bowles, & Gintis, Contested exchange：New Microfoundations for the Political Economy of Capitalism. Politics and Society, Vol. 18 No. 2（1990), 165

Bowles & Gintis, Power　　Bowles & Gintis, Power and Wealth in a Competitive Capitalist Economy, Philosophy & Public Affairs, Vol. 21, No. 4（1992), 324

Bowles & Gintis, competitive exchange　　Bowles and Gintis, Power in competitive exchange, in S. Bowles, M. Franzini and U. Pagano（eds), The Politics and Economics of Power（1993, Routledge)

Bunte, WM　　Hermann-Josef Bunte, Zur kartellrechtlichen Mißbrauchsaufsicht über Konditionen, WM 1985, 1217

Bunte, 14 Aufl.　　Bunte, Deutsches Kartellrecht：Band 1, 14 Aufl.(Leuchterhand, 2022)

Bunte Hochzeitsrabatte Ⅱ　　Bunte, Zum Missbrauch einer marktbeherrschenden Stellung durch Aufforderung zur Gewährung ungerechtfertigter Vorteile(" Hochzeitsrabatte Ⅱ"), EWiR 2017, 157.

Bunte, Kartellrecht, 2 Aufl.　　Bunte, Kartellrecht, 2 Aufl.(Beck, 2008)

Burmann, Unlauterkeit　　H. Burmann, Marktbezogene Unlauterkeit als eigenständiger Tatbestand, WRP 1967, 385,

Canaris, Systemdenken　　Canaris, Systemdenken und Systembegriff in der Jurisprudenz. Entwickelt am Beispiel des deutschen Privatrechts（Duncker, 1983)

欧文引用文献略語表　vii

Coleman & Grenfell, Act　　Martin Coleman & Michael Grenfell, The Competition Act
　　1998：Law and Practice（Oxford University Press, 1999）
Cunningham, Trading　　James P. Cunningham, The Fair Trading Act 1973（Sweet &
　　Maxwell, 1974
Dageförde, Diskriminierungsverbot　　Heinrich Dageförde, Die Nachfragemacht des
　　Handels und das Diskriminierungsverbot（1978, Georg-August-Universität zu Göt-
　　tingen）
Dobson, Buyer-Driven　　Paul W. Dobson, Buyer-Driven Vertical Restraints；in Swed-
　　ish Competition Authority, The Pros and Cons of Vertical Restraints（Stockholm,
　　Nov. 2008）.（The Swedish Competition Authority の HP より入手）.
Dobson Consulting, Buyer Power　　Dobson Consulting, Buyer Power and its Impact on
　　Competition in the Food Retail Distribution Sector of the European Union, Final
　　Report, Prepared for the European Commission-DGIV Study Contract No.IV/98/
　　ETD/078.
Dreher 10 Aufl.　　Dreher & Kulka, Wettbewerbs-und Kartellrecht, 10 Aufl.（C.F.
　　Müller. 2018）
Eisenkopf, Mehr　　Eisenkopf, Mehr Wettbewerb durch 6. GWB-Novelle?, Wirtschafts-
　　dienst 1998/X 626
Ekey［et al.］, 2 Aufl.　　Ekey［et al.］, Heidelberger Kommentar zum Wettbewerbsrecht,,
　　2 Aufl.（C.F. Müller, 2005）
Emmerich, Unlauterer, 10 Aufl.　　Volker Emmerich, Unlauterer Wettbewerb, 10 Aufl.
　　（Beck, 2016）
Exner, Missbrauch　　Exner, Der Missbrauch von Nachfragemacht durch das Fordern
　　von Sonderleistungen nach deutschem Recht（Florentz, 1984）
Fikentscher, Verhältnis　　Fikentscher, Das Verhältnis von Kartellrecht und Recht des
　　unlauteren Wettbewerbs, GRUR Aus., 1966, 181
Gayk, Hochzeitsrabattverfahren　　Gayk, Das Hochzeitsrabattverfahren Neuorien-
　　tierung und Klarstellungen zum Anzapfverbot, WuW 2019, 245
Gemeinsame Erklärung 1975　　Gemeinsamen Erklärung der Spitzenorganisationen der
　　gewerblichen Wirtschaft zur Sicherung des Leistungswettbewerbs, WRP 1975,
　　594.
Gemeinsame Erklärung 1984　　Sicherung des Leistungswettbewerbs, Gemeinsame.
　　Erklärung von Organisationen der gewerbelichen Wirtschft, in WuW 1984, S. 712.
Göckler, Angstfaktor　　Till Göckler, Angstfaktor und unlautere Handelspraktiken
　　（Mohr Siebeck, 2017）
G/N, UWG, 2 Aufl.　　Götting/Nordemann, UWG, 2 Aufl.,（Nomos, 2013）
G/L 5. Aufl.　　Gloy/Loschelder, Handbuch des Wettbewerbsrechts, 5. Aufl.,（Beck,
　　2019）

viii 欧文引用文献略語表

H/H, UWG, 5. Aufl. Harte-Bavendamm/Henning-Bodewig, Gesetz gegen den unlauteren Wettbewerb：UWG, 5. Aufl.,(Beck, 2021)

Hefermehl, Lauterkeitsschutzes Wolfgang Hefermehl, Grenzen des Lauterkeitsschutzes, GRUR/In.(1983), 507

Hayek, Discovery F.A. Hayek, Competition as a Discovery Procedure；in New Studies in Philosophy, Politics, Economics and the History of Ideas.(Routledge, 1978)

Hetmank, Lauterkeitsrecht S. Hetmank："Wettbewerbsfunktionales Verständnis" im Lauterkeitsrecht, GRUR 2014, 437

I/M, 1 Aufl. Immenga/Mestmäcker, GWB, 1. Aufl.(Beck, 1981)

I/M, 2 Aufl. Immenga/Mestmäcker, GWB, 2. Aufl.(Beck, 1992)

I/M, 3 Aufl. Immenga/Mestmäcker, GWB, 3. Aufl.(Beck, 2001)

I/M, 5 Aufl. Immenga/Mestmäcker, GWB, 5. Aufl.(Beck, 2014)

I/M, 6 Aufl. Immenga/Mestmäcker, GWB, 6. Aufl.(Beck, 2020)

Inderst & Mazzarotto, Power Roman Inderst & Nicola Mazzarotto, Buyer Power in Distribution；in W. Collins, ed. Issues In Competition Law and Policy（ABA Press, 2008）, 1953

Inderst & Wey, Wettbewerbsanalyse Roman Inderst & Christian Wey, Die Wettbewerbsanalyse von Nachfragemacht aus verhandlungstheoretischer Sicht, Perspektiven der Wireschaftspolitik（2008）465

Jung/Krebs, Vertragsverhandlung Stefanie Jung, Peter Krebs Die Vertragsverhandlung（Springer, 2016）

Kantzenbach, Funktionsfähigkeit Erhard Kantzenbach, Die Funktionsfähigkeit des Wettbewerbs, Aufl 2（Vandenhoeck & Ruprecht, 1967）

Kartte Leistungswettbewerbs Wolfgang Kartte, Der Schutz des Leistungswettbewerbs im Kartellrecht, 1976 WRP, 1.

Kirkwood, Buyer Power J.B. Kirkwood, Buyer Power and Exclusionary Conduct：Should Brook Groop Set the Standards for Buyer-Induced PriceDiscrimination and Predatory Bidding, 72 Antitrst L.J. 625（2005）.

Knöpfle, marktbezogene Robert Knöpfle, Die marktbezogene Unlauterkeit（Mohr, 1983）

Köhler, Nachfrager Helmut Köhler, Wettbewerbsbeschränkungen durch Nachfrager（Münchener Universitätsschriften Bd. 37；Habilitationsschrift）（Beck, 1977）

Köhler, Nachfragemacht Köhler, Die Wettbewerbs- und kartellrechtliche Kontrolle der Nachfragemacht（Verlagsgesellschaft Recht u. Wirtschaft, 1979）.

Köhler, Marktbeherrschung Köhler, Nachfragewettbewerb und Marktbeherrschung（Mohr, 1986）

Köhler, Missbrauch Köhler, Der Missbrauchs der Nachfragemacht in Uwe Blauurock（Hrag.）, Institution und Grundfragen des wettbewerbsrechts（Alfred Metzner

Verlag, 1988）

Köhler, Verbot　　Köhler, Das Verbot der "Veranlassung" zur Diskriminierung-Resignation oder Reform? BB 1998, 113.

Köhler, Auslegung　　Köhler, Zur Auslegung, Anwendung und Reform des §20 Abs. 3 GWB, in：Keller,（Hrsg.）, Festschrift für Winfried Tilmann（Heymann, 2003）693

Köhler, Konkurrenz　　Köhler, Zur Konkurrenz lauterkeitsrechtlicher und kartellrechtlicher Normen, WRP 2005, 645

Köhler, Kontrolle　　Köhler, Zur Kontrolle der Nachfragemacht nach dem neuen GWB und dem neuen UWG, WRP. 2006, 139.

Köhler, Rechtsgutachten　　Nachfragemacht und unlautere Handelspraktiken im Lebensmitteleinzelhandel, Rechtsgutachten erstellt im Auftrag der Oxfam Deutschland e.V. durch Prof. Dr. Helmut Köhler（2013/06/14）（Oxfam Deutschland の HP より入手）

Köhler/Bornkamm, 35 Aufl.　　Köhler/Bornkamm, Gesetz gegen den unlauteren Wettbewerb, 35 Aufl.（Beck, 2017）

K/B/F, UWG, 41 Aufl.　　Köhler/Bornkamm/Feddersen, Gesetz gegen den unlauteren Wettbewerb：UWG, 41 Aufl.（Beck, 2022）

Koenigs, Wettbewerbsregeln　　Koenigs, Das Gesetz gegen Wettbewerbsbeschränkungen und das Recht des unlauteren Wettbewerbs unter besonderer Berücksichtigung der Wettbewerbsregeln, GRUR, 1958, 589

Koppensteiner, Marktbezogene　　Hans-Georg Koppensteiner, Marktbezogene Unlauterkeit und Missbrauch von Marktmacat, WRP 2007, 475

Larenz, 4 Aufl　　Karl Larenz Methodenlehre der Rechtswissenschaft, 4 Aufl（Springer, 1979）

Larenz/Canaris　　Larenz/Canaris, Methodenlehre der Rechtswissenschaft, 3 Aufl.（Springer-Lehrbuch, 1999）

L/B 9 Aufl.　　Langen/Bunte, Kartellrecht, 9 Aufl.（Leuchterhand, 2001）

L/B 12 Aufl.　　Langen/Bunte, Kartellrecht, 12 Aufl（Leuchterhand, 2014）

L/B 13 Aufl.　　Langen/Bunte, Kartellrecht, 13 Aufl（Leuchterhand, 2018）

L/N/R/S, Kartellgesetz　　Langen/Niederleithinger/Ritter/Schmidt, Kommentar zum Kartellgesetz, 6th. Aufl.（Luchterhand, 1982）

Lettl, Anwendung（Teil Ⅰ）　　Tobias Lettl, Zur Anwendung von §19 Abs. 2 Nr. 5 GWB（ggf. i.V.m. §20 Abs. 2 GWB）insbesondere auf Preisverhandlungen zwischen marktmächtigen Unternehmen und Lieferanten, 2016 WRP（Teil 1）800

Lettl, Anwendung（Teil Ⅱ）　　Lettl, Zur Anwendung von §19 Abs. 2 Nr. 5 GWB（ggf. i.V.m. §20 Abs. 2 GWB）insbesondere auf Preisverhandlungen zwischen marktmächtigen Unternehmen und Lieferanten, 2016 WRP（Teil Ⅱ）935

Lettl, Anzapfverbot　　Lettl, Das sog. Anzapfverbot des §19 Abs. 2 Nr. 5 GWB in seiner neuen Fassung, 2017 WRP 641

L/M/R/K/M-L, 4. Aufl.　Loewenheim/Meessen/Riesenkampff/Kersting/Meyer-Lndemann, Kartellrecht, 4. Aufl.(Beck, 2020)

Lux, Tatbestand　Jochen Lux, Der Tatbestand der allgemeinen Marktbehinderung（Mohr Siebrek, 2006）

Markert, Mißbrauchsaufsicht　Kurt Markert, Mißbrauchsaufsicht nach §§22, 26 Abs. 2 GWB Schwerpunkte des Kartellrechts 1976/77, 27

Mestmäcker, Verpflichtet　E-J. Mestmäcker, Verpflichtet §22 die Kartellbehörde, marktbeherrschenden Unternehmen ein Verhalten aufzuerlegen, als ob Wettbewerb bestünde?, DB（1968）, 1800

Mestmäcker, Mißbrauch　Mestmäcker, Mißbrauch der Nachfragemacht und Möglichkeiten ihrer kartellrechtlichen Kontroll, *in* Schwerpunkt des Kartellrecht 1976/77（Carl Heymanns, 1978）, 15

Mestmäcker, verwaltete　Mestmäcker, Die verwaltete Wttbewerb (J.C.B. Mohr, 1984)

Mischitz, Einkaufskooperation　Tobias Mischitz, Die Bedeutung von Nachfragemacht für die Beurteilung von Einkaufskooperation im KG-Kartellrecht（Peter Lang, 2008）

Möschel, Oligopolmissbrauch　Möschel, Der Oligopolmissbrauch im Recht der Wettbewerbsbeschränkungen,（1974）

Möschel, Pressekonzentration　Möschel, Pressekonzentration und Wettbewerbsgesetz（Mohr Siebec, 1978）

Möschel, Recht　Möschel, Recht der Wettbewerbsbeschränkungen（Heymann 1979）

Münchener 2 Aufl.　Münchener Kommentar Europäisches und Deutsches Wettbewerbsrecht, Bd2, 2. Auf.(Beck, 2015)

Murach, Anzapfverbot　Lisa Murach, Anzapfverbot, in Kersting/Podszun, Die 9. GWB-Novelle（Beck, 2017）

OECD, DEFFE/CLP（99）21　OECD, Buying Power of Multiproduct Retailers [DEFFE/CLP（99）21]

O/S, UWG, 7 Aufl.　Ansgar Ohly/Olaf Sosnitza, UWG, 7 Aufl.(Beck, 2016)

Palatzke, Nachfragemacht　Anja Palatzke, Nachfragemacht im Kartellrecht-Bewährungsprobe für den More Economic Approch（2012, Peter Lang）

Pichler, Verhältnis　Philipp D. Pichler, Verhältnis von Kartell- und Lauterkeitsrecht,（Nomos, 2009）

Säcker, Forderung　Jochen Mohr/Franz Jürgen Säcker, Forderung und Durchsetzung ungerechtfertigter Vorteile. Eine Analyse des §20 Abs. 3 GWB. WRP 2010, 1

Sambuc, Monopolisierung　Thomas Sambuc, Monopolisierung als UWG-Tatbestand, GRUR 1981, 796

Schluep, Wettbewerbsverfälschung　　Walter Schluep, Über den Begriff der Wettbe-
werbsverfälschung, in Festgabe für Max Kummer（Stampfli, 1980）S. 490

Schwartz, Allgemeininteresse　　G. Schwartz, Verfolgung unlauteren Wettbewerbs im
Allgemeininteresse, GRUR 1967, 333

Schünemann,"Unlauterkeit"　　W.B. Schünemann,"Unlauterkeit" in den Generalklauseln
und Interessenabwägung nach neuen UWG, WRP 2004, 925

Stigler, Information　　George J. Stigler, The Economics of Information, The Journal of
Political Economy, Vol. 69, No 3（1961）

Sosnitza, Wettbewerbsbeschränkungen　　Olaf Sosnitza, Wettbewerbsbeschränkungen
durch die Rechtsprechung,（Nomos, 1995）

Stollowsky, Nachfragemacht　　Florian Stollowsky, Nachfragemacht im Lebensmittel-
handel（IGEL Verlag, 2009）

Thomas, Nachfragemacht　　Stefan Thomas, Nachfragemacht im Kartellrecht, ZWeR
2015, 210

Tilmann, Verhältnis　　Winfried Tilmann, Über das Verhältnis von GWB und UWG,
1979 GRUR 825

Ulmer, Anwendung　　Peter Ulmer, Die Anwendung von Wettbewerbs- und Kartell-
recht auf die wirtschaftliche Tätigkeit der öffentlichen Hand beim Angebot von
Waren oder Dienstleistungen, ZHR 146（1982）466

Ulmer,"Leistungswettbewerb"　　Peter Ulmer, Der Bgriff "Leistungswettbewerb" und
seine Bedeutung für die anwendug von GWB und UWG-Tatbeständen, GRUR
1977, 565

Ulmer, Mehr　　Peter Ulmer, Mehr Wettbewerb? WuW, 1978, 330

Ulmer, Nachfragemacht　　Peter Ulmer, Kartellrechtliche Unterschiede von Angebots-
und Nachfragemacht, in Wettbewerbsbeziehungen zwischen Industrie und Han-
del. Referate des XV. FIW-Symposiums.（Heymann, 1982）, 33

Ulmer, Schranken　　Peter Ulmer, Schranken zulässigen Wettbewerbs marktbe-
herrschender Unternehmen（Nomos, 1977）

Wanderwitz, Missbrauch　　Maximilian Wanderwitz, Der Missbrauch von Nachfrage-
macht nach § 20 Ⅲ GWB（Carl Heymanns, 2013）

Whish, Competition Law　　Richard Bailey & David Bailey, Competition Law, 8th, ed.
（Oxford, 2015）

Wiedemann, Handbuch 3 Aufl.　　Gerhard Wiedemann, Handbuch des Kartellrechts, 3
Aufl.（Beck, 2016）

Wilde, Wettbewerbsverzerrungen　　Olga Wilde, Wettbewerbsverzerrungen und Wett-
bewerbsbeschränkungen durch Nachfragermacht.（Haufe, 1979）

Williamson, Economic Institutions　　Oliver. E. Williamson, The Economic Institutions of
Capitalism：Firms Markets, Relational Contracting.（The Free Press, 1985）

xii 欧文引用文献略語表

Williamson, Contested　　Williamson, Contested Exchange versus the Governance of
　　Contractual Relations, Journal of Economic Perspectives, Vol. 7, No. 1 (1993) 103
Wolf, Vergleich　　D. Wolf, Das Recht gegen Wettbewerbsbeschränkungen (GWB) und
　　das Recht gegen unlauteren. Wettbewerb (UWG)-ein Vergleich, WRP 1995, 543

EU 関連

2005/29/EC　　Directive 2005/29/EC of the European Parliament and of the Council of
　　11.05.2005 concerning unfair business-to-consumer commercial practices in the
　　internal market and amending Council Directive 84/450/EEC, Directives 97/7/
　　EC, 98/27/EC and 2002/65/EC of the European Parliament and of the Council and
　　Regulation (EC) No 2006/2004 of the European Parliament and of the Council
　　[2005] OJ L149, 22
Richtlinie 93/13/EWG　　Richtlinie 93/13/EWG des Rates vom 5.4.1993 über
　　mißbräuchliche Klauseln in Verbraucherverträgen, OJ L 95 (21.4.1993)
Verordnung (EG) Nr. 1/2003　　Verordnung (EG) Nr. 1/2003 des Rates vom 16. Dezem-
　　ber 2002 zur Durchführung der in den Artikeln 81 und 82 des Vertrags niederge-
　　legten Wettbewerbsregeln, OJ L 1, 2
CEPS Making　　Centre for European Policy Studies(CEPS), Making antitrust damages
　　actions more effective in the EU：welfare impact and potential scenarios FINAL
　　REPORT Done in Brussels, Rome and Rotterdam(21 Dec. 2007).(http://ec.europa.
　　eu/competition/の HP より入手)
COM (2013) 37 final Green Paper　　COM (2013) 37 final Green Paper on Unfair trad-
　　ing practices in the business-to-business food and non-food supply chain in
　　Europe (EUR-Lex の HP より入手)
2009/C 45/02　　Erläuterungen zu den Prioritäten der Kommission bei der Anwendung
　　von Artikel 82 des EG-Vertrags auf Fälle von Behinderungsmissbrauch durch
　　marktbeherrschende Unternehmen, ABl. 2009 C45/7 (2009/C 45/02)
Commission, COMMUNICATION2014　　From the Commission to the European Parlia-
　　ment, the Council, the European Economic and Social Committee and the Commit-
　　tee of the Regions,"Tackling unfair trading practices in the business-to-business
　　food supply chain" (Strasbourg, 15.7.2014), COM (2014) 472final (www.europarl.
　　europa.eu の HP より入手)
COM (2016) 32 final　　Report from the Commission to the European Parliament and
　　the Council, on unfair business-to-business trading practices in the food supply
　　chain, 29.1.2016, COM (2016) 32 final
Legal Framework　　Study on the Legal Framework Covering Business-to-Business
　　Unfair Trading Practices in the Retail Supply Chain, Final Report (26 Feb. 2014)
　　(DG MARKET/2012/049/E)

欧文引用文献略語表　　xiii

Directive（EU）2019/633　　Directive（EU）2019/633 of the European Parliament and of the Council of 17 April 2019 on unfair trading practices in business-to-business relationships in the agricultural and food supply chain.

英国競争法関連

CC, Supermarkets 2000　　Competition Commission, Supermarkets : a report on the supply of groceries from multiple stores in the United Kingdom（Oct.2000）（The National Archives のHP より//webarchive.nationalarchives.gov.uk/の頁から入手）

CC. investigation 2008　　Competition Commission, The Supply of Groceries in the UK market investigation（April, 2008）（https://www.ias.org.uk/uploads/pdf/Price%20 docs/538.pdf から入手）

CC, Order 2009　　Competition Commission, The Groceries（Supply Chain Practices） Market. Investigation Order 2009（www.gov.uk/のHP より入手）

OFT Investigation　　OFT, Market Investigation references Guidance（Feb. 2006）

ドイツ独占委員会関連

Sondergutachten 1　　Monopolkommission, Sondergutachten 1, Anwendung und Möglichkeiten der Missbrauchsaufsicht über marktbeherrschende Unternehmen seit Inkrafttreten der Kartellgesetznovelle, 2. Aufl（Nomos, 1977）

Sondergutachten 7　　Monopolkommission, Mißbräuche der Nachfragemacht und Möglichkeiten zu ihrer Kontrolle im Rahmen des Gesetzes gegen Wettbewerbsbeschränkungen, Sondergutachten 7（1977）

Hauptgutachten 19　　Neunzehntes Hauptgutachten der Monopolkommission gemäß § 44 Abs. 1. Satz 1 GWB, Stärkung des wttbewerbs bei Handel und Dienstleistungen（2012）

Sondergutachten 47　　Monopolkommission, Sondergutachten 47 : Preiskontrollen in Energiewirtschaft und Handel? Zur Novellierung des GWB（2007）

連邦議会、連邦カルテル庁関連

Ausschuss für Wirtschaft und Technologie 2012　　Deutscher Bundestag Protokoll Nr.17/74 17.Wahlperiode Ausschuss für Wirtschaft und Technologie Wortprotokoll 74.Sitzung Berlin, den 27.06.2012, Sitzungsort : Paul-Löbe-Haus, 10557 Berlin, Konrad-Adenauer-Str. 1, Sitzungssaal : 2600

BkartA, Nachfragemacht　　Bundeskartellamt, Nachfragemacht in Kartellrecht—Stand und Perspektiven, Tagung des Arbeitskreises Kartellrecht am 18.9.2008

Wettbewerbsregeln 1976　　Markenverband, Eintragung von Wettbewerbsregeln gegen Mißbrauch von Marktmacht auf anderen Wirtschaftsstufen, Beschluß des BKartA vom 10.5.1976, in : WuW/E BKartA 1633ff., WuW 1977, S. 45.

邦文引用文献略語表

厚谷・経済法　　厚谷襄児『経済法』（放送大学、2004）

石井幸一・獨占禁止法　　石井幸一『獨占禁止法の解釈と実例』（一橋書房、1955）

石井・獨占禁止法　　石井良三『獨占禁止法　附　經濟力集中排除法』（海口書店、昭22）

石倉・市場　　石倉雅男「市場と経済的権力：ボウルズとギンタスの「抗争交換」モデルを中心として」一橋論叢121巻6号40頁（786頁）（1999）

石倉・再考　　石倉「市場と経済的権力再考：政治経済学アプローチの『構成的』性格をめぐって」『経済理論学会年報』（経済理論学会）40巻所収107頁（2003）

伊藤・類型論　　伊藤剛『ラーレンツの類型論』（信山社、2001）

今村・独占禁止法　　今村成和『独占禁止法』（有斐閣、1956）

今村・研究　　今村成和『私的獨占禁止法の研究』（有斐閣、昭31）

今村・独占禁止法〔新版〕　　今村成和『独占禁止法〔新版〕』（有斐閣、昭53）

今村・入門〔4版〕　　今村成和『独占禁止法入門〔4版〕』（有斐閣、1993）

今村他・注解　　今村／丹宗／実方／厚谷『注解経済法〔上〕』（青林書院、昭60）

内田他・共通欧州売買法　　内田貴（監訳）・石川博康・石田京子・大澤彩・角田美穂子『共通欧州売買法（草案）―共通欧州売買法に関する欧州議会および欧州理事会規則のための提案』別冊NBL No.140（商事法務、2012）

上杉・攻撃的取引行為　　上杉めぐみ「ヨーロッパでの攻撃的取引行為への規制―EU指令とイギリス法を中心に―」愛知大学法学部法経論集207号（2016）1頁

越知・課題　　越知保見「流通激変の環境下における優越的地位の濫用規制の新たな課題」別冊公正取引No.1（2011）22頁

カナリス・体系　　クラウス―ウィルヘルム・カナリス著・木村代表訳『法律学における体系思考と体系概念―価値判断法学とトピク法学の懸け橋』（慶応義塾大学法学研究会、平8）

金井・競争秩序と法　　金井貴嗣「現代における競争秩序と法」『現代経済法講座1　現代経済社会と法』（三省堂、1990）134頁

金井他・独占禁止法〔6版〕　　金井／川濱／泉水編著『独占禁止法〔6版〕』（弘文堂、2018）

金子・権力の源泉　　金子裕一郎「権力の源泉と関心の対立：経済的権力再考」季刊経済理論42巻3号（2005）53頁

金子・抗争交換論　　金子「抗争交換論における契約について―不完備性と古典性」一橋論叢134巻6号（2005）1098頁

川濱・セブン　　川濱昇「セブン-イレブン・ジャパン優越的地位の濫用事件」ジュリスト1398号（2010）288頁

川濱他・経済法5版　　川濱他『ベーシック経済法（5版）』（有斐閣、2020）

岸井・業績競争　　岸井大太郎「ドイツ競争法における『業績競争(Leistungswettbewerb)』

理論［2］」法學志林 83 巻 4 号（1986）61 頁

岸井他・経済法 9 版　　岸井他『経済法（9 版）』（有斐閣、2020）

川村・経済的権力　　川村哲也「経済的権力について」商経論叢 42 巻 1 号 9 頁（2006）

クーター／ユーレン・法と経済学　　ロバート・D・クーター／トーマス・S・ユーレン著
太田勝造訳『［新版］法と経済学』（商事法務、平成 9 年）

栗田・独禁法　　栗田誠『独禁法そぞろある記』（風行社、2022）

桑岡・民法学　　桑岡和久「民法学の歩み」、法時 86 巻 8 号（2014）113 頁

柴田・ボイコット　　柴田潤子「ドイツ競争制限防止法におけるボイコットの規制—26 条
1 項を手掛かりとして」上智法学論集 41 巻 4 号（1998）203 頁

柴田・トイザらス　　柴田潤子「日本トイザらス株式会社に対する審決について」公正取
引 779 号（2015）63 頁

柴田・Facebook　　柴田潤子「ドイツ『Facebook ケース』最高裁決定について」Next-
com、Vol44、34 頁（2020）

正田・独占禁止法　　正田彬『独占禁止法 新コンメンタール』（日本評論社、昭 49）

正田・講義　　正田彬『経済法講義』（日本評論社、1999）

正田・全訂 I　　正田彬『全訂独占禁止法 I』（日本評論社、1980）

清水・堀内・インセンティブ　　清水克俊・堀内昭義著『インセンティブの経済学』（2003、
有斐閣）

商工省企画室・解説　　商工省企画室『獨占禁止法の解説』（時事通信社、1947）

白石・講義 10 版　　独禁法講義［10 版］（有斐閣、令 5）34 頁

新・不公正な取引方法　　金子／実方／根岸／舟田『新・不公正な取引方法』（青林、1983）

鈴木・新下請法　　鈴木満『新下請法マニュアル改訂版』（商事法務、2009）

杉浦・第 4 次改正　　杉浦市郎「西ドイツ競争制限禁止法における差別禁止規定について」
愛知大法経論集 108 号（1985）1 頁

スティグリッツ・世界　　スティグリッツ著楡井／峯村訳『世界の 99％を貧困にする経済』
（徳間、2012 年）

スティグリッツ・ミクロ　　スティグリッツ／ウォルシュ共著、藪下ほか共訳『スティグ
リッツ・ミクロ経済学（スティグリッツ経済学シリーズ）第 4 版』（東洋経済、2013
年）

妹尾・商慣行会議　　妹尾明「米国における商慣行会議手続による競争慣行の規制」公正
取引 1955 年 1 月号 74 頁

泉水・ドイツ　　泉水文雄「ドイツにおける競争政策—1998 年の第 6 次改正とその後」神
戸大学 HP から入手。

瀧澤・現代経済学　　瀧澤弘和『現代経済学』（2018、中央公論）

田中・改正　　田中寿「不公正な取引方法（一般指定）改正について」公正取引（1982）
382 号 19 頁

田中・市場支配力　　田中裕明『市場支配力の濫用と規制の法理』（嵯峨野書院、2001）

田村・交渉　　田村次朗『交渉の戦略』（ダイヤモンド社、2004）

xvi　邦文引用文献略語表

土田・継受　　土田和博「独占禁止法の継受に関する研究序説―不公正な競争方法の制定
　　　過程を中心に」『民主主義法学・刑事法学の展望（下）』（日本評論社、2005）

角田・抗争的交換　　角田修一「抗争的交換と可変資本節約の論理」立命館経済学 43 巻 1
　　　号 1 頁（1994）

遠山・不効率な制度　　遠山弘徳「不効率な制度、契約の外生的執行および権力の非対称
　　　性」静岡大学経済研究。11 巻 1 号 43 頁（2006）

長尾・濫用　　長尾愛女「濫用規制におけるフェアネスの考慮」日本経済法学会年報 43 号
　　　（2022）48 頁

長澤・平成 21 年改正　　長澤哲也『平成 21 年改正独禁法の解説と分析』（商事法務、2009）

長澤・解説 4 版　　長澤哲也『優越的地位濫用規制と下請法の解説と分析（4 版）』（商事
　　　法務、2021）

鍋島・国家　　鍋島直樹「国家・市場・権力へのエージェンシー理論的接近」経済理論学
　　　会年報 38 巻（2001）167 頁

西村／泉水・制定過程　　西村暢史／泉水文雄「原始独占禁止法の制定過程と現行法への
　　　示唆」（2006、競争政策研究センター共同研究）

根岸・注釈　　根岸哲編『注釈独占禁止法』（有斐閣、2009）

根岸・年報 27 号　　根岸哲「優越的地位の濫用規制に係る諸論点」日本経済法学会年報 27
　　　号（2006）21 頁

ハイエク・発見手続としての競争　　ハイエク全集 6 古賀勝次郎監訳『経済学論集』所収
　　　（春秋社、2009）

橋本・獨占禁止法　　橋本龍伍『獨占禁止法と我が國民經濟』（日本經濟新聞社、昭 22）

長谷川・政策　　長谷川古『日本の独占禁止政策』（国際商業、平 10）

長谷河・優越的地位　　長谷河亜希子「近時の優越的地位の濫用規制について」公正取引
　　　781 号（2015）4 頁

平林・手続化　　平林英勝「最近の優越的地位の濫用規制にみる法の手続化の傾向と課題」
　　　判例タイムズ 1172 号（2005）110 頁

平林・軌跡　　平林英勝「日本的独占禁止法の形成と丸山泰男」筑波ロー・ジャーナル
　　　（2009）（5）127 頁

平林・歴史（上）（下）　　平林英勝『独占禁止法の歴史（上）（下）』（信山社出版、2012、
　　　2016）

平林・不公正な取引方法　　平林英勝「不公正な取引方法規制の歴史・意義・課題」日本
　　　経済法学会年報 30 号 67 頁

フィケンチャー・権利保護　　W. フィケンチャー著；丹宗昭信監訳『競争と産業上の権利
　　　保護：西ドイツ競争制限禁止法の工業所有権法・不正競争防止法との関係について
　　　の考察』（六法出版社、1980）

舟田・取引　　舟田正之「取引における力の濫用（二）―西独における『購買力濫用』問
　　　題を素材として―」立教法学 28 号（1987）1 頁

舟田・序説（1）　　舟田正之「経済法序説（1）」立教法学 90 号（2014）1 頁

邦文引用文献略語表　　xvii

舟田・再検討　　舟田正之「公正競争阻害性の再検討—優越的地位の濫用を中心に」公正取引 671 号（2006）49 頁

舟田・不公正　　舟田正之『不公正な取引方法』（有斐閣、2009）

原田・決定自由　　原田昌和「ドイツ不正競争防止法における消費者の決定自由の保護」立教法学 82 号 275 頁

原田・攻撃的取引方法　　原田昌和「攻撃的取引方法からの消費者の保護について：決定自由の重層的保護の視点から」淡路剛久先生古稀『社会の発展と権利の創造』（有斐閣 2012）237 頁

稗貫・解説　　稗貫俊文・ラルズ優越的地位濫用事件東京高裁判決、法学セミナー増刊『速報判例解説 vol. 29 新・判例解説 Watch』263 頁

ボウルズ・ミクロ経済学　　サミュエル・ボウルズ著、塩沢・磯谷・植村共訳『制度と進化のミクロ経済学』（NTT 出版、2013）

ボウルズ・ギンタス・富と力　　ボウルズ・ギンタス共著「資本主義経済における富と力」、横川信治・野口真・伊東誠編『進化する資本主義』所収（日本評論社、1999 年）

松島・繰り返し　　松島斉「繰り返しゲームの新展開：私的モニタリングによる暗黙の協調」。今井晴雄・岡田章編著『ゲーム理論の新展開』（勁草書房、2002）第 4 章所収

峯村／正田　　峯村光郎、正田彬共著『私的獨占禁止法』（日本評論新社、1956）

ミルグラム／ロバーツ・組織　　ポール・ミルグラム／ジョン・ロバーツ著奥野・伊藤他訳『組織の経済学』（NTT 出版、1999）

柳川・契約　　柳川範之『契約と組織の経済学』（東洋経済、2000）

森田・商業　　森田克徳『現代商業の機能と革新事例』（多賀出版、2004）

山部・濫用　　山部俊文「ドイツ競争制限禁止法における市場支配的企業の濫用行為の規制について」一橋大学研究年報 29 巻（1997）3 頁

ラーレンツ・第六版法学方法論　　K・ラーレンツ著；米山隆訳『第六版　法学方法論』（青山社、1998）

和田・購買力　　和田健夫「大規模流通業者と購買力」、『現代経済法講座 6 流通産業と法』（三省堂、1993）所収

拙稿・利益強要［1］［2］　　「ドイツ競争法制における『利益強要（Anzapfen）の禁止［1］［2］』高千穂論叢 47 巻 1 号 69 頁 2 号（2012）1 頁

拙稿・酪農乳業　　「ドイツ酪農乳業における需要力の濫用」高千穂論叢 48 巻 1 号（2013）

拙稿・新展開　　「需要力濫用規制の新展開」高千穂論叢 49 巻 1 号 1 頁（2014 年）

拙稿・枠組み　　「需要力濫用規制の法理論的枠組み」高千穂論叢 50 巻（2015）1 号 1 頁

拙稿・相対的市場力　　「相対的市場力の濫用と公正な競争秩序」金井／土田／東條編『経済法の現代的課題』303 頁（有斐閣、2017）

拙稿・問題点［1］［2］　　「ドイツ需要力濫用規制の問題点［1］［2］」高千穂論叢 54 巻 2 号（2019）1 頁、3 号（2019）1 頁

拙稿・本質論　　土田／山部／泉水／川濵／河谷編『現代経済法の課題と理論』（弘文堂、2022）245 頁

xviii　邦文引用文献略語表

拙稿、体系構成　　「優越的地位濫用規制の体系構成」高千穂論叢 57 巻 2 号（2022）1 頁

拙稿・課題　　「不公正な取引方法の課題」公正取引 871 号（2023）21 頁

拙稿・ジュリ 1581 号　　拙稿・経済法判例研究会（No. 312）ジュリスト 1581 号（2023）102 頁

拙稿・契約合意　　「優越的地位の濫用と契約合意の遡及的変更」高千穂論叢 58 巻 3・4 合併号（2022）1 頁

拙稿・セオリーオブハーム　　「優越的地位の濫用とセオリーオブハーム」高千穂論叢 59 巻 1・2 合併号（2024）15 頁

公正取引委員会関係

百貨店業告示　　「百貨店業における特定の不公正な取引方法」(昭和 29 年公正取引委員会告示第 7 号)

優越ガイドライン　　「優越的地位の濫用に関する独占禁止法上の考え方」（平成 22 年 11 月 30 日、改正：平成 29 年 6 月 16 日；公正取引委員会）

二十年史　　公正取引委員会編『独占禁止政策二十年史』（昭 43）

三十年史　　公正取引委員会事務局『独占禁止政策三十年史』（昭 52）

昭和 57 年独禁研報告書　　独占禁止法研究会「不公正な取引方法に関する基本的な考え方」（昭和 57 年 7 月 8 日）NBL262 号 51 頁

公取委・一般指定　　公取委事務局「不公正な取引方法（一般指定の改正について）」、『昭和 56 年度年次報告』

序　説

　独占禁止法において、優越的地位濫用規制は、明白に能率競争違反を問題にせず、また取引当事者間の一対一の関係を規制する類型として、異質性が顕著とされる。この点から公正な競争秩序に影響を及ぼすものでなく、独禁法とは別の法により規制されるべきとされ[1]、あるいは本規制は「競争法規制とはいえない」とされる[2]。このような理解に対して、本研究は、優越的地位濫用規制が対象とする需要力と需要競争の本質論に立ち返って、理論的に未解明であったこれらの概念の再検討を行う。その結果、競争法において、需要競争として一対一の取引当事者間の関係を保護し、需要力の濫用として、かかる関係の規制を行うことが要請されることを明らかにする（ドイツのケーラーの所説による）。

　次に、優越的地位濫用規制を規律する固有の法原則は、類型系列の形成に係る特殊指定等の活用から導かれたが、この点は、以下の意義を確認できる。第一に、未開拓であった需要力濫用規制の本質的な法的特性が示された。第二に、かかる法的特質が、独占禁止法における法原則の体系的な構成に適合的であることが明らかになった。そして、この点はやはり具体的な個別例から法の一般原則を導いた英国の行動綱領規制（市場調査の制度）が、帰納的方法により理論的に未解明の需要力濫用規制の原理的解明を試みたことと類比される。このように、本研究は、英国とEUの競争法、ドイツ競争制限禁止法[3]の需要力濫用規制の比較法的研究から、先達としての需要力濫用規制の歴史における意義を明らかにする。

　優越的地位濫用規制の学説や運用の実務においては、独禁法との体系的整合性を保つため、当該規制に係る競争影響の評価において、市場の競争者間の優位・劣位として濫用の結果を捉える立場があった。しかし本規制の七十

---

1) 今村・独占禁止法［新版］148 頁以下。
2) 栗田・独禁法 318 頁。
3) Gesetz gegen Wettbewerbsbeschränkungen. 以下本書では、GWB ないしカルテル法の名称を用いる。なお、ドイツ不正競争防止法（Gesetz gegen den unlauteren Wettbewerb）については、UWG ないし公正法の名称を用いる。

2　序　説

年に及ぶ運用の歴史と近時の成果は、取引当事者間の一対一の関係を捉えることが、市場の優位劣位をみる立場では困難な新たな市場の形態—マーケティング代理業者の給付に係る市場（例、アマゾン確約認定）—を導出せしめることを明らかにしている。この点は、競争法において明確でなかった需要競争の本質につき、市場の相手方保護の機能を有することを示すものとして、上記のケーラー説の正当性を、約四十年の時を経て実証するものとなるであろう。

　買い手による売り手に対する濫用行為が不公正取引として問題になるのは、産業資本に対する商業資本の優位の関係が顕著になる1970年代以降と考えられ、競争法政策の議論はこれ以降日独でなされたが、当時ドイツで新自由主義の規制消極論と厳しく対峙したケーラーの需要競争の本質論が、ドイツでのカルテル法規制に依った失敗例と対照的に、日本でその有効性が証明されることになる。

　需要力濫用に対する規制の在り方を需要競争及び需要力の本質論に遡り検討することで、前記の比較法の対象国、そして米国反トラストを含めて、本規制の競争法体制における先駆的な歴史上の意義が明らかになる。「需要競争は市場の相手方保護の機能によって、需要者の行為自由を相互的に限定する状態として捉えられる」[4]というケーラー命題は、需要力濫用規制につき、その必要性は高いが別の法システムに依らしむべきとの競争法学説の「常識」に対し論争的であるだけではなく、独禁法の重要な法概念である需要競争と需要力概念の検討に十分でなかった我が国学説の問題点も明らかにするものである。

　本研究は、このような競争概念と需要力概念の基礎理論的検討を踏まえて、取引当事者間の一対一の関係を規制する類型と市場の自由な競争の関係を規制する類型が、独占禁止法という同一の法律により法的体系構成として矛盾なく整合性を維持する、目的論的概念構成の体系的思考を達成していることをラーレンツ／カナリスの法学基礎論に依拠して論証する。

4）後掲、第2章I．2．(2-5) のa) を参照。

第1章　需要力の本質論

Ⅰ．需要力の経済学；需要力、市場力及び交渉力

1．買い手独占モデルと買い手寡占モデル
（1）買い手独占（寡占）力の行使に係る前提条件

ⅰ）経済学的説明において独占の場合に、供給者の市場力行使は、販売数量の制限とそれにともなう価格上昇が特徴的である。それと対称的に、需要者の市場力行使に関する買い手独占のモデル（Monopson-Modell）にあっては、下流市場における最終顧客に対する市場力の行使の結果について、販売者の独占と鏡像的に捉えられた。すなわち、独占の需要者が買い取り量を削減し供給者に圧迫を行使して買い取り価格の引き下げをはかるとともに、下流市場の最終顧客に対し独占的高価格による過小な販売となる利潤極大のモデルが仮定される。この場合、買い手の独占力行使に係る前提条件は、供給の弾力性[1]と需要市場の参入障壁[2]の二つである。

　買い手独占の典型的な経済的効果は、厚生の純損失（独占の死重損失）と所得の再分配効果が挙げられる[3]。

1）供給の弾力性に関しては、それが乏しいことで需要力の発生に係る危険が本質的に大きくなることであり、供給者が販売価格の低下に速やかに対応し供給量の削減におよべば、需要者の販売市場にあって、最終顧客への価格は需要独占の市場力行使を容易ならざるものとすると考えられる。Bontrup & Marquardt, Nachfragemacht, S. 48.
2）供給サイドの価格決定に係る柔軟性の条件として、需要の市場に対し参入障壁が高いことが需要力の独占的行使に係って前提条件になる。需要の独占企業の地位に対しては、当該市場で求められている財の特殊性が高いほどに潜在的参入の機会は減じられることから、潜在的需要者が及ぼす脅威は減じられる。Palatzke, Nachfragemacht, S. 58.
3）厚生の純損失について、需要独占者の下流市場における過小な供給は、その競争者の販売により補われることが困難であるから、需要市場で独占者に生じる余剰能力と過小な需要にともなう損失は、後段階における独占者の利得によっても損失をカバーしえない。Palatzke, Nachfragemacht, S. 59. Dobson Consulting, Buyer Power, S. 10ff（買い手パワーの行使は売り手パワーの存在と混合になる）.

ⅱ）次に、買い手寡占の経済的効果については、売り手寡占と類比的[4]に論じられ、買い手独占の状況に近似したモデルとなる[5]。他方で数少ない需要者間で競争意欲が存することで活発な競い合いとなり、結局、差別化された製品や異なるコスト構造を有する異質性の目立つ寡占者モデルなる。潜在的な競争者は戦略的な売り手寡占によるモデルの競争をすることが仮定される一方で、カルテル類似の協調行動もありうる幅の広い市場状況になる[6]。

ⅲ）買い手寡占のモデルで、一般的に、以下の二条件が買い手独占に類似した厚生損失が生じさせる可能性を示すとされる[7]。その一つは、所与の需要曲線のもと、供給の弾力性が低いほど買い手パワーの行使による高い厚生損失になり[8]、さらに、需要の市場に対し高い参入障壁が需要力の独占的行使の厚生上の効果につき前提条件となる[9]。

（2）買い手独占モデルと買い手寡占モデルに対する批判

ⅰ）買い手独占と買い手寡占のモデルは、取引過程のありうる一断面を現実の需要市場から乖離して説明をするもので、需要力行使の態様を十分に明らかにしないとの批判があった[10]。それは市場参加者の市場における有力さに

---

4) 販売者の寡占モデルは、少数の販売者が取引先との交渉や価格決定等の行動において、相互的な影響行使を可能にする市場条件のもとで競い合いをする特徴をもつ。製品やコスト構造等が同質的な寡占者にあっては、均一的な交渉の条件や価格水準に収斂する傾向があるのに対して、差別化された製品や異なるコスト構造を有する異質性の目立つ寡占者間では、交渉条件や製品価格に係る多様性が生じうる。この売り手寡占のモデルに対し、買い手寡占のモデル（Oligoposon-Modell）にあっては、先ず、一方で買い手独占の状況に近似したモデル構成が考えられる。Palatzke, Nachfragemacht, S. 62.

5) このような買い手独占の厚生損失が生じるための市場条件は、a）買い手が市場の購買について実質的な割合を把握している、b）買い手市場での参入障壁の存在、c）右上がりの供給曲線、という三条件になる。Dobson Consulting, Buyer Power, S11.

6) Palatzke, Nachfragemacht, S. 62. 寡占的な買い手のうちリーディング企業が市場の周縁的企業と対峙するパターンにおける、多様な市場状況の在り方については、以下を参照。Dobson Consulting, Buyer Power, S. 11 & Fn. 8, 9.

7) Palatzke, Nachfragemacht, S. 63（厚生損失の生ずるいまひとつの条件として、問題になる寡占的な需要者が、購買市場の実質的部分を占めていることを挙げる）.

8) Dobson Consulting, Buyer Power, S. 11, Palatzke, Nachfragemacht, S. 63.

9) OECD, DAFFE/CLP（99）21, S. 19.

10) Inderst & Wey, Wettbewerbsanalyse, S. 466（競争理論の分析として「標準的な手段」を用いて、大規模流通業者の市場の慣行について単純化してモデル化されているが、供給者と需要者の垂直的関係に係り需要力の行使によった競争制限を捉えるには十分でない）.

係って、参加者相互間の交渉が前提にされておらないことにより、個別の購買市場について市場参加者の従事する市場関係のうちその一部のみを記述する、矮小化された市場モデルであるとの批判である[11]。

ii）このような観点から需要力を行使する独占的ないし寡占的事業者の交渉態様をみるとき、リベートや返品義務を課し、在庫管理や顧客向け特別仕様のサービスを要求するような条件の取引において明らかなように、これまでのモデルが仮定する需要量の制限と買い手すべての価格低下を意図したのではなくて、むしろ需要量増加の可能性をもつ。この点から、資源配分効率の改善効果があり、さらに個々の買い手の固有の取引優位の確保という特徴が顕著な、新たなモデルが提示される必要が説かれることとなった[12]。

2. 需要力と交渉力提示の条件

i）買い手独占と買い手寡占のモデルに基づいた産出量削減に係る需要力理論に批判的な、交渉力を条件とする需要力モデルは、いわゆる第二次の価格差別（secondary line discrimination）に分類される供給者が被る利益供与の誘引による受動的な差別行為を、交渉力の結果として捉える点に特色がある。この差別行為は、第一義的に供給者自らの意思に基づく能動的な行為態様として差別的価格を捉える第一次の差別（primary line discrimination）と異なって、一ないし少数の需要者が他の需要者よりも優位となる条件を、供給者に認めさせる「受動的差別（Passive Diskriminierung）」の行為態様になる。その典型例は、価格リベートであり、とりわけ宣伝費援助金、陳列棚の賃貸料

---

11) Palatzke, Nachfragemacht, S. 67. Inderst & Mazzarotto, Power, p.1955（上記の買い手に係る独占及び寡占の「教科書的」モデルは、画一価格と固定的な取引準則のもとで妥当する均一的な取引関係を仮定する）. すなわち購買市場の前段階と後段階の市場の相互関係、さらに市場内における並行した取引関係の影響を考慮するとき、買い手独占であっても種々の買入れ価格の提供を受けることからする交渉がみられ、買い手寡占の状況では、より低価格での提供が利益となる個々の買い手間の差別をなくす交渉が、複雑な市場のネットワークにおいて観察されるというべきである。Palatzke, Nachfragemacht, S. 67.

12) Inderst & Wey, Wettbewerbsanalyse, S. 469. Palatzke, Nachfragemacht, S. 67f（人為的な需要量の抑制とそれに対応する供給者の販売に加えられる制限が評価のポイントでなく、買い手に有利な取引条件を引き出す交渉力が重要）. Bontrup & Marquardt, Nachfragemacht, S. 58（交渉上の優位を引き出す力として、買い手がより良い取引条件で、より多くの需要量を確保する事態を説明する、交渉理論的な評価が重要になってきている）.

6　第1章　需要力の本質論

（Regalmieten）、品揃協賛金ないし取引開始の協賛金などが挙げられる[13]。

ⅱ）このような、需要者がその競争相手よりも優位の条件を、供給者の自発的意思でなくして、需要者の指示のもとに認めさせる行為は、需要者の積極的行為を可能にする一定の能力—交渉力の行使—を前提とする。かかる能力は供給者の取引条件に関する任意の決定に対して一定の制限を課すことができて、需要者の取引先選択でとりうる決定の任意性の保証、いいかえると所与の取引先に拘束されないことを保証する。すなわち、供給先の変更とその製品を品揃えから外す措置、そして他の供給先製品への移行を可能とする「外部選択（outside option）」、「契約破棄の選択」が前提条件になる[14]。外部選択理論は、交渉力を需要力の説明理論として提示する基礎となる。

ⅲ）この需要力行使の「外部選択」の前提条件が、次に、需要者の下流市場における経済的厚生評価と結びついて、需要力を構成する交渉の機能を説明する規制の消極論を導くことになる。これと対照的な厚生評価が行われている経済学論文、さらに業績競争論に依拠したEU競争法の規制積極論（厚生効果にも触れる）を合わせて以下に紹介、検討する。

（1）下流市場に及ぶ厚生の向上効果を重視する立場（インデルスト／ウェイ）
（a）利潤極大モデル構築のための諸前提

　一つの立場は、「外部選択」の手段を行使する需要者が、交渉をリードするプロセスを経て、交渉当事者たる供給者と需要者の共同利潤の極大化を達成する経済的な効率性を重視するインデルストとウェイの共同論文である。まずインデルスト／ウェイは、関連市場に係る情報について交渉当事者はよく知っていること、また相対的に複雑な契約につき最終的に給付内容の実現にまで従事できる当事者の能力を仮定する。こういった仮定に基づいて、契約の具体的な形成によって共同利潤を極大にするモデルを構築できるのであるが、この利潤極大モデルにおいて前提になるのは、合理的に自己利益を追求する当事者像である[15]。

13）Palatzke, Nachfragemacht, S. 68.
14）Inderst & Wey, Wettbewerbsanalyse, S. 471. Palatzke, Nachfragemacht, S. 68.

（b）価格差別戦略を遂行するための交渉力行使

そのうえで、具体的な市場状況をみると、製造業者たる供給者が末端の消費者価格をコントロールできない、あるいは需要者である流通業者が当該地域の需要状況について他者が容易に知りえない情報を有するような場合が少なからず存するとみられるなら、外部選択の手段を行使する需要者が交渉をリードして、後段階の下流市場で価格差別戦略を遂行することは、共同利潤極大化の試みになるとされる。需要力は、一般的には、供給者と需要者の両面的な交渉の内におかれた力関係と考えられが、この立場にあっては価格差別の戦略による利潤極大化を実効あらしめるため、需要者が「外部選択」を行う需要力行使の在り方に係って、交渉力が提示されるパターンが特徴的である[16]。

（c）強迫による交渉力行使に対する経済学的分析の欠如

ⅰ）その結果は、交渉力行使の対象とされた供給者の存する市場における効果分析に対して、後段階に位置する下流市場における資源配分の効率性という経済的厚生のベネフィットを重視する視点が優位することから、結果的に、以下のように、競争政策上の不当性に係る評価の対象と交渉力行使の分析対象を切り離す点が注目される。

ⅱ）インデルスト／ウェイは、需要者が強迫（Druck）によって差別価格を実効あらしめる議論を紹介する[17]が、かかる立場によった競争政策上の不当性判断では、次の問題がある。共同利潤の極大化戦略を成功させるため需要者が価格差別を遂行する場合と利益衝突による強迫の行われた場合との有意な区別を欠くことである。交渉力行使の対象についての交渉当事者間の衝突、紛争を経済学的に分析する作業は避けることはできないと考えられるが、経済的な交渉力行使のパターン分析は、後掲の抗争交換理論で触れるように、需要者の供給者に対する内生的選好の操作による内生的強制として捉えられ

---

15) すなわち、当初より外部選択の手段によって利潤極大となることが明白に知られる場合以外では、いったん契約が締結に至ったのなら終局的場面の分配で衝突し、外部選択の手段を行使することで利潤極大の機会を逸するような事態を避ける、合理的な契約当事者を前提にする。Inderst & Wey, Wettbewerbsanalyse, S. 471.

16) Inderst & Wey, Wettbewerbsanalyse, S. 470.

17) Vg., Inderst & Wey, Wettbewerbsanalyse, S. 468.

8 第1章 需要力の本質論

る。この点の検討を欠く問題がある。

（2）需要者の購買市場に分析を集中する立場（パラツケ）

(a) 業績関連性の不当性基準

　インデルスト／ウェイ論文に対し、強迫の問題を重視することから、交渉力行使の対象市場と不当性の評価をなす市場を一体として捉えて、より直接的に交渉力のもたらす影響を競争政策上の評価に結び付ける立場がある。それによると、「外部選択」の手段を行使して積極的に誘引する需要者だけに好条件を提示し、その競争者には劣位の条件となる一連の交渉プロセスにおいて、受動的に差別的価格の設定をさせられた供給者について、大量販売等に起因するコスト削減の利得が保証されない需要力の行使態様は、業績関連性を欠く価格差別であり競争法上の政策評価として消極に捉えられる（パラツケ)[18]。パラツケにあっては、交渉力行使のパターン分析も、またその分析から導かれる競争政策上の不当性に係る含意の評価も、需要力行使の競争への影響が第一義的に示される購買市場に視点を集中する。

(b) 交渉力行使のパターン分析

　上記（a）の立場で需要力の提示に係る前提条件となる交渉力行使の態様は、a）需要力ある買い手について、より良い条件を提示されたことに対し適切な反対給付となる対価設定をしておらず、自らは何らの損失を被るものでないという業績内容の不当性の摘示が中心になる[19]。そして、このような交渉力提示のパターンに関連して、需要者の業績に係る不当な提示を可能とする交渉力行使に係る他のパターンを整理すると、b）価格差別が供給者自らの意思でなく需要者の誘引によること、c）他の需要者には認められない優位の提供であること、d）「外部選択」ないし「契約破棄の選択」の手段を用いた供給者への強迫を行使していること、という以上の4条件にまとめられる。

(c) パラツケの業績競争論の長所と問題点

ⅰ）需要力を構成する交渉力提示にかかるb）からd）のパターン要因が、いずれも競争政策上の含意を導くため相互に一体となり業績内容の不当性に

---

18) Palatzke, Nachfragemacht, S. 68f.

19) Palatzke, Nachfragemacht, S. 68 & Fn. 299, 301. Kirkwood, Buyer Power, p.630, 635.

関する、a）の評価のため仕える構成となっており、判断要因の離齬を回避するねらいが評価される。なお、このように業績競争の概念に掛らしめられた交渉力行使のパターン分析について、その判断の各要因は一体性を維持しえる長所をもつものの、パラッケの濫用規制に係っての搾取行為から市場に及ぶ業績競争論に依った影響の捉え方は不明確さを残すと批判されよう（第3章Ⅳ．3．（1）の（1-2））。

ⅱ）以上、需要力についての前提的な構成条件としての交渉力につき、その提示のパターン分析から、一方のインデルスト／ウェイにあっては、下流市場での価格差別の実効性確保のため交渉力が用いられるとし、他方のパラッケでは、コスト格差により正当化されない需要者の給付の実効性を確保する強迫の手段として交渉力が捉えられる相違がある、ということが明らかとなる。そして、競争政策上の不当性評価のための基準は、前者が下流市場の資源配分効率が重視され、後者は強迫による業績関連性のない給付となることが挙げられている。

（3）下流市場に及ぶ厚生の毀損効果を重視する経済学説（カークウッド）
（a）反トラストの価格差別規制における消費者厚生基準の多様性

ⅰ）上に述べたように、パラッケは、交渉力提示のパターン分析を、差別による価格設定が供給者の被るコスト格差によって正当化されない強迫の問題において示すが、このような把握は、需要者の誘引にかかる第二次の価格差別を違法とする米国反トラストのロビンソン・パットマン法の正当化要件（15 U.S.C. §13（a）を参照）に沿うものである。この点を明らかにする論拠として、パラッケ論文は、同法における第二次の価格差別における交渉力行使の類型化をはかった米国のカークウッド説を引用する[20]。すなわち、交渉力行使のパターンとしてコスト格差による正当化を欠いている場合を重視する点において、パラッケとカークウッドは同一の結論に立つものといえる。

ⅱ）しかし、カークウッドは他方で、競争政策における不当性評価の含意として、交渉力行使が問題になった市場の後段階である下流市場の厚生分析を

20）前記（2）（b）における脚注19を参照。

10 第1章 需要力の本質論

重視する[21]。それは、インデルストとウェイが価格差別の遂行により厚生が向上する正のベネフィットを重視するとした結論と対照的に、カークウッドは、厚生損失がありうるとする逆の結論（下記（b）参照）を導くのである。この点は、購買力濫用に対する実効性ある規制枠組みを探る本稿の関心から、下流市場の影響を違法性判断の直接的な基準とすることの可否という問題構成にとって注目される論点となる。カークウッド論文は、米国反トラストをテーマとするが、ここでその所説をまとめる[22]。

(b) 第二次の価格差別行為による消費者厚生の毀損

カークウッドは、以下のように交渉力行使によるコスト格差に基づく正当化を欠く受動的な価格差別が、後段階の下流市場で消費者の厚生を損なう理由を列挙する。

第1は、優遇された買い手が、不利な扱いを受ける買い手から利益ないしビジネスを取り上げることを可能にする結果、消費者に対し購入上の地理的な便宜、行き届いたサービス、特選品の選抜といった流通の活力ないし店舗数減少という不利益をもたらす。

第2は、大規模な買い手が誘引した低価格は、下流市場で売り手としての市場力を獲得できるだけの大きな市場シェアを得るため、不当な優位を行使することになると[23]、結局のところ消費者を害する価格引き上げを招く。

第3に、有力な買い手が誘引する差別価格が自らの買入れ価格を引き下げるのではなく、ライバルコストの引き上げを強制する形で行われるなら、参入障壁が存するとすると、その買い手は下流市場で市場力を行使して自社の

---

21) カークウッドは、かかる不当性を、交渉力が提示された市場の後段階にあたる下流市場において最終消費者に及ぶ厚生の毀損として捉えることで、インデルスト／ウェイと対照的に、交渉力行使のパターン分析と競争政策上の不当性の評価とを切り離す。Kirkwood, Buyer Power, p.647ff.

22) A.a.O., なおカークウッドには、ロビンソン・パットマン法が規定する第二次の価格差別の禁止について、消費者厚生の毀損がありうるとし、消費者の厚生保護を法目的に含める。Kirkwood, Buyer Power, p.632ff.

23) この点は、いわゆるウォーターベッド効果を批判する立場と共通である。先ずウォーターベッド効果とは、供給者が市場で優位な買い手から搾取された金額分を、相対的に弱体な買い手に対する販売額の引き上げを通じて補うという、差別価格制をいう。これに対し、かかる弱体な買い手競争者は、販売攻勢によってシェアを奪われ、市場からの排除を余儀なくされる結果、下流市場の平均価格の上昇になるという批判と同一の指摘になる。Palatzke, Nachfragemacht, S. 73（小規模な買い手事業者の市場からの排除）.

販売価格を引き上げることができ、その結果、消費者には好ましくない効果が及ぶ。

第4に、優位な価格が可能になった買い手は競争優位を獲得し、コストの引き下げ努力によらずとも利益を生む余地を生ずる。資源の浪費から生産効率を引き下げ、将来的に消費者の選好の変化に速やかに対応する態勢の構築に十分でなくなるので、革新のインセンティブを減じる。

第5に、大規模な買い手の誘引する不当な価格差別は、コスト削減の利得を獲得できなかった供給者について、大きな取引が認められてその得られなかった利得をカバーする機会が存しないと、その収益率は減じられ、長期的には投資も減じられて、消費者は高価格の支払いか、購買の選択の幅を狭められる[24]。

(c) 消費者に対する厚生効果；短期と長期

カークウッド、インデルスト／ウェイ、パラッケの所説を対比して、この三者の主張を検討するならば、以下の問題点を指摘できる。

その一つは、カークウッドとインデルスト／ウェイにおいて、双方とも消費者厚生を高める効率性を重視するが、カークウッドにあっては、主に長期で供給者に及ぶ投資と革新のインセンティブに対するマイナス効果（第4と第5）や、消費者の利便性（第1）や市場シェアの変動に起因する価格効果（第2）の長期的影響をみる。これに対する見解として、インデルスト／ウェイの言う、下流市場への利得還元は比較的短期的な効果をみる。

前者の消費者に及ぶ長期的影響を捉える考え方は、後掲第3章Ⅲ.2.（2-5）における、英国の行動綱領規制を導いた競争委員会による、消費者に及ぶ

---

24) カークウッドの挙げる長期で供給者に及ぶ投資と革新のインセンティブに対するマイナス効果について、インデルスト／ウェイによる以下の反論がある。
　この搾取的な影響は古典的な「ホールドアップ」問題の一貫として捉えられるべきものであるが、大量取引をなす買い手であれば、改良された商品の継続的提供を受ける要請によって、かかる搾取の及ぶ危険は低いと予測され、さらに増分的な投資決定は必然的に総利潤の大きさによって左右されるとすることはできず、むしろ製造業者に報いることとなるこのような増分的決定を改善することが、共同利潤の極大化と大規模な買い手の取り分のより高い割合に帰着するので、やはり搾取の危険は低い。Inderst & Wey, Wettbewerbsanalyse, S. 479.
　また、連邦カルテル庁も、大きな市場力をもつ需要者は、供給者の投資が需要者の固有の利潤を高める効果を期待すること、供給者もかかる投資をなすことが自らの交渉力を強めると考えることから、価格差別の上記、厚生の毀損効果に疑問を呈する。BkartA, Nachfragemacht, S. 4.

反競争的効果を長期で捉えるアプローチと類似する。

(d) 消費者厚生基準によるか総余剰基準によるか

その二は、同じく経済的効率性の基準によるとしても、消費者厚生の基準によるか総余剰基準によるかという二者択一の問題も生ずるであろう。すなわち、インデルスト／ウェイが、下流市場で消費者の厚生を高める例として、製造業者が消費者価格をコントロールできず流通業者がローカルな需要情報を有している前述の例を示すが、このような価格差別戦略の実効性を確保する短期の厚生向上の効果と、そのような場合でも主に長期の視点で生じうる先のカークウッドの挙げる第1（流通における活力や店舗数減少による便益の低下）、第2（下流市場での大きな市場シェア変動をもたらす不当な優位）、第4（革新のインセンティブ減少効果）、第5（供給者の収益率低下による投資減少効果）の厚生減少の効果が並行的に生じる例が仮定されるが（この場合は総余剰基準によることになる）、その際の違法性判断はいかなる基準によってなされるか、その確定に困難をともなうであろう。

(e) 下流市場の厚生問題を論ずる意義

その三は、カークウッドの挙げるこれら下流市場で生ずる五つの厚生の毀損要因は、需要者段階での市場の競争問題として以下の特徴をもつ。パラツケのいう業績関連性のない給付を可能とする交渉力の行使から供給者／需要者間の取引に係る市場で生ずる競争減殺効果、すなわち需要力を欠く買い手に係る「競争上のチャンスの平等」を害する問題である[25]。すなわち、パラツケ論文では、消費者に係る下流市場での効果が問題でなく、需要者段階での市場の競争制限を禁ずることでカバーされる反競争的効果が問題とされる。

---

25) この点は、上記カークウッドの挙げる、需要力ある買い手の競争関係に係る第1から第3の要因に直接的に当てはまり、また需要力ある買い手自身そして、その取引相手たる強迫を受けた供給者の問題についても該当する。Palatzke, Nachfragemacht, S. 72（市場で優位な買い手のなす受動差別の誘引により、小規模な競争者がその市場地位を継続的に解体されるのなら、集中の効果は広範に強められる）、205（個別の経済参加者につき、チャンスの平等）、243（市場で優位な買い手のなす受動的差別の誘引により、競争者への圧迫が強まり、それが継続すると需要の競争は弱まり、その結果弱体な買い手としての競争者は他の供給者へのより少ない回避可能性しかない状態になる）.

3. 交渉力行使による厚生への影響とその評価

（1）下流市場の消費者に対する影響

　最終消費者に対する厚生効果が、需要力を通じた交渉力の行使で問題になる[26]。かかる厚生効果につき後段階の下流市場への影響は、市場で優位のある買い手が得た安値調達の利得を、競争が支配することから下流市場で消費者に引き渡すことを強いられるか[27]、あるいは消費者市場で高値を設定し自ら収受するかの問題になる。市場で優位な交渉上の地位にある事業者が一社か非常に僅かの買い手の場合は、下流市場へ安値購入の利得を引き渡す可能性よりも、最終消費者の価格を引き上げる選択がとられやすい[28]。

（2）上流市場の供給者に対する影響

（a）継続的な受動的差別による後段階と前段階の双方に及ぶ効果（パラッケ）

　市場で有力な少数の需要者が、消費者価格を引き上げる可能性が高い場合、購入条件で差別された小規模需要者が市場から排除されて需要サイドでの集中が進行するならば、前段階の供給市場での厚生関連の損失が生じる。それは、コスト格差による正当化を欠く第二次の価格差別で、市場にとどまる有力需要者は（後段階市場で販売価格を引き上げことができるとともに）需要サイドで競争制限効果（買い叩き）を生ぜしめ、結果的に上流市場で厚生を損なうと予測される。市場で有力な買い手のなす受動的差別の誘引行為が継続する場合に、需要者段階における残存する競争の排除があり[29]、需要市場の小規模事業者が排除されることから、以下の競争制限効果が問題になる。すなわち、市場に留まる有力な需要者との取引を余儀なくされて、上流の市

---

26) Palatzke, Nachfragemacht, S. 71.

27) この事態は、ドイツ食料品流通業界におけるディスカウンターの価格競争により起こった。Bontrup & Marquardt, Nachfragemacht, S. 102. その他、以下のような場合に、最終消費者に対する厚生効果の上昇がある。買い手寡占における相対的に弱体の買い手は、より良い買入れ条件について供給者と交渉に入ることができるが、供給者が、この弱体な買い手と価格闘争の状態に陥ると、その弱体の買い手の競争相手である市場における優位の買い手事業者と交渉し、結局のところ最終消費者の価格は下がることが起こりうる。Palatzke, Nachfragemacht, S. 71.

28) 欧州委員会は、買い手が調達市場と流通市場の双方で支配的地位を獲得するならば、両市場における結合効果は、競争者の排除を可能にすると述べる。Case COMP IV/M. 1221—REWE/Meinl, Rn. 55（L274/9）.

29) 前掲 2.（3）（e）及び該当注 25 を参照。

14　第1章　需要力の本質論

場で収益率と投資の減少を被る供給者が排除される事態に至るならば、製品の多様さを減じ品質低下を招くとされ、このような供給者への厚生毀損を生む需要サイドにおける競争制限効果を見逃すべきでないとされている（パラッケの主張）[30]。またこのような上流市場における厚生の毀損効果は、供給者の集中が進行している場合には生じ難いとの留保つきながら、それを認める立場もある[31]。

(b) 競争保護でなく競争者保護を目的とする規制に対する反対論

　ここで述べた競争制限による搾取的な影響を重視する立場に対しては、前述した[32]ように、インデルスト／ウェイによる反論が、「ホールドアップ」問題の枠内で共同利潤の極大化戦略をもとに搾取的な需要力行使の問題を理解して、濫用の現実的な実行可能性に疑問を呈し、また、かかる推論は連邦カルテル庁も採用していた[33]。

　このような上流市場における供給者保護に慎重な立場は、行為者段階の市場の競争保護の態様が競争者保護となる帰結を回避する意図に基づく。すなわち、市場で優位な買い手に対して、小規模な買い手が排除される需要サイドの集中化問題については、非効率的な小規模企業の保護となる規制を競争法上とるべきではないという公共政策上の含意からする競争観が基礎になっている（下記（3）の（a）を参照）。

　これに対し、競争法上の競争観として、消費者厚生の極大となる経済的効率性を重視するアプローチに対しては、市場の機能的競争が危機に陥る事態を防止することは、競争法上の任務として避けられないという実践的関心に

30）Palatzke, Nachfragemacht, S. 72, 73f.

31）Mischitz, Einkaufskooperation, S. 65f.

32）前掲、2.（3）（b）における第5の注24を参照。

33）前掲、2.（3）の（b）に記述した第5及び注24を参照。

34）Vgl. Palatzke, Nachfragemacht, S. 72. それは、一般的にではなく、限定的な局面において競争者保護を通じた競争プロセスを維持する試みを認めて、市場で優位な買い手の継続的な需要力行使によって競争者が排除され、有効な機能的競争の遂行に重大な障害が及ぶ事態を防止する。その具体的な障害例は、前掲注30の該当本文の競争制限効果になる。
　パラッケはこのような残存する競争の重大な脅威となる濫用行為について、効率性の抗弁が主張されうる場合であっても、機能的で実効的な競争の維持が優先されるべき場合がありうることを、欧州委員会の支配的事業者による濫用的排除行為に関するガイドラインを根拠にしている。Vgl., 2009/C 45/02（European Commission）, Rn. 30.

Ｉ．需要力の経済学；需要力、市場力及び交渉力　　15

留意する反対説があり、需要力濫用規制として、不公正な取引慣行を禁ずる積極的な市場介入を是認する考え方もある[34]。

（3）厚生評価とその影響に係る理論的対立の検討

前述したインデルスト／ウェイは、下流市場の価格差別戦略を遂行する需要者が利潤極大化を実効的に遂行するために、「外部選択」の手段を行使するという合理的な契約当事者を仮定したモデルを、第二次の価格差別行為で重視されるべき経済学上の分析による成果として、以下のように挙げる。

（a）不完備契約論（インデルスト／ウェイ論文）における効率性の推定

ⅰ）このような分析モデルから競争政策上の含意として、需要力濫用規制について政策評価（消極）を以下のように導く。すなわち、英国の競争当局が大規模スーパーの行動綱領のルール造り[35]について前提にした条件を批判する。そこでの市場への介入を導く契約の現場で起こりうる問題の認識は、経済学的分析が不十分であり誤った政策上の含意を導く危険を抱える。また、有力な流通チェーン企業が事後的に遡及効のある仕入れ価格の引き下げ要求を通常のこととして行なっている現状、また支払遅延も通例として行い、双方とも民事法上無効とされることなく慣行となっている場合について、このような場合の双方的な契約締結に対する経済学的分析は市場への介入を容認するものでない、とする。

ⅱ）その点を敷衍すると、インデルスト／ウェイにおいては、共同利潤の極大化を試みる利害関係を共通にする契約当事者の双方が、事後的にその時々の交渉力に従ってその利潤の分配をするが、少なくとも双方の契約当事者の視点からは、交渉して取り決められた条件というものは、効率的である推定を導くのである。たとえば、前述の流通業者による支払遅延ないしは流通業者側からの一方的な遡及的な支払額の改定も、繰り返し容認される場合で、供給が適切な品質を示すものでないときには効率性の視点から行われる推定する[36]。

35）後掲、第3章、Ⅲ．2．を参照。

16   第1章　需要力の本質論

(b)　効率性の推定（不完備契約論）に係る前提条件の整理・分析

　上記（a）に引用した不完備契約論のアプローチからする、契約形成過程に対する効率性の推定論は、競争法上の規制に係る本稿の関心に基づいて、重要と考えられる判断要因を引用個所から、以下のように整理できるであろう。それは、

　　a）共同の利潤を極大にすることについて、双方で利害を共通にすること、
　　b）交渉が行われていること、
　　c）流通業者側の一方的行為であっても、繰り返し供給者が容認していること、
　　d）供給の品質に係る不適合などの問題点が存在すること、そして、
　　e）民事法上無効とされていないこと、の各項目にまとめられる。

　私見では、これらの点が交渉力を構造的に変更する規制を退けるポイントになっている。つまり、「外部選択」の手段を行使する需要者が交渉をリードして後段階の下流市場における価格差別戦略を遂行するなら、競争当局の契約形成過程への介入は認められない。競争法上の是正措置は、自由な意思によった当事者双方の意識的に選択された取引行為に対して、契約自由への不当介入として効率性の毀損を生ぜしめる、と批判がされるのである。

(c)　不完備契約論（インデルスト／ウェイ論文）の問題点

　しかしこのような、「外部選択」の手段を下流市場で価格差別を実効的に遂行するための道具として、共同利潤の極大を目指し合理的に行使する取引主体を想定して受動的差別の規制を試みる不完備契約論は、以下のような問題があると思われる。

　先ず、上記（a）のⅰに挙げた共同利潤の極大化について共通の利害関係を考慮要因として前提的に考えることは、以下の問題がある。それは、需要

---

36) Inderst & Wey, Wettbewerbsanalyse, S. 481. ここで、契約当事者の従事する事後的な利益分配の一連の過程を経ることから、効率性の向上を推定する本文の推論の基礎付けは、米国の「法と経済学（law and economics）」のアプローチにおける「不完備契約」論に依拠している。Vgl., a.a.O.（契約締結時に具体化されていない条項を、事後的に当事者が反対当事者の同意を要せずして補って完全なものとすることで、効率性の利得を得る）.
　　なお不完備契約の経済理論において、不十分にしか規定しえない契約を補う制度として法律と企業組織が相互に補完し合う関係に立つことで、効率性を達成する枠組みを提示するものとして、参照、柳川・契約79頁以下。

者が機会主義的な行動をとり評判を悪化させることについて市場での取引機会の低下懸念から慎重であるとの予測を考慮するにしても[37]、EU 経済の結合市場に生じている構造的変化のもとで、市場支配的企業と中小企業との取引関係を正しく捉えることにならないのではないか、との問題が残る。かかる変化とは第一に、供給者が域外の外国市場へ供給を回避させる可能性が乏しく、結合市場における需要に結び付けられている実態に係る。この実態のもと、中小企業における収益と融資の特別の悪化は、市場支配的な巨大企業とコンツェルンが需要力と供給力をそれぞれ任意のものとしているなかで、広範な従属関係を需要者と供給者の間に生ぜしめている。供給者につき、製造と販売の市場においてまた個々の取引関係においてこれら大資本と対峙することは、従属性を結合市場と取引間関係で本質的な属性として捉える必要があると反論されている[38]。

　次に、上記ⅱ) の交渉がされたことの理由付けにつき、供給者の搾取が「利益強要（Anzapfen）」として需要力の濫用問題とされる例に即して、従属性を基本とする取引関係が構造化している供給者／需要者間の関係における需要力行使のパターンが解明され、その説明の不十分さが指摘された。すなわち、リベートとともに支払い期間の長期化の負担を被る中小事業者の抱える困難は、流動性の低さの問題として資本の損失が懸念されるのであり、他方、需要者は高い利益を手に入れることができる[39]。また流通業者にあっては、顧客嗜好に係るデータベースの整備や前段階の供給市場の情報に精通することによる高度の取引先開拓、さらにはコストの一部負担や一定量の買い取りを引き受けることを通じた新規参入の促進といった多様な供給者市場への統合策をとる能力まで備えている[40]。この点から流通業者は、供給先の技術的ないし企業組織の動態的プロセスに対し会計上のチェック機能を働かせることもできるのであり、このことは供給者の価格形成における抵抗力を喪失せしめる権威の働きを生じさせる[41]。したがって需要者優位の交渉過程は、共同

---

37) Vgl., Inderst & Wey, Wettbewerbsanalyse, S. 481.

38) Bontrup & Marquardt, Nachfragemacht, S. 126ff., 134（自動車産業を納入先とする製造業者の流動性のネック）.

39) Bontrup & Marquardt, Nachfragemacht, S. 128.

18　第1章　需要力の本質論

利潤の極大化が当事者双方の自由意思によって遂行されるという説明を説得的に提示しえるとは考え難く、業績関連性を欠く価格差別行為の交渉力提示のパターン要因について、強迫を含めた前記パラッケの所説は、その限りで妥当性を認められる。

ⅲ）さらに、このようなEUの結合市場に生じている供給者／需要者間の広範な従属関係や、需要者による供給者に対する介入、監視の体制が存することは、上記の（b）におけるc）に記した供給者による繰り返しの容認についても、従属的関係の徴表として把握する結果を導きうる。さらに後述する「恐れの要因」[42]により、繰り返しの容認を「強いられている」点の考慮を欠く問題がある。結果として交渉力行使によった契約形成過程の効率性推定を政策上の含意として導くインデルスト／ウェイの推論展開には問題が残る。

Ⅱ．外部選択理論による交渉力概念の基礎付け（ブリュッセル／フィレンツェ報告書）

　これまで、EU競争法を前提にして、インデルスト／ウェイ論文により外部選択理論を用いた不完備契約の交渉力理論や、それに批判的なパラッケに

40）この点は、インデルスト／ウェイが重視した交渉力提示の前提条件である「外部選択」について、その実際の行使にあたっての障害を少なくするという働きをする。かかる働きはインデルスト／ウェイの主張とは反対に、供給者の従属性を増すのであり、需要者の交渉力強化に役立つ。例えば食料品流通業者が製造業者を取り替えようと思うなら、専門知識を有する訓練された従業員を擁し、さらに多様な要求に沿う顧客の嗜好に関するデータベースを備えるような流通業者では、単なる供給先の交換にとどまらない新規参入にまで及ぶ高度の取引先開拓が可能になる。さらに高度の取引先展開のパターン例として、需要者が前段階の供給市場の情報に精通することにより、広く拡散された取引先選択のベースを用意することで交渉力は増す。Palatzke, Nachfragemacht, S. 70, Stollowsky, Nachfragemacht, S. 22f.
　　また小売における顧客獲得競争の激化から、マーケティング戦略の具体的な展開や製品デザインといった事柄に限られず、商品の企画や開発、製造のプロセスにまで深く入り込んだ関与を行い、流通企業が製造業に係る知識、情報を集積していることは、販売の前線で陳列棚の希少スペースを流通業者が握っていることと合わせて流通業者の優位に資する。Stollowsky, Nachfragemacht, S. 21f.

41）Vgl., Bontrup & Marquardt, Nachfragemacht, S. 129, 132f.（ドイツ自動車産業における納入業者に対する介入と圧迫例を列挙）. このようなチェック機能を本研究では、抗争交換理論に依拠して「権威」の作用として捉える。後掲のⅢ．2．（7-1）を参照。

42）後掲、Ⅱ．2．における「（4）法的ルールに基づく規制を阻害する『恐れの要因（fear factor）』」を参照。

Ⅱ. 外部選択理論による交渉力概念の基礎付け（ブリュッセル／フィレンツェ報告書）　19

よる交渉力理論をみてきた。この EU の需要力濫用規制の動向に係り、事業者間の不公正取引慣行の新たな規制を探る欧州委員会の試みとして、先ず2009 年に開始された「欧州食品サプライチェーンの機能改善」のプロジェクト[43]がある。さらに、食品サプライチェーンによる不公正取引慣行を規制して、農家の地位を強化することを目指した EU 指令がある[44]。

　前者の機能改善規制に関する欧州委員会の結論に大きな影響を与えたと考えられる研究が、2014 年 2 月に欧州委員会に提出された、「小売サプライチェーンにおける事業者間の不公正取引慣行をカバーする法的枠組みの研究：最終報告書」（以下、本稿では「ブリュッセル／フィレンツェ報告書」、あるいは「報告書」と略称）である[45]。

　ブリュッセル／フィレンツェ報告書において、その不公正取引慣行の規制に係る法理論的枠組みの問題点は、機能的アプローチをとり、その枠組みが競争法の理論的基盤により構築されることを明確化していない点にある。かかる機能的アプローチとは、欧州委員会が重視する、ボランタリーな規制による取引当事者間の紛争解決方法の原型になる。さらに、報告書は、法理論的な枠組みの基礎となる経済学的な政策含意を、取引費用経済学に求めた。その含意は、強い契約当事者による機会主義的行動の抑止を、信頼できるコミットメントを確保する市場の協調解により達成するものであった。結論的に述べると、この協調解アプローチには、以下のような問題がある。すなわち、市場における競争と取引におけるコンフリクトを分断的に捉え、不公正取引慣行の規制について、上流と下流の市場からの影響が考慮されない。消費者向け市場の競争圧力から大規模スーパーが販売促進の協力圧力を高めた英国等の経験に照らすと、協調解の達成を困難にする事態は軽視される恐れ

---

43) 第 1 章の最後に、付属資料：「欧州食品サプライチェーンの機能改善」規制の展開を添付した。

44) その端緒は、欧州理事会の以下の決定である。Strengthening farmers' position in the food supply chain and tackling unfair trading practices- Council conclusions（12 December 2016). 本プロジェクトは、以下の指令に成果がまとめられている。Directive（EU）2019/633. 参照、長尾・濫用 48 頁。

45) Study on the Legal Framework（欧文引用文献略語表を参照). 報告書は、その法的分析がブリュッセルの欧州政策研究センター（The Centre for European Policy Studies）とフィレンツェの欧州大学院（the European University Institute）の各研究機関に属する中核メンバーによりまとめられた。

20 第1章 需要力の本質論

がある。

　このような問題点に対し、本稿は取引費用経済学に批判的な抗争交換のモデル理論に依拠して、以下の批判をする。後段階市場において、大規模流通業者は販売競争を活発化させ、市場の相手方である供給業者は、供給過剰の市場で大規模流通業者への販売競争を強めることを余儀なくされる。双方の市場における競争状況が、取引当事者間のコンフリクトの状況を規定していく。したがって、上記のように競争とコンフリクトを分断的に捉えた「信頼できるコミットメント」論による協調解アプローチでは、適切な不公正取引慣行の規制は、困難である。

　以下、「ブリュッセル／フィレンツェ報告書」からの引用は、該当箇所を（p.～）の体裁で本文（一部脚注）に摘示する。

1. 競争制限と異なる市場力の把握──交渉力のアンバランス問題

　関連市場における市場支配力が存在しない（EU）反トラスト法制の適用が困難の場合、あるいは垂直制限にともなって全体的な市場のシェアが反トラストの規制を導くレベルに達しない場合にも、交渉力のアンバランスによる経済的従属関係は生じることが注目される。本報告書は、競争制限を可能にする市場力や市場のシェアによった伝統的なメルクマールによっては、交渉力のアンバランスからもたらされる、事業者間の不公正取引に係る法的な評価が困難になるとする。この点から、交渉力のアンバランスの生じる原因を、「交渉に基づく合意よりも好都合である代替的な取引先」（イアン・エアーズ／バリー・ネイルバフ）[46]を一方の当事者のみが有する点に求めている。契約条件の交渉をなすうえでのこのような優位は、最終的に契約が生み出す余剰において、より大きな取り分を優位な当事者にもたらすとされる。（p.25）

---

46)「交渉に基づく合意よりも好都合な代替的取引先」("better alternative to the negotiated agreement") の概念は、イアン・エアーズとバリー・ネイルバフによる「交渉に対する障害としての共通知識」論文からの引用である。See, Ayres & Nalebuff, Negotiation, pp.1632-34.「共通知識」論文の内容紹介については、参照、拙稿・法理論的枠組み 53 頁注 101。

2. 「交渉に基づく合意よりも好都合な代替的取引先」の指標

（1）契約の交渉及び履行過程における力のアンバランスと代替的取引先

　交渉力の格差それ自体は、契約取引に普通に存在する。契約の交渉過程における力のアンバランスに係り「交渉に基づく合意よりも好都合な代替的取引先」を有するか否かの指標は、単に代替的な取引先選択の自由が問題にされるのではない。市場の相手方について、違反行為者に対する回避可能性に係っての代替的な取引先を確保しえるかは、競争法の市場における競争阻害の指標であった。対照的に、需要力濫用に起因する不公正取引慣行の規制において問題にされる代替的な取引先の選択については、契約の締結と実施（履行）の過程に注目する。すなわち下記に述べる、「交渉に基づく合意」の達成過程、そしてその合意の遂行過程に係っての紛争が問題にされて、代替的な取引先が論じられる。

(1-1) 過剰あるいは重大なアンバランス

　上に述べた契約交渉の過程と履行における力の行使態様は、交渉力のアンバランスと従属関係の経済的説明に即して、不公正取引慣行の評価が導かれる特徴がある。それは需要力ないし交渉力の行使に係る濫用の不当性を導く指標でもある[47]。すなわち、「交渉により生ずる過剰あるいは重大なアンバランス」の結果が問題にされる。契約取引に通常存する交渉力の格差に対し、需要力ないし交渉力の濫用に対する不当性評価を導くためには、「交渉に基づく合意」の達成、そしてその合意の遂行を危機におとしいれる力の行使として、過剰ないし重大な交渉過程のアンバランスを生ぜしめる結果が問題にされる。(p.25)

(1-2) 過剰ないし重大な交渉過程のアンバランスを生ぜしめる要因

　こうした過剰性ないし重大性を生み出す要因は多様であり、ブリュッセル／フィレンツェ報告書は、六要因を摘示する。本研究では、先ず取引費用経済学の外部選択理論に属する「交渉に基づく合意よりも好都合な代替」理論について、その基礎的な前提条件を構成する、①「交渉に基づく合意よりも

---

47) 欧州委員会の2014年1月グリーンペーパーによる、かかるアンバランスを生む要因の分析について、拙稿・法理論的枠組み243頁以下を参照。この拙稿239頁以下に、グリーンペーパーの翻訳を添付した。

22 第1章 需要力の本質論

好都合な代替」となる取引先等に転換するコストの性質と程度を検討する。その後に、②一方当事者の経済的な従属性（供給量に係る従属性：取引依存度）、③情報の非対称の存在と不完備契約、を論じる。次に④供給財の腐敗し易い性質について簡単に触れた後、契約の履行過程ないし契約違反行為の訴追過程に生じる問題である、⑤の違反行為の申告に対してなされる報復（取引停止等）に係る「恐れの要因」、と⑥弱小な供給者が司法にアクセスする諸問題を論じる。

（2）取引転換コスト

(2-1) 関係特殊投資と取引転換コスト

ブリュッセル／フィレンツェ報告書は不公正取引慣行を分析する「鍵となる要因」として、取引上、商業上の関係から退出することに障害的な働きをする取引転換コスト（Switching Cost）を挙げる。それは、ウィリアムソンによる「取引費用経済学（transaction cost economics）」に基づく「関係特殊投資」と「埋没コスト（sunk costs）」に当たる[48]。(p.26)

(2-2) 供給量に係る従属性と取引転換コスト（取引依存度）

取引転換コストの例として、ある契約当事者が相手方に事実上従属する場合がある。それは、当該取引がその当事者の販売や供給の重大な部分を占めるために、商業上の関係において代替的な契約への転換が容易ならざる場合である。弱小な当事者の視点から、現在の市場の相手方に代わる代替的取引先の開拓は相当な時間とコストを必要とし、多くは実際に可能性がない。これは、他方当事者が市場力を欠いている場合でも、契約上の力を有しているならば起こりうる[49]。(p.26)

[48) 報告書が重視する関係特殊投資及び埋没コストの「交渉に基づく合意よりも好都合な代替的取引先」との関係については、参照、拙稿・法理論的枠組み、55 頁以下注 103。

[49) 取引転換コストが重大なものとなるケースは、特定の相手方との取引につき代替の無い技術やノウハウのような要因によっても起こる。現代のグローバルな付加価値チェーンのネットワークにおいては、買い手により保有されたノウハウと技術的知識を基礎として、各国に衛星として位置する関連会社を通じて、その取引相手に対し要素部分の生産と製造を発注させることで、購入者の交渉力を増す傾向がある。Legal Framework, p.26.

Ⅱ. 外部選択理論による交渉力概念の基礎付け(ブリュッセル／フィレンツェ報告書)　23

(2-3) 取引転換によるコストの捉え方の特徴──その問題点

　報告書における取引の相手方による供給量の偏重に起因する従属性把握の特徴は、供給業者の取引先を転換するコストに起因する説明がされる。したがって、以下の問題点を指摘できる。供給業者がライバルと競い合う取引先を失う結果にともなう損失を回避するため、大規模な買い手に提供する多様な犠牲に係る従属性は顧みられない特徴がある。すなわち、後に説明する抗争交換理論が重視する、買い手による販売促進の協力要求に継続的に応える犠牲の側面が十分に捉えられておらない。

(2-4) 取引転換コストと戦略的な機会主義的行動 (埋没コスト)

　供給業者と流通業者間の契約において弱い当事者の側に関係特殊投資の埋没コストを生ぜしめる例は、時間の経過とともに供給業者が取引関係を放棄するリスクに対して、それを減じる戦略的手段のために、かかる特殊な投資をなさしめる機会主義の場合がある[50]。

(2-5) 「最低限の供給レベル」の義務付け

　製造業者の埋没コストを増す企てを行ったと言われている小売業者については、製造業者の全体的な供給量を「最低限の供給レベル (minimum supply levels)」に抑える義務付けが行われることがある。これは、結果的に製造業者がほかの流通業者に供給できないようにする全量供給契約である。(pp.26-7)

(2-6) 「最低限の広告・宣伝要求」や「埋没設備」の義務付け

　「最低限の広告・宣伝要求 (minimum advertising requirement)」の義務付けは、広告宣伝をするために製造業者が最低限を支出しないと、小売業者は製品を在庫に加えることを拒むというものである。そして「埋没設備要件 (sunk facility requirement)」について、小売業者は製造業者が製造設備に埋没コストを抱え込むまでは、供給のための契約 (とりわけ小売業者の自社ブランド製品について) を締結することを拒む場合をいう。(p.27)

---

50) 契約の一方当事者は、相手方の取引先転換のコストが関係特殊的な投資のために高くなることを知っている場合に、そのようなコストを意図的に発生させて再交渉の余地を狭める戦略的な機会主義的行動をとることがある。この場合のインセンティブ分析をした論稿として、参照、清水／堀内・インセンティブ159頁。

24　第1章　需要力の本質論

(2-7)　行為の広がりと弱い当事者の代替的取引先確保の問題

　報告書において、商業的な取引関係において不公正な取引慣行を課されることで余儀なくされる取引先の転換について、問題になっている当該慣行が産業全体に広く行われているのなら[51]、代替的な取引の相手方は、転換を欲する弱体な当事者にとってより良い条件を保証しないという問題が指摘されている。(p.27)

（3）　情報の非対称性と不完備契約
(3-1)　情報探索コストと不完備契約

　当該取引の契約当事者について問題になる情報収集の能力に格差の存する場合、不公正な取引慣行の生ずるおそれがある。消費者保護の規制と同様に、中小企業について契約関係のすべての側面で情報収集の必要性を問題にする保護規制は、事業者の資源利用の制約性から実施は困難となる。このことから、情報の非対称性が問題になる場合、一定の契約申し込みに際し全てのありうる情報を集める企ては、放棄するのが合理的である[52]。(p.27)　不完備契約の主たる原因として、情報探索コストの問題に求められる点が特徴的である。

(3-2)　不完備契約と戦略的な機会主義的行動

　上記（3-1）の状況における典型的な結果として、契約書面はそれ自体として全面的に交渉されなかった条件を含んでいるのであって、商業上のリスクの移転が強い契約当事者から弱い当事者へ生じていることになる。小売チェーンをめぐる契約取引の特徴的現象として、小規模な当事者は契約交渉を実効的に行う力が限られていること、そして契約の全条項にわたって十分な情報を獲得する能力は限られている[53]。現実問題としてこのことは、欧州

---

51) 買い手の発動する垂直制限が時間の経過とともに、産業全体において広く「慣習及び慣行」の働きをする協定としてスタンダードになり、「買い手間で差別のないことを確実なものとする」ように行われることがある。ドブソンは、買い手と売り手間の販売促進の支出を例として挙げる。Dobson, Buyer-Driven, p.108, note 9.

52) ここでブリュッセル／フィレンツェ報告書は、情報検索のコスト問題に係る最適な検索回数の決定問題、すなわち、情報探索の費用がかかるため、ある時点で探索・比較検討を打ち切ることが経済効率的になる場合が存すること明らかにしたスティグラー論文を引用する。Stigler, Information, pp.213-225.

委員会のグリーンペーパーが挙げた不公正取引慣行の多くが、契約の不完全さに関係する[54]ことに対応する。このような契約の不完備性は、強い当事者及び情報をより多く有する当事者について、契約の合意の後でその義務付けのバランスを自己の有利に変更する戦略的行動ができる[55]。これも機会主義の問題とされる。(p.27)

(3-3) 情報の非対称性とホールドアップ問題

ⅰ）ブリュッセル／フィレンツェ報告書は、かかる戦略的な企図による過剰なリスクの移転行為を、情報の非対称の問題を利用して生ぜしめるものと捉える。(p.27)具体的には、交渉過程における力のアンバランスから生ずる「交渉に基づく合意よりも好都合な代替的取引先」を有する当事者の機会主義的行動である。

　以上の理論構成をまとめると、情報の非対称性に起因する交渉力のアンバランスは、取引転換コストを生ぜしめる関係特殊投資と限定的合理性がそのアンバランスと結びつくとき、事後の機会主義的行動であるホールドアップ問題を生ぜしめる、というものになる[56]。

ⅱ）こういった事態の対処策としては、先ず、当事者によるホールドアップを行わないというコミットメントが考えられる[57]。

ⅲ）そして、かかるコミットメントによる、ボランタリーベースの不公正取引慣行に対する規制が、実務に大きな影響を与えている。2013年9月に運用を開始したサプライチェーン・イニシアチブ（SCIという）は、不公正な取引慣行を行わないというコミットメントによる信頼が当事者間に構築されることを目指す[58]。この点が取引費用経済学の成果である。

---

53) ブリュッセル／フィレンツェ報告書は、取引コストの問題から情報の非対称性に起因する状況下で、強い契約当事者は戦略的な機会主義的行動をとることを指摘する。See, Legal Framework, p.27.

54) 後掲、第1章付属資料：「欧州食品サプライチェーンの機能改善」規制の展開」の2. を参照。

55) 報告書はホールドアップ戦略の詳しい説明を欠く。この点の説明は、参照、拙稿・法理論的枠組み、61頁以下の脚注113。

56) See, Williamson, Economic Institutions, p.47.

57) ミルグラム／ロバーツ・組織151頁。かかるコミットメントが将来のホールドアップを行わないという強制可能な契約であるとされ、協調を促す目的によるビジネス環境の状況整備として、「エージェンシー・ゲーム」の理論モデルである点の説明は、後掲（4）（4-6）ⅱ）におけるクーターとユーレンの理論を参照。

26　第1章　需要力の本質論

ⅳ）また、コミットメントには、違反企業名の公表による消費者や取引先が購入や取引を控える効果に期待した、評判のメカニズムといわれる機会主義的行動に関する市場の抑制作用も挙げられる。すなわち、強い当事者の機会主義的な過去の行動に対する市場の行う評価である。

ⅴ）しかしながら本研究は、かかる市場機能を活用した不公正取引慣行の規制手段の選択には、限界があることを軽視すべきでないと考える[59]。

（4）法的ルールに基づく規制を阻害する「恐れの要因（fear factor）」
(4-1) ブリュッセル／フィレンツェ報告書による「恐れの要因」の定義

　事業者間の不公正取引慣行は、民事法ルール等によりそれを規制する加盟国においても訴訟にいたったケースが稀であると評価され、政策問題として特異な状況を呈する。それは契約関係における強い大規模流通業者に対する

---

58) 第1章付属資料で言及した欧州委員会による「不公正取引慣行報告」（2014年7月）において積極の評価がされた、SCIに関する記述を参照。SCIに集まった大規模流通業者は、取引費用経済学の主張するコミットメント論に賛同して、行動綱領を遵守する登録をした。

59) 不公正取引慣行の規制に係って、市場機能を活用した評判のメカニズムと言われる機会主義的行動に関する市場の抑制作用に依拠する立場に対する批判は、本研究が依拠した抗争交換の主張者ボウルズによってなされている。不完備契約をともなう市場の情報の非対称性問題を解決するための、ボウルズが「市場規範」と呼ぶ機会主義的行動を抑止するメカニズムについて、その機能に対する批判的検討がされた。

ⅰ）その「市場規範」とは評判、報復、そして分断化である。

ⅱ）最後の分断化は、人々が同類の人と群れることにより不完備契約における機会主義を緩和するものであり、相互作用する相手に利益を授け、裏切る相手に費用を負わせることが可能な場合である。

ⅲ）上記の本文では、ブリュッセル／フィレンツェ報告書やSCIが依拠した、評判のメカニズムを論じた。これらを含めて報復、そして分断化によった「市場規範」について、機会主義的行動を阻止ないし抑制するその限界は、以下のように論じられている。

　　「報復や分断化、評判が高い協力水準に均衡を維持するための条件は、相互作用が繰り返されること、タイプに応じた組み合わせがなされること、他者がどんなタイプの人間であるのかに関する情報が低費用で入手できることであ（り）…このような関係は、安定した隣人同士や労働移動の少ない企業、そしてときに共同体…とか、一族…と呼ばれる同業者のグループのような、頻繁に繰り返され、多面的で、顔の見える状況に見出される」。

　　ボウルズ・ミクロ経済学 239、243、252頁、Bowles, Microeconomics, pp.249, 258.

ⅳ）英国の2013年綱領審判官法の立法審議では、違反企業名の公表とそれにより「恥をかかせる措置」の限界が議論された。それは、評判（名声）のメカニズムにより、消費者に対し買い控えを誘引する制裁である。かかる評判の効果について、消費者と大規模スーパーは、まさにここに挙げた「多面的で、顔の見える状況」とは言い難いと考えられる。すなわち、違反企業名の公表という市場のインセンティブ機能に信頼した立場への批判がされたものである。参照、拙稿・新展開30頁以下。

Ⅱ. 外部選択理論による交渉力概念の基礎付け（ブリュッセル／フィレンツェ報告書）　27

違反行為の申告や訴訟提起に対して、弱い当事者は報復的な取引停止を恐れて申告、提訴を控えるからである。かかる状況は、本報告書によって「恐れの要因」と呼ばれている。(p.8)

(4-2) 恐れの要因を生ぜしめる制度的な原因

報告書は、一般的に、契約関係にあって相対的に強い当事者が不当な条件や慣行を課す可能性というものは、弱者保護の法的ルールが存するなら相当に限られるとする。多くの加盟国において契約法や不法行為法が、優越する交渉力の濫用的行使から反対当事者に損害を及ぼす結果を抑制する一連のルールを備えている。しかしそうであっても、不公正取引慣行を課されることに対し、取引停止等を恐れる反対当事者が司法による救済を求めるインセンティブが十分なものとは言い難い[60]。(p.28)

(4-3) 民事的救済の機能不全と繰り返しのゲーム

報告書はこの救済を受ける動機を削ぐ原因を、ゲーム理論の「繰り返しのゲーム（repeated game）」により説明する。すなわち不公正な取引慣行に対する民事法ルールによる訴訟提起は、取引停止の報復手段を被る困難な事態を導く。かかる弱い当事者は、不満足であっても商業的な契約関係の犠牲者に留め置かれることを甘受する（過度の対立回避）。さらにこのような犠牲者の地位は特殊関係的投資をなす場合に、ロックイン状況から悪化する。この場合、弱い当事者が従属的地位に留まる事態は、暗黙の協調の態様（暗黙の「おきて」）によって、将来利益の期待とともに取引のゲームが「繰り返される」ことによって説明されると捉えられる[61]。

(4-4) 繰り返しのゲームを生ぜしめる「恐れの要因」の条件

すなわち、このような「繰り返し」の取引に留め置かれる弱い当事者の地位を説明する「恐れの要因」を構成する条件は、①当該取引関係から離脱することによる損失の衡量（取引関係を失う結果からもたらされる損失を、将来期待される利益と衡量する）、②かかる衡量は当事者間の暗黙の「おきて」とし

60）報告書は、恐れの要因は繰り返しのゲームの特質を考えることで「容易に説明される」とする。(p.28)　しかし、後述の「3. 取引費用経済学に基づく交渉力理論の問題点」で指摘するように、供給業者が違反行為の申告を控えて、黙示の協調によって取引を繰り返す原因について、ゲーム理論を適用する十分な説明を欠く。

28 第1章 需要力の本質論

て作用する、③ロックイン状況（特殊関係的な投資に起因する）によるホールドアップ問題とともに、④民事法ルールによる弱者救済の手段に係る不十分さ、にまとめられる。

(4-5) 相互的な協調解としての暗黙の「おきて」——その具体的内容

　要するに報告書は、大規模流通業者／供給業者間の暗黙の「おきて」を以下のように想定するものと考えられる。すなわち、大規模流通業者が不公正な取引慣行を課しても、供給業者はそのもとで一定の利益を受けている。そのために、流通業者は供給業者が違反の申告に至らないであろうと予測する（あるいはそのように期待する）。他方供給業者も、流通業者の要請に従う限り、取引を維持できるとみなす。報告書は、このような違反の申告回避に対する取引関係の継続による利得を得ることによった相互的な協調解として、暗黙の「おきて」が成立しているとするものと考えられる。

(4-6) ゲーム理論による不確実性とリスクの縮減

ⅰ）報復的な取引停止の威嚇的効果によりロックイン状況に陥った弱い当事者が、契約法等の救済制度の不十分さとしてホールドアップ問題をかかえる

61）ⅰ）「繰り返しのゲーム」と暗黙の協調
　　ブリュッセル／フィレンツェ報告書は、不公正な取引慣行が生じても、弱い当事者のいだく恐れの要因から取引はなお繰り返されるという事態の原因を説明する場合に「繰り返しのゲーム」理論に依拠する旨明記するが、その典拠を示していない。そこで本稿においては、利害対立の状況にある契約当事者が長期的関係において、暗黙の協調に従い行動するパターンの分析をした以下の論文をとり挙げる。参照、松島・繰り返し。
ⅱ）「おきて」と暗黙の協調、将来利益の期待
　　同論文は、自己利益を追求する相互に対立的な関係にある経済主体が暗黙の協調に導かれる要因として、かかる現実の経済主体に作用する「おきて（code of behavior）」に従うことを挙げる（下記のカルテルのケースに係る説明参照）。その結果、経済主体間で過度の対立が避けられて、暗黙の協調が保たれる。
　　経済主体は、こういった規律に従うことで本人の短期的な利益にそぐわない場合でもそれを尊重せざるを得ない。そうすることによって、将来他者から友好的な扱いを受けるという報酬に係る期待に基づいて行動する。
ⅲ）社会的厚生の毀損問題とモニターの可能性
　　そして、かかる規律が守られることによる帰結は、社会的厚生の毀損を生ずる。例えば、カルテルを提携する複数企業がカルテル参加者間の閉鎖的な「おきて」を守ることにより、社会的便益を減ずる場合である。このように暗黙の協調は、理論経済学における厚生問題となり、その場合、閉鎖的な社会における規律の作用の仕方は様々であり、問題事例における過去の歴史的経路に基づいて、長期的関係において捉えられなければならないとされる。松島・繰り返し90頁以下。また繰り返しのゲーム理論においては、プレーヤーが相手の選択した行動をモニターできるかどうかが、暗黙の協調の成立する可能性を大きく左右する。同書92頁。

Ⅱ. 外部選択理論による交渉力概念の基礎付け(ブリュッセル/フィレンツェ報告書)　29

ことは、報告書の見解によれば、ゲーム理論のエージェンシー問題として理解される（後掲ⅱ以下を参照）。そこで、このような場合の政策的課題は、その威嚇的効果と救済制度の不十分さがもたらす不確実性とリスクを縮減して、当事者双方の交換と協力を促進させることにより、経済的厚生の改善を図ることである。

ⅱ）この点に関し報告書は、契約法を「法と経済学」による戦略的側面から分析をしたクーター/ユーレン（Robert D.Cooter/Thomas S.Ulen）に依拠する。「エージェンシー・ゲーム（agency game）」の理論を典拠として、このような課題の不確実性とリスクを縮減して当事者双方の協調解（信頼できるコミットメント）を導くモデルを提示する[62]。(p.29)

ⅲ）ブリュッセル/フィレンツェ報告書の不公正な取引慣行の戦略的な企業行動の把握とクーター/ユーレンのゲーム理論とを合わせて理解すれば、以下の説明が適切であろう。それは、不公正な取引慣行の規制を設計するにあたっては、その基礎に信頼に基づく供給者/需要者間の長期取引を可能とする規制の枠組みを構築する必要がある、ということである。このような特徴を示す、本報告書の理論的な重要箇所（恐れの要因についての報告書の考え方を述べている。）は以下の通りである。(pp.29-30)

　　「弱い当事者は、退出戦略を描くことができないこと、そして相手方はその関係の継続のうちに不公正な取引慣行を企てる動機をもつに至ることで、相手方との取引関係において投資を行わない決定をすることは起こりうる結果である。恐れの要因を排除するあるいはそれを抑えることを目指す政策が抱えるリスクは、

---

62) ⅰ）クーター/ユーレンによれば、契約法における戦略的側面は、時間的経過における交換の不確実性とリスクに係って明らかになる。例えば、売り手が買い手に対して将来の引き渡しとなる目的の財について、直ちに代金を支払うよう要求する場合の不確実性とリスクである。「強制可能性のない」将来の約束については、慎重な買い手ならば今の時点での代金の支払いは拒否する。これは、不確実性とリスクが予測される状況が存するからである。
ⅱ）クーターとユーレンは、このような契約の履行に係るインセンティブと強制力の向上をはかるためには、「コミットメント」によって、将来の選択肢や可能性を排除する行為が必要であるとする。
ⅲ）とりわけ将来の時点で財を引き渡さない機会主義的な行為の排除に対しては、当事者双方の可視的な「信頼できるコミットメント」が有効であるとする。クーター/ユーレン・法と経済学、214頁以下。
ⅳ）「信頼できるコミットメント」については、ウィリアムソンもその重要性を指摘する。See, Williamson, Economic Intstitutions, pp.167-168.

30　第1章　需要力の本質論

サプライチェーンに連なって位置付けられた行為者の間でなされるタフな価格引き下げ交渉が妨げられて、結果的に最終消費者に向けた損害が生じる点である。要するに、小売りチェーンにおいて、不公正の取引慣行が注意深く抑制されるルールの策定がなされる一方において、常に恐れの要因は忘れられてはならない……この問題を解決するには、垂直的なチェーンにあって必ず存在しなければならない信頼を基礎にした関係を混乱に陥れることがあってはならない。そうでなければ、効率的な事業者の行動が阻害されてしまうことになろう」。

（5）司法裁判所へのアクセスに係る困難性

報告書は、小売チェーンストアにおける弱い契約当事者、とりわけ中小企業が合理的なコスト負担により裁判所にアクセスすることが難しい実態について、当該産業から不公正な取引慣行を取り除く大きな障害であるとする。限られた財務能力と代替的取引先をもたない弱い立場にある中小企業は、押しなべて紛争の処理手続きが自らにとってどの程度有利であるか、また法的なシステムに有効性がどの程度存するかに反応して、裁判手続きによる解決を断念する方向に追い込まれる傾向がある[63]。(p.31)

（6）過剰ないし重大な交渉力のアンバランスを生む要因──まとめ

以上の説明は、報告書が、取引費用のモデル理論に基づく不公正取引慣行の経済学に従い組み立てた、「交渉に基づく合意よりも好都合な代替的取引先」の理論的な内容である。この概念は外部選択の手段を一方当事者が欠く場合に生じる、契約交渉の過剰あるいは重大なアンバランスな結果について、それを生じさせる要因を論じたものである。

かかるアンバランスを生む要因の特徴的内容を、以下に要約、列挙する。

①取引上、商業上の関係から退出することに障害的な働きをする、取引転換コストが重視されている。かかる取引転換コストの具体的内容としては、関係特殊投資と埋没コストが問題とされる。

②不公正取引慣行を生む取引転換コストの問題になる例として、取引依存度が高

63）司法へのアクセスのコスト等の負担について、報告書の詳しい説明は、拙稿・法理論的枠組み90頁を参照。

Ⅱ. 外部選択理論による交渉力概念の基礎付け（ブリュッセル／フィレンツェ報告書）　31

い場合が特に挙げられている。

③需要者が不公正取引により関係特殊投資の埋没コストを生ぜしめる場合については、機会主義的な戦略行為として説明されるが、それ以上に需要者をしてかかる行為に導く市場の要因分析はなされない。

④不完備契約のもとで行われる過剰なリスクの移転は、情報の非対称性が原因とされ、この場合も当事者の機会主義的行動が問題とされる。

⑤このような機会主義の戦略行動を生む取引主体の属性としては、限定合理性の特徴把握がなされるに止まる。

　報告書に対しては、過剰あるいは重大な交渉力のアンバランスから生じる不公正な取引慣行の是正措置が、次の問題になる。

（7）取引費用経済学による規制枠組みの構築
（7-1）協調解によるゲームの達成（市場と取引関係に対する長・短期の影響）

　不公正取引慣行の是正措置に係り、ゲーム理論のエージェンシーモデルにおけるホールドアップ問題に対し、不確実性とリスクの縮減をはかる規制の理論が報告書に提示された。それは、信頼できるコミットメントにより契約当事者の長期取引を可能とする規制の枠組みを導きだすクーター／ユーレンの理論モデルである[64]。(p.29) この部分の報告書の基礎的な構成は以下のようになる。

ⓐ供給者の関係特殊的な投資がされる関係を築くために、ゲーム理論における協調解による投資を促進する目標が重視されている。

ⓑ「信頼できるコミットメント」の理論経済学モデルから導かれる、「協調解によるゲームの達成」を目指す試みがされている。

　上記のような、当事者間の価格交渉と協調による信頼関係を重視する報告書の考え方は、恐れの要因を抑制するための供給者と需要者の間に介入をする規制の試みに係って、

①短期の視点における市場価格への影響が配慮される。すなわち、消費者の

───────────

64）前掲（4）（4-6）におけるⅱ）を参照。

32　第1章　需要力の本質論

利益となる価格引下げをもたらす当事者間の厳しい交渉を阻害するもので
あってはならないという規制による介入の抑制的姿勢を特徴とする[65]。さ
らに

②長期の視点では、供給業者サイドの投資活動に対する配慮は、供給業者と
小売業者の間における長期的な協調による信頼関係に基づくことを重視し
ている[66]。

(7-2) コミットメントと約束の強制

(a) 将来の約束を履行する確実性を重視

　この①と②の自主的交渉と協調による当事者関係を形成する基盤は、報告
書では約束の強制にある。すなわち当事者間の信頼の有効性が具体的に、次
の二つの当事者間の約束を強制できる事情にかかっている。ひとつは需要者
が望むこととして、供給者により適切な供給が可能になるために、関係特殊
的な投資を行う約束を将来強制できることである。他方供給者については、
当初の契約における合意に従った代金の確実な支払いが需要者によってなさ
れること、あるいは将来的に過剰なリスク負担となる附随的な契約条件を押
付けられないことについて、それぞれを確実にする措置を望んでいる。

　このような強制できる将来の約束を双方が望んでいる場合に、契約法解釈
により協調解によるゲームを可能にする機能発揮の設計がされるべきとする
のが、エージェンシー・ゲームを前提とする報告書の不公正な取引慣行と契
約法の捉え方である。

(b) 協調解によるゲーム──信頼できる「コミットメント（commitment）」

　約束の強制は、事業者間の不公正取引慣行から生ずるリスク負担と不確実
性を縮減して、当事者双方の交換と協力を促進させる。エージェンシー・
ゲームの理論に即してこれを説明すれば、将来の機会主義的行動を恐れて、
供給者が関係特殊投資を積極的に行うことができないと厚生損失を生む。こ
の点から、当事者間における信頼性の回復をはかり、協力的なゲームの関係

---

65) 前掲（4-6）の(iii)における「タフな価格引き下げ交渉が妨げられて、結果的に最終消費者に向
けた損害が生じる」の部分を参照。
66) 前掲（4-6）の(iii)における「相手方との取引関係において投資を行わない決定をする」の部分
と「信頼を基礎にした関係を混乱に陥れることがあってはならない」とを参照。

を築くために、かかるリスク負担と不確実性を縮減することが求められる。それは、当初の契約の履行につとめるインセンティブと強制力についてその向上をはかる試みとして、機会主義的な行動（違反行為によるベネフィット）の将来における選択肢や可能性に対して、明示的にそれを排除する（制裁のコストによる）当事者間の「コミットメント」になる[67]。(p.29)

(7-3) 最適な抑止──制裁レベルの重大性と違反の摘発の容易さ

　以上のように、ブリュッセル／フィレンツェ報告書の違反抑止論は、違反行為のベネフィットと制裁のコストを比較衡量する主体の属性認識から、違反行為者の合理的行動として、不公正な取引慣行の抑制を導く。この場合、制裁のコストについては、制裁のレベルの重大性と違反の摘発の容易さの二面を一体として捉える必要を主張する[68]。このような違反行為者の自制を導く規制の枠組みとして、「最適な抑止（optimal deterrence）」が目指される。すなわち、不公正取引慣行のベネフィットに対して制裁レベルと違反摘発の容易さを慎重に衡量する[69]特徴が注目される。

(7-4) コミットメントの具体的措置

　報告書は、ゲーム理論のコミットメントである以下の三つの具体的措置を検討している。(p.30)

　①身元の継続的な秘匿；契約違反の行為を競争当局や仲裁機関へ申告する者に加えられる、報復的な取引停止からの保護をする措置である[70]。(p.30)

　②仲裁者のアドヴァイス機能；身元の継続的な秘匿に努めるだけでなく、さらに

---

67) Legal Framework, p.30（強い契約当事者に違反行為を行わせない「積極的なインパクトを与える」）。参照、クーター／ユーレン・法と経済学、214頁以下。

68) このように、ブリュッセル／フィレンツェ報告書の指摘は、違反行為者の自制を導く上記のようなコスト／ベネフィットの考量に関して、制裁のコストのうちには違反行為を摘発する容易さの指標が、制裁自体の厳しさという指標とともに含まれるべきであるとする。(p.30)

69) かかる見解は、以下の欧州政策研究センターの報告書に基づく。すなわち、EU反トラストのエンフォースメントにおける実効的な制度設計を検討した同センターの報告書は、違法行為に対するエンフォースメントにつき、公的規制に係る資源の有効利用という要請から、「最適な抑止」という目標が不可欠とする。その点から、私人のエンフォースメント（私訴）の活用が違反行為の発見の可能性を高める効果を重視して、コスト／ベネフィットの考量をなす枠組みが考えられなければならないとする。CEPS Making, pp.59-64（最適な制裁金を論じる場合、一定のレベル以上に制裁金の引き上げが困難である状況のもと、反競争的な行為の実効的な抑止のためには、発見の可能性が高まることは罰金と制裁の総量を増すことよりも重要である）。

34　第1章　需要力の本質論

積極的な保護が求められる。この点からは、不公正な取引慣行が問題となる産業についてそれの継続的な監視をおこない、また「仲裁者」としての役割も果たす紛争の「審判官」が、報復的な取引停止も監視する制度により、申告をした供給業者に適宜、手続の遂行等についてアドヴァイスをする措置が望まれる[71]。(p.30)

③違反行為の発見、摘発の容易さ；機会主義的行動によるリスク負担の移転と不確実性について、それを縮減するためのコミットメントについて、その三番目の措置は、不公正な取引慣行に対するエンフォースメントの実効性を確保することである。(p.30)

　以上のような身元の秘匿と保護、違反行為の摘発に係る報告書の基本的見解は、下記の3.（2）における（c）及び（d）に述べるように大きな問題がある。

3.　取引費用経済学に基づく交渉力理論の問題点
（1）取引費用経済学に基づく交渉力分析に対する検討
（1-1）より有利な取引条件の獲得を目指す競争の作用に基づく属性把握

ⅰ）先ず、契約当事者をめぐる行為主体としての属性把握の問題がある。買い手の大規模流通業者は後段階市場で販売の競争を行いながら、上流市場の需要サイドにおける調達の競争主体になる。これに対し、供給業者は上流市場の供給サイドで販売競争のもとにおかれるとともに、販売した製品について大規模流通業者の販売促進の協力要請に応えなければならない。このような、契約両当事者の直面する市場における競争の関係と取引と契約交渉の関係を的確に捉えた、行為主体としての属性把握がなされなければならない。

---

70) そして、かかる申告についてその匿名性を認めることは、それだけでは、当事者間の信頼を回復して供給業者の投資を促すことにはならないとする。その理由は、当局や機関の調査、審理の過程でいずれ申告者の身元が判明し報復的な取引停止を被る恐れがあるから、かかる制度では不十分である。この点から報告書は、当局や機関の手続き全過程を通じて身元の秘匿が保障されなければならず、かかる保証は、供給業者と小売業者間の契約が標準化されているフランチャイズ契約のような例で有効であるという。

71) ブリュッセル／フィレンツェ報告書は2013年の英国における綱領審判官の制度を参照している。同制度における申立人秘匿制度については以下の拙稿で紹介、検討した。参照、拙稿、新展開56頁以下

Ⅱ. 外部選択理論による交渉力概念の基礎付け（ブリュッセル／フィレンツェ報告書）　　35

ⅱ）ブリュッセル／フィレンツェ報告書では、契約主体に対して、限定合理性の主体としての抽象的な規定をするに止まり、それ以上の積極的な把握がされない。この点は、不公正取引の行為者たる需要力をもつ買い手について、機会主義的な戦略行動の主体としての位置付けに止まることになる。すなわち、買い手が供給者の製品販売者として後段階市場で直面している販売競争に勝利するために、供給者に販売促進活動の協力レベルを高めていく圧迫について問題とされない。大規模流通業者は恒常的に後段階市場で厳しい販売競争を展開しているのであり、供給業者に対して持続的にこの販売促進の協力要請を強めていく。この恒常的、持続的に働く、ライバルに比してより有利な取引条件の獲得を目指す競争の作用を、機会主義という取引環境に対する単発的な反応として狭く捉えることは問題がある。

　次に超過供給の販売市場にいる供給業者は、流通業者の要請に応じなければ、自らの取引をライバルの供給業者に奪われる脅威にさらされていることは、その要請に従うばかりでなく、たとえ要求レベルが高められても応じざるを得ない圧迫の下にあることになる。この点が、供給業者の取引主体の属性を決定する。

　これらの点から示されることは、取引主体を限定合理性の属性によって機会主義によって行動すると捉えるだけでは、買い手の経済的な力の行使としての特徴、またその個人的な利得獲得をする動機を持つ、主体の行動の動機を十分に明らかにできない問題がある。同じく活発な販売競争をする供給業者が市場の競争レベルが強まるほどに、行為者の要求に応ぜざるを得なくなる窮状の把握も困難になる。報告書の取引費用経済学によるならば、相手方たる供給業者の取引先の転換コストの大きさと情報の非対称性という買い手にとっての外的な誘引条件に、単純に対応したに過ぎないことになり、行動の動機の解明と特徴把握に欠けるところがある[72]。

ⅲ）不公正な取引慣行の行為主体として、大規模流通業者が供給業者に対し、その販売促進についての協力要請に対する努力レベルを継続的に引き上げていく、強制をともなう個人としての利得獲得の動機は問題にならない。また権威的主体として、供給業者の選好に積極的に働きかける利得獲得の動機も問題にされない（後掲Ⅲ．の2．を参照）。

36   第1章　需要力の本質論

ⅳ）次に、取引停止等の威嚇的効果に係る「恐れの要因」の原因説明として
も、違反申告という重大な不利益に対しての大規模流通業者の報復の脅威を
十分説明できない。恐れの要因について、ゲーム理論における「繰り返しの
ゲーム」というモデル理論から導かれた相互的な協調解としての暗黙の「お
きて」により説明することは、かかる脅威を過小評価するものである。

（1-2）上流市場の競争者としての属性を有する供給業者（前掲（1-1）のⅱ））

ⅰ）報告書には、不利益な要求を受け入れざるを得ない弱い契約当事者たる
供給者の属性把握も、積極的にされない問題がある。注目されるのは、不公
正取引の不利益を被る供給者が取引を継続する理由について、報告書がほと

72）本稿において、抗争交換理論との対比において、拡張的一般均衡としてゲーム理論の位置付け
をした「取引費用経済学」について、代表的研究者はウィリアムソンである。その機会主義的行
動のモデル理論については、上記2.（3）(3-2) で「不完備契約と戦略的な機会主義的行動」と
して述べた、ブリュッセル／フィレンツェ報告書のとる理論モデルと相即的である。
かかる理論モデルでは、
①不完備契約の締結後という、事後のチャンスを捉えて自己の利得獲得行動に出る「機会主義」の
側面が重視され、さらに、
②この事後のチャンスを好機として捉える、需要者（行為主体）に係る限定合理性の属性把握が特
徴的である。
　これらの点が、後に抗争交換理論について述べるように、需要者は後段階市場の販売競争の高
まりから、供給者の販売促進の協力に関する努力義務を次第に強めていくという、一貫した市場
の圧力が行為主体の属性を規定するとした捉え方と対照的になる。競争と当事者間のコンフリク
トを融合的に把握する試みを欠くことは、不公正取非慣行の発生要因を的確に把握する障害とな
る。
　この点を明らかにする前提作業として、ウィリアムソン理論の梗概を以下に記す。
ⅰ）事後的な濫用行動の機会主義的行動と取引費用の経済学
事後的な濫用行動である「たくらみ」を用いた機会主義的な行動に関する取引費用の経済学分析
について、See, Williamson, Economic Institutions, p.43.
ⅱ）契約的人間モデル
　取引費用の経済学の前提とする人間像の要素として、限定的な合理性と機会主義的な行動の仮
定を挙げる。前者は認識的な能力に係り、後者の機会主義的行動パターンは自己利益の追求に専
念する人間像に関連する。Williamson, Economic Institutions, p.47. 参照、ミルグラム／ロバー
ツ・組織151頁（情報の非対称性と戦略的虚偽説明）。この点の詳細は、拙稿・法理論的枠組み
64頁以下注115のⅱ）を参照。
ⅲ）機会主義、限定合理性そして関係特殊的な投資
　機会主義は、もとから存在しており全面的に開示されている生産諸条件（例えば、独自の有利
な立場とか、他と格差のある優秀な技術）のように、当然その者たちに与えられる報酬を実現し
ている場合と区別される。
　上に述べた、取引費用の経済学が前提とする人間像においては、機会主義と個人の認識能力に
関する要素の限定合理性、そして関係特殊的投資の問題が結び付くと、古典契約法モデルからの
かい離と取引の「組織化」という大きな変化が生ずるとされている。参照、拙稿・法理論的枠組
み65頁注115のⅳ）。

Ⅱ. 外部選択理論による交渉力概念の基礎付け（ブリュッセル／フィレンツェ報告書）　37

んど触れていない点である。また、属性把握の問題点は取引停止等の「恐れの要因」のもとにおかれても、取引継続を余儀なくされる十分な説明を欠くことにも妥当する。報告書は暗黙の協調解による繰り返しのゲームに言及するのみで、それ以上の供給者の行動分析がされない。

ⅱ）この点は、供給者がかかる不利益を被っても取引から離脱しない事情として、取引離脱時の不利益を上回る利益を、不公正慣行の不利益を受けていても維持していると捉えることが合理的である。したがって、供給者が不公正な取引慣行のもとにおかれても維持する個別利益は、供給者が上流市場において、他の供給業者との競争を維持していく必要から求められた利益であると推測できる[73]。不公正取引慣行の規制に当たっては、かかる慣行の影響の及ぶ範囲を慎重に見定める必要がある。

　以上から、買い手による不公正慣行のもとにおかれた供給業者は、上流市場において競争者としての売り手の主体に係る属性について分析がされなければならない。

ⅲ）要約すると報告書においては、限定的な合理性の仮定（取引費用の経済学の理論的前提）が、契約当事者の主体の属性として重視される。これは、内部的関係で作用する力の行使の態様を把握する阻害要因になっている。そして、かかるアプローチは取引主体を抽象的に把握する傾向を生む。取引主体の属性というものは、主体のおかれた具体的な状況によって規定される。かかる状況に即した属性把握のアプローチが求められる。

（2）報告書における「信頼できるコミットメント」論──その問題点

　報告書は違反に対する制裁システムを、協調解のゲーム理論による枠組み（取引費用経済学）が、合理的な取引主体に対し、機会主義的行動を自制する信頼のコミットメントを可能にするものとして捉える。不公正取引慣行に係

73）不公正な取引慣行のもとにある供給業者、そしてホールドアップの状況下にある供給業者は、大規模流通業者と取引できない供給業者には獲得の困難な利益を維持する必要から、取引を継続していると推論ができる。この利益は上流市場における供給業者間の競争のあり方に関係するとともに、大規模流通業者の販売促進に継続的に協力することによって可能になる。この点は抗争交換理論における、供給業者が需給不一致市場において得ている競争均衡下の利益に即して述べる。後掲Ⅲ. 2.（4）における「(4-2) 競争的交換と均衡を通じた力の強制─コンフリクト (2)」を参照。

38　第1章　需要力の本質論

り、報告書のこういったアプローチは、以下の問題がある。

(a) 「市場の失敗が矯正されないようにする手段」

ⅰ）超過供給の市場状態にある供給業者は、大規模流通業者の販売促進に対する協力要請という圧力に継続的に応える努力の「犠牲」[74]なくしては、代替的な供給業者に乗り換えられてしまう事態を、報告書は捉えていない。またこのような持続的な関係を提起し保証する関係から、大規模流通業者は取引に係って供給業者の諸々の選好を操作して、「権威」を獲得できるとする後述の抗争交換理論の視点[75]も欠いている。このような協力の努力を継続的に引き上げる圧力と権威の力は、契約当事者間の内在的な関係である。

ⅱ）この協力の努力を継続的に引き上げる圧力と権威の力は、「市場の失敗が矯正されないようにする手段」（スティグリッツ）として、規制へのアクセスを封じ込める働きをする[76]。かかる機能のもとでは、強い契約当事者である大規模流通業者は、自制を導くと期待された「信頼できるコミットメント」を課されても、その自制を促す機能を割り引いて受け止めることができる。結局恐れの要因も、かかる販売促進の努力引き上げという犠牲と権威的強制に基づく市場の失敗を矯正させない試みとして評価されるのであり、「信頼できるコミットメント」論はこの点の考慮を欠いている。

(b) 内在的な力の要因；「市場の失敗が矯正されないようにする手段」①

ⅰ）報告書は制裁手段の選択について、違反行為者の「合理的」決定として自制を引き出すという視角から、制裁レベルと違反行為の重大性との比例原則にしたがい最適な制裁レベルの探求に腐心する（「最適な抑止」）。しかし、このような制裁レベルを決定する前提として、上述のように販売促進の協力レベルを引き上げる圧力と「権威」という、当事者間の内在的な力の考慮を欠く問題がある。すなわち、その「信頼できるコミットメント」の原則から選択された具体的な制裁措置について、かかる圧力と「権威」によって、自制の作用がうまく働かないおそれに対し具体的な検討はされていない。

ⅱ）報告書は最適な制裁レベルを探求するための、違反の発見、摘発を容易

74）後掲、Ⅲ. 2.（2）、さらに（3）(3-1) を参照。

75）後掲のⅢ. 2.（7）における「(7-1) 強制的な均衡のレントと権威」を参照。

ならしめるシステムに依拠した。かかるシステムにより機会主義的行動の抑止を目指すアプローチには、契約当事者間で働く内在的な力の作用の影響下におかれた主体の属性把握に十分でない問題がある。需要者との取引を失えば、上流市場の競争者としての地位が困難になるという供給者の属性が重要なことを踏まえると、報告書の「信頼できるコミットメント」論における規制措置の組み立てにおいて、以下の問題が指摘される。すなわち、違反の「発見の可能性が高まることは罰金と制裁の総量を増すことよりも重要である」との「最適な抑止」の考え方について、そもそも発見の可能性、難易性についての根本的な認識について問題があると批判されよう。

(c) 「恐れの要因」;「市場の失敗が矯正されないようにする手段」②

ⅰ）上記（b）のⅱ）に関して、報告書における違反の発見と摘発の容易な

76）スティグリッツは、情報の非対称性が近時の重要な政策上の問題となった市場の機能不全に係る資源の浪費問題において、ホールドアップなどの市場の失敗に対して、それが「矯正"されない"ように…（する）手段」が講じられてきたとする。

　ⅰ）スティグリッツは、こういった市場を"うまく機能させない"ための市場の独占化傾向を助長、促進させる人為的、恣意的な手段として、以下の三要因をあげている。

　　①自由市場に係る原理主義的立場をとるシカゴ学派経済学
　　②新興の重要産業の多くに作用する"ネットワーク外部性"
　　③「規制の取り込み」（ゲーム参加者が規制という"審判"を選ぶ事態を指す）

　ⅱ）これらの要因から、「恐れの要因」の問題を検討するうえで参考になる、「規制の取り込み」と審判を選ぶ能力という論点を以下に検討する。

　ⅲ）市場経済において、特定の人々が勝利するようにルールを設定する能力が問題になってきた。そして「参加者が（規制という）審判を選べば、状況はもっと悪くなる」。規制当局が競争ルールを運用するとともに、事業部門の監督官庁を兼ねる例は多い（ルールと規制の設定及び執行）。スティグリッツ・世界79、92頁以下。

　ⅳ）「恐れの要因」に係って「規制の取り込み」を問題にすれば、規制という審判者の取り込みでなく、より力の要素が前面に出た、参加者に審判者へのアクセスを控えさせる、あるいは「規制の抑え込み」と呼ぶべき現象が問題になっていると考えられる。すなわち、取引停止の威嚇によって取引相手に対し規制機関に対する申告を抑制させる結果が、審判を回避させている。

　ⅴ）ゲーム理論の用語法に従い公正なゲームである競争について、このような規制の取り込みが起こる場合に、次のような不公正に係る規範的判断が導かれる推論が注目される。
　　レント及びレントシーキングが権力的契機をもつ利益獲得行動であることは、近時情報の経済学を主張する立場からも指摘されている。恐れの要因により不公正取引慣行の規制が困難となることは、その不当利得について、強い契約当事者のもとで蓄積される結果となる。これはスティグリッツからも指摘されている「レントシーキング経済」あるいは「経済のレント化」の事態を招くことになる。

　ⅵ）本報告書が、恐れの要因に係って強い当事者にレントを生ぜしめると捉えたことは、本来の意義としてこの「規制の取り込み」に類比される、規制へのアクセスの封じ込めの現象であることを明らかにすべきであった。参照、スティグリッツ・ミクロ482頁、スティグリッツ、世界96頁以下。

40　第1章　需要力の本質論

システムを構築することが、制裁の総量の考慮に優先するという考え方には、以下の問題がある。それは、通報者暴露問題に関連して取引停止等の報復に係る「恐れの要因」という現象が、不公正取引慣行を禁止するシステムの設計をするうえで、容易に解決し難い困難を生ぜしめる認識について十分でない。この点を、GWBの利益強要禁止に係って、カルテル庁による差し止めの行政処分手続、過料賦課に関する秩序違反手続に即して論じた、ティル・ゲックラーの所説に基づいて、以下に検討する。

ⅱ）これらいずれの手続においても、事件調査やその端緒で調査への着手、さらに具体的事件を離れた市場調査の手続においては、違反行為に関する情報提供者の身元の秘匿は、GWBによりカルテル庁の手続において相当程度保障されている[77]。しかしカルテル法違反に係る本案の処分については、被疑違反行為により影響を受ける事業者が、カルテル庁によって、具体的に特定されなければならない。事件端緒と違反行為の調査段階では被疑違反行為者と関係人を隔離しておくことが可能であっても、法規の具体的な違反を決定する場合には、違反行為の態様について特定の関係人が具体的に判定されることは、法の一般的な、そして高次の指導理念である法治国家原理の要請である[78]。そうであるならば、関係人の身元は、直ちに周知とならざるを得ないのであって、これは、被疑違反行為者との関係について容易に紛争可能性を生ぜしめる。したがって、「恐れの要因」という現象について、それを回避し得ないという難題を抱えこむことになる。

ⅲ）このように、報告書の違反の摘発と発見の容易なシステムを目指した

77）GWB54条1項2文は、カルテル庁が職権で違反申告者を保護する手続をとることができる旨規定する。これは事件端緒とその後の調査手続きで違反申告者の身元の秘匿を認めたものと解される。Vgl., Göckler, Angstfaktor, S. 200. さらにカルテル庁は、2012年6月にかかる手続きの実効性確保のため、一般企業だけでなく州の犯罪捜査や警察当局による汚職捜査にも使用される"Business Keeper Monitoring System"（BKMS）の制度を採用した。公的に任命され、宣誓した専門家によって認定された場合の秘匿を保証する。A.a.O., S. 201. また、GWB32e条のカルテル庁による一定の経済部門に関する市場調査手続きでも、違反行為の申告者につき身元の特定を求めるものでないことから、通報者暴露問題を緩和するものと評されている。A.a.O., S. 202f.

78）秩序違反手続における重大な違反には、相当な制裁レベルとなる過料が課せられ、被疑者には自らに向けられた重大な非難を防御する利害を有する。このような非難に係っての個別の攻撃について、その時々において焦点を絞った弁論が可能となるために、関係する市場参加者の特定がされなければならない（ゲックラー）Vgl., a.a.O., S. 204.

Ⅱ. 外部選択理論による交渉力概念の基礎付け(ブリュッセル／フィレンツェ報告書)　41

「信頼できるコミットメント」論は、「恐れの要因」問題を解決する困難さの評価において十分ではない。この点から、上記ⅱ）に挙げたスティグリッツの「市場の失敗が矯正されないようにする手段」としての「恐れの要因」について、それを解決する残された手段である「罰金と制裁の総量」に関して検討することを避けることはできなくなる。

(d) 信頼できる「コミットメント」としての最適な抑止論の問題点

ⅰ）情報提供者の身元を秘匿し「恐れの要因」を封じ込めることが困難であるとして、この「恐れの要因」問題を解決する残された手段としては、濫用行為それ自体の抑止による他ないとすると、その制裁のレベルは如何ほどであるべきか。需要力濫用の行為者が制裁の可能性を考慮し、不公正取引慣行を自制させる制裁レベルについて、上記ゲックラー説が以下のような検討を行っている。それによると、GWB34 条以下に規定された利益の剥奪(Vorteilsabschöpfung)[79]というレベルでは、制裁が需要者に提示するシグナルとして、需要力の濫用によった不公正取引慣行が経済的取引として割に合わないものであるから自制する、という程度には至らないと警告する[80]。すなわち、GWB34 条 4 項 1 文に規定された利益の剥奪制度によっては、行為者は違反を実行したことが無駄であったという「感銘力（Sensibilisierung)」を抱くには至らないとする[81]。したがって、利益の剥奪とともに、違反行為者を秩序

---

79) GWB34 条は以下のように規定する。

(1) 企業が故意または過失により、この法律の第 1 部の規定、EU 機能条約 101 条または 102 条、若しくは競争当局の決定に違反して経済的利益を得た場合、競争当局は、経済的利益の剥奪を命じ、事業者に対応する金額を支払うよう要求することができる。

(2) 第 1 項は、経済的便益が、以下の各号によって剥奪される場合には適用されない。

1. 損害賠償
2. 罰金の賦課
3. 収益の没収命令の効力、又は
4. 払い戻し。
　　第 2 項 1 文に従った支払いが利益の放棄後に企業によって行われた場合、企業はそのような支払い金額について払い戻されなければならない。

(3) 利益の剥奪が過度の困難をもたらす場合には、命令は合理的な金額に制限されるか、あるいは剥奪は行われない。また、経済的利益が軽微な場合も行われない。

(4) 経済的利益の額は、見積ることができる。支払う金額は数字で指定する。

(5) 利益の剥奪は、侵害の終了から 7 年の期限内にのみ、かつ 5 年を超えない期間でのみ命令することができる。以下略。

80) Göckler, Angstfaktor, S. 214.

違反手続において過料の制裁に服させる措置も備えた、システム設計がされるべきとする。すなわち、単独の視点から脱却した、違反行為に対するエンフォースメントの多面的な基本理念を明らかにする[82]。結論的にゲックラーは、中止命令、利益の吸い上げそして過料による三つのシステムが必要としている[83]。

ⅱ）「恐れの要因」という概念を用いて、契約合意の履行や債務不履行を訴追する供給者を妨げる事態を問題視する点で、ブリュッセル／フィレンツェの報告書とゲックナー説は共通する。しかし報告書の信頼できる「コミットメント」論は、それを基礎とする最適な抑止を目指したエンフォースメントの設計に係り、問題点として以下の点の考慮を欠く。すなわち、「恐れの要因」問題を解決する残された手段として、濫用行為それ自体の抑止による他ないとすると、その制裁のレベルは如何ほどであるべきか、の考慮である。この点につき、不当利得のはく奪では、かかる濫用行為それ自体の抑止を可能とする感銘力を欠くとしたゲックラーの所説は説得力を持つと思われる。

Ⅲ．不公正取引慣行の経済学
――競争とコンフリクトの融合的理解

1．抗争交換理論による不完備契約論（ボウルズ）
（1）抗争交換理論（Contested exchange theory）によるエージェンシー問題

　ウィリアムソン等の取引費用の経済学に批判的な、サミュエル・ボウルズ（Samuel Bowles）によるミクロ経済学の教科書[84]に基づいて、その「抗争交換」の経済学理論から、需要力濫用に係る不公正取引慣行の規制について、法政策上の含意を導き一定の検討を加える[85]。

　ゲーム理論には、行為主体 A が、自らの利益のための労務の実施を他の行為主体 B に委任して、「一定水準の努力をしてもらいたい」と考えるエージェ

---

81) Göckler, Angstfaktor S. 215, 259. 当然ながら、SCI のボランタリーな自主規制では、このような感銘力の確保は望めない。A.a.O., S. 258.
82) A.a.O., S. 215, 226f.
83) A.a.O., S. 226.
84) ボウルズ・ミクロ経済学。Bowles, Microeconomics.

ンシー問題（プリンシパル＝エージェント理論）がある[86]。この依頼人・代理人問題によせて、抗争交換理論の創始者ボウルズ教授の基本モデルは、以下のエージェンシー問題による取引契約の状況を前提にする。

「主体Ａが主体Ｂから財又はサービスを購入することを考える。Ｂの財又はサービスが、Ａにとり価値があり、Ｂについては提供にコスト[87]を要するのだが、履行可能な契約において充分に規定されていない場合に、その交換は抗争的（contested）である[88]」。

（２）情報の非対称性——戦略上の非対称性

ボウルズによる依頼人・代理人関係における各プレーヤーの行動の決定因についての分析では、代理人が私的情報をもつこと、これに対して依頼人が「先手の優位」をもつことが重視されている[89]。その例とされた雇用主／被雇用者の関係で、この点を次に検討する。なおボウルズ理論を需要力濫用問題に応用する本研究では、雇用主が需要者、非雇用主が供給者に該当することになる。

(2-1) 情報の非対称性と戦略の非対称性

先ず、被雇用者は過去の時間に自分がどのくらい懸命に働いたのか、あるいはそもそもほんとうに働いたのかどうか知っている。しかし雇用主はその点を知らない。すなわち、被雇用者の私的情報に係る情報の非対称性が存する。次に雇用主は受け入れるか、受け入れないかの二者択一に関する賃金提案に出ることで、自らの立場を優位に置くことができる。これが「先手優位」の要因である[90]。

---

85) 本稿で依拠した抗争交換の理論は、ハーバート・ギンタス教授との共同研究により構築、発展された。ここでは、ボウルズのミクロ経済学教科書とともに、ボウルズ／ギンタスの共同論文も参照する。
　　Bowles, & Gintis, Contested exchange pp.165-222. Bowles & Gintis, Power, pp.324-353.

86) プリンシパル＝エージェント理論とは、依頼人Ａが、自らの利益のための労務の実施を、他の代理人Ｂに委任すること。このとき、行為主体Ａをプリンシパル、行為主体Ｂをエージェントと呼ぶ。瀧澤・現代経済学188頁（図6-2も参照）。

87) 上記ゲーム理論のプリンシパル＝エージェント問題における「一定水準の努力」を意味する。

88) Bowles & Gintis, competitive exchange, p.13. ボウルズ・ミクロ経済学、244頁以下、250頁以下。

89) ボウルズ・ミクロ経済学243頁、Bowles, Microeconomics. p.249.

90) ボウルズ・ミクロ経済学243頁、Bowles, Microeconomics. p.249.

44　第1章　需要力の本質論

このように私的情報の条件と「先手優位」の条件は、情報の非対称性を生むのであるが、戦略の非対称性を生むことが特徴的である。戦略の非対称性の特徴は以下の雇用主／被雇用者の労働関係の例における、一方の当事者がもつ二点の優位により示される[91]。

第一は、事前の方針表明である。雇用主の行為集合においては、被雇用者の用いることのできない潜在的に有利な行為が含まれている。上記のような賃金提案の場合では、それは雇用主がなす事前の方針表明になる。第二に、上記の私的情報は、非対称的な情報の例であるが、雇用主はそれに対しても情報の非対称性に係る不利を乗り越えるために、要求を「飲むか飲まないか」を迫る「先手優位」の条件を行使することができる。以上から、事前の方針提案と「先手優位」の双方とも、雇用主（本研究では大規模流通業者などの需要者）が有するところの優位を示す、戦略上の非対称性として捉えることができる。

(2-2) 情報の非対称性と不完備契約──契約履行の強制可能性

ボウルズ理論によれば、情報の非対称性が直ちに契約における不完備性を導くとすることはミスリーディングの非難を免れない。一定の留保が求められることになるが、その留保とは、次の前提を踏まえた、強制可能性を指す。すなわち、前提的に不完備とされる情報が生ずるのは、相互作用の始まりにおいて、関連するであろういくつかの情報が少なくとも、一方の当事者に表明されないときである[92]。このような不完備な情報の存在を前提にして、契約の不完備性が問題にされる。非対称な情報は契約の不完備性の原因であるのだが、直ちにそうなるわけではない。契約が完備で、第三者によって強制しうる実行可能性をもつかどうかは、関連する情報が既知であったかどうかだけでなく、情報が立証可能かどうか、すなわち、法廷や他の機関において、その契約条項を強制的に履行させるに相当すると認められるかどうかにも関係してくる。すなわち、契約の履行に係る強制可能性が契約の不完備性の前提になる[93]。恐れの要因により第三者による強制可能性が封じられる場合

---

91) ボウルズ・ミクロ経済学、243頁、Bowles, Microeconomics. pp.249-50.
92) ボウルズ・ミクロ経済学、243頁、Bowles, Microeconomics, p.250.
93) ボウルズ・ミクロ経済学、243から244頁、Bowles, Microeconomics, p.250.

Ⅲ．不公正取引慣行の経済学──競争とコンフリクトの融合的理解　45

に、戦略上の非対称性として不完備契約を生ぜしめることになる。

(2-3)　不完備契約を生む原因の明確化──経済権力論への含意

　この点は、不完備契約を生む原因の明確化のされる意義がある。すなわち、契約に定められない供給者による品質改善の努力に係ってのコンフリクトについて、それは第三者（法廷など）によって強制しうる性質のものでないことが示された。この点は、本稿の問題関心である大規模流通業者による供給業者に対する不公正取引慣行の問題において、以下のような意義を認められる。すなわち、供給業者について、契約に定められない要因である流通業者の販売促進の協力要請に対し、それを拒否する場合に取引停止等の「恐れの要因」によって、著しく不公正な取引について法廷等を通じて救済を受ける方途を閉ざされる。このような困窮の根本原因が、不完備契約を生ぜしめる原因と重なることが明らかにされた。「恐れの要因」が、大規模流通業による不公正な取引慣行について、その経済権力論の視点から本質的原因とされる[94]。

　本研究の問題関心に即して、次にボウルズ・モデルの不完備契約の原因分析を敷衍する。かかる関心からは、大規模流通業者のなす売り上げ増のため販売促進について、供給業者の協力に係るコンフリクトが第三者に強制しうるものでない点に、原因が求められる。

（3）需要者と供給者間の交換問題におけるエージェンシー問題

　上に述べた情報の非対称性と契約の不完備性の各問題を前提に、依頼人／代理人関係のモデルにおける交換をめぐるエージェンシー問題が考察される[95]。

　抗争交換理論によるエージェンシー問題の説明は、需要者／供給者間における財の品質改善の要請問題としてモデル理論の構築が行われている。大規模流通業者／供給業者間で起こる需要力濫用という本研究の問題関心からは、前者による協力金や従業員派遣、返品といった販売促進の協力要請が対象となる。このような要請は、ゲーム理論のエージェンシー問題における「一

94）後掲（4）と（5）を参照。
95）ボウルズ・ミクロ経済学、245 頁、Bowles, Microeconomics, p.250.

46　第1章　需要力の本質論

定水準の努力」について、これらの要請に係って求める点で共通点があり、並行的に論じることができる。

　以下本稿は、ボウルズのミクロ経済学教科書から、その理論経済学のモデルの紹介を行う。なお、そのモデルで用いられる用語は、本教科書及び塩沢・磯谷・植村の訳者の用語法に従うことを原則としたが、一部本稿の叙述の都合から変更を加えた用語の表現がある。

(3-1) 交換契約における供給者の努力水準と契約における規定の困難性

　ボウルズは、依頼人・代理人問題の基本構造は、比較的単純なモデルによって本質が示され、例えば、それは財の品質問題である。この点について、両当事者間の契約を条件化することが難しいという特徴を想定する。次に、財の品質は購買された後に需要者に知られるが、この品質に関する情報は第三者（前述の法廷など）あるいは供給者に対して立証が可能ではないという制約性の特徴も挙げられる。この第二の特徴から、結局のところ契約には明記できないことになってしまう。ここでは、供給業者の提供する製品について、後段階市場におけるマーケティング活動の協力要求をその努力問題として扱うが、基本的にかかる努力についての条件として、契約には明記できない仮定は維持されると考えられる。

(3-2) 内生的強制 (endogenous enforcement) による努力水準の引上げ

　このように代理人（供給業者）が依頼人（流通業者）の販売促進活動について確実に知ることができないエージェンシー問題について、以下の二点が特徴となる。

① 販売促進活動の協力レベルについて、契約に明示的に規定できないような困難性があること。
② 販売促進活動の協力問題に係り、第三者による強制に代わって当事者間で生じる強制に依存するという問題である。

　すなわち、交換契約において販売促進活動の協力について立証が難しく、裁判所等の第三者がその請求権を強制させるべく関与することが難しい点である。このことから交換の一方あるいは双方当事者は取引することの利益を確保するための、内部的な戦略の採用にすすむことになる。すなわち、かか

る第三者の強制に代わって、当事者間で生じる内生的強制が第二の特徴として挙げられる。

（４）供給者と需要者間のエージェンシー問題による交換事例の分析[96]

(4-1) 供給者の最適反応関数と誘因両立制約

ⅰ）需要者は最初に供給者の最適反応関数を決定する[97]。それは供給者間において同一であると仮定されている。ボウルズ・モデルでは、供給される品質は、需要者が提案する価格の関数として表現される。供給者は、自らの期待効用の現在価値νを最大化するように品質 q を変化させるだろう[98]。

　いいかえると、供給者は、提供する品質の限界費用[99]を、提供する品質の限界便益[100]に等しくしなければならない。すなわちより高い品質を提供することによって、取引が終了する可能性は低下するが、より高い品質を提供することには費用がかかる。そこで最適に行動するには、高い品質を提供することの「限界負効用」が、フォールバック・ポジション（万一取引が終了する場合に供給者が陥る状態[101]）を上回る取引の純利益（ν−z）に、それが低下する可能性を乗じたものに等しくなるように品質 q を選択しなければならな

96）ボウルズ・ミクロ経済学、247 頁以下。Bowles, Microeconomics, pp.253-255. エージェンシー問題を生じる交換の仮説例におけるボウルズ・モデルの条件設定等の詳細は拙稿・枠組み 106 頁注 179 参照。

97）ボウルズ・ミクロ経済学、247 頁、Bowles, Microeconomics, p.254.

98）供給者の期待効用の関数νは、以下の三つの項に依存する。
第 1 は、当該取引に係る終了関数 t(q)の値である。
第 2 は、万一取引が終了する場合に供給者が陥る状態に係る現在価値 z である。かかる当該取引の終了時に供給者のおかれる立場を、ボウルズはフォールバック・ポジションと呼ぶ。
第 3 は、需要者が供給者に提案する価格 p に依存する。
すなわち、期待効用の関数νはν(q；p,z)と書くことができる。品質 q に関する微分νq を、ゼロとおくことによって、本文に示した、供給者の最適反応関数 q(p)が得られる。こうして得られた最適反応は、以下を満たす。
　　　$\nu q = t'(\nu - z)$
この原著の式は、本書『制度と進化のミクロ経済学』の共訳者である、塩沢・磯谷・植村の各教授による解説では、以下の（1）式を省略したかたちであるので、ここでは理解を容易にするため、それを次に記す。ボウルズ・ミクロ経済学、247 頁注 15。Bowles, Microeconomics, p.254.
　　　$u(p,q) = t'(q) \cdot (\nu - z)$　　　　　　（1）式

99）前掲注 98 における（1）式の左辺。

100）前掲注 98 における（1）式の右辺。

101）後掲（4-3）を参照。

48   第1章　需要力の本質論

い[102]。

　その理由は、提案される価格が高いほど、供給者にとって取引は価値が増すのであって、取引の停止を避けるために、彼はより高い品質を供給するからである。

ⅱ）先にⅰ）に挙げた最適反応関数 q(p) は、供給者の誘因両立制約とも呼びうるものである。需要者は供給者のこのような制約に対面している[103]。本稿においては、大規模流通業者の供給業者に対する不公正取引慣行として、返品や各種協賛金の支払い、万引き等の商品損耗の負担要求など、販売促進政策や種々の協力依頼の問題を扱うことから、最適反応関数と需要者の目的関数（供給業者からの「協力抽出関数」として示される）を下記（4-2）のグラフ1において示し、そこでの検討で用いる。

（4-2）需要者の目的関数（「協力抽出関数」）

　上記の供給者の制約に直面する需要者の関係からは、以下の含意が導かれる。

①いうまでもなく、需要者の利潤は、収入から財を獲得するのに要した費用の差である。したがって、先ず需要者は、この格差を最大化するため、価格 p と契約する供給者の数 n を変化させる。

②したがって、限界収入が価格に等しくなるように n（購買単位の数）を設定する。

③また、買い取り価格を上げることが品質を向上させる意欲をもたせる。結果と

102）ボウルズ・ミクロ経済学、247 頁以下、Bowles, Microeconomics, p.254. そこで、需要者は諸変数が経済的に意味のある範囲において、供給者の最適反応が q'(p) ＞0 となると推測する。

103）ボウルズ・ミクロ経済学、248 頁、Bowles, Microeconomics, p.254. そこで需要者は、以下のことに注意しなければならない。

　もし、$\nu(q(p) ; p,z) = z$　　　　　　　　　　　　　　　　（2）式

であるなら（ν は期待効用の現在価値であり、z は万一取引が終了する場合に供給者が陥る状態についての現在価値、q(p) は最適反応関数である。）、すなわち、供給者の参加制約が等式として満たされるような価格を需要者が提案したとするならば、前掲注 98（1）式の右辺 t'(q)・(ν−z) の t' に係る係数はゼロであり、この場合に供給者は、取引終了については何の痛みも存しないので、一定の品質を提供しようとしていかなる正の限界の不効用も負うことはないであろう。その結果、供給者は単純に q＝0 と設定する。

　ボウルズ・モデルは、このような状況について、需要者にとって利潤最大化の状況ではないと想定する

して、かかる意欲についての限界効果が、支出ドルあたりの平均品質に等しくなるように、買い取り価格を設定する[104]。

グラフ1：均衡価格と販売促進の協力

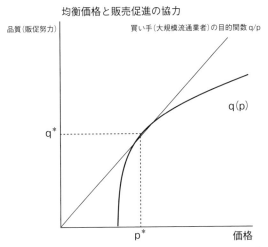

ボウルズ・ミクロ経済学、249頁。Bowles, Microeconomics, p.255. 直線q/pはボウルズの教科書では需要者の目的関数としてされ、価格の高いほど供給者が高品質の財を供給することを示す。本研究ではこれを、大規模流通業者が販売促進の協力要求について、供給業者の努力レベルを引き上げていく圧力を示す「協力抽出関数」として捉える。

(4-3) フォールバック・ポジションに陥る場合に失う競争均衡の利益

ⅰ）そこで前述のように、取引に参加することのできない供給者たちは、フォールバック・ポジション（万一取引が終了する場合に供給者がおちいる状態）にある。このような供給者たちは、需要者と取引することを望むだろう。そこで、かかる取引に参加することのできない競争者と当該取引にある供給者は、競争均衡の状態におかれると想定される[105]。

ⅱ）取り引きしている供給者は、競争均衡であっても、こうしてその者の次

---

104) グラフ1における「協力抽出関数」の用語法は、Bowles, & Gintis, Contested exchange, p.179 で扱われた「労働抽出関数（labor extraction function）」にならったものである。
105) 本稿、後掲2. (4-3)「抗争交換理論と資本主義的競争市場」を参照。

50　第1章　需要力の本質論

善の選択肢を上回ることになる利益は受け取っている。こういった競争均衡
は、依頼人／代理人関係の条件付き契約更新モデルにおいては一般的に生ず
ることになるとされている。かかる状況下において、供給者は上記（4-2）の
①から③のような特徴的な条件に直面することになる[106]。

ⅲ）ボウルズのエージェンシー問題の理論を、本研究の問題関心である大規
模流通業者と供給業者間の関係に当てはめるならば、以下のようになる。依
頼人／代理人関係において、供給業者は自らの行為である q（販促活動の協力）
の目標を進んで考慮に入れようとするとされる。そうしないと、ある確率を
もって、自らに与えられる利益（これをボウルズはレントと呼ぶ）を失いかね
ないことを知っているからである。つまり、供給業者は契約が更新されるか
どうかが、大規模流通業者のあげる成果に依存していることを知っている。
エージェンシー問題において、これは前述した内発的強制に係るいまひとつ
の事態であり、条件付き更新とよばれるものである。

ⅵ）条件付き更新の当事者の内部関係においては、大規模流通業者が供給業
者の行動を監視し、それによって明らかになる水準 q が一定の条件を満たし
ていれば供給業者との契約を更新するが、そうでなければ供給業者との契約
を打ち切ると約束する履行強制戦略がとられる[107]。

（5）エージェンシー問題による交換事例の分析結果

抗争交換理論の依頼人／代理人関係のモデルである、エージェンシー問題
に基づく以上のような理論経済学の分析成果のまとめは、次の七項目になる。

(5-1) パレート非効率的な均衡

需要者にとっての最適化問題は、供給者の最適反応関数を制約する[108]も
のとして捉えられる。その問題は、供給者の参加制約（すなわち供給者の期待
効用の現在価値）として捉えられるというよりも、最適反応制約とするのがボ
ウルズ・モデルの特徴である[109]。2 つの制約は異なるのだから、競争均衡は
パレート最適ではありえない[110]。

106）ボウルズ・ミクロ経済学、248 頁、Bowles, Microeconomics, p.255.
107）ボウルズ・ミクロ経済学、245 頁、Bowles, Microeconomics, p.251.
108）それが誘因両立制約としてもあてはまることは前掲（4-1）を参照。

Ⅲ．不公正取引慣行の経済学——競争とコンフリクトの融合的理解　　51

(5-2) 供給者の均衡の利益（レント）

　供給者は、自らの次善の選択肢を上回る利益（レント）を受け取る[111]。これは取引に加わっていない需要者が、取引している需要者よりも供給者にとって良好な価格をつけることが自由にできるという事実にもかかわらず生じる[112]。

　現在の供給者が受ける競争均衡の利益（レント）は、ボウルズによれば、以下の強制力が働くことによって維持される利益（レント）であることが重要である。つまり、この強制の利益（レント）は、「契約を終了させるかもしれないという脅しと組み合わされることにより、供給者がより高い水準の品質」（本研究の例では、販促活動の協力）を提供するよう誘導する特徴もつ[113]。

(5-3) 市場均衡のない均衡 (Equilibrium without Market Clearing)

　供給者にとって強制の利益（レント）であるということは、「均衡において、市場がクリアーされない（not clear in equilibrium）」ことを意味する。というのも、均衡の必要条件は、すべての取引者にとって現在の取引と彼らの次善の選択肢とが無差別であることだからである。本モデルの財の交換市場は超過供給市場であるから、需要者は市場の「ショートサイド」（所望される取引数がより小さい側：過小需要）に位置するに対して、供給者は市場の「ロングサイド」（超過供給）に位置する。均衡において、幾人かの供給者は均衡価格での取引を望むだろうが、その者たちは取引を実効できない（すなわちその者たちは数量的に制約されている；市場がクリアーされない）[114]。

(5-4) 需要者と供給者間の持続的な相対取引

　需要者と売り手の双方に多くの同質の取引者が存在するとしても、需要者

109）ボウルズ・ミクロ経済学、249 頁、Bowles, Microeconomics, p.256. 供給者の参加制約はν≥z
　　（νは期待効用の現在価値、z は万一取引が終了する場合に供給者が陥る状態に係る現在価値）で
　　表せる。

110）ボウルズ・ミクロ経済学、249 頁、Bowles, Microeconomics, p.256.

111）かかるレントはν−z で表され、ν＞z である。ボウルズ・ミクロ経済学、249 頁。Bowles,
　　Microeconomics, p.256.

112）ボウルズ・ミクロ経済学、249 頁以下、Bowles, Microeconomics, p.256. 言い換えるとこの利益
　　（レント）は、万一現在の取引が終了する場合に、供給者が立つ位置であるフォールバック・ポジ
　　ションにおける価値 z に対して、現在の取引の期待効用νが、取引の全般的な過程を通じ上回っ
　　ていることによって実現されている利益である。

113）ボウルズ・ミクロ経済学、250 頁、Bowles, Microeconomics, p.256.

52　第1章　需要力の本質論

と売り手とは、長い期間にわたって取引するだろう。上記（4-3）のⅲ）の条件付き更新モデルが妥当するような状況では競争均衡は、「一連の持続的かつ双務的な交易の島」によって特徴付けられる。それは、直物市場での一回限りの相互作用に従事する匿名のトレーダーの「大海」というようなものではない[115]。

(5-5) 需要者による価格形成

需要者はプライス・メーカーであって、完備契約をともなう標準的な競争モデルにおける需要者のようなプライス・テーカーではない。需要者が価格をパラメーターとみなさない理由は、財の品質に関する契約の不完備性にある。抗争交換モデルの契約理論にとって、需要者が価格設定をすることは、市場構造に想定された非競争的な側面から派生したのではなく、品質（本研究の想定する流通業では販売促進の協力）問題に起因する[116]。

(5-6) 制裁の威嚇――力の行使による要求の内生的な強制

需要者は、供給者に対して、取引停止の通告や強制の利益（レント）を提供しないとの通告により、制裁を課すという脅しを供給者に直面させて、結果的に利潤を最大化している。この制裁の脅しがあるので、供給者はそうした脅しがない場合には生じなかっただろう仕方で需要者の利益になるように行動をする。交換の一方あるいは双方の当事者が、要求内容を押しつけるために、実際に制裁を課すか、制裁を課すという脅しをかけることが、内生的強制である[117]。

114）ボウルズ・ミクロ経済学、250頁、Bowles, Microeconomics, p.256.
　抗争交換が行われる市場においては、一方の担い手は契約の更新を不確定にし、量的制約を受けないで契約の相手方に対して力を行使でき、これを自らの利益になるように行使することができる。これを市場の「ショートサイド」の担い手ないし権力と呼ぶ。
　これに対し、財の供給者と需要者との取引契約に失敗し市場の外に配置された者は、いずれも「ロングサイド」の担い手ないし権力という。契約当事者である両者の間には、上記本文で触れた内発的強制が存在する。See, Bowles, & Gintis, Contested exchange, pp.183, 167. 角田・抗争的交換、8頁。なお野口真教授の翻訳ではこれらは、ショートサイドを「市場の不足側」、ロングサイドを「市場の過剰側」とされている。ボウルズ・ギンタス・富と力、65頁。

115）ボウルズ・ミクロ経済学、250頁、Bowles, Microeconomics, p.256.

116）ボウルズ・ミクロ経済学、250頁、Bowles, Microeconomics, p.256. この点につき、本稿の検討対象である販売促進政策や種々の協力要求に係って、契約に定められない属性として契約の不完備性が、大規模流通業者をプライス・メーカーにすると考えられる（前掲（2-2）を参照）。

Ⅲ．不公正取引慣行の経済学──競争とコンフリクトの融合的理解　53

（5-7）内生的選好

ⅰ）需要者は、供給者の心理構造に利害関心をもつ。抗争交換のモデル理論によれば、供給者の心理構造は、

a）「努力する[118]」ことの不効用、

b）取引を主観的にどう評価しているか、さらには

c）当該取引の打ち切りに係る自分のフォールバック・ポジション

などにより構成される。需要者は、これらの供給者の心理構造に利害関心もって内生的強制を行使する。

ⅱ）権威（後掲2.（7-1）を参照）に基づき供給者の選好に対して需要者は操作を行う。さらに、需要者は供給者の選好に変化をもたらす手段をもっている。その理由は、需要者が供給者との持続的な関係を提起し保証することで、そのことが需要者について供給者に対する権威を獲得できるからである

ⅲ）このように、需要者は供給者の心理的進化に影響を及ぼす機会をもっている。それは、供給者がなす努力の不効用に対しそれを低下させるような方法がもしあるとすれば、需要者は供給者その相互作用をその方向に導くよう構造化することによる[119]。

2.　内生的強制と内生的選好による交渉力理論の検討

（1）外部選択と超過供給の市場不均衡

ⅰ）前記の「ショートサイドの原則」は、超過供給に対応する需要者の状況について、需要に係る「市場が不足する」状態にあると説明する理論である。

117）ボウルズ・ミクロ経済学、250頁、Bowles, Microeconomics, p.256-7.

118）前掲1、（1）のゲーム理論のプリンシパル＝エージェント問題における行為主体Aの「一定水準の努力をしてもらいたい」との要請を参照。本稿の問題関心では、供給業者のなす販売促進の協力という努力を指す。

119）このケースと完備契約との違いは、需要者が供給者の選考を気にかける否かという点にあるのではなく、需要者が同じ供給者と長期にわたって取引することにある。それゆえ両者は相互の選好を気にかけるようになり、需要者は、供給者一般ではなく、取引の相手方である特定の供給者の選考に影響を行使できる。そしてこのような特定の供給者への関心と影響行使は、最終的に供給者の努力水準（本研究では、大規模流通業による供給業者に対する販売促進の協力要請）を引き上げる。参照、ボウルズ・ミクロ経済学、250頁、See, Bowles, Microeconomics, p.257.

54 第1章 需要力の本質論

かかる過小需要の需要者に対して供給者は、財とサービスの提供に係る努力水準を向上させるなどの種々の適応を迫られる。この場合供給者の代替は少なからず存在する。

ⅱ）ところで、前述したインデルスト／ウェイが、外部選択の手段を行使する需要者が交渉をリードして、後段階の下流市場で価格差別を行う共同利潤の極大化戦略の主張がなされていた。さらに、ブリュッセル／フィレンツェ報告書が依拠する「交渉に基づく合意よりも好都合な代替的取引先」の理論について、需要者は取引先につき代替を有することになる。その場合、容易に取引相手を交換できる需要者は、濫用の不公正取引にいたる種々の要求が可能になるとされる。この点から報告書の不完備契約論においては、需要力濫用に係る力の源泉は、超過供給の市場状況に求められことになる。

　このように、経済的な力の源泉を過剰供給の市場の不均衡に求めるのが、広く一般均衡的な立場では特徴になる。これに対し、抗争交換論は、以下の反論をする[120]。

（2）供給者による努力水準の継続的引上げ
(2-1)　需要者の利益拡大要求に基づく品質改善要求

　ボウルズは、需要者と供給者間の交換と契約のエージェンシー問題について品質改善の努力を要求する問題に即して論じる。なぜ、需要者は財の需要に係る品質問題の解決について、幅広くオークションにより供給者間の競い合いから短期に解決を目指すのではなく、長期関係において改善を指導し、改善努力に引き上げをはかるのか。品質問題は供給者との長期的取引においてのみ改善がはかられるという、取引される財の特質だけで説明は十分ではない。

　それゆえこの問題の要点は、供給者の品質改善の努力（本稿では供給業者の販売促進の協力努力）を導き、また種々の犠牲を引き出す働きにこそある。す

---

120) 抗争交換理論は、取引相手である供給者に対する力の行使を、条件付き更新拒絶権などの一連の制裁と監視措置により可能となる、当事者間の内生的強制によって説明している。それに対し、ワルラス流の一般均衡理論は、専ら市場の需給に係る不均衡に焦点が当てられる。力の行使の問題は関心の対象外におかれる。参照、金子・権力の源泉 54 頁以下。

Ⅲ．不公正取引慣行の経済学──競争とコンフリクトの融合的理解　　55

なわち、監視と制裁の担保をともない品質問題の要求がされるのは、需要者の利益拡大の要求を満たすレベルまでかかる努力と犠牲が払われることを求めているからである[121]。この点は、大規模流通業者の販売促進策について、供給業者の協力に係る努力と犠牲は、その利益拡大の要求を満たすレベルにまで継続的に引き上げられることを意味する。

(2-2) 供給者の努力水準の引上げと需要者による外部選択

　この特定の主体（需要者）の利益拡大を目指す要求からは、取引停止という外部選択の措置は、需要者の満足のいく実績を確保する目的のため、他方当事者の努力水準を継続的に引き上げる手段の一つとして位置付けられるにすぎない（条件付き更新拒絶権はその最も有力な手段であることは否定できない）。「交渉に基づく合意よりも好都合な代替的取引先」の不完備契約論は、一般均衡論の延長線上において外部選択について、超過供給から生じる需要側の対応として捉える特徴があった。

　専ら超過供給の市場のみを観察するのでは、以下の問題がある。先ず「ショートサイドの権力」[122]が供給者のコスト負担や様々の犠牲的努力を引き出す可能性を等閑視することになる。すなわち、需要者の権力を維持する制裁と監視の手段が果たす役割を見逃すおそれがある。またかかる努力や犠牲を引き出す手段の多様な試みとして、需要者はその権威に基づき供給者の選好に対して操作を行う。このような相互的働きに対する評価も、ブリュッセル／フィレンツェ報告書では困難になる。

　このように展開される拡張的一般均衡論の立場に対する批判を踏まえて、抗争交換理論が需要力濫用に係る力の源泉をどのように考えているかを以下にまとめる。

---

121) 供給者の品質改善努力が需要者の利益拡大の目的に導かれているとの本文の捉え方は、石倉教授による雇用主／被雇用者関係の以下の記述を参考にした。「抗争交換モデルでは、労働者の行動様式（労働努力の発揮態度）は、雇い主が利益拡大を目的に設定するルールに左右されるものであって、雇用関係の外部で設定される主観的な行動様式ではない」。石倉・再考、108 頁。

122) 前掲、1. における（5-3）及び該当脚注 114 を参照。

56　第 1 章　需要力の本質論

（3）抗争交換理論における需要力濫用に係る力の源泉問題

(3-1) 更新拒絶並びに強制レント喪失の恐れ及び威嚇

　供給者は取引に加われない他の供給者がフォールバック・ポジションにあって受ける額よりも高い額による利益（レント）を受け取ることができる。かかる競争均衡にあるレントによって、供給者はそれを維持可能とするために、更新拒絶を回避する努力と犠牲を継続する圧力のもとにおかれる。競争均衡における供給者の利益（レント）は、努力水準の引き上げと絶えず犠牲を払うように導かれる圧力という機能をもち、その原動力は「威嚇」という権力的要素である[123]。

(3-2) 持続的な相対取引と威嚇の実効性

　ここでの競争均衡にある供給者は、上記のように「一連の持続的かつ双務的な交易の島」と表現される特徴的な取引関係（持続的な相対取引）におかれるであり、一般均衡論の競争均衡に係る単発的な取引イメージとの異質性が顕著である[124]。供給者に対し、その利益（レント）を維持するための努力水準の引き上げの犠牲を払うように導く圧力が可能になるのは、かかる持続的な相対取引のためである。

(3-3) 力の源泉（外生的要因と内生的要因）

　ブリュッセル／フィレンツェ報告書の依拠する「交渉に基づく合意よりも好都合な代替的取引先」の不完備契約論は、超過供給の市場状況が供給者に需要力の行使を可能にすると考える。これに対し、抗争交換理論は、需要者の条件付き更新拒絶権や他の制裁（均衡における強制的なレントの引き下げ）、監視による当事者関係についての内生的要因を権力の源泉とする。すなわち、前者は当事者間の関係を規律する原因については外生的である、市場を需要力の源泉ととらえるのに対して、後者の抗争交換理論は、「内生的強制」を問題にする[125]。

---

123) 前掲 1.（5）における「(5-2) 供給者の均衡の利益（レント）」を参照。供給者が均衡における強制的な利益（レント）を維持するために努力水準の引き上げと、継続的に犠牲を払う圧迫のもとにおかれることは、スティグリッツがその "効率的賃金仮説" において述べていた。この点によって、抗争交換理論とスティグリッツの立論が拡張的一般均衡論と区別されることは、金子・抗争交換論、1105 頁以下を参照。

124) 前掲、2.（1）ⅱ）を参照。

Ⅲ．不公正取引慣行の経済学──競争とコンフリクトの融合的理解　　57

(3-4) 外生的要因と内生的強制──濫用行為の必要条件と十分条件

「内生的強制」を需要力濫用の源泉として考えることは、法政策上の含意として、以下の意味をもつ。それは、上記報告書が超過供給の市場状況により濫用が可能になると理解することでは、濫用の必要条件を満たすものの、濫用の十分条件でないことである。すなわち超過供給（「外生的要因」）は、供給者が受ける均衡の利益（レント）生むための条件として必要であるが、それのみに集中するなら以下の問題がある。そのレントが供給者の制裁と監視の手段として用いられる点、さらには濫用の不公正取引慣行が制裁と監視の不当行使として行われる点を、考察の枠外に置くことになる。超過供給という市場の条件を専ら問題にして濫用を捉えるのでなく、濫用行為の本質的原因として内生的強制の制裁と監視が問題にされる。この点は本研究の関心としては、以下のような法規範論理としての要請を導くこととなる。

（4）競争とコンフリクトの融合的理解──資本主義的競争市場

(4-1)《さらに多くの協力抽出》に対する抵抗──コンフリクト（1）

抗争交換理論は、一方で強制の源泉となる均衡の利益（供給業者のレント）を、競争均衡において捉える。他方で、かるレントを維持するため、供給業者は努力水準の引き上げと犠牲の継続を強いられる圧迫のもとにおかれ、内生的強制を強いられるとする。すなわち大模流通業者と供給業者はコンフリクトの状態におかれる。

こういったコンフリクトについて、大規模流通業者と供給業者の関係は、大規模流通業者の目的関数と供給業者の最適反応関数の各曲線の接点である需給不一致のもとにおける均衡点を境にしたコンフリクトとして理解される（前掲グラフ１における $q*p*$ の交点を参照）。この均衡点から、大規模流通業者は販売促進の努力をより多く引き出すことを目指して、目的関数をより上方へとシフトしようとし、これに対し、供給業者はできる限り低く抑えようと下方へシフトするよう行動する[126]。

---

125) 前掲１の (5-6)、(5-7) さらに後掲２の (6-1) を参照。さらに契約の外生的執行については、参照、遠山・不効率な制度、45 頁から 47 頁。

58 　第1章　需要力の本質論

(4-2) 競争的交換と均衡を通じた力の強制——コンフリクト (2)

　この競争とコンフリクトの両面的把握は、需要力濫用規制に係り、法理論的枠組みの的確な構築をなす必要から、重要な視座を提供する。この点は、角田修一教授による以下の命題が示唆的である。競争とコンフリクトの融合的理解を示す本命題は、抗争交換理論が基礎とする行為主体の属性把握の重要性について述べられたものである。

　それによれば、

　　抗争（contest）は競争（competition）と闘争（conflict）の両方の意味を含み、「内容的には『競争的』交換と均衡を通して実は内在的な力の強制関係を要求するがゆえに『闘争』的である」ということを表す、
　　とされている[127]。

(4-3) 抗争交換理論と資本主義的競争市場

ⅰ) 抗争交換理論が、需要者／供給者の取引関係において、需要者の行使する内生的強制をともなうことは前述したが、かかる取引関係は、コンフリクト（conflict：角田論文は上記のように「闘争」と訳す[128]）の要因を不可避に内包する。したがって、この理論においては、コンフリクトに対応する需要者の内生的強制は、需要者側の内生的選好として、取引主体の属性を規定する。すなわち、角田論文のいう需要者の利益獲得の属性に基づく内生的強制は、供給者の心理構造（内生的選好）を構成する供給者が負う「努力の不効用」や、取引の主観的評価、そして取引離脱のコスト／ベネフィット分析という他方当事者の属性に基づく行為態様に対して、コンフリクトの関係におかれる[129]。

ⅱ) このように取引主体の属性は、当事者間の関係性を規定する。この規定性が、抗争交換理論の交換様式の把握における基礎をなしている。

---

126) このようなエージェンシー問題における依頼人／代理人間の関係を経済的な権力の行使とそれに対する抵抗の要素によって捉えるコンフリクトの理解は、以下の角田論文の記述に依拠した。角田・抗争的交換、7頁。
127) 角田・抗争的交換、14頁。
128) 角田・抗争的交換、14頁（コンフリクトを「紛争」とのみ理解することの不十分さを指摘する）。
129) 前掲した1.（5）における「(5-7) 内生的選好」を参照。

Ⅲ．不公正取引慣行の経済学——競争とコンフリクトの融合的理解 　59

ⅲ）さらに以上の点と関連して、抗争交換理論が供給者の均衡の利益（上記1、(5-2)に記載したレントの記述を参照）を競争均衡として捉える分析は、次のような指摘が適切である。本理論に対する理論経済学の評価として角田論文が、「抗争交換理論は資本主義的『競争市場』を正面から扱うという」[130]特色がある、としていることである。資本主義的「競争市場」の観点から角田教授は、抗争交換理論について「資本主義の政治経済学のミクロ的基礎」といわれる理由はこの点に求められなければならないとされる[131]。

　需要力濫用に係る不公正取引慣行の規制を競争法の課題として、経済学的分析から法政策上の含意を導く本研究の作業において、需要に係る自由な競争が需要者と供給者間の闘争の側面と分かちがたく結びつき、取引契約の交換を抗争と呼ぶべき事態に導いていることの認識は重要と考えられる。

（5）競争とコンフリクトの融合的理解——「契約上の危険」か抗争交換か

　競争とコンフリクトを融合的に理解する抗争交換理論が、不公正な取引慣行の法政策上の含意として提示する命題は、以下の二点に整理できる。

(5-1) 外生的要因と限定合理性（報告書の問題点）

　ブリュッセル／フィレンツェ報告書が不公正取引慣行の生じる原因分析で示した関係特殊投資によるホールドアップ問題や過剰な退出費用問題、さらに供給業者の販売先についての集中（取引依存度）や腐敗しやすい取引商品といった要因に起因する従属性問題は、濫用とされる慣行の経済学的分析として、必要条件であっても、十分条件ではない。ホールドアップ問題は、需要者の機会主義的行動による合理性の限定問題に過ぎない。限定的な合理性の制約のもとにある取引当事者の機会主義的行動は、抽象的に規定された行為主体の属性把握になる。この点からは、圧迫にともなう恐れの要因を生み出すような具体的な危険は導かれないであろう。財の特質や超過供給と結びつ

---

130)　角田・抗争的交換 20 頁。

131)　角田論文は、依頼人・代理人間のエージェンシー問題における取引が競争的交換と均衡を通して内在的な力の強制関係を要求する、コンフリクトと競争の経済的モメントを分かちがたく内包したものであることを明らかにする。角田・抗争的交換 6、20 頁。このような競争的交換と均衡を通して、実は内在的な力の強制を要求する事態が、サプライチェーンにおける不公正慣行をともなう業態における特色となることは、参照、拙稿・枠組み 121 頁注 214 を参照。

60　第1章　需要力の本質論

いた退出費用問題も、市場の客観的条件（「外生的要因」）に問題の原因が解消される。さらに、不公正な慣行にしたがう大規模流通業者に規範的な拘束を課して適切に違反行為を抑止し、さらに制裁を課す法理論上の枠組みを設定する基盤として、十分ではない。

(5-2) 取引費用経済学と経済的権力論

ⅰ）この不完備契約の当事者に係る外生的要因を重視する立場の代表として、ウィリアムソンの見解と抗争交換理論との対比を、以下にみることとする。

　ブリュッセル／フィレンツェ報告書の不完備契約と戦略的な機会主義的行動の説明は、ウィリアムソン理論に基づき、取引先転換コストとして「関係特殊投資」を問題とする。その場合、過少投資となる機会主義的行動の抑止を、コミットメントによって試みる。この試みは、市場機能を生かした「信頼できるコミットメント」（クーター／ユーレン）による市場の失敗の矯正によっていた。このような取引費用経済学の理論に対する抗争交換の契約理論からの批判的視点としては、ウィリアムソンとクーター／ユーレンの理論における分析枠組みには、経済的権力の行使という視点を欠くことが問題になる[132]。

ⅱ）この点につき、抗争交換理論に対する批判論文において、自らの「取引費用経済学」との相違に言及するウィリアムソンの以下の論述が参照される[133]。

　　抗争交換理論は、
　　「経済組織を権力（power）と抗争交換のレンズで捉えるが、私の目的にとっては、節約（economizing）と統治（governance）が、より生産的な視野となると考える」

と述べて、理論モデルにおける基本的な構成概念の相違を明らかにする。

ⅲ）さらに抗争交換理論からは、機会主義は単純に自己利益の追求と規定さ

────────────

132）石倉・市場、55（801）頁以下。
133）本文の以下に記述するⅱ）とⅲ）は、次の論稿による。Williamson, Contested, p.106. なお、石倉・市場、58頁（804）注13参照。

Ⅲ．不公正取引慣行の経済学——競争とコンフリクトの融合的理解　61

れる。これに対し取引費用経済学は、個々の経済主体は限定的合理性の制約のもとにあり、したがってすべて複雑な契約は不可避的に不完全であり、市場は成立しない場合も多く機会主義的な約束違反という契約上の危険（contractual hazards）が存する[134]と主張する。

ⅳ）不完備契約から生ずる不公正取引慣行の法政策的含意を導くにあたり、取引費用経済学の立場は「契約上の危険」として当事者間の対立を捉えるのに対し、抗争交換理論では、競争的交換及び競争均衡とコンフリクトが結び付いた抗争の関係で捉える対照的な特徴が明らかになる。

（6）努力水準の引き上げ要求と特定主体の利益獲得行動

(6-1) 不完備契約を生ぜしめる本質的な要因（努力水準の不確定性）

　抗争交換理論においては、供給業者による販売促進の協力に係る需要者からの協力レベルの引上げ要求は、契約にあらかじめ規定しておくことができない。この点が不完備契約を生じさせる[135]。そして、不完備契約のもとで需要者の内生的強制として、取引停止の通告や強制の利益（レント）の引下げ、打ち切りの通告が行われる。

　それでは、この需要者の期待レベルとしての販売促進の協力は、市場の取引当事者にとって中立的性格を有するものであるのか。言い換えると「契約に定められない属性」としての内生的強制は、特定主体（需要者）の利益を高めることを目的にするのか「それとも、どの主体の利益からも中立的なのかが問題の焦点である」[136]。この供給業者に販売協力の対価として払われる

---

134) Williamson, Contested, p.106.

135) この問題関心の射程は、内生的強制から生じた利益の分配問題に及ぶ。上記問題設定に類比される事例を大規模流通業と供給業者間の紛争事例で探せば、需要者が需要力を行使した安値での購買について、消費者に低価格の還元がされる場合が挙げられる。厚生に係る総余剰基準により、供給業者と消費者に係る余剰の総和が、上記のような購買に基づく廉売後に上昇すれば、一般均衡論の枠組みからは、特定主体の利益増加に係る強制（「不当な安値購入」）はそれ自体としては、問題とされる事がらではない。需要者と供給業者の両主体からの中立的性格が前提にされることになる。

136) 下記（6-2）のⅰ）におけるボウルズ／ギンタス論文及び石倉論文を参照。このような問題に対する抗争交換理論の答えは、内生的な強制が特定主体の利益（行為主体の属性が問題にされる）のために行使されるとの理解から、かかる利益の中立的性格の否定が導かれる。結論的に、かかる問題設定から、法政策上の含意に係り規範的な方向性が示される。すなわち、需要者による需要力行使の場合には、その「不当性」問題が検討されるべきとの方向性である。

均衡の利益（レント）の属性把握に係る問題、中立的性格であるのか、あるいは強制による個人利得の獲得という性格をもつものかについて、以下に論じる。

(6-2) 販売促進の協力とその努力についての中立的性格の否定

ⅰ）抗争交換の定義付けで示したモデル例[137]である、主体 A が主体 B から財又はサービスを購入することを考える。B の財又はサービスが、A にとり価値があり、B については提供にコストを要するのだが、履行可能な契約において充分に規定されていない場合について、抗争交換理論の立場から、以下のような説明がされている。「このような場合に、事後的に（ex post）交換条件は、抗争されている属性に対し欲している水準を供給するように B に誘引するために、A が設定する監視と制裁のしくみによって決定される[138]」

かかる強制による特定主体の利益創出の過程について、契約に定められない努力引上げを目的とする内生的強制が、他の主体の行動様式を左右していることが注目される。

ボウルズ／ギンタスのモデルでは、このように内生的強制は A の欲する属性によるものとして、個人的利益の追求とみなされ、特定の主体に対する利益の帰属を「構成的に」決定する。したがって、需要者の利益からの中立性は否定される[139]。

ⅱ）先に、不完備契約に係る外部選択モデルを基礎にして、需要者が交渉をリードして共同利潤を極大化するインデルスト／ウェイ説に触れたが、この効率性を重視する結論は、上記（6-1）のボウルズ／ギンタスの批判する、中立性仮説によるものである。

（7）権威による内生的強制と取引主体の構成的かつ内生的な選好の形成
(7-1) 強制的な均衡のレントと権威

供給業者は取引停止された場合に陥る状態を上回る利益（レント）を受け

---

137) 前掲 1. の（1）を参照。

138) Bowles & Gintis, Power, p.332.

139) 石倉・再考、108 頁以下。

ていることは、大規模流通業者に対する販売促進等の協力について、その努力のレベルを引き上げる誘因となることを明らかにした点に抗争交換理論の意義がある。このような取引当事者の一方に対する監視と制裁の働きをする内生的強制のための誘引となる手段は、ほかに供給者の心理的要因である需要者がもつ「権威」がある[140]。

(7-2) 交換関係において内生的に構成される取引主体の属性

　需要者は供給者との持続的な関係を提起し、保証することでかかる強制のための誘引が生まれる。

　このような市場交換に内在する経済的権力を生む態様として、ボウルズは需要者が供給者の心理構造に利害関心をもつ内生的選好への思考をあげていた[141]。かかる心理構造には、努力することの不効用や、取引を主観的にどう評価しているか、さらに前掲したフォールバック・ポジションを自らの場合どのように考えているかなどにより構成される。需要者は、このような内生的選好を指向した訴えかけを継続的な取引において様々の手法を通じて行使す

140）理論経済学者による権力と権威の概念を用いた市場の交換分析は、以下の指摘を参照した。
ⅰ）金子・権力の源泉57頁は、スティーヴン・ルークス（Steven Lukes、社会学者、政治学者。）の権威（authority）の定義を述べている。
　　「AがBに対して、Aの指示がBの価値から合理的、すなわちその内容が合法的で合理的であるか、それが合法的で合理的な手続きで得られたもの、とみなす限り、権威である」。
ⅱ）近時、理論経済学の分野において、ボウルズ／ギンタスの抗争交換に係る政治経済学的アプローチに触発されて、経済的権力の概念の様々の分析されるようになってきた。
ⅲ）以下に挙げた川村論文は、コース等の取引費用経済学は、組織と市場を専ら効率性の概念に結びつける論法の枠内で権限・権威の概念が用いられてきたとする。そのうえで、authority を企業家に与えることで市場を利用する費用を節約することができるという命題のもとでは、この概念（authority）は権限としか訳されないことになるとする。このような分析に係って、権力と並列的に用いられる場合の権威の特徴を以下のように述べる。川村・経済的権力、10頁。
　　「第一に、権威とはそれを受容する側に力点が置かれている…第二に、権威は階層的な構造と密接に関連している」点が特徴的である。
ⅳ）このような川村論文の権威に関する特性把握と、前記ⅰ）に挙げたルークスの権威の定義と合わせ読めば、以下の権威に関する命題が、抗争交換における分析で妥当する。

《階層的にAがBより上位の階層にいる場合に、Aの指示がBの価値にとって合理性、合法性であるとみなされる限りで、受容者Bの心理構造にAが利害関心をもつ内生的選好の強制的操作により、権威が生ずる。》

　　上記権威の命題における「受容者Bの心理構造にAが利害関心をもつ内生的選好」の概念については、前掲のボウルズのミクロ経済学の記述の紹介をした1、（5）の「(5-7) 内生的選好」を参照。
141）前掲1.（5）の (5-7) におけるⅰ）、ⅱ）を参照。

64　第1章　需要力の本質論

る。取引主体の選好という属性は、市場から外生的に決定されるのではなく、交換関係において内生的に構成される[142]。これに対し、一般均衡の需給一致市場の前提では、交換対象の属性に関する契約の執行（enforcement of contracts）は解決済みの問題、すなわち、分析枠組みの内部では説明されない外生的な要因として扱われる（「契約の外生的執行」の仮定）[143]。供給業者のなす販売促進の協力引上げ義務などは、かかる需給一致の枠組みでは、大規模流通業者は何の費用もかけずに、引き出すことができると仮定されよう[144]。需給一致市場の枠組みでは、交換対象のあらゆる属性についての契約の執行が保障されるものと仮定される。さらに、希望通りの取引量を実現した契約の執行が保証されるものと仮定され、かつ、希望通りの取引量を実現した経済主体だけが登場するのであるから、そこでは、経済主体の間の利害対立は生じない。

（8）競争とコンフリクトの融合的理解と不公正取引慣行
(8-1)　継続的な販売促進の協力引き上げ

　抗争交換理論が供給者と需要者との間の不完備契約について、競争（competition）とコンフリクト（conflict；闘争）を融合的に理解し分析した成果に

142）金子論文は抗争交換理論の権力概念に対する広い理解から、ロバート・ダール（Robert Dahl）による現代権力論の定義の多様な規定を指摘している。先ず、よく知られた一般的な権力の定義である。
　ⅰ）「BがさもなければしなかったであろうことをAがBにさせることができる限り、AはBに対して権力を持つ。」
これは意思決定を左右させる場合である。
　ⅱ）次に、より広い影響行使に関する以下の問題がある。
　「AはBに、彼が欲しないことをさせることにより権力を行使するかもしれないが、また、Bの多様な要求、あるいは、その形成・決定に影響を及ぼすことにより、権力を行使する」。
　ⅲ）権力形態の多様なあり方は、例えば先に挙げた努力することの不効用について、それを低下させるような手段があれば、供給者との相互作用においてそれを行使するように需要者が選好をもつ傾向も把握する必要がある。
　前記のように供給者一般でなく、特定の供給者に影響を及ぼすこの内生的選好の問題、つまり相手方の多様な「要求の形成・決定に影響を及ぼす」権力行使が問題である。このように、抗争交換理論において、「ショートサイド」にいる需要者と超過供給の市場にいる供給者間の財の取引において、権力問題が重視されていることは注目すべき理論成果である。参照、金子・権力の源泉、56頁以下。
143）前掲2.（3）における「(3-3) 力の源泉（外生的要因と内生的要因）」を参照。
144）参照、石倉・市場50（796）頁。See, Bowles & Gintis, Power, p.332

Ⅲ．不公正取引慣行の経済学——競争とコンフリクトの融合的理解　65

は、供給業者の販売促進活動の協力努力を引き上げていく制裁と監視のシステムとして「均衡の利益（レント）」及び契約の更新拒絶権が機能することを明らかにした点がある。さらに、持続的な相対取引を介し、大規模流通業者の権威をもとに供給者の選好に対する操作の働きを明示した点も指摘できる。

　このような抗争交換のエージェンシー理論は、市場における競争と取引関係におけるコンフリクトの双方の経済的現象のモメントを分かちがたく内包させた分析モデルとして大規模流通業者と供給業者間における不公正取引慣行の問題においても、次の分析の成果をあげるであろう。

(8-2) 販売促進の協力レベル引上げ及び「恐れの要因」による「権威」付け

　それは、取引停止や、強制の利益（レント）を提供しないといった通告によって、販売促進政策に協力させる努力を持続的に引き上げるとともに、継続取引における需要者として、売上増に共同の力を発揮する作用を供給業者に明確に意識させる意図が明らかになる。後者は「権威」の作用であり、かかる力の要因を行使することから、不当な負担となる不公正取引に至る取引の事態を的確に説明する。

　さらに事後の報復的な制裁を恐れる結果から、この不公正慣行に対する法違反や仲裁の申立てを控えさせる「恐れの要因」も、かかる抗争の交換理論がその原因の説明に適合的である。大規模流通業者が供給業者に対し、権威の作用を行使していることが、このような恐れを生じさせる。また取引停止の事態を上回る利得を供給業者が得ていること、さらにかかる利益を維持するには、大規模スーパーの協力要求に努力レベルを引き上げなければならない強制の存在も、恐れを生じさせる。

(8-3) 下流市場の競争関係とコンフリクトのもとにある交換関係の結びつき

　事業者間の不公正取引慣行の分析理論として適合性を有する抗争交換の理論モデルは、かかる慣行の規制についての法理論的枠組みを考察するうえでも、以下の事例に基づく二点の重要な視点を提供する。

ｉ）行為者の存する大規模流通業者の市場における競争の高まりと、その上流に位置する供給業者の販売促進政策への協力水準の引上げ、そして不公正取引慣行を用いた負の持続的増加の関係について、その要因の連関を以下の事例により説明する。英国の二大食品雑貨スーパーのアスダ社とテスコ社

は、2007 年夏「価格戦争（price war）」を繰り広げた。アスダは 2 億 5000 万ポンドの費用で 1 万品目の商品雑貨と他商品の価格切り下げを企て、テスコは 2 億 7000 万ポンドの費用で 3 千品目の値下げを行う声明を発表した。英国競争委員会は、両スーパーの安売り合戦はその要求に服する供給業者によるコスト割れの商品提供と販促費によって賄われていたとする[145]。この英国における大規模スーパー間の消費者向け価格競争の例は、下流市場における競争の高まりが上流市場における供給業者への協賛金等の協力要請と直接に結びついた関係にあることを示す。その意味で、抗争交換理論おける競争とコンフリクトの融合的理解が妥当する例として、次の意味をもつ。

ⅱ）第一に、「契約に定められない属性」である内生的強制による特定主体の利益獲得行動として、大規模スーパーによる一連の行為が特徴付けられることである。

　商業資本同士の激しい競争関係は、流通小売業者としての利益獲得を目指した顧客争奪をめぐる競争の強度を強める。その結果、大規模スーパーの上流方向に向けた取引主体としての属性を規定するに至ったという経済的評価ができる。その評価は以下のように敷衍される。値下げ競争の原資を供給業者から直接、調達できる内生的強制を行使する取引主体は、《合理性の限定のもとにある》（取引費用経済学）という評価を超える強圧性を示す。したがってその属性評価は、経済的権力を行使する主体とされる。その評価は、競争（下流市場の値下げ競争）とコンフリクト（値下げの原資調達）の一体的把握として妥当である。このように、安売りの協力要請行為という契約上の外観をとっても、強圧性は、「契約に定められない属性」であることが注目される。この点から本件要請行為の、特定の行為主体からの中立的性格は否定される。つまり、大規模スーパーの強圧的な利益獲得の行為とされる[146]。

ⅲ）第二に、供給業者の行動について、抗争交換理論が明らかにした内生的強制の関係が、それを規定する。この点は、主体の属性評価にも影響する。

145）拙稿・新展開、123 頁以下及び注 287 参照。CC. investigation 2008, Appendix 9.1, Case study of retailer and supplier correspondence, para. 3,, note 1, 24.

146）前掲 2 の（6）で述べた「(6-2) 販売促進の協力とその努力についての中立的性格の否定」を参照。

Ⅲ．不公正取引慣行の経済学——競争とコンフリクトの融合的理解　67

すなわち、供給業者は継続的な相対取引を介してその選好が操作され、需要者（大規模流通業者）の権威的支配のもとにおかれる。この支配関係は、上流市場における供給業者の行為や能力という属性に影響を及ぼしていく。すなわち取引の更新拒絶の威嚇により販売促進の協力レベルを引き上げられ、また権威的な選好形成となる干渉が続いていくならば、その供給業者の市場行動に大きく影響する。さらに、当該大規模流通業者と取引を希望するがそれのできない供給業者の存する、上流市場の経済的条件に影響する。例えば上流市場の製品開発競争に阻害的な影響を及ぼすであろう[147]。上流市場における供給業者の競争の能力は、このような大規模流通業者との相対の継続取引における権威的な「内生的強制」をともなう交換過程から大きな影響を受けて、内生的に構成される。かかる競争能力は市場という外生的な要因のみによって規定されるものではない[148]。したがって、不公正な取引慣行の規制は、供給業者の存する上流市場へ及ぶ強圧的行為の影響を、的確に評価できる法理論的枠組みが構築されなければならない。

(8-4)　優越的地位濫用行為の本質的徴表と抗争交換の内生的強制

ⅰ）抗争交換理論が、資本主義的な競争市場を正面から扱う基本的特色を有することは、不公正取引慣行の規制を行う優越的地位濫用規制においても、基本的な検討視座を提供する。

ⅱ）大規模流通業者のような需要者が下流市場で行う競争が、販売促進の協力要請やそれに応える努力を強める。そして、このような取引の相手方に対し自らにとって有利な取引条件の獲得をめぐって競い合いが行われること

---

147) 英国の行動綱領の規制についての2008年の競争委員会による市場調査報告書の見解である。後掲、第3章Ⅲ．2．(2-5) を参照。さらにかかる見解の経済学者による裏付けとして、供給業者段階の投資とイノベーションへの負の影響を指摘する経済学者の見解があった。この点については拙稿で、オックスフォード大学のスミス（Howard Smith）とサナサリウス（John Thanassoulis）の不確実投資のモデル、カーディフ大学のクラーク（Roger Clarke）による小規模供給業者の弱体化論について紹介をしている。拙稿・新展開79頁以下及び注277を参照。

148) 抗争交換の理論モデルでは、ワルラス的均衡論の以下の前提が否定される特徴がある。すなわち、諸個人の選好は市場や産業組織などの構造的制約（そのもとで個人の意思決定がされる）に対して因果的に先行する仮定は否定される。この点につき、鍋島教授は、抗争交換理論について、個人の選好、能力、規範的意識などの主体の属性が、「彼らを取り巻く制度的環境を反映しながら…交換過程の中で内生的に構成される」という、交換に係る「構成的」（constitutive）な特徴があると整理されている。鍋島・国家、169頁。

も、独占禁止法の保護に値する競争に含まれる。しかし、こういった自由な競争の在り方が過剰に昂進するなら、不公正な取引慣行を生ぜしめるという法政策上の含意が提示される。優越的地位の濫用行為の本質的徴表として優越ガイドラインが摘示する、「今後の取引に与える影響を懸念して」取引の相手方が不利益行為を受け入れざるを得ないという要件は、抗争交換における、内生的強制を受けた供給者の内生的選好を示すものである（後掲、Ⅳ.4.（2）（c）を参照）。

ⅲ）かかる内生的強制が可能になる条件は、供給者が競争均衡においてフォールバック・ポジションに陥ることを懸念して行う、あるいは相互に販売量を奪い合うことで行われる競争に求められることも抗争交換が示すところである。

(8-5) 競争とコンフリクトの融合的理解と不公正取引慣行

ⅰ）このように需要者と供給者がそれぞれ直面する自由な競争について、それが過剰に昂進する結果、不公正な取引慣行を生ぜしめるコンフリクトの関係を経済学的に説明した功績が抗争交換理論には認められる。

ⅱ）我が国では、優越的地位濫用の源泉となる「取引力、交渉力の背後にある具体的な競争の実態」[149]を把握する重要性が言われ、さらに独禁法2条9項5号の解釈論の前提的理解として「それぞれの取引当事者の直面している競争の程度の差異、多くの場合それと関係している企業規模の大小等によって両者の間に取引上の地位に差がある場合に」[150]、購買力濫用が生じるという説明がされてきた。このような競争の実態、競争の程度の差異を把握する要請は、競争とコンフリクトの融合的理解が不公正取引慣行の規制に肝要であることを示した、抗争交換理論と即する側面がある。

149）舟田・序説（1）、112頁。
150）正田・講義、161頁。

Ⅳ. 需要力の法的分析（ドイツ）

1. 市場力としての需要力

　利益強要禁止に係る需要力濫用規制の原型となる旧26条3項がGWBに導入される以前、不当な差別行為を禁止する旧26条2項において、当時、問題視された大規模な食料品流通業者による需要力の濫用に対して、事業者間の不公正取引慣行を規制する主張あった。かかる主張の背景には、連邦経済省による「不当行為リスト」(1974年)、カルテル庁承認の「共同宣言」(1976年)を策定した動向があった。このような行動綱領や競争規約によって競争歪曲的な取引慣行を規制して業績競争の確保を目指すアプローチに対して、カルテル法の規制手段を用いる需要力濫用規制が主張された[151]。

　供給者に対し、不当に差別的なリベートを要求し、結果的に行為者のライバルによる業績競争を阻害する行為を規制するため、旧26条2項の濫用監視の適用が、困難さを留保しつつも提起されていた。この提案では濫用監視の対象となる市場占拠率については、33.3％では低すぎると具体的な数値が挙げられ、需要力を市場力で捉える立場が明らかにされている[152]。第4次GWB改正による受動差別禁止規制が制定される以前の、行動綱領や競争規約の規制理念をカルテル法の規制と接合させようとする初期の試みであった。

2. 取引相手に対する相対力（Partnermacht）としての需要力（アルント）

　1981年に、アルントは、市場力（すなわち、この場合は市場支配力）と相対力（Partnermacht；供給力ないし需要力）の対比を行うことで、需要力の概念を提示している[153]。需要者とその相手方である供給者に対する相対力としての需要力概念の特徴は、以下のようになる。

151）Kartte, Leistungswettbewerbs, S. 3.

152）A.a.O., S. 3.

153）Arundt, Macht, S. 47, 71.

70 第1章 需要力の本質論

（1）市場力と対照的な相対力としての需要力（供給力）の特徴

ⅰ）市場支配は市場と関係し、需要力ないし供給力は市場の相手方（Partner）に関係する。優越する相手方が有する市場占拠率というものは、相対力に関しては意味が希薄になる。例えば信用供与に係っての従属性については、市場占拠率はほとんどなんの働きも及ぼさない。

ⅱ）ある市場を支配する事業者は、市場において供給ないし需要を支配する。その市場占拠率は大きい。相対力に関して優越する事業者の有する市場占拠率は、それに従属する事業者の市場占拠率よりも小さいことはあり得る[154]。

ⅲ）市場を支配する事業者は、自らの活動する市場で供給ないし調達する財の数量を操作することにより自らの利益を極大化するが、直接にその取引相手の意思に影響を行使することはない。これに対し、その取引相手に優越する事業者は、自らに有利となり、従属的な相手方の不利になる利益を取引相手に強制できるが、このことを、正しいと考える自らの価値基準により強制しているのであり、相手に対して自らの意思を強制できる。

ⅳ）相対力においては、同一の事業者が同時に従属的であり、また優越することがある[155]。

ⅴ）価格効果と産出量効果で、市場支配力と相対力は異なっており、対照的でもある。市場支配力に関して独占的販売者では、低産出量、高価格となり、買い手独占では低買取量、低価格購入となる。これに対し相対力では、供給力を行使する事業者は、同じ価格でより多くの数量を販売し、需要力を用いる事業者はより多くの数量をより低価格で購入する。

ⅵ）供給力と需要力の相対力は、一方的な集中プロセスを進行させる。これに対し、市場支配力と市場集中とのプロセスは、排他的である。事業者ないしカルテルが市場支配的な場合、もはや集中のプロセスは働かない。

ⅶ）相対力である需要力は需要の充足に関し、集中プロセスと相即的に、定

154）例えば、マーマレードのような市場規模の小さな場合、当該市場に関する市場支配的事業者であっても、大規模なディスカウントチェーンに従属することがある。A.a.O. S. 71.

155）ビール醸造事業者が飲食業には優越するが、ディスカウントチェーンには従属するような場合である。A.a.O. S. 71.

性的ないし多くは定量的な改善の働きをもたらす。他方、市場力においては、集中プロセスの停止後であるが、定量的にも、定性的でも需要の充足に負の効果があるだけでなく、競争が活発であれば存する改良された新たな商品投入や、低コスト生産を導く経済展開を阻害する。

（2）市場力規制の体系における相対力（メストメッカーの批判）

　アルントの相対力としての需要力概念にはメストメッカーの批判があった。それは、市場力と対比され、異質性が顕著な、供給力と需要力としての相対力について、それを同一の法律であるGWBに組み入れて、しかも市場支配力の濫用監視に係る同一の法体系的構成において規制するドイツの利益強要禁止の規制の在り方が、問題にされた。その批判は、需要者間で繰り広げられるリベートや協賛金などの実質的な割引、また返品などの便益の獲得競争について、メストメッカーが「隠れた競争（Geheimwettbewerb）」として重視する点を基礎とする。このような、より有利な取引条件の獲得をめぐるGWBの保護する競争に係る基本的な競争法理論の視点から、以下の問題点が指摘される。すなわちかかる保護に値する競争から区別されて、相対力の概念については、「競争法の助けを借りて修正されなければならない力の徴表について問題にされる必要があるが」、その点の解明を欠いているという批判である[156]。具体的には、隠れた競争がコストと価格に関する交渉された成果を示す関係にあるから、供給者から対需要者向けに示された価格表からの乖離は、実効的な競争の表れとされる。したがって、メストメッカーによれば、アルントの相対力概念は、需要競争から需要力を区別できていないことになる[157]。

　この批判は、市場力との比較に専ら注力する相対力概念の、規制されるべき「力の徴表」の内容に係る不明確さとして、一定の説得力がある。

156）Mestmäcker, verwaltete, S. 259f.

157）Mestmäcker, verwaltete, S. 260.

3. メストメッカーの需要力概念──「流通における販売経路の支配」

（1）静態的な需要競争と動態的な需要競争の区別

　メストメッカーの GWB における需要力概念は、相対力として、市場の相手方に対する行為者の力の行使として需要力を捉えるならば、GWB の保護に値する需要競争の重要な側面である、動態的な「隠れた競争」を封じ込める弊害を招くという警告をする特徴がある。この点から、この「隠れた競争」の活性化に妨げになる、需要者の存する後段階市場における「流通における販売経路の支配」が生じるような場合に限り、需要力が認められるとする。

(1-1)　静態的な需要競争を打破する「隠れた競争」

　およそ消費に係る自由の保障される経済では、景気変動や産業構造の原因から需要の不安定であることは避けがたいことから、かかる不安定に対処するには、販売と調達の両市場における競争こそが唯一取りうる手段となる（メストメッカー）。そしてこのような需要の変動は、競い合う供給者について、そこから生ずるコスト構造を左右する[158]。さらに、かかるコスト構造の格差に関しては、それに対峙している需要者につき、その価格交渉上の優位として働く側面が注目される。その理由は、こういった供給者の供給に要するコストの格差が、以下のような、需要の潜在的な可能性から生じているからである。すなわち、供給者の販売先である需要者についてその後段階の市場における売上げに起因した需要の潜在的可能性である。したがってこの点から、供給と需要の弾力性は、各々に異なっているのであり、そのため競争はそれぞれの供給者／需要者間の個別価格における多様性を導く[159]。

　メストメッカーは以上の考察から、供給者が需要者に一律提示する販売価格とは別に、個別的な、供給者／需要者間における価格についての多様性を前提にする。これが「隠れた競争」であり、かかる競争が寡占的な価格の静態性を打破する機能をもつことを重視する。したがってかかる価格の多様性を封じ込めるような需要力の濫用監視は、「隠された景気政策」や中小企業保護の「隠された産業保護政策」になると警告する[160]。

---

158) Mestmäcker, verwaltete, S. 255.

159) Mestmäcker, verwaltete, S. 256.

160) Mestmäcker, verwaltete, S. 256.

Ⅳ．需要力の法的分析（ドイツ）　73

(1-2)　需要者の異質性が導く供給者の反応の複合―「隠れた競争」

　非現実的な完全競争の想定である価格の静態性は、販売競争についての完全競争論と同様な、以下の非現実的な想定に基づいている。すなわち、需要者の数が多く任意の相手方の変更が市場の総体的売上げに対し、ほとんど感知できない影響しか与えない、供給者が誰に対し販売するかの区別に配慮しない想定である[161]。これに対し現実に生じる需要に係る不完全競争は、一定の需要者の協力のもとに供給者が、どのような目標を最も実効的に実現することができるかによって、需要者によって区別がされている点に特徴がある。その場合、需要者の異質性は、供給者に係って、需要者が供給者について果たす流通機能によって影響を受ける。

　この点からさらに、以下の不完全競争の特徴が導かれる。それは、需要者にとり供給者は同質な、抽象的な存在ではなく、供給を受ける製品、製造能力及び供給余力、そしてその他の需要者に係ってその要求を充たす諸機能によって、区別されることである。流通の競争及び産業における競争は、供給及びそれにより引き出される製造に関連する諸要因を購入することを、需要者が取引相手ごとに区別するように導くのである。かかる動態的な競争の特徴は、ある事業者による活発な行為とその取引関係にある事業者と競争相手とが存する場合に、取りうる反応について、その複合のうちに存する[162]。産業と商業間の関係で競争プロセスの理解にとり重要なことは、供給競争が、需要サイドで産業の競争者との関係に対し影響を行使する需要の競争も導くことにある。そしてかかる供給競争に対しては、結果的に個々の需要者によって相互に高い可能性によって回避される買入価格によって、個別の競争として競争の本質的特徴が明らかになる。かかる個別の需要競争として本質的な特徴が「隠れた競争」論としてまとめられる[163]。

161）Mestmäcker, verwaltete, S. 257.
162）Mestmäcker, verwaltete, S. 257.
163）参照、後掲第3章Ⅵ．4．(6-2) (6-3)。

74　第1章　需要力の本質論

（2）「隠れた競争」の阻害─「流通における販売経路の支配」
(2-1) 供給業者と消費者を仲介する流通業者の機能

　現実的な競争の状態である需要の不完全競争について、その特徴である「隠れた競争」は、需要者がリードして供給者の多様な反応の複合を生み出す特徴があった。次に、この需要者が供給者をリードする機能が、需要力の中核概念として提示される。それは流通業者のなす供給業者と最終消費者を仲介する機能である[164]。こういった機能を認めることが、販売競争と区別される需要競争に関連して、需要力濫用を販売力の濫用から区別する特徴になる。このような機能が認められる限りで、流通業者はマーケティング代理業者としての側面を有する。

　さらにかかる供給業者と消費者を仲介する機能として、供給業者に提供されるマーケティングに関連する給付をもとにして、需要競争に係る市場画定がされるが、市場画定の手法は販売競争等について他の市場画定には適用できない以下のような、二つの特徴がある。

(2-2) マーケティング代理業者の給付提供に対する価格設定の不可能性

　その第一は、マーケティング代理業者として提供される業績（給付）に対する反対給付である対価は、独立した価格設定がされてはならない、とされることである[165]。もしマーケティング代理業者としての業務提供に対して独立した対価設定の規制がされるなら、供給業者から需要者が購入した製品に対する対価を主たる給付とし、このマーケティング代理業者としての給付を付随的給付とする需要者が供給業者に提供する給付の二分割が行われる。この結果は先の（1-1）で挙げた、動態的な「隠れた競争」である個別の供給業者／需要者間で行われる価格競争の障害となる「管理された競争」を導く。消費者と供給業者の仲介に係る業務は、製品販売とそれに付随する業務というように分けることはできず、後者の業務に関する独立した価格設定ができる市場というものは存在しないのである。

164）Mestmäcker, verwaltete, S. 263. マーケティング代理業者として流通業者が供給業者を仲介する機能については、ケーラーも重視するところであった。参照、第2章I．2．(2-3) 及び (2-4)。

165）Mestmäcker, verwaltete, S. 265.

(2-3) 需要者の調達市場と販売市場を一体的把握

この点は、需要者が供給者をリードしてマーケティング代理業者として提供する業績（給付）の取引に関係して、需要競争の市場の画定で問題になる第二の特徴と関係している。それは、この市場が需要者の存する後段階の消費者に販売する市場と一体的に解されることである。このことは、需要競争に係っての市場画定が、需要者の調達に係る購買の市場と、かかる購買された製品の再販売に係る市場を一体的に捉える特色をもつことを示す。需要者は自らの需要のため商品購入をしたのでなく、消費者と供給業者の仲介をなすに（マーケティング代理業者であるに）過ぎないのであり、この点は市場画定に当たり無視できないとされている[166]。

(2-4) 「供給力の過剰」としての「流通における販売経路の支配」力

以上から需要力の濫用に係って、過剰な需要力の概念は、供給業者が需要者の仲介を経て消費者に自らの製品を提供するにあたり、異なる販売経路である流通業者の利用が可能であるかどうかによって判断される[167]。すなわち需要力に係るメストメッカー説は、「流通における販売経路の支配」として捉えられる[168]。供給業者が流通業者の提示する仲買の業績に関して回避可能であるかをもとにして、製品関連の市場画定がされるのであるから、上記の過剰な需要力の概念は、供給業者が望む販売経路において、「既に供給をしている産業の事業者に係って、とるに足らないものでない販売形態が（需要者により）任意のものとされている」という、「供給力の過剰」として捉えられることになる[169]。

4. 「供給者に対して自己の利益を追求する需要者の力」（ケーラー）

（1）GWB の需要力——競争者及び市場の相手方に対する自己利益の追求

需要力を市場力、相対力、そして流通における販売経路の支配とみるこれまでの立場は、需要力の一般論、総合的理解に対して、それを分解して個別

---

166) Mestmäcker, verwaltete, S. 264.

167) Mestmäcker, verwaltete, S. 262（需要競争の特殊性は、市場の相手方による回避可能性の検証の場合に考慮されなければならない）.

168) Vgl., Köhler, Missbrauch, S. 81.

169) Mestmäcker, verwaltete, S. 263f.

76 第1章 需要力の本質論

の要素を説明したものとするのがケーラーである。したがって、需要力の理
論的説明として、それぞれが正しいものを含んでいるとされるが[170]、これら
需要力について分解した捉え方をまとめて、GWB の規制で問題になる一般
的、総合的に需要力の特性を言いあらわすなら、市場の「競争者及び市場の
相手方に対して自己の利益を追求する需要者の力」となる[171]。

（2）「取引相手に対する力の地位」と「不当な影響行使」
(a) 市場力、相対力及び「流通における販売経路の支配」力の総合的把握

次に、需要力の概念把握及びそれの規制のために、法において設定された
それぞれの具体的な要件指標が示されなければならない[172]。そして、カルテ
ル禁止、市場支配的事業者の濫用監視、企業結合規制、さらに市場支配的又
は市場で有力な事業者に対する差別行為の禁止に係って、GWB の規定に共
通の要素は「競争制限」である。このようにケーラーは、市場力、相対力及
び販売経路の支配の総合として捉えられる需要力について、規制の具体的な
発動となるそれぞれの法規範の要請に従って、一般的、総合的に捉えられた
需要力の概念から、法の規制目的に従い、需要力の各論的理解が導かれなけ
ればならないと考えるのである。

そこで、GWB においては、上記のように競争制限の禁止が法の要件であ
るから、次に、かかる要請に従い需要競争とはいかなるものであり、どのよ
うに行われ、どのように制限されるのかが問題とされることになる[173]。この
問題は、具体的には、受動的差別禁止として需要者のライバル及び市場の相
手方に対する力の行使の特徴を捉えた旧 GWB20 条3項の解釈問題において
論じられている[174]。

---

170) Köhler, Missbrauch, S. 81.

171) Köhler, Nachfragemacht, S. 1.

172) Köhler, Missbrauch, S. 81.

173) ケーラーの需要競争論については、後掲第2章I.2. を参照。

174) Köhler, Kontrolle, 140ff.

(b) 需要力濫用の具体的な規制態様に即した需要力の捉え方

次に、GWB による競争制限が問題になる場合を離れて、より広い規制範囲を視野に収める需要力の概念を捉えるならば、「取引の相手方に対して自己の利益を追求する需要者の力」というものになる[175]。この定式化は、市場の相手方に対する自己利益の追求が、行為者の競争相手に不利となることを、結果的に、射程に収めている。また買手市場力として、高い市場占拠率により購買価格を搾取的に濫用する場合も含むことになる。さらに「流通における販売経路の支配」をすることにより、市場の相手方に自己以外の流通経路を閉鎖して自己の利益を追求する場合も含んでいる。

(c) 不公正取引慣行における支配／従属関係――抗争交換理論との相即性

このように、需要力を「取引の相手方に対して自己の利益を追求する需要者の力」とすることは、事業者間の不公正な取引慣行の規制を行う場合の支配／従属関係に適合する。ケーラーは 2010 年代に入り GWB による規制から、不公正取引慣行の規制へ転換を図った。その提案では、「取引相手に対する力の地位」という要件により支配／従属関係が捉えられ、この要件により「優越の形態、特に需要力を包含する」。そして「取引相手に対する力の地位」というこの要件が注目されるのは、その力の地位を行使したことによる「不当な影響行使がなければ下さなかった決定を下すことが誘引される」なら「攻撃的商慣行」であって、違法とされる点である。力の地位を行使して「不当な影響行使がなければ下さなかった決定を下すことが誘引される」場合とは、具体的には、供給者が今後の取引に与える影響を懸念して、不利益行為に係る需要者の要請に従っていること[176]を意味する。この点で、かかる懸念を喚起する行為者による力の地位を基礎とする取引の相手方に対する働きかけは、抗争交換理論に言う取引相手に対する「内生的選好」に対する働きかけに相当する。

本研究は、上記の「内生的選好」に係る力の地位を行使した働きかけ（「不

---

175) Köhler, Nachfragemacht, S. 1.
176) 公取委の優越ガイドラインについて、第 4 の 1 における（1）など。

当な影響行使」）を、需要力濫用の本質的徴表として捉えるものであるが（優越的地位濫用規制における自由かつ自主的な判断の阻害に相当する）、需要力の概念構成は、かかる「不当な影響行使」の態様を説明できるものである必要から、ケーラーの需要力概念は評価できる。

(d) 独立した保護に値する調達市場の競争と下流の販売市場の競争

流通業の経済事象に係る説明として、特に食品小売業で顕著であるが、商品調達における低価格購入により下流市場の対消費者販売で、活発な低価格競争を展開する流通業者の競争能力が市場力評価として問題になる。ケーラーによれば、GWBにおける競争制限の規範的評価として、調達市場の需要競争において、供給業者の回避可能性が欠けている状況で流通業者間のより有利な取引条件の獲得を目指す競い合いが過剰に亢進する結果が問題になる。すなわち、GWBの保護に値する競争に対して、それが制限されていることを認めなければならないのであり、需要力の濫用的行使として違法とされる。

この結論は、需要力行使の経済（学）的な捉え方に対する法規範論理の独立性を維持する立場から、調達市場における需要競争の制限の禁止について、それが法の保護に値する独立した利益であるとの判断を導いたものと考えられる。

(e) 需要力の経済（学）的な捉え方に対する法規範論理の独立性

このようなケーラーの需要力把握の基本的な方向性は、需要力の発現とされる経済的現象の把握、並びにその経済的現象の分析に係る経済（学）的なアプローチに対して、法規範論理の独立性を認めて、経済（学）的な需要力把握、分析の成果を直接的に法規範論理の要請としてより入れることを拒む点に特徴が見いだされる。

第1章付属資料；「欧州食品サプライチェーンの機能改善」規制の展開
以下に、EUにおける食品サプライチェーン機能改善規制について、その開始から、最終報告書までの経緯を要約する。

1. 機能改善規制の端緒

欧州委員会は、2009年10月「欧州食品サプライチェーンの機能改善」("A better functioning food supply chain in Europe")の指標のもとに事業者間（business-to-business）の不公正取引慣行が食品サプライチェーンの発展に障害となることを指摘して、規制の枠組み作りに着手した。参照、拙稿・法理論的枠組み9頁以下。

2. グリーンペーパー（欧州委員会；2013年1月）

2013年1月委員会は「欧州における食品及び食品外製品サプライチェーンの事業者間不公正取引慣行についてのグリーンペーパー」を公表した。COM（2013）37 final Green Paper. グリーンペーパーについて、以下の抄訳を参照。拙稿・法理論的枠組み、239頁以下。

グリーンペーパーは、不公正取引慣行を禁ずる規制の枠組み（法領域の区別）、不公正取引慣行の基本類型、加盟国間において生じた規制態様の分裂、エンフォースメントのあり方などについて、委員会による整理と一定の見解を提示するとともに、加盟国や利害関係者に意見提出を求めた。

3. 不公正取引慣行報告書（欧州委員会；2014年7月）

2014年7月欧州委員会は、欧州議会にあてた報告書「事業者間サプライチェーンにおける不公正取引慣行に対する取り組み」を公表した。Commission, COMMUNICATION2014.

報告書は、この時点における規制の現状について取りまとめの評価を行った。それによれば、EU加盟国では、相当数の国家的法システムにより規制が行われる状況にあり、さらに私的な自己規制のシステムにより、不公正取引慣行に対する独自の規制が模索、実施される状況にある。後者の、民間事業者のボランタリーな自己規制の枠組みづくりとして、SCIは、その独自な行動綱領（「食品サプライチェーンにおける垂直的関係：適正慣行原則」）に基づき、ボランタリーベースの参加者間の利害調整を図る試みを2013年9月に開始した。報告書は、SCIに高い評価を与え、ボランタリーな行動綱領を推進する企てについて、その政策上の優位を確認した。Commission, COMMUNICATION2014, pp.9-12. 拙稿・法理論的枠組み、9頁以下。

さらに「適正慣行原則」と恐れの要因について、規制で求められる事項を含めて、利害関係者に期待される努力を全12項目にまとめて提示した。「適正慣行原則」における「一般原則」及び「個別原則」、「公正慣行／不公正慣行例一覧」等の主な内容については、拙稿・法理論的枠組み、12頁以下を参照。

また、報告書はサプライチェーンにおける、とりわけ中小企業について、不公正な取引慣行が、その財務的な生き残りとビジネスに脅威となるマイナス効果を頻繁に及ぼす点を重視して、「混合アプローチ（mixed approach）」と呼ぶ以下の提案をする。それは、委員会のグリーンペーパー及びEUに先駆けて規制を試みる加盟国が例となるアプローチであり、信頼できて実効性ある公的なエンフォースメントによって補助を受けた、ボランタリーな規制の枠組みである。具体的には、SCIのようなボランタリーな規制をリードする試みが取引当事者間の紛争を解決する主要な方法となる。その場合公的なエンフォースメントや裁判所での訴訟は、両当事者の解決がより効率的かつ素早い手段として可能でない場合に限り行われる。この点から報告書はEUが、SCIを単に援助する以上にその強化を

80 　第1章　需要力の本質論

するべく措置を講ずるべきとする。Commission, COMMUNICATION2014, p.13. 拙稿・法理論的枠組み、47頁以下。

　この2014年7月の欧州委員会報告書による「混合アプローチ」の推奨は、ブリュッセル／フィレンツェ報告書による勧告命題＃10の「調整を経た行政的及び司法的エンフォースメントと結びついた『共同規制』のアプローチ」と軌を一にするものであることが注目される。参照、拙稿・法理論的枠組み、199頁以下（同報告書の勧告）226頁以下（勧告＃10）。

4.　食品サプライチェーンの機能改善指針（欧州委員会；2016年）

　2016年1月欧州委員会は欧州議会と欧州理事会に対し、2009年以来の機能改善に係る規制の試みについて、この時点での結論的な指針を提示した（「食品サプライチェーンにおける企業間の不公正な取引慣行について」）。その基本的方向は、公的な規制を各加盟国がそれぞれの態様で進めることを容認するとともに、EUレベルでの統一的な方針としてこの方向をとる必要は認めないものであった。他方、自主的なボランタリーベースの参加者間の利害調整を図る試みを、EUレベルですすめるSCIと各国レベルにおけるシステム構築を後援するというものであった。COM（2016）32 final.

　先ず公的規制の領域について、以下のように現状の評価がされた。それによれば、多数の加盟国が規制措置と公的執行システムを導入した事実は、非常に重要な進展である。導入された大部分の執行システムは、不公正取引慣行の潜在的な被害者が抱く不服申し立てに対する取引停止の「恐れの要因」に対処している。この点は、裁判所による通常の司法救済を超える措置である。欧州委員会は、現段階で特定の調和された公的規制アプローチをEUレベルで設けることが重要だとは考えない。しかし、多くの加盟国の規制措置と公的執行システムは、その法整備が始められて間もないため、結果に対する綿密な監視と、必要に応じた再評価を行う、とした。Ibid., "2. Regulatory and Enforcement Frameworks in Member States".

　次に委員会は私的な自主規制の評価について、SCIが既に幾つかの成果を達成したものの、改善の余地があるとする。不公正取引慣行への取り組みにおけるSCIの信頼性と有効性を高めるために、欧州委員会は、食品サプライチェーンの機能向上のための閣僚級フォーラムの下で、SCIを改善する方法について、関連する利害関係者と議論する提案をした。その目的は、特に中小企業の間でSCIの認識を高め、SCIのガバナンス構造の公平性を確保し、不公正取引慣行の被害者とされる者が内密に苦情を申し立てることを可能にし、独立機関に調査と制裁の権限を与えることである。また加盟国がSCIのアプローチによるとしても国家、EU全体のSCIに基づいて国家パイロットプロジェクトとして土台（基礎）となるプラットフォームの構築に携わる例も推奨された。Ibid., "3. The voluntary Supply Chain Initiative and its national platforms".

　最後にこの指針は、自主的な枠組みと公的規制の枠組みの双方につき、欧州委員会が今後もその状況を引き続き注意深く監視すると結論付ける。Ibid., "4. Conclusions".

　以上のような、2009年10月に開始された、欧州委員会による食品サプライチェーンの機能改善のための規制の枠組み作りのプロジェクトは、2016年1月の欧州委員会による食

品サプライチェーンの機能改善指針により一応の結論をみた。それは EU における大規模流通業者による不公正取引慣行規制の基本的枠組みとして、加盟各国の独自な公的な規制を評価しつつも、EU レベルにおいては、かかる公的な規制の採用を見送って、ボランタリーベースの自主規制による参加者間の利害調整を図る試みを後援するものとなった。

第2章　需要競争の本質論

Ⅰ．ドイツにおける需要競争をめぐる学説と判例の状況

1．より有利な取引条件の獲得と需要競争

（1）マーケルトによる需要競争の本質的特徴

　マーケルトにあって取引の相手方との関係で生じることになる需要競争は、行為者のライバルとの関係で問題になる妨害的／差別的な取引について、市場の競争に係る視角の下で相関的に検討される特徴をもつ。市場力規制の体系の下で需要力濫用規制の展開を図る、ドイツ競争法の理論的基盤を検討する本書の視点において、需要競争の本質を論じた一つの重要な立場である[1]。

（1-1）需要競争と妨害と差別行為

　マーケルト／フックスは市場の競争と取引先選択の自由に関する一般論から論述を始めて、需要競争の本質論を展開し、買手による妨害、差別の類型化を図ったGWB19条2項1号の不当な妨害、差別の禁止規定に即して論じられている。不当妨害、実質的に正当化されない差別行為の双方と区別される、法の許容する取引行為の範囲を明らかにする市場の競争への影響把握について、需要競争の特質が検討された[2]。

（1-2）売り手による妨害と差別行為の場合との相違

　実質的正当化の判断において、供給者の行為を利益衡量にかける場合と需要者の場合とは、基本的に同様な個別事案ごとの決定になる。しかし供給者

---

1) マーケルトによる需要競争の法的分析は、イメンガとメストメッカー編のGWBコンメンタール（第5版）において、第19条の需要者による妨害・差別行為の解説として行われた。当該解説は同書の第6版（2020年）において、フックスに受け継がれ、同一内容の記述となっている場合もある。そこで以下のマーケルト説の引用については、同一内容であるときは、フックス説の該当箇所を併記する。

サイドの決定に用いられた基準が、需要者サイドにおいてその行為の評価に等しく（鏡像的に）移されることはない。競争プロセスの機能性に係って、需要、調達の役割の特殊性が考慮される。消費者の契約締結を誘引する、他の事業者よりも有利な価格・品質の業績を自らのものとできる販売者の努力は、その需要サイドでの有利さの獲得—それは消費者に還元される—にかかっている。マーケルト／フックスは結論的に、同19条2項1号の利益衡量においては、需要者の購入の自由に係る範囲は供給サイドにおける供給自由の範囲よりも広いとする。この点は、基本的に購入物を再販売し、販売リスクを負う流通業者にも当てはまるという[3]。

(1-3) 買い手が受動的に好都合な取引条件を提示される場合

　マーケルト／フックスは、買い手の得る取引条件の決定態様から需要競争を考察する。先ず一般論として、買い手が受動的により有利な取引条件を提示される態様になるのは、単一の買い手に対して複数の売り手が競争関係にある場合である。

(1-4) 市場の相手方に対する積極的な働きかけとしての需要競争

ⅰ）これに対し需要競争の本質的特徴は、複数の売り手に対し買い手が積極的に、より良好なチャンスの提供を求める働き掛けをなす点に見出されるとする。

2）マーケルト及びフックスによる、需要者の行う妨害及び差別行為の一般論は、以下の通りである。
ⅰ）GWB19条2項1号の規範名宛人の前提を満たす事業者（団体）は、供給者と同様に、商品、役務の一定の需要者として、他の事業者を様々な行為態様によりに不当に妨害し、又は実質的な正当化のない差別的取扱いを行うことがある。
ⅱ）不当妨害又は実質的な正当化のない差別的取扱いは、個別ないし考慮対象の全供給者が、既存の契約違反や新たな取引関係の締結拒絶により差別的に扱われるか妨害を受けることにより、購入遮断（Bezugssperre）として行われる。さらに需要者は、個別供給者に例えば、同様な商品、役務の提供につき他の需要者よりも一般的に良い条件を要求することにより、供給者に対して価格、リベートや取引条件に関し異なる扱いをさせる。
ⅲ）さらに需要者は、他の需要者に対する供給を妨害する排他条件によって、供給者を他の態様でも妨害できる。これにより問題になっている規範名宛人の競争者は、供給サイドに対する需要競争におけると同じく、下流市場に対する供給競争でも、妨害を受ける。実際、需要者による不当妨害と差別の問題は、流通と製造業の供給者の間で、また商品役務の大部分ないし全体を統合する場合と同じく、完成品製造業者と供給業者の間で生じる。*Markert*, in I/M, 5 Aufl., §19, Rn. 204. *Fuchs*, in I/M, 6 Aufl., §19, Rn. 186.
3）*Markert*, in I/M 5 Aufl., §19, Rn. 205. *Fuchs*, in I/M, 6 Aufl., §19, Rn. 187.

この点を敷衍してまとめると、以下のような論述となる[4]。

ⅱ）良好なチャンスの提供者である事業者に対して、上記のような受動的に好都合な取引条件を提示されるのではなく、既存のチャンスを選択する場合に「供給サイドに対して積極的な影響行使をして、可能な限り数量的に大きな、かつ給付に比して可能な限り良好な反対給付にする」ことも、「GWBの目標設定としての競争の自由」に「本質内在的である」。

ⅲ）そのことは「一定の商品役務を同様な態様で購入する需要者全てに起こることではなく、下流の供給市場における需要者のチャンスの平等を侵害し得る」。この点もマーケルトによれば「競争プロセスに本質内在的である」。

ⅳ）市場支配的事業者であっても、「自らのため可能な限り良好な購入条件を達成する積極的な影響行使を販売サイドにすることは、原則的に妨げられない」。

ⅴ）その場合かかる積極的な影響行使は、結果として「全ての同様な供給業者に対し同様な態様で行われない、あるいは他の需要者が同じく良好なチャンスを獲得することを妨げる手段がとられる場合でも」、さらには「そのほかの理由から、とりわけ（GWB19条）2項5号違反と不正競争防止法違反の場合でも、（GWB1条）2項1号につき適法行為の余地がある」とする。

(1-5) マーケルトによる需要競争の本質的特徴（まとめ）

　以上を受け、マーケルト／フックスの理解による需要競争の本質的特徴を要約する。箇条書きで以下に示す需要競争の特徴は、ドイツにおける需要力濫用規制の一般的傾向にとり重要な意義を有するとともに、比較法的視点から、優越的地位濫用の規制に係りわが国の基礎理論的検討にとっても重要な検討材料を含むと考えられる。

ⅰ）市場の相手方に対する関係で、需要者について、受動的に選択される可能性に限られず、積極的な影響の行使が重視される。

ⅱ）市場の相手方に対する影響行使は、自己の給付に比して可能な限り良好な反対給付にすることも、GWBの目標設定としての競争の自由に本質内在的である。

---

4) *Markert*, in I/M, 5 Aufl., §19, Rn. 206. *Fuchs*, in I/M, 6 Aufl., §19, Rn. 188.

86　第2章　需要競争の本質論

ⅲ）かかる影響行使は、全ての同様な供給業者に対し同様な態様で行われなくても、必ずしも GWB19 条2項1号に反しない。

ⅳ）かかる影響行使は、他の需要者に良好な反対給付の提供が妨げられる態様でなされても必ずしも同 19 条2項1号に反しない。

ⅴ）かかる影響行使は、他の法規違反、例えば同 19 条2項5号違反及び不正競争防止法違反の態様で行われても、直ちに GWB19 条2項1号に反するものでない。

（2）給付／反対給付の不均衡と需要競争の本質論

(2-1) Bundesgerichtshof（BGH）によって採用されたマーケルトの所説

　以上のようなマーケルトの所説は、後述（2-3）のようにペイテレビ BGH 判決に引用された。それは、より有利な取引条件を獲得する努力と需要競争との関係論から需要競争の妨害／差別禁止に係る不当性の基準を導出するのであるが、先ずその導出の前提になる上記の関係論を整理する[5]。

(2-2) 供給者間の差別取扱い——需要競争の本質的徴表①

　前記（1）の（1-4）では、一方で同様な供給業者に対し同様な態様で良好な購入条件が提供されず、他方で他の需要者が同じく良好なチャンスの獲得を妨げられる場合でも、直ちに反競争的とはみなされない需要競争の態様に触れた。かかる差別的な取引の態様は買い手による積極的な影響行使の結果であり、取引相手に対する影響行使とその選別は、むしろ需要競争の本質に相即的な特徴とされた。

(2-3) 給付／反対給付の不均衡——需要競争の本質的徴表②

　この前述の特徴からの推論展開として、マーケルトは GWB の妨害と差別の禁止における需要競争における不当性の判断条件を考察する。それは以下のようになる。

　　「可能な限り有利な購入条件を獲得する需要者の努力は、取引締結のためできる限り好都合の提供をする供給者の努力によって必然的に補完され競争と適合的であるから、このような努力はいずれの場合も、給付と反対給付の合意の関係

---

5) *Markert*, in I/M, 5 Aufl., §19, Rn. 206. *Fuchs*, in I/M, 6 Aufl., §19, Rn. 188.

による等しい経済的成果に導くものでないとしても、なお GWB19 条 2 項の利益
衡量の枠内で否定的な評価となるものでない[6]」。

　かかる摘示が前記"ペイテレビ"判決に引用された[7]。同様な供給業者に
一律に同じ特典（例えば記念祝事リベートや新店舗開店リベート）を要求した需
要者であっても、供給業者全てにこれら要求が実際になされるわけではな
い。この場合、供給業者は旧 GWB26 条 2 項 1 号（現行法 19 条 2 項 1 号）の規
定する異なる取り扱いとはならない。当初の要求態様と異なる結果は、それ
以上の考慮なくしても競争的であり、実質的に正当化される[8]。この点は上
記（1）、（1-4）のⅲ）の考慮に基づく。

(2-4) 需要者／供給者間の個別交渉──需要競争の本質的徴表③

　需要者間の競争の特徴として、同様な供給業者に一律に同じ要求した需要
者であっても、その後の個別的な交渉の結果として、異なる取引の成果を導
くことが、旧 GWB26 条 2 項 1 号の規定する異なる取り扱いとはならないと
された。この点は、同様な交渉状況の下で供給業者の提示する買手に対する
一律の価格提示が、その後需要者間の競争により、リベートやボーナス等の
利益供与により個別の買い手ごとに異なった価格レベルを導くとする第 3 章
Ⅵ．4．（6）に挙げた「隠れた競争」論と類似性を指摘できる。

（3）需要力濫用規制の GWB における規範的体系構成
(3-1) 給付／反対給付の不均衡と利益衡量

　需要競争の本質内在的な特徴として、市場の相手方に対する積極的な働き
かけをしてより有利な取引条件を獲得する、ライバルに対する競争優位の戦

---

6) *Markert*, in I/M, GWB 2Aufl.(1992), §26, Rn. 285. *Fuchs*, in I/M, 6 Aufl., §19, Rn. 194.

7) BGH, 19.03.1996-KZR1/95,"Pay-TV-Durchleitung", Rn. 39.

8) *Markert*, in I/M, 5 Aufl., §19, Rn 212.

ⅰ) この点に関連して、マーケルトは上記箇所で以下のエクスナーの見解を引用する。取引開始の
　協賛金（Eintrittsgelder）、棚貸し料等の給付を全ての供給業者に要求し、その全部ないし一部か
　ら提供を受けた場合、旧 GWB26 条 2 項の差別禁止として異なる取り扱いとなる条件を欠いてい
　るならば、旧 UWG1 条の意味で不正であっても実質的に正当化されない差別とはならない。
　Exner, Missbrauch, S. 116-117.

ⅱ) かかるエクスナーの所説は、これらの給付の要求が、旧 UWG1 条の評価に衝突するがゆえに、
　旧 GWB26 条 2 項の実質的に正当化されない差別になるとする、同時期（1979 年）のケーラーの
　見解に対する反対説を述べたものである。Vgl., Köhler, Nachfragemacht, S. 89-90.

略が示された。この競争優位を獲得する努力は、必然的に給付／反対給付の不均衡を生ぜしめる傾向を指摘するのがマーケルトの中心的主張となる。マーケルトはこの需要競争の本質的特徴を GWB19 条 2 項 1 号の不当性評価に係る利益衡量で、重要な判断指標に取り入れた。

さらにこの点から、マーケルトにあって以下の GWB における規範的体系構成が、需要力濫用規制に係る同 19 条 2 項 5 号の不当性考慮において、重要な判断要因となる。

(3-2) 差別禁止規定の補完規定としての受動的差別禁止

現行 19 条 2 項 5 号は、第 8 次 GWB 改正により旧 20 条が 19 条に移行される措置により旧 20 条 3 項から内容の変更なく規定された。その旧 20 条 3 項の旧規は、第 4 次 GWB 改正により、旧 26 条 2 項の不当妨害及び実質的な正当化のない差別の禁止に係る規定の補完として定められた。すなわちその補完の趣旨は、市場の相手方が行為者のライバルに比べて、行為者（市場支配的な事業者）を有利に扱う「受動的差別」を強いられることのない点にある。従って、19 条 2 項 5 号は、同条 2 項 1 号の不当妨害及び実質的な正当化のない差別に対する禁止規定[9]の補完的な、特別規定（Sonderregelung）である（マーケルト）[10]。

---

9) マーケルト及びフックスによると、GWB19 条 2 項 1 号の不当妨害、実質的な正当化理由のない差別の違法となる、需要者が行為者である類型は、以下のようになる。

ⅰ）先ず、一定の商品役務の需要者として供給業者のような他の事業者に対し、多様な行為を通じ不当妨害ないし実質的正当化理由のない差別を行う場合である。当該類型は、個別供給業者あるいはその全てについて契約違反によって、又は新たな契約関係に入ることの拒絶によって、妨害、差別を行う「購入遮断（Bezugssperre）」が挙げられる。

ⅱ）次に、需要者が供給者に、価格、リベートやその他取引条件に係って、等しからざる取り扱い、すなわち同様な給付に対する異なる反対給付をすることで、個別供給業者に対し他の供給業者よりも有利な（あるいは不利な）取り扱いをする（後掲 3. (6) で挙げるプライベート介護サービス判決の類型）。

ⅲ）さらに、排他的な供給条項のような他の需要者に対する供給を妨害する類型がある。それにより、問題となっている規範名宛人の競争者は、需要競争と共に下流の販売市場でも妨害を被る。*Markert*, in I/M, 5 Aufl., §19, Rn. 204. *Fuchs*, in I/M, 6 Aufl., §19, Rn. 186.

10) *Markert*, in I I/M, 5 Aufl., §19, Rn. 366. マーケルトによれば、19 条 2 項 5 号が同項 1 号の補完的特別規定であることは、上記の実質的な正当化のない差別について「受動的差別」をカバーする趣旨の他、不当妨害にも以下のように当てはまる。すなわち、特定の他の需要者に供給業者をして利益提供を拒絶させる、需要力に条件付けられた利益提供の妨害について、その立証上の困難を緩和する立法趣旨にも妥当する。A.a.O., 第 4 次 GWB 改正時の上記立法趣旨については、以下の草案理由書に記載がある。Vgl., Drucksache 8/2136, Begr. 1978, Ⅰ, 3, S. 16. Vgl., *Fuchs*, in I/M, 6 Aufl., §19, Rn. 325.

（4）マーケルトの需要力濫用規制の体系構成の特徴

　これまで述べたように、マーケルトの需要競争の本質論は、競争優位の獲得努力と市場の競争の関係に係る BGH の一般論に採用された。その需要競争の本質論から導かれた、需要力濫用規制論における規範的な体系構成は、以下の特徴をもつ。

ⅰ）給付と反対給付の均衡しない傾向と相即的である、需要競争におけるより有利な取引条件の獲得努力は、競争優位を獲得する努力でもあり、ライバルとの差別となる市場の相手方に対する積極的な働きかけを内容とする。

ⅱ）かかる差別的結果となる供給業者を通じた間接的な働きかけは、市場支配的事業者の濫用監視に係って、GWB 19 条 2 項 1 号の不当妨害ないし実質的正当化理由のない差別の違法性が、先ずもって問題にされなければならない。

ⅲ）この違法な差別的取引を規制する市場支配力の濫用監視のシステムは、同 19 条 2 項 1 号を補完する特別規定として同条 2 項 5 号の規定をもつ。

ⅳ）上記ⅰ）からⅲ）で明らかになるように、その需要力濫用規制に対する考え方は、専ら市場支配力の濫用監視の制度において、19 条 2 項 1 号の不当な差別禁止が優先的な規制枠組みであって、同条 2 項 5 号を特別の補完規定として捉える特徴がある。

ⅴ）このように GWB における市場支配的事業者の濫用監視の体系において、その需要競争の本質論から導かれた不当な差別・妨害禁止の法理との密接な牽連関係を維持して構築された 19 条 2 項 5 号の需要力規制理論は、搾取濫用規制の特徴を強めた BGH エデカ事件決定の後にあっても、しかるべき影響力を保つと考えられる。特に実質的正当化の要件につき、同判決が 19 条 2 項 1 号の不当な差別・妨害禁止と同様の基準に従うことを明らかにした[11]ことから、そのように考えられる。

11）後掲 3. （7-1）におけるⅱ）を参照。

90　第 2 章　需要競争の本質論

（5）消費者厚生とより有利な取引条件の獲得努力の関係論（トーマス理論）

(5-1) より有利な取引条件の獲得に係る交渉──競争促進的な価格差別

　　トーマスは、自由競争システムにおける価格差別に対して、それが競争促
進的なものか反競争的なものかについての判断を重視する。この点から、市
場力の不当な濫用的行使を、競争的な価格差別から区別する。そして濫用監
視の規制は、可能な限り有利な契約内容を獲得する交渉の障害とならない配
慮が重要であるとする。さらにドイツカルテル法では市場で有力な需要者
が、その供給者に譲歩を要求しても、濫用とみなされるべきでないとして、
GWB19 条 2 項 1 号の正当化事由に係る利益衡量ついて論じる[12]。

(5-2) 消費者厚生の極大化論

　　トーマスの主張する、ライバルよりも有利な取引条件の獲得に係る競い合
いと市場競争との関係論について、その理論的基盤は、需要力の行使が総余
剰ないし消費者厚生に直接影響を与えないという経済学的な厚生極大化の理
論モデルによるものである。上流市場における調達価格の競争が当然違法の
原則で禁じられるならば、以下の想定における効率性の利得を自由競争シス
テムは失う。それは、市場支配的事業者が規模の経済性のメリットにより大
規模購入による割引の便益を下流市場の活発な競争により消費者に還元する
利得である。さらに、それに止まらず、供給者のコスト削減に起因するレベ
ルを超えて、市場支配的事業者の交渉力の有利さを下流市場に還元する利得
が失われる。

　　したがって、この立場にあっては、産出量制限のない供給業者と需要者間
のレント移転は、カルテル法上の主要問題とされないのである[13]。

---

12) Thomas, Nachfragemacht, S. 226.

13) A.a.O., S. 227. 供給業者のコスト削減の成果を超えた市場支配的事業者ないし市場で有力な事
業者の交渉力を駆使した価格切り下げの効果は、トーマスの経済学的理論にあっては、ダイナ
ミックな競争の重要な要素であり、当然違法とされてはならない。かかる交渉力の優位は、供給
業者が十分な外部選択を欠く、以下のような非効率な事業者であることの表れとされる。すなわ
ち、一定の供給業者について外部選択を欠いている理由としては、事業上の誤った決定のため品
質やイノベーションの低下を生じさせる効率性の低いことが挙げられる。かかる前提から、供給
業者に対する必ずしも限定を設けない交渉力の行使によって低価格を要求するのでなければ、調
達競争における低いクォリティが下流市場で消費者の業績を悪化させる結果になるとする。すな
わち、消費者にもたらされる業績悪化が調達段階の供給業者にフィードバックされて、後者の効
率性改善の努力を導く循環が機能しなくなる、という。A.a.O., S. 227-228.

（6）より有利な取引条件の獲得と「厳しい取引交渉」の要請（レトル説）

(6-1) 給付／反対給付の適切な関係と需要者に対する無価値判断の確実性

ⅰ）利益強要禁止のレトル説による理論的特徴の一つに、搾取濫用禁止における比較市場価格からの著しい逸脱の基準を取り入れる点が挙げられる。

GWB19条2項5号において、要求利益とその根拠との間に適切な関係性を求める2017年改正法の要件は、立法理由に従いその関係の程度が明白な（offensichtlich）程度を要求すると解されている[14]。レトルは、かかる明白性の要件について、基本的に需要者の市場力の濫用に係る無価値判断を求めるが、市場支配力の濫用に係る法体系的位地を勘案して、上記の競争類推的な取引条件からの著しい逸脱の基準を先例として参照する[15]。それは、搾取濫用禁止における比較市場価格（GWB19条2項2号に規定された価格その他の取引条件）の参照基準である。

ⅱ）次に、より有利な取引条件の獲得に係る、レトルの需要競争の本質論の理解にあって特徴的なことは、給付／反対給付の適切な関係性の要件規定を解釈するに当たって「厳しい取引交渉」のビジネス現場における要請が重視される点が挙げられる。

かかる要件に規定された関係性について、単なる不均衡では、その無価値判断として需要者の行為に対し消極的評価を導く推論は許されない。すなわち、需要者の要求利益を算定する検証については測定の困難性が存するため、需要者への無価値判断は「確実性の担保（Sicherheitszuschlag）」を必要とする[16]。そして実質的正当化の利益衡量が個別事案の具体的事情に即することから、要求と根拠の間の関係に明白性を求め、かかる明白性は確実なものでなければならないとする根拠は、個別事情としての「厳しい取引交渉を許す」認識が挙げられている[17]。

ⅲ）レトルは、流通業者の合併による供給業者に対する支払期日の調整、シナジーボーナス、「協賛金」及び品揃え拡充ボーナスに係るエデカ事件のカル

---

14) BT-Drucks. 18/10207, S. 52. Vgl., Lettl, Anzapfverbot, S. 646, Rn. 20.

15) 781 Vgl., Lettl, Anzapfverbot, S. 641, 646, Rn. 21. BGH, 28.06.2005, KVR 17/04, "Stadtwerke Meinz" (juris.bundesgerichtshof.de より入手), S. 15（第6次GWB改正法の旧19条項3号）.

16) BGH, 22.07.1999, KVR 12/98 "Flugpreisspaltung" (Lexetius.com より入手), Rn. 27, 28. Lettl, Anzapfverbot,, S. 646, Rn. 21.

92　第2章　需要競争の本質論

テル庁決定に対して、上記の「確実性の担保」基準を踏まえて、後付け可能性のテストを当てはめ、供給業者にとって明白に適切性を欠く反対給付ではなく、後付けできると批判する[18]。

ⅳ）より有利な取引条件の獲得をめぐる需要者間の競い合いを、需要競争の本質論の重要な説明要因として取り入れるレトル説は、その根拠に「厳しい取引交渉」というビジネス現場における要請をあげている[19]が、需要市場における取引関係にあって示される給付／反対給付の適切な関係性という要件規定についての考慮要因は、専らかかる要請に基づくとみられる。この点は、後述するケーラーの需要競争の本質論では、取引の相手方が、より有利な取引条件の獲得を目指した競い合いからの要求を回避しえることをもってその本質の要因とすることと対照的である。それは、ケーラーがその需要力濫用規制の行動綱領案で、取引相手へのリスク移転、需要者の要求に対する反対給付の仮装性、これらの点についての強制に関する審査まで求めている点である[20]。

　需要競争の本質論において、ビジネス取引の現状である「厳しい取引交渉」の要請が重視されるならば、GWB19条2項5号の給付／反対給付の適切な関係性についての要件規定の審査は、重要性を有さなくなるであろう。

(6-2)　遡及的な合意の変更と反対給付ないし根拠の具体化問題

ⅰ）メトロ事件2002年BGH決定では、需要者の買収先の企業と供給業者とでなされた通常の年間合意に対し、需要者が一方的な対価の調整を行う遡及的な契約条項の変更が問題になった。BGHは、需要者による変更をもって、実質的正当化を欠く反証可能な推定が働くとする。かかる反証についてBGHは、供給業者になされる「引き続く年度における契約関係の維持、強化」をもって、条件調整と清算払いの対価となる利益の例示をする[21]

ⅱ）買収先事業者の取引先に対する対価変更の交渉において、民事法上の請求権ある遡及的契約変更の許される場合の考え方として、ケーラーの以下の

17）Lettl, Anzapfverbot, S. 646, Rn. 21-22.
18）Lettl, Anwendung（Teil Ⅰ）, S. 805, Rn. 31.
19）Lettl, Anzapfverbot, S. 646, Rn. 19.
20）後掲の第3章Ⅳ．2．(3-5)「すべての事情における『黒リスト』」の項を参照。

見解があった。引き続く年度の契約関係の維持、強化という利益をもって契約の変更が許される BGH のメトロ判決の考え方は、供給業者にもたらされる利益の具体的内容の言明を欠く。従って、行為基礎の障害による契約条項の変更が許される、需要者が一定の請求権を有する場合に当たらない。合併の実効性が発揮された以後に限り契約変更は許されるのであるから、実質的正当化を欠く反証困難な推定が働く、という考え方である[22]。

ⅲ）レトルはケーラー説を踏まえたうえで、合意条件の遡及的変更が、契約上ないし法律上の請求権なく行われる明白な給付の不均衡として実質的正当化を欠く推定は、メトロ事件 BGH 決定の反証可能性を認める立場が維持されるべきとする。それは、明白な給付の不均衡に対する「実効性ある」保護のレベルとして、反対給付に基づく適切な請求権の有無は個別の事情の総合的判断による外はないとするからである。すなわち、合併による将来もたらされる便益について、反対給付が欠けている確実に明白な不均衡が存するとはいえず、かかる確実に明白な場合に保護が限られるべきとする[23]。

ⅳ）このレトルの結論は、ケーラーがかかる合併による便益の給付は、それが確実もたらされたことの明らかな時点（次年度の年間契約）で将来的に考慮されるべきとした推論と対照的である。この相違は、レトル説では、合併が周知となった時点以後の特別交渉における「厳しい取引交渉」（上記 (6-1) のⅱ）を参照）が軽視されてはならない要請から生じる。つまり、年間交渉の合意変更問題は、厳しい交渉の要請から、反対給付が欠けている明白な立証が求められる。そしてかかる要請は、確実性の担保された明白性の要件に忠実であるとされる。

ⅴ）結局、レトルの遡及的な契約変更問題の判断は、より有利な取引条件の獲得を目指す需要競争がカルテル法上専ら重視されるとする基本的理解から導かれたと考えられる。

---

21) BGH, 24.9.2002, KVR8/01-"Konditionenanpassung", S. 14-15, GRUR 2002, S. 84. 参照、拙稿・問題点 [1] 88 頁以下。

22) Köhler, Auslegung, S. 693, 701（カルテル法の保護目的から、供給業者について契約関係の継続は利益として評価されない）. 同様な見解に以下がある。Vgl., Wanderwitz, Nachfragemacht, Rn. 25. 参照、拙稿・問題点 [1] 96 頁、同・契約合意 28 頁以下。

23) Lettl, Anzapfverbot, S. 648, Rn. 31, Lettl, Anwendung（Teil Ⅰ）, S. 805, Rn. 31. 拙稿・問題点 [2] 182 頁 4、(1) における (b) を参照。

94 第2章 需要競争の本質論

2. 供給者の需要者に対する回避可能性と需要競争の本質論(ケーラー理論)
(1) 需要競争の本質論(「需要競争と市場支配」; 1986 年)

ケーラーは「需要競争と市場支配」[24]によって、GWB による需要力濫用規制の可能性を探ったが、2010 年代に入ると GWB によるアプローチを断念して行動綱領による不公正取引慣行の規制を提案する方向に転じた。しかし「需要競争と市場支配」における需要競争の本質論に係る分析は、GWB のカルテル法のみならず UWG (Gesetz gegen den unlauteren Wettbewerb) の不正競争防止法(公正法)を含めた競争法体系[25]における需要力濫用規制の検討にあたって、競争理論の基盤になる。そこでこの論稿に依拠し、より有利な取引条件を売り手から引き出す競い合いが買い手間において行われる状況にあって、他の買い手が競争者として存在するために、売り手が取引の相手方である買い手を回避し得る点に有効な需要競争の本質をみる、ケーラーの考え方を検討する。以下、同書からの引用は該当頁を本文(一部脚注)に (S.…)の形で注記する。

(2) 需要競争の本質論──「マーケティング代理業者の業績」
(2-1) 取引の相手方に有利な条件を提示する需要競争

買い手間の競争に限られないで、売り手間の競争も含めて、取引の相手方に有利な条件を提示して契約の締結を競い合うことが競争の本質的メルクマールであるとする考えが GWB の成立当初から存在した。このような定義によれば、需要競争の本質的メルクマールとして超過需要の市場におけるオークション形式の高く買う競争が説明できるが、超過供給の場合に安く買う競い合いについての説明を欠くことになる。(S. 8f., 106f.)

(2-2) 取引の相手方からより有利な取引条件を獲得しようとする需要競争

買い手間の競争の在り方と競争制限が問題になった背景には、供給の産業部門に対する流通の商業部門が優位に立つ取引が顕著になった事情が挙げられる。かかる優位は大規模スーパーの成長、合併や買収、購買協同体の規模

---

24) Köhler, Marktbeherrschung.
25) ケーラーの2010 年代の需要力濫用規制の法理は、公正法体系における不公正取引慣行の規制によるアプローチによっている。

拡大等の現象により市場構造が大きく変化したことによる。その結果、以下の需要競争の捉え方の諸相が論じられるようになった。(S. 8)

　上記の流通業が優位となる取引における超過供給の需要サイドでは、できる限り有利な取引条件を獲得する努力が買い手間でなされる（買い手市場）。このような努力が競争として捉えられるためには、買い手の流通業者が後段階の販売市場における供給の競争にあって、できる限り有利となる取引条件を設定できる前提として、前段階の調達における市場で有利な取引条件を得ていることが必要とされる事情から、かかる取引条件をめぐる競い合いが競争として捉えられる[26]。(S. 10f.)

　そして、このような有利な取引条件を獲得しようとする競争は、単に取引の相手方に対する積極的な働きかけ（例：値下げ要請）を行うだけのものではなく、需要者の活動能力を相互的に限定するものとして捉えられる。

(2-3)「マーケティング代理業者の業績（給付）に係る市場」

　その理由としては、より有利な取引条件の提示を求められた取引の相手方である供給者には、かかる要求に対する回避可能性が存する前提から、行為者である需要者が有する活動能力が供給者の回避可能性によって抑制される市場の働きにより説明される。(S. 11f.) そして、この活動能力が抑制される具体的な態様について、供給者の回避の対象である需要者（流通業者）が後段階の販売市場で供給者の製品を販売するにあたって担う、「マーケティング代理業者の業績（給付）に係る市場」が形成される働きが存する。(S. 22f.)

　このマーケティング代理業者としての流通業者が提示する、供給者の製品売上にプラスとなる役務や便益[27]について、供給者（製品の売り手）が回避し得る競争の機能する市場が考えられる。すなわち流通業者である需要者は、供給者である売り手にその製品販売にプラスとなるマーケティング代理業による役務や便益を提示する。それに対して、供給者はかかる役務や便益と、それら給付の対価として支払う製品価格の割引や協賛金、返品などの反対給付の双方を考慮して、取引を行うのか行わないのか―回避するのかしないのか―を判断する市場が想定される。そしてこのような割引や協賛金、返品な

---

26) Möschel, Recht, Rn. 67ff., 94.
27) 具体的には、後掲 (2-4) (b) の流通業者の「商品販売に関連した行為パラメーター」を参照。

どの反対給付について、先に述べたより有利な取引条件の獲得を目指した競争が生じる。

(2-4) 産業部門を市場の相手方とする商業部門の行為パラメーター

　市場において競争として現れる経済的な事象は、個々の事業者のいわゆる行為パラメーター（Aktionsparameter）により構成される。そして、流通業者が提示するマーケティング代理業者としての業績（給付）はかかるパラメーターにより示されるのであるから、個別市場における需要競争の行為態様を的確に理解するには、流通業者の事業活動の能力を十分に把握することが求められる。この点から、1980年代半ばのドイツにおいて、ケーラーの視点から産業部門の供給業者に対する流通業者の関係につき、その需要競争に係る事業活動の能力との関連で問題になる行為パラメーターが以下のように示された。（S. 25ff.）

(a) 商品購入に関連した行為パラメーター

ⅰ）商品購入の態様

　　流通業者が供給業者に対する場合その影響行使の能力に係り、商品購入の態様に関連して以下の行為パラメーターが示される。

—商品の種類

—商品の標識（ブランド：例としてプライベートブランド）

—商品の組み合わせ（例としてペットの餌：犬と猫の餌を同時に取り揃える）

—商品数量

—納入時期

—商品輸送（持参債務・取立債務・送付債務）

—商品の性状（外観、品質、堅牢さ等）

—商品情報（危険性、利用可能な範囲、新しさ等）

ⅱ）購入価格の算定及び支払方法

—購入価格の決定（決定の具体性；最終価格、変更可能性）

—購入価格のレベル

—価格割引（リベートや現金割引）

—付加価値税の考慮

—支払方法（現金払い、銀行振込、手形、小切手、相殺、委託銀行等を介した

中央決済）

—買取代金請求権の処分

iii）さらに流通業者に許された影響行使の範囲は、履行障害（Leistungsstörungen）に関する法の規律により以下のようになる。

—履行遅滞や履行不能の結果（契約違反の効果である違約罰、債務不履行損害と特別損害、契約の解除；解約告知）

—低品質の提供を行った結果（品質保証と苦情等の通知期間）

—支払遅延の結果（遅延利息の額；購買者の損害賠償請求とその放棄）

(b) 商品販売に関連した行為パラメーター

—品揃え枠への商品追加（販売経路の開放）

—特定のメーカーについて全面的品揃え

—商品広告（ビラ、チラシや新聞広告）

—商品展示（目立つ配置となる陳列；例としてエンド陳列）

—商品管理（洗浄、整備や売行きの低い商品の撤去）

—顧客管理（専門商の助言や提言）

—供給業者の意向に沿った販売戦略の展開（カルテル法において許される場合にライバル製品の取扱いを停止する）

このような販売サービスの対価については、以下のような合意がある場合に限られる。

—対価の方式と額（例：「宣伝費用援助金」、「取引開始協賛金」や「棚貸料」）

—支払いの態様（一回払い、定期支払い）

—商品販売価格の対価の相殺勘定等（例：追加リベート）

(2-5) 流通業者による需要競争における行為パラメーターの分析

製造業者に対する流通業者の行為パラメーターは、市場関連の総体的な戦略の可能性を伴って展開される場合に、需要競争との関連が以下のように問題となる。

(a) 市場の相手方保護の機能をもつ需要競争

自らにとってできる限り良好な条件で商品を購入するという目的を持つ需要者は、この目的にしたがった努力を、供給者がその需要者を回避できる他の需要者がいる場合に妨げられる。このような需要者は、市場で独占の買い

98　第2章　需要競争の本質論

手である場合よりも、自らにとって都合のよくない条件で満足しなければならない。それゆえ「需要競争は市場の相手方保護の機能によって、需要者の行為自由を相互的に限定する状態として捉えられる」。ケーラーは「このような理解は非常に示唆に富む」として、以下の結論的な命題を引き出す。すなわち、買い手の行為自由の限定を欠いているあるいはその廃棄は、競争制限として捉えられ、カルテル法上のコントロールを受ける。以上のようなカルテル法の理解に係って、供給者による行為者としての需要者を回避する判断は、需要者の行為パラメーターに対する評価、対応によって行われる。（S. 28f.）

(b)　需要者の活動能力を積極的に利用する結果としての需要競争

ⅰ）需要競争の本質は、需要者の経済的行為自由が相互的に抑制されることによって明らかになるという考え方は、行為パラメーターの考慮要因を取り入れることによって、他の需要者の存在とその市場行動の関係について、さらなる検討を深めることができる。この点から需要競争は、需要者の有する活動能力の積極的な利用を前提にするという考え方が重要になる。この考え方の基礎には、市場における需要者の並存という事象からその相互間の関係として、自らの活動能力をより良く活用することを相互に強いる競争の緊張関係が導かれることが存する。事業者の活動能力を積極的に利用する需要競争は、その競争に関係する経済プロセスの参加者に経済的な事象の進行を推し進めて、既存の市場力を解体するする新たなチャンスを開くものである。（S. 35, 112）

ⅱ）流通業の革新は、商品購入と販売サービスの双方の領域で産業に対して可能になる。このような革新の実現に結び付いているのが、流通業者が商品販売によって産業に対する「履行補助者」としての役割を果たすこと、商品購入と商品流通のプロセスにおける産業と商業の「任務」の割当てが変わることである。（S. 35, 112f.）　こういった流通業者の既存の役割（「任務」）を変更したり、マーケティング代理業の機能を中心とした産業に対する「履行補助者」としての活動能力を積極的に活用する例は、以下が例示される。（S. 35ff.）

①従前よりも大量購入をすることによる価格面における譲歩の獲得

②当該メーカーの全商品品揃えや売れ筋商品に限定しない品揃えの提供に対して、リベートを提供する対価割り増し

③新規購入先の開拓によって開拓先の製造業者と流通業者の双方に利益がもたらされる（例：見本市やメッセでの開拓、外国事業者の発掘、逆輸入商品の探索）

④流通業者自ら商品搬入（輸送）を行うことの対価としての価格割引

⑤流通ブランド商品の製造委託による製造者製品の割引

これらケーラーが需要競争の一つの側面として挙げた、需要者の行為自由が相互抑制される効果をもつ積極的な活動能力の利用に係って、「履行補助者」としての役割は、①、②、③が挙げられ、商品販売とその流通とで「任務」の変更がされた例は、④、⑤である。

(c)「マーケティング代理業者の業績（給付）に係る市場」の法的評価

ⅰ）需要競争の本質に関する分析において、ケーラー理論では以下のような問題を中心として検討が行われている。①経済的行為自由の行使とその限界という法理論上の問題、②売り手段階と買い手段階の双方の市場における需給の（アン）バランスについて、それが競争に及ぼす影響（市場の機能分析）、そして、③買い手である流通業者が商品の売り手としての事業能力を発揮する競争のもとにおかれた、産業と商業の経済的関係である。これらの問題点から、より有利な取引条件を引き出す競い合いを行う買い手が、超過供給の市場においても取引の相手方である供給者の回避可能性にさらされて余儀なくされる、供給者に利益となる役務、便益を提供する市場についての法的評価が問題になる。すなわち、買い手である流通業者が商品販売をする後段階市場との密接な関連を保ち成立する「マーケティング代理業者の業績（給付）に係る市場」が法的にどのように評価されるかが検討される。そして、このような市場がGWBの法的評価の対象となる独立市場として観念できるか、ドイツの学説で争いがあった。

ⅱ）第一の考え方は、需要競争の認識にとって、古典的な商品購入者として流通業者の行為パラメーターは、その意義が後退したことを強調する立場で

ある。したがって、流通業者の後段階の販売市場と密接な関連を保つ「マーケティング代理業者の業績（給付）に係る販売市場」を認めることが、需要力の適切な判定のため肝要だとする立場である[28]。この考え方は、過剰な需要力は専ら後段階の商品販売市場における供給力に起因すると捉える。そのうえで、上流の産業部門の製品について需要者がマーケティング業務を代替するという給付に対して、供給者がそれを回避し得るか否かを分析の中心におく。(S. 22f.)

ⅲ）第二の立場は、流通業者の市場力にとっては、製造業者の設定した販売方針が基準となるのであり、さらにマーケティング代理業を行う需要者の業績（給付）が想定されるにしても価格設定が不可能である以上、そのような市場は認められないとする[29]。

ⅳ）ケーラーの需要競争の本質論は、この第一と第二の双方の立場に対する批判の上に展開される。したがって、このような流通業者の販売機能のみ、あるいはその購買機能のみに専ら焦点を当てて市場力を検討することは、産業に対峙する商業の部門が、その事業活動の遂行で示す多様な行為パラメーターを商品購入と販売サービスの両面で用いて展開する活動範囲を的確に反映したものとならないとして批判をする。すなわち、流通業者の事業活動の能力を全面的に発揮した行為パラメーターの展開は、商品の購入と販売サービスの両面の機能を不可分のものとして多様な役務や便益を提供して、産業部門からの購入活動を行う結果を導く。従って産業と商業の間の市場連関というものを考えると、製品市場のカテゴリー（需要者としての流通業）によっても、サービス提供のカテゴリー（販売者としての流通業）によっても、それらだけでは包摂しきれないのであって、それら分かちがたく関連し合い、結びついているものとして理解される。(S. 23)

(d) 等しく保護に値する流通業者の上流市場と下流市場の競争

ⅰ）この点から流通業者の需要競争と後段階での販売競争は、相互に排除し

---

28) Kartte, Leistungswettbewerbs, S. 3（流通業の役割として、産業部門にとり不可欠な販売形態をとることの重要性）. Ulmer, Nachfragemacht, S. 43（需要市場の画定は、販売市場と鏡像的に行われるのでなく、流通業者の提供するマーケティング代理業としての給付を考慮することでなされる）.

29) Mestmäcker, verwartete, S. 263ff. 前掲、第1章Ⅳ. 3.（2-2）を参照。

合うものでなく、並存する。それらは必然的に反対方向を志向するのではなく[30]、関係するすべての経済的利益の進行を最適化する意味で相互に補完的であり、その結果において等しく保護に値するのであり、保護が必要とされる。(S. 41f, 113f.)

ⅱ）かかる需要競争と販売競争が行われる双方の市場における等しい保護とは、需要競争の行われる上流市場において、より有利な取引条件の獲得のため需要者間で活発な競争が行われても、供給者に対する回避可能性が機能しない結果は、需要者の行為自由の限定を欠くものであり、GWBの競争制限が問題になることを指す。すなわち後段階の販売市場における消費者利益の極大（廉価の提供）のため、上流市場の需要競争における競争制限（不当な取引条件での購入）が容認されることはないとの規範的評価が導かれることを意味する。

（3）ケーラー理論の需要競争の本質論についての評価と検討

(a) GWBに欠如する搾取規制に関する法の指導理念

ドイツカルテル法における需要競争理論の研究動向にあって、競争相手よりも有利な購入条件を獲得することを目指した競い合いが重視される傾向がある。こういった研究成果は、判例に採用されており、後述するように行為者（需要者）による供給者に対する受動的差別の禁止や搾取禁止について、法の限られた運用を導く。かかる結論の背景には市場支配的事業者の存する市場構造が、濫用行動を生ぜしめる重要な要因であるとする考え方がある[31]。したがって、規制の範囲につき市場の開放性に障害となる競争制限の禁止に限定する傾向が優先されて、競争の成果を修正ないし操作する措置よりも、競争を促す措置に優位が認められる。そして、垂直方向で取引の相手方に対する保護が問題になる搾取濫用や濫用の一般条項（19条1項）の運用について、残存競争の拡大や新規参入に対しての障害を捉える「想定競争」

30）流通業者というものは、後段階の対消費者向けの販売競争は反対給付の最小化を導き、対照的に供給者に対しての需要競争はそれの極大に導くとの前提的理解に対しては、反論がされるというのがケーラーの特徴的な立場である。(S. 42)

31）後掲、第3章、Ⅴ．における3．を参照。

概念に依拠することから、介入を避ける傾向が導かれる。この垂直方向の法適用を回避する傾向は、GWBの法規定がこういった法の適用を導く指導理念を欠いていることから影響を受けている。すなわち、より有利な取引条件の獲得を目指す自由な競争が過剰な昂進する結果に対して、かかる結果の是正を肯定するGWB規定上の積極的な根拠は見出し難いとされる（緊急避難としての想定競争概念[32]）。

(b) 需要競争の本質（取引相手方の回避可能性）から導かれる自由競争の限界

　ドイツにおいて上記の有力な見解に対し、ケーラーの需要競争理論は対照的な理論構成をとるが、その第一の特徴は、供給者の回避可能性が重視された点である。すなわち、流通業者間の需要競争を、より有利な取引条件の獲得を目指した競い合いによって捉える場合には、その限界が内在することが指摘された。言い換えると、自由な競争の在り方に対する制限がその競争理論の中心に据えられている。これは、流通業者の活動能力が発揮されるマーケティング代理業者の便益や役務の給付が供給者に提供されるのに対し、その反対給付である返品や協賛金、リベート等の要求がされるが、この給付／反対給付の取引条件についての供給者の回避可能性が維持されるべきことが、機能性ある需要競争の成立条件とされた。

　上記（a）の有力説が、より有利な取引条件の獲得に関する競争の限定を、その需要競争の理論的枠組みからでなく、GWBの市場支配的事業者の濫用規定の枠組みから限定的な範囲で導くのに対して、ケーラー理論における供給者の回避可能性を維持する要請からする自由な競争に対する限界付けは、需要競争それ自体の要請としてなされる[33]ことが重要である。

32）後掲、第3章V. 2.（4）における（c）

33）前述のように、ケーラー理論においては、自らにとってできる限り良好な条件で商品を購入するという目的を持つ需要者は、この目的にしたがった努力を、供給者がその需要者を回避できる他の需要者がいる場合に妨げられる。このような需要者は、市場で独占の買い手である場合よりも、自らにとって都合のよくない条件で満足しなければならない。「需要競争は市場の相手方保護の機能によって、需要者の行為自由を相互に限定する状態として捉えられる」。以上のようなケーラーの指摘は、その競争法の理論構成に係り需要競争自体に、需要者の経済的行為自由の発露である自由な競争の在り方に対する限定を含んでいる、と見ることができる。前掲2.（2）(2-5)における（a）を参照。

(c) 取引に係る決定の自由に対する保護を導かない GWB の規制

ⅰ）1980 年代にケーラーの需要力濫用に係る規制理論は、上に挙げた（b）のように、供給者の回避可能性が維持されない市場の機能不全に陥った場合、GWB による規制が求められるとした。ケーラーによる、市場支配的な事業者の濫用監視の枠組みにおかれた需要力濫用規制のアプローチは、その後、GWB の受動的差別禁止や搾取濫用禁止の可能性に係り、実効性に疑問が呈され、2013 年、不公正取引慣行に対する行動綱領規制のアプローチに方向転換が図られた。この転換は、流通業者の攻撃的な商慣行によって取引の相手方の決定の自由[34]を侵害する事態を問題にして、一対一の取引関係を正面から規制する不公正取引慣行の規制が行われるというものであった。

ⅱ）かかるケーラー学説における規制理論の実践的な方向の転回、修正を鑑みるならば、その需要競争の本質論に的確に対応する規制の在り方は、GWB の枠組みには適さないことが明らかになる。言い換えると、自由な競争（より有利な取引条件の獲得を巡る競争）が過剰な昂進をする事態においては、供給者の回避可能性が保たれていないことから、規制の必要性が生じる。すなわち、取引に係る供給者の決定の自由を阻害する結果に対する是正措置をとることが、規制の課題であるという問題意識に即した帰結を、GWB は導くものでない（特に、19 条 2 項）。需要者のより有利な取引条件の獲得要求に対した供給者の回避可能性は、一対一の取引関係における給付／反対給付の取引条件についての供給者の回避可能性として問題にされるからである。

ⅲ）GWB の規定に関して、垂直方向での積極的な取引規制を導く根拠を見出すことが難しいことは、（a）で挙げた、市場支配的事業者の濫用監視に係る市場構造志向のアプローチが、搾取規制に消極的姿勢を示すことと同様の原因に基づく。すなわち、GWB における需要力濫用規制に消極的な市場構造志向論は、その垂直方向の法適用を回避する解釈を、GWB の法規定がこういった法適用を導く指導理念を欠くことを根拠にして導いた。同じ根拠により、GWB は、供給者の回避可能性を欠く結果から生ずる取引に係る決定の自由に対する阻害を、結局のところ市場の自動調整メカニズムに委ねてい

34）後掲、第 3 章Ⅳ. 3.（4-3）を参照。

104　第2章　需要競争の本質論

るとみることもできるのである[35]）。

　このような背景事情から、ケーラーは後年 GWB による需要力濫用規制から、公正法体系によった不公正取引慣行の規制に転換を図ったと考えられる。

(d) 流通業者の革新としてのマーケティング代理業者の業績

ⅰ）ケーラーによる需要競争の本質論において供給者の回避可能性は、理論の中核をなす。マーケティング代理業者の業績として提供される便益や役務に対して、その反対給付である供給者の支払いが直接的関係で問題にされる。それは、需要者サイドでは、より有利な取引条件に係る獲得競争の対象でもあり、割引や協賛金、返品の要求になる。このような給付／反対給付の関係に関して、供給者が取引を行うか否かの判断をできることが、機能性ある需要競争を認定する重要な要因とされる。この認定の枠組みを導いたものは、並存する流通業者はその事業上の活動能力の発揮を競い合うことから、事業展開を図るという事業革新の実態認識である。そして、供給者の回避可能性に係る、マーケティング代理業者たる流通業者の給付に対する業績判定機能こそが、流通業者の事業革新を導くとの認識がある。

ⅱ）ケーラーは、流通業の事業革新の成果として、古典的な商品購買者の事業態様を超える流通の機能がもたらされている認識をもとに、供給業者に新たな便益や役務が提供される指摘をした。この点は、その後の流通業の継続する事業革新の歴史における成果を踏まえると、1980 年代半ばにこの点に注目していた意義を認めるべきである。さらに比較法的見地から、この点は以下の評価が可能である。優越的地位の濫用規制における我が国の法運用で論じられた直接の利益の基準に係って、返品や従業員派遣、共同マーケティングプログラム（アマゾン確約認定）の要請といった供給者にもたらされる直接の利益や便益の具体的内容の明らかにされてきた[36]）が、ケーラー理論はかかる法運用の正当化に資するものであると評価ができる。

35）この点は、19 条 2 項以下について市場支配的事業者に対する濫用監視の各論規定に該当する。
　同条 1 項の一般条項においては、民事法的規律の可能であることは、拙稿・問題点［2］193 頁以下、同・セオリーオブハーム A．Ⅲ．を参照。

36）参照、第 4 章 2．（3）（g）における ⅳ）を参照。

(e) マーケティング代理業者としての業績に対する市場評価の重要性

ⅰ）需要競争の本質的なメルクマールとして、供給者の回避可能性を考えることは、かかる回避可能性に直面した需要者について、自らの活動能力をより良く活用することを相互に強いる競争の緊張関係の下におかれる点に注目するものである。このような競争の働きが、製品市場のカテゴリー（需要者としての流通業）とサービス提供のカテゴリー（販売者としての流通業）の双方を結びつけて、供給者の製品売上にプラスとなる役務や便益を提供するマーケティング代理業者としての流通業者を生み出すと考えられる。

ⅱ）対照的に、超過供給の市場で需要競争の本質について、専らより有利な取引条件を獲得する需要者の供給者に対する要求行動に焦点を絞って理解する上記（a）の見解にあっては、供給者の回避可能性が重視されないことにより、需要者が提示するマーケティング代理業者としての業績に対する市場の評価を欠くことになる。流通業者が提供する役務や便益に係って供給者との取引の分析に消極的であり、またかかる役務や便益に価格設定が困難であるとして、「マーケティング代理業者の業績（給付）に係る市場」も認めない。

ⅲ）供給者の回避可能性を巡る対照的な上記の二見解について、結論として以下のような総括的評価がされるであろう。

　競争法政策の観点から、流通業者の活動能力が機能的な需要競争の下におかれて事業革新が図られるべきとするケーラーの需要競争の本質論は、上記製品市場のカテゴリーとサービス提供のカテゴリーの双方の領域において、需要競争が展開されて流通業の革新が図られた歴史を的確に捉えている。

3. カルテル法判例における需要競争の本質論

　上記の需要競争の本質論に関する学説の傾向は、より有利な取引条件の獲得を専ら重視する立場とその批判という構図によりまとめられる。次にかかる対立を生んだ判例の流れを概観する。

（1）需要競争の競争システムに適合的な特徴

（1-1）需要者の便宜供与と売り手のリベート

　需要力の濫用を規定する19条2項5号の不当性評価を行う利益衡量におい

106　第2章　需要競争の本質論

て、一般論として需要競争の有効性に係る以下の特徴が問題になる。需要競争の競争システムに適合的な特徴として、市場参加者（売り手）間において比較して、その利益提供の態様が均一な価格（価値）に収斂する傾向がないと指摘される[37]。このような傾向は、需要者間の調達競争にあっては、売り手に対する様々な便宜供与の形をとる給付がされ、その反対給付（売り手からの）がリベートや値引き等の様々な形式で行われ、さらに有利な調達を需要者間で競うことから生じると考えられる。

(1-2)　給付／反対給付の均衡しない傾向

　このように、売り手間における利益提供の態様が収斂しない需要競争の特徴と関連して、取引当事者間の関係で給付と反対給付が均衡する傾向とは一致しない場合があると指摘される[38]。かかる給付／反対給付の均衡する傾向とは異なる特徴を示す需要競争の指摘は、市場の競争が一般論として、供給者と需要者間の給付の均衡を導く傾向を指摘されるのとは異質ともみられる。

（2）競争優位を獲得する努力と市場の競争

　需要競争は、競争相手よりも有利な購入条件の獲得を目指す点にひとつの特徴がある。ライバルに対する競争優位と市場における競争との関連を論じる際に参照される事例として、販売の事例であるが需要競争に当てはまるものとして、以下の判例がノースデュルフトによって挙げられている。すなわち、市場支配的事業者の行う有利な取引条件の獲得をなす努力が、給付と反対給付について均衡をもたらす傾向がないことは、直ちに反競争的行為と評価されるものではないとした判決である[39]。

　このしばしば引用される 1996 年のペイテレビ BGH 判決に基づき、より有利な取引条件を獲得する規範名宛人の行為と市場の競争の関係について、以

---

37)　Vgl., *Nothdurft*, in L/B 14 Aufl., §19, Rn. 268.

38)　利益強要や受動的差別で問題になる便宜供与／協賛金の給付・反対給付の関係は、取引当事者間で様々な態様になる。それに応じて、その給付と反対給付の関係は均衡から離れる傾向があることを、ゼッカーは、下記（3）の BGH "Pay-TV-Durchleitung" 判例に依拠して摘示する。拙稿・問題点［2］167 頁注 746 を参照。Säcker, Forderung, S. 21ff.

39)　*Nothdurft*, in L/B 14 Aufl., §19, Rn. 268 ("Pay-TV-Durchleitung" の BGH 判決は供給業者による積極的な価格差別であるが、需要者のなす受動差別に「鏡像的に（Spiegelbildlich）」移行される).

Ⅰ．ドイツにおける需要競争をめぐる学説と判例の状況　107

下に概観する[40]。

（3）ペイテレビ BGH 判決の「濫用」概念

(3-1) 恣意性や非経済的な事業上の決定としての「濫用」

　BGH は、旧 GWB26 条について市場力の濫用を禁止するとの基本的位置付けを踏まえ、同条 2 項の不当な差別的取り扱いの利益衡量の文脈において、「むしろ決定的なことは、異なる条件形成が恣意（Willkür）ないし非経済的な事業上の決定に起因する」場合であると述べる[41]。すなわち「濫用」概念は利益衡量の枠組みでは、恣意性や非経済的な事業上の決定がされる観点から捉えられる。

(3-2) 給付／反対給付の不均衡に対するカルテル法上の評価

　かかる観点と一体的に、BGH は「市場参加者がより有利な取引条件や価格を獲得する努力は、その市場の相手方においても同様に、かかる努力につき給付と反対給付の合意による関係の形において等しい経済的成果を導くものでなくても、基本的に競争と一致し、（旧）GWB26 条 2 項の利益衡量の枠内において否定的な評価に結びつくものではない」とする[42]。ドイツにおける需要力濫用規制の理論的基盤を近時の判例を中心に検討する本章の問題関心にとって、需要競争の本質的特徴として給付／反対給付の関係が均衡しない傾向が挙げられることに係って、その根拠として引用される本判示は重要である。

（4）不当な不均衡給付の判断条件

　BGH は、GWB の市場支配力の濫用評価の枠組みにおいて、より有利な取

---

40) BGH, 19.03.1996-KZR1/95, "Pay-TV-Durchleitung"（Wolters Kluwer Online の HP より入手）.
　本判決の事案の概要については、参照、拙稿・問題点［2］、168 頁注 748。Vgl., Säcker, Forderung,
　S. 21ff.

41) BGH, 19.03.1996-KZR1/95, Rn. 39.

42) 本判決において BGH は、有利な取引条件や対価を獲得する市場参加者の努力に対する、給付／
　反対給付の合意との関係について論じる。すなわち、前者の努力が後者の合意について等しい経
　済的成果とならない結果について、その競争法的評価を多様な例を用いて行う。その詳細につき、
　参照、拙稿・問題点［2］、169 頁注 750。BGH, 19.03.1996-KZR1/95, "Pay-TV-Durchleitung",
　Rn. 39.

引条件の獲得努力に関し、給付／反対給付の合意関係によった不均衡について、基本的に反競争的と評価されないことを一定の留保条件により認めた。その留保条件とは、かかる給付／反対給付の不均衡が、①規範名宛人の恣意ないし非経済的な事業上の決定に起因するものでないこと、②規範名宛人の力の濫用が、市場の相手方の競争機能を害するものであってはならないこと[43]、である。

（5）ペイテレビ事件 BGH 判決の意義

BGH の判例により、販売競争における給付／反対給付の不均衡について、直ちに市場の競争のあるべき状態から乖離したものではないと評価される判例が、需要競争の同様な評価[44]の根拠とされ引用されることは、競争一般の特徴的側面を捉えたものとみなされるだろう[45]。

（6）判例の展開

(6-1) プライベート介護サービス事件判決

その後、積極的な働きかけとなる市場の相手方に対する価格交渉について、相手方の「従属の程度」によっては市場支配的事業者の価格提案に対し、それを受け入れてしまう結果を警戒する判決が示された。すなわち、同様な供給業者の提示する販売価格と異なる価格設定を正当とする理由について、従属的な取引当事者の相手方である市場支配的事業者に説明を求める、BGHのプライベート介護サービス事件判決（2001 年）が下された[46]。

(6-2) 従属的な売り手の場合

同様な供給業者の提示する同様な給付に対し異なる反対給付の額となることは、給付／反対給付の均衡につき、それの保たれていない可能性が高い（プ

---

43) BGH, 19.03.1996-KZR1/95, Rn. 39.

44) 販売競争の具体的事案に係るものであるが、上記の引用では「その市場の相手方においても同様に」として、需要競争にもかかる評価が当てはまることを述べている。BGH, 19.03.1996-KZR1/95, Rn. 39.

45) 参照、拙稿・問題点［2］70 頁以下（ゼッカーの所説）を参照。

46) BGH, 11.12.2001, KZR 5/00, "Privater Pflegedienst" (bundesgerichtshof.de の HP より入手). 本判決の事実の概要は、拙稿・問題点［2］170 頁以下注 754 を参照。

ライベート介護サービス判決）。本判決は、規範名宛人／市場の相手方の取引条件において、給付／反対給付の均衡が保たれなくても市場の競争のあるべき状態から乖離したものでないと評価されるペイテレビ判決の一般論を、規範名宛人に対して市場の相手方が従属的な関係にはない場合に限定をする判例として注目される[47]。

(6-3) 規制下の公共放送局による無償の役務提供（ネットケルン事件判決）

ⅰ）2016 年には BGH はネットケルン事件判決[48]において、広帯域ケーブル放送に係るプログラム電波の公共放送局（ZDF）による再送信のための需要市場に係り[49]、給付／反対給付の均衡につき、無償で再送信していた ZDF の市場支配的事業者[50]による妨害・差別禁止を問題にした[51]。かかる禁止では、GWB の目標設定の考慮の下で行われる包括的な利益衡量において、無償の役務提供は例外的であるが、他方でより有利な取引条件を獲得する努力は、それ自体競争適合的であるとする[52]。

ⅱ）妨害・差別禁止における許容性に関する利益衡量においては、前述のペイテレビ事件 BGH 判決の基準を確認している[53]。BGH はネットケルン事件について、控訴裁判所にはかかる妨害・差別禁止の違反行為該当性と正当化事由の審査において不備があるとして差し戻しを命じた[54]。

（7）BGH エデカ事件 2018 年決定[55]

　以下、（7）の記述では、BGH, 23.1.2018. KVR 3/17-Hochzeitsrabatte の

---

47) A.a.O., S. 10, 11. 参照、拙稿・問題点［2］、171 頁注 755。

48) BGH, 12.04.2016-KZR 30/14-NetCologne（juris bundesgerichtshof.de の HP より入手）.

49) 本判決の事実の概要は、拙稿・問題点［2］171 頁以下、注 757 を参照。

50) BGH は原告の支払い要求に関する説明に基づき、広帯域ケーブル放送に係るプログラム電波の中継についての需要が製品の関連市場であるとした。かかる関連市場において、被告は市場支配的事業者としてカルテル法上の規範名宛人としての地位を認定された。Rn. 32-33. 被告が市場支配的地位を有するとされた判決理由は、参照、拙稿・問題点［2］172 頁注 758。

51) BGH の妨害、不当差別に係る認定につき、参照、拙稿・問題点［2］172 頁注 759。

52) BGH, 12.04.2016-KZR 30/14, Rn. 48. 参照、拙稿・問題点［2］172 頁注 760。

53) BGH, 12.04.2016-KZR 30/14, Rn. 48. 参照、拙稿・問題点［2］173 頁注 761。

54) BGH による事案を控訴裁判所に差し戻した判断の詳細につき参照、拙稿・問題点［2］173 頁注 762。BGH, 12.04.2016-KZR 30/14, Rn. 49-50。

55) 本決定の事実の概要及び決定理由の詳細は、拙稿・問題点［2］2 頁以下、98 頁以下を参照。

110 第2章 需要競争の本質論

引用は、juris.bundesgerichtshof.de の HP より入手した決定全文により、原文に付された欄外番号（Rn.～）の様式を用いて、引用箇所を本文（一部脚注）に注記する。

(7-1) 自己利益の追求、給付／反対給付の対応関係並びに利益衡量

ⅰ）BGH は、自己利益の追求は経済的合理性に反するものでないが、優越する市場力により正当化理由のない利益を獲得する事業者の期待が基本とみなされるのなら、実質的な正当化なく利益の要求がされた推定が働くとの一般論を述べる。(Rn. 17)

ⅱ）次に、こういった自己利益の追求に対する、給付／反対給付の対応関係並びに利益衡量の関係を明らかにする。「通常、交渉当事者は自らの経済的利益を追求するのであって、自らの給付の経済的価値に対応する反対給付となるよう義務付けられるものでない。それにしても、給付と反対給付の関係は複雑である。ある利益がなんら直接に割り当てられた反対給付と対応しなくても、当然に実質的正当化の理由なく提供されたことにはならない。したがって実質的正当化を欠くとの要件指標は、競争の自由を志向した競争制限禁止法の目標設定の考慮の下で、関係人の利益に対する包括的な衡量を求める。これは、GWB 19 条 2 項 1 号の一般的妨害と差別禁止の基準に対応する」。(Rn. 17)

ⅲ）そのうえで、需要者の行為を評価するにつき、競争と一致した需要の特性が考慮されなければならない。「それゆえ厳しい交渉は、機能力ある競争の内在的要素である」ことを確認する。(Rn. 17)

　以上、連続するⅰ）からⅲ）の自己利益の追求に係る判旨は、より有利な取引条件の獲得を目指す取引主体の経済的合理性を確認したと解される。すなわち、需要者が市場の相手方である供給者に対する積極的な働きかけをなす競い合いに、需要競争の本質をみている。この点から、19 条 2 項 5 号の実質的正当化の要件は、要求利益と反対給付の直接的な対応関係を求めるものでない指摘がされた。その結果、具体的な実質的正当化の判断基準は、GWB19 条 2 項 1 号の妨害と差別禁止の規定と同じく、利益衡量によるほかはないとの結論が導かれた。以上の推論構成は、市場における需要競争の本質論と実質的正当化の関係を論じた一般論としてまとめることができる。

(7-2) 給付の全体的条件を考察する実質的正当化の判断

ⅰ）BGH は実質的正当化の判断につき、「規範名宛人によって供給業者に提供された条件全体を考察」する基準をとる。(Rn. 20) この点から BGH は、「本件特別交渉における…製造業者について、エデカによってどの個別要求が実質的に正当化されるかは問題とされない。製造業者にとっての全体的条件のセット（Gesamtkonditionenpaket）、すなわち全体としてもたらされる反対給付との関係において、全体的要求が決定的」に重要であるとする。この基準は、ファボリート事件の BGH の先例にも従う。(Rn. 21)

ⅱ）BGH は搾取的条件の濫用に対し審査を行ったファボリート事件を明示に引用し、新たな利益強要の規制において、GWB19 条 2 項各号の妨害、不当差別、搾取濫用の各禁止の規定の内、搾取濫用の法的特質を重視した。

ⅲ）ファボリート事件で BGH は、搾取濫用の評価について、比較市場概念の援用により価格及び取引条件を総体として、その給付の束を全体的に観察しなければならない、とする。さらに、買い手にとってどのような給付が有利あるいは不利であるかの問題は、個別条件の比較を基礎としては答えることはできないのであって、ある条項の不利な効果は、他の条件や価格設定の有利な効果によって調整されているとする[56]。このファボリート事件で、被疑違反行為の熱エネルギー供給契約において、「特に基本価格は、個別に競争関係の下で決定される」ことが重要とされ、この点は、行為者のリスク負担の考慮が重視されることになる[57]。すなわち、BGH の判旨で注目されるのは、取引条件（給付の束）の全体的観察を行う必要を言う背景に、当該契約の締結プロセスにおける競争志向の特徴が挙げられた点である。旧 GWB22 条 4 項 2 文 2 号（現 19 条 2 項 2 号）における市場の相手方に対する搾取濫用の規制において、行為者の存する市場の競争の在り方が、比較市場概念の適用による搾取濫用の判断を規定したものと考えられる。

ⅳ）ファボリート事件の契約について競争志向の特徴をもつ点を強調して引用する BGH の見解には、ブンテによる反論がある。GWB において、有効な競争が適切な取引条件の形成を導くことを根拠にして比較市場概念の援用が

---

56) BGH, KVR 18/13（06.11.1984）"Favorit" Rn. 22.
57) BGH, KVR 18/13（06.11.1984）"Favorit" Rn. 27.

112 第2章 需要競争の本質論

される。かかる市場経済システムの自己制御機能を基礎にすることが許されない場合として、一方的に価格が決定されている場合や取引条件の競争が何ら重要な意義を有さない場合が挙げられる[58]。また、搾取濫用規制に係り、旧GWB22条4項2文2号による比較市場概念に対しては、早期よりメッシュルによって、適用範囲が限定される懸念が指摘され、またそれに代わり普通契約約款の法理が適用されるべきとの主張がされていた[59]。その場合の不当性の評価は、任意法規の基礎になっている一般的な「正義の観念」からの一方的な逸脱が、「決定的評価基準[60]」となる。言い換えると、「任意法規は競争によって達成される均衡にあってその利益の調整に係り、モデルないし範型の特徴を備えているのであるから、所与の市場支配との関連は直接的である[61]」。具体的には、1976年の普通契約約款規制法を民法典に整序した民法（Bürgerliches Gesetzbuch. BGBという）305条以下の援用による[62]。

ｖ）BGHは次第に民事法上の一般条項を、GWB19条1項の実質的正当化に

---

58) ブンテによれば、市場支配的事業者の搾取的な条件濫用において比較市場価格が参照される根拠は、有効競争が適切な取引条件を形成することによる。GWBは市場経済制度のこういった自己規制機能から条件の形成を導いている。Bunte, WM, S. 1218. したがって、「広範で重要な競争の指標でなく」、価格に対する一方的な方向付けによる条件形成や、取引「条件の競争が何ら重要な意義をもたない条件形成」では、GWBの比較市場価格と適合的でない。「この点は活発な競争による市場でも、現実には不均衡かつ不適切な条件形成が一般的であり得ることを意味する」。A.a.O., S. 1218.

59) Möschel, Recht, §9, Rn. 573.
　ｉ）メッシェルは、GWBの市場支配的事業者の濫用規制は制定時より普通契約約款の規制を違法性の判断基準とすることに、問題はないとする。その主張を以下に概観する。
　ｉｉ）「市場力ないしそれの当該事業者に対する関連は、そのどちらかが存しないでは取引条件の一方的な決定、その究極は契約の強要であるが、それは可能でないのであるから直接的なものがある」。Möschel, Oligopolmissbrauch, S. 198.
　ｉｉｉ）「濫用の基準は、契約の形成に係り市場力を欠くなら、すなわち機能的競争が存すれば達成される当事者の力の均衡に向けられる」。立法者は、まさにこのような規制の目的ため、任意な地位にある。そして任意法規を通じて、かかる力の釣り合いというモデル特性ないし典型的特性を付与している。「強制された契約の形成が任意法の基礎になっている正義の観念から逸脱し、一方的に当事者の負担となるのであれば、普通契約約款の手段により濫用とみなされる」。
　ｉｖ）このような方向において判例は、BGB138条（良俗違反）、242条（信義・誠実に従った契約の履行）より普通契約約款の内容規制を行う。カルテル庁は、各人が自ら勝ち取る主観的な権利の体系において、司法的な内容規制なしで済まされない。A.a.O., S. 198f.

60) Möschel, Recht, §9, Rn. 573.

61) *Fucks/Möschel*, in I/M, 5Aufl., §19, Rn. 256. 同様の指摘が以下でされた。Möschel, Oligopolmissbrauch, S198f, ders., Recht, §9, Rn. 573.

62) *Fucks/Möschel*, in I/M, 5Aufl., §19, Rn. 256.

係る包括的な利益衡量において、契約当事者の一方が、契約条項を事実上一方的に設定できる他者決定が問題なるような場合に適用する傾向を示している。2020 年のフェイスブック事件 BGH 決定は、情報の自己決定に関する基本法上の権利保障は、GWB において行われる「民事法の一般条項の解釈において考慮され」なければならないと判示した[63]。

Ⅱ．日本における需要競争の本質論

1．個別的な競争の機能と市場における競争の機能（今村説）

独占禁止法における競争の観念について、今村説は、「複数の事業者が、相互に、他を排して、第三者との取引を獲得するために行う努力を意味する」という定義付けをする。かかる定義の背景的説明として、資本主義社会における契約自由の原則に従うのなら、自己の危険と計算において事業活動が行われ、複数事業者が、各自、その事業活動を遂行しようとする限り、必然的にこのような意味における競争を生ずるとされる。そのうえで市場における競争の働きを論じて、「資本主義社会における競争の機能としては、…同一の目的をもつ複数の競争行為が相互に影響し合うことにより、資本主義社会における経済循環を可能ならしめるという機能が存する」と述べて、個別的な競争の機能から区別して、個別的な競争行為の集合体が、全体として有する機能[64]をあげている。

このような個別的な競争の機能と市場における競争の機能を前提にして、今村説によれば、独禁法 2 条 9 項 5 号に係る優越的地位の濫用行為は、「直接

---

63) BGH, 23.06.2020-KVR 69/19 "Facebook"（BGH の HP より入手）, Rn 105. 参照、柴田・Facebook、34 頁。憲法上、情報に関する自己決定の保障が、国家に対する場合と比較して劣ることなく私企業の間でも保障されることを述べた上記の判旨は、民事法上の一般条項である、BGB138条（良俗違反規定）、242 条（取引慣習と信義誠実の顧慮）、307 条（約款に係る透明性原則違反、法規違反の内容規制）、315 条（公平な裁量基準による規制）の各規定が、契約条項の一方的な他者決定からの保護を GWB19 条の解釈でも考慮されるべきことを述べる。この点は、以下の先例に従うものである。BGH, 07.06.2016-KVR 9/15 "Pechstein", Rn 57. このペヒスタイン判決は、かかる基本権地位の保障が GWB19 条の解釈で重視されるべきとした学説として、カルテル庁のノースデュルフトの論稿を引用する。A.a.O., Rn 57. ノースデュルフトによる、基本権地位の保障に基づく GWB による民事法原則によった規制の主張については、第 3 章 V．4．（2）を参照。

64) 今村・独占禁止法〔新版〕46 頁。

114　第2章　需要競争の本質論

には競争秩序に影響を及ぼすことのないもので」あり、公正競争阻害性に係る市場の競争秩序を保護する前提と関連性に疑問を呈し、独禁法とは別の法律で規定すべきであると結論付けた[65]。

2.　需要競争及び購買力に関する和田理論
(1)　需要者間の競争に係る意義と機能

日本の流通機構の競争制限的な取引慣行が問題にされる歴史的背景のなかで、1993年に大規模流通業者による購買力行使の問題に対し、競争政策上どのように評価すべきか、あるいは現行の独占禁止法の規定でどの程度接近できるか、という問題点の視角により独占禁止法の保護対象とされる需要競争の意味について、和田理論が公表された。以下に需要競争及び購買力に関する和田理論の概要をまとめる[66]。

① 「購買力は、個別的な関係で生ずる」ことが重要である。

② 需要競争は、行動としての側面では、供給源を求めて買い手が相互に張り合うこと、あるいはそのプロセスを意味する。

③ このプロセスは、いわゆる売り手市場が成立している場合に、例えば、競争者よりも有利な購入条件を売り手に提示することにより、必要な量の商品・役務を獲得しようとする個々の買い手の努力として現れる。

④ 逆に、買い手市場の状況が強くなればなるほど、取引条件を買い手の方が選択する余地は広がる。この状況が昂進すると買い手は取引条件を受け入れるにとどまらず、より有利な条件への変更・修正を売り手に要求する事も起こり得る。

⑤ このような買い手がより有利な取引条件への変更・修正を要求する場合でも、売り手に取引先を回避・変更する自由があれば、かかる代替的な買い手の存在のゆえに、買い手からの値引き等の要求は限定を受ける。したがって、この場合でも回避可能性の存する限りで、買い手間に②に挙げた一種の張り合いが存すると考えることができる。

⑥ 買い手間のこのような張り合いは、買い手自身が後段階市場において、売り手

---

65) 同146、148頁。

66) 和田・購買力161頁、181頁以下。和田教授は、Köhler, Nachfragerに依拠する。和田・購買力182頁注3。

として、販売市場における競争上の優位性を獲得するための努力として評価されなければならない。

（2）和田理論の評価

（a）需給不一致市場における買い手市場と売り手市場の統一的把握

　このようにまとめられる需要競争に係る和田理論において、買い手市場として特徴付けられる超過供給の状況と、反対に売り手市場とされる超過需要との双方の市場状況について、売り手の回避可能性を統一的な指標にして、需要者が供給源を求めて相互に張り合うことという行為面の特徴が明らかになったことが、先ず注目される。

（b）競争秩序における取引の交換プロセスの重要性

ⅰ）さらに、この需要競争の行為面の特徴は、現実に需要者は、与えられた選択肢を受動的に選択する（選択のプロセス）ことにとどまらず、交渉によって、自らの受ける給付についてより有利な内容に改善することを要求する（交換プロセス）ことも、市場の機能発揮として捉える点も注目される。このような特徴は、上記の①で、重要な検討視角として購買力が個別的な関係から生ずる点が挙げられたが、需要者にとって有利な取引条件を提供する供給者を求めて相互に張り合うという⑤の市場の競争の在り方とともに、優越的地位の濫用が問題になる競争概念で特徴的である。

ⅱ）取引の相手方に積極的に働きかける競争手段をもって行為者が張り合う違法の類型としては、不当廉売がある。不当廉売は市場の効果要件として、競争者に対する競争阻害効果により違反要件が構成されるが、優越的地位の濫用規制では、取引関係における給付と反対給付の著しい不均衡により判断され、競争相手に対する影響を見ない特徴がある。取引相手に対する働きかけをもって、市場における競争相手に対する競争阻害効果を判定する拘束条件取引や排他条件取引と比較しても、市場の効果要件として取引の交換プロセスに審査を限る特徴が挙げられる。

ⅲ）このような特徴をもつ優越的地位の濫用規制における市場の競争秩序に対する影響評価の在り方は、以下のような、独禁法の立法によった競争概念の規定と優越的地位の濫用規制の導入、そして運用例の蓄積という歴史的経

緯に即して評価されることが必要である。すなわち、昭和24年法214号改正により、競争の定義規定に需要競争が含まれることとなった。当該改正は、和田理論の言う、行為者が取引の相手方に積極的に働きかける競い合いと、売り手の回避可能性が保たれることから成る需要競争が保護の対象とされたものと解される。さらに、昭和28年法259号改正で優越的地位の濫用が規定され、その運用例を蓄積していることである。

　かかる立法及び法運用の歴史的経緯に即するならば、独占禁止法は市場の競争秩序に対する影響評価の基準として、需要競争の場合に取引の交換プロセスに集中することを認めていることになろう。したがって、このような独禁法の需要競争に対する保護の在り方は、優越的地位の濫用行為が「直接には競争秩序に影響を及ぼすことのない」（前記今村説）ものであっても、取引の相手方の自由かつ自主的な判断の阻害に対する一定の回復措置を認めることで、保護に値する需要競争として取引の交換プロセスが適切に機能することを正当化するに至ったと解される。

　我が国独占禁止法における需要競争の理解としても、ケーラー理論の言うように「需要競争は市場の相手方保護の機能によって、需要者の行為自由を相互的に限定する状態として捉えられる」。

第3章　需要力濫用規制の体系構成

Ⅰ．法学基礎論としての法の体系構成

（1）体系の構成要素（独占禁止法に依拠した概説）

　独占禁止法に規定された優越的地位の濫用規制は、不当な不利益の判断に係って、計算不可能な負担とあらかじめ計算・予測できない不利益（リスクに対処する機会の喪失を含む）[1]や「直接の利益」[2]といった違法性判断基準に基づいて解釈が行われる。これら具体的な違法性基準は、自由かつ自主的な判断の阻害という違法性に関する指導理念から導かれている。そして、自由かつ自主的な判断の阻害に係る違法性の概念は、「公正な競争を阻害するおそれ」（公正競争阻害性）に関する不公正な取引方法の要件規定から導かれる。さらに、公正競争阻害性は、競争の実質的制限の市場効果要件とともに、独占禁止法1条の目的規定における「公正且つ自由な競争」の指導理念[3]にその存立の根拠を置いている。独占禁止法は、優越的地位濫用の規制に係っても、具体的な違法性判断基準を導く体系的構成の要素として、自由かつ自主的な判断の阻害、公正競争阻害性そして「公正且つ自由な競争」という指導理念を段階的に整序している特徴がある。本書では、以下、これらの指導理念を後述の法の体系的分析を行う方法論に即して、普遍的法原則あるいは法

---

1) 川濱・セブン289頁、川濱他・経済法5版283頁（泉水文雄執筆）、白石・独占禁止法3版430頁以下。

2) 優越ガイドラインにおいて、直接の利益の基準は、例えば従業員派遣について、その第4の2における（1）で規定されている。従業員派遣について直接の利益の基準によって違法性が判断されることは、昭和28年改正で優越的地位の濫用が立法化されたのとほぼ同時期に規定された百貨店業告示が禁止する従業員派遣が、この基準に依っていることから、一貫して重要な違法性判断基準であると考えられる。百貨店業告示「（六）手伝い店員の原則的禁止」。

3) 公正競争阻害性の意義及び判断基準を確定する際の指導理念が「公正且つ自由な競争」であることについては、金井・競争秩序と法134頁。

118　第3章　需要力濫用規制の体系構成

原則と呼ぶ[4]。

　他方、優越的地位濫用の禁止規定である独占禁止法2条9項5号は、課徴金賦課の対象となる類型をイからハで規定する。かかる類型は長澤哲也弁護士によりその特徴を明示されて、①いったん合意した内容を反故にする行為類型と、②合意内容が著しく不公正な行為類型とに分けられている[5]。また、不公正な取引方法の一般指定14項に関する審判決、特殊指定及び独禁法の補完法たる下請法を検討した根岸哲教授は、それらの違反行為の類型について、「一対一の取引当事者間で過大な不均衡、すなわち著しい不公正な取引の受け入れを余儀なくさせることそれ自体を」規制するという、類型系列の特徴を示した[6]。さらに優越ガイドラインは、違反行為の類型を整序しその系列の特徴として、「今後の取引に与える影響を懸念して」取引の相手方が不利益行為を受け入れざるを得ない場合に濫用該当とすることを明らかにした[7]。このように、優越的地位濫用に係る独占禁止法の体系的規制の枠組みは、「違反行為に係る類型系列の整序」をして、それら類型を法的構造としてまとめる特徴[8]が明らかにされるに至っている。

　個別事案の解決については、自由かつ自主的な判断の阻害、公正競争阻害性そして公正かつ自由な競争の保護という普遍的法原則をもつ法の体系的構成の枠組みにおいて、直接に適用される具体的な違法性判断基準、並びに個別事例を蓄積した違反行為に係る類型系列の整序の成果である法的特徴を参照しつつ、その解決が図られることになる。

（2）目的論的概念構成としての体系的思考

　こういった優越的地位濫用規制における体系的思考は、舟田正之教授のい

4）指導理念の語は、本稿では、法の体系的思考について述べた、後述のラーレンツ／カナリスの法学方法論の用語法に従い、普遍的法原則あるいは単に法原則の語を用いる。後掲II. 5.（2）を参照。

5）後掲、VI. 6.（2）iを参照。

6）後掲、VI. 7.（3）を参照。

7）優越ガイドラインでは、例えば第4の1における（1）が「当該取引における商品又は役務以外の商品又は役務の購入をさせること」に関して、この文言が規定されるほか7か所に規定がある。本稿では、ガイドラインにおけるこの類型系列の特徴を、「懸念の定式」と呼ぶ。

8）後掲、VI. の7. を参照。

う目的論的な概念構成ないし思考として、「法規範・法制度の目的機能がいかなる目的のために行使されるべきものであるか、諸目的の相互の連関はどうか、そしてその相互連関は、実際の機能相互の連関の中で合理的に、かつ実効性をもって実現し得べきものか[9]」について、十分な検討を経て構築されたものと評価できる。すなわち、優越的地位濫用規制は、自由かつ自主的な判断の阻害という公正な競争秩序の阻害を是正するために、最終的に公正かつ自由な競争保護の法目的に仕える。またその規制は、自由競争基盤を確保する目的のもとに、公正競争阻害性の三分類に従って不公正な取引方法の中に整序されるが、手段の不当性と自由競争の減殺に係る禁止目的に対して、実際の機能相互の連関の中で合理的に、かつ実効性をもって実現される固有の存在意義を示していると考えられる。同じく優越的地位濫用の違反行為に係る類型系列の整序においても、各行為類型が相互連関をもって有意味な規律の複合を達成していると考えられる。

（3）普遍的法原則と類型形成からなる法の体系的考察要因

本章は、舟田教授がその取引における力の濫用問題について、目的論的な概念構成ないし思考の重要性を示すうえで典拠とされた[10]、カール・ラーレンツの法学方法論における法の体系的思考に係る類型論と普遍的法原則の機能論に依拠して、優越的地位濫用規制の法的な体系構成を検討することを目的とする。その際、2条9項5号の各行為類型、特殊指定（大規模小売業告示の前身である百貨店業告示）さらに優越ガイドラインに示された類型系列についての法的意義を探り、公正かつ自由な競争の保護、公正競争阻害性そして自由かつ自主的な判断の阻害という普遍的法原則につき、統一的な、一貫性ある法秩序を目的論的な概念構成ないし思考に導かれて達成していることを明らかにする。

9）舟田・濫用（二）27頁及び注123。
10）前掲、舟田・濫用（二）の論文における注123及び117には、Larenz, Methodenlehre 4 Aufl. が挙げられている。

120 第3章 需要力濫用規制の体系構成

（4）比較法的検討の対象

　かかる目的に資するための比較法的な検討対象として、英国の行動綱領によった規制が、適切な類型形成を独自の市場調査の制度を通じて果たした成果をみる。英国の規制では、競争歪曲と「健全な競争保護」という需要力濫用規制に適合しない普遍的法原則に従うものの、類型形成の適切な働きがその欠点を補っている。次にドイツでは、需要力濫用規制に固有であって、適切な普遍的法原則の体系を樹立すると同時に、不公正取引慣行の類型を法的な構造類型として示し、その類型系列の法的特徴を明らかにした、ケーラーの行動綱領案を取り上げ、体系的思考の重要性を確認する。対照的にドイツGWB19条2項に規定された利益強要禁止の規定が、市場支配的事業者の濫用監視に係って、当該規制に固有の普遍的法原則を欠く問題を抱え、また妨害、不当差別そして搾取の濫用行為に対し、「競争規約」による類型形成の企てを封じられたため、濫用行為の類型化とその類型系列の特徴（後述の法的構造類型の「指導像」）を導くことができない問題点を抱えることを明らかにする。

Ⅱ．法律学における概念形成と体系形成（ラーレンツ／カナリス）

1．法律学的な体系形成の課題と可能性

　Ⅰ．で述べた優越的地位濫用規制の法体系的な概念構成ないし法思考の検討は、法律学的な体系形成の課題と可能性を明らかにした、カール・ラーレンツの『法学方法論』を基本的な検討視座に据える。同書は第六版まで改定がされ、同版については、米山隆教授の翻訳がある[11]。その後ラーレンツの死去に伴い、クラウス―ウィルヘルム・カナリスにより補訂されて、ラーレンツ／カナリスの共著の形で版を重ねている[12]。本稿においてはかかる共著によりつつ、その検討は、「第六章　法律学における概念形成と体系形成」を取り上げる（以下、ラーレンツ／カナリスと略称）。第六章は、「一　『外的』ま

11）邦文引用文献略語表におけるラーレンツ・第六版法学方法論を参照。
12）欧文引用文献略語表における Larenz/Canaris を参照。Springer 社より、第4版の刊行（2025年）が予告されている。

たは抽象的—概念的体系」、「二　類型と類型系列」そして「三　『内的』体系」から構成される。この部分の記述は、ラーレンツによる第6版との相違は僅かである。したがって以下の検討は、ラーレンツ／カナリスの共著の引用を基本とし、第六版のラーレンツ単著の邦訳頁も併記する。引用は、「Larenz/Canaris, S.～訳～頁」の体裁で行う。なお共著と邦訳との間に相違がある場合は、その旨注記する。

　さらに、カナリスには、法律学の体系思考の機能、体系の概念、体系構築の限界等を論じた『法律学における体系思考と体系概念』の教授資格論文があり、邦訳もされている[13]。ラーレンツの法学方法論では、カナリスの前掲書が度々肯定的に引用され、カナリスも基本的な検討の枠組みを共通にすると考えられるので、本稿でも同様な考え方の枠組み従うものと考えて、分析に取り入れる。

2.　学問的法律学の課題——法秩序の機能と価値決定の正当化・統一化

　ラーレンツ／カナリスによれば、法規範は結びつきを欠いた状態で並存するのでなく、多様な関連において相互に重なり合っている。したがって、法解釈学では「規範の意味関連、規範の前後脈絡と体系的位置、当該規律の全体の関連における規範の機能」を検討しなければならない[14]。さらに学問的法律学は、法秩序の機能を問題にして規範の根底にある価値決定を法思想のもとで正当化し統一化することで、可能な限り評価矛盾を回避する任務を担う。この価値決定は、個別事件の解決に寄与し、さらに「制定法を超え出る法の発展形成」にとって有益である[15]。

---

13)　欧文引用文献略語表における Canaris, Systemdenken を参照。さらに、欧文引用文献略語表におけるカナリス・体系を参照。

14)　Larenz/Canaris, S. 263ff. 訳 684 頁以下。

15)　カナリスによれば、法律学における体系概念を発展させる前提条件は、普遍的な体系概念のメルクマールに、これと照応する法的現象を関係付けられるかという本来的に体系のもつ有意味な機能に依拠する。そしてこの普遍的な体系概念のメルクマールは、秩序と統一性を指す。さらに、秩序と統一性は、法秩序における価値判断上の一貫性及び内的統一性という思想に、法的な対応物を見出す。したがって、法律学における体系の機能は、法秩序における価値判断上の一貫性と内的統一性を提示し、それを現実化することにある。Canaris, Systemdenken, S. 10ff., 155. 訳第 1 章、第 II 節及び 139 頁。

122　第3章　需要力濫用規制の体系構成

3.　法の外的体系；法技術的概念

　かかる法解釈と立法的な法の発展形成における任務を遂行することは、法律学における体系構成に関し以下のような可能性を生む。規律の対象である法律要件から特定の要素が分離されて普遍化された、「抽象的─普遍的概念」[16]である法の外的体系を生む[17]。

　抽象的─普遍的概念は、制定法の組織構成の基礎であって、法律要件要素の機能として具体的な事実を「包摂」する目的に仕える技術的特徴をもつことから、法技術的概念の用語も用いられる[18]。本稿では以下、比較的周知と思われるこの包摂作用に注目して、法技術的概念の用語を用いる。

　ラーレンツ／カナリスは法技術的概念を「外的体系」[19]として、後述する普遍的法原則からなる内的体系に対置して説明する[20]。

4.　類型、類型系列及び類型形成
（1）法律学における類型と一般諸学の類型

　法律学における類型の思惟形式を論じるに先立ちラーレンツ／カナリスは、一般的に諸々の学問で用いられる類型の思惟形式を踏まえて、そこから法学がいかなる意味において類型を用いるかの検討に入る。この一般的諸学における類型の思惟形式は、以下の3種に分けられ、これらの分類は、類型についていわば常識的に捉えられた意味内容を提示する。

16）Larenz/Canaris, S. 263ff. 訳685頁。
17）「抽象的」の用語は、特定の植物、特定の動物、特定の建物を、具体的なものにおいて一回的に全体として捉えるのでなく、全体において個々の性質又はメルクマールが浮かび出る限りにおいて捉えることによる。「抽象的概念」について、以下の性質をもつとした説明がされる。「諸々の個々具体的なものは、それらが単に何らかの共通のメルクマールを有していると確認さえすれば、その限りにおいてただちに、自身たちのメンバーのいずれに対してであっても、その共通メルクマールを内包の一部として形成された概念が妥当する対象となる」伊藤・類型論、45頁。
　　「普遍的」という特性は、個別事案の事物、事件の述語として普遍的に記述されることによる。この点のラーレンツ／カナリスによる記述はやや難解であるが、敷衍すると、事実認定において、現実の特定の植物等は法の要件規定における概念規定に普遍的に包摂される、すなわち「この植物は（要件規定の）～である」という述語表記がされる点を指すと考えられる。
18）Larenz/Canaris, S.313ff. 訳749頁以下。
19）カナリスは、法の外的体系が、法の概観可能性や法適用の実行可能性にとって、また間接的には判断の予測可能性という意味における法的安定性に大きな意義をもつとする。Canaris, Systemdenken, S. 18f. 訳13頁以下。
20）Larenz/Canaris, S. 265ff, 313. 訳687頁以下、749頁以下。

(1-1) 一般的諸学における類型の思惟形式

　第一に「平均類型若しくは頻発類型」は、平均や頻発の用語により特徴付けられる多数の属性や性格的特徴を持つ集合が、各々全体として捉えられて類型の表現になる[21]。第二に、類型としての特徴がその認識において際立つ程度でもって捉えられているに過ぎないか、あるいはそれら特徴について、思考的に捉えられる段階にまで進んで、その特殊性において認識される類型であるかの分類がされる[22]。第三に、この第二の類型よりもさらに思惟の働きを強めた、論理的観念類型[23]や規範的観念類型[24]がある。

(1-2) 法学における類型の思惟形式

　これらの一般的諸学の類型の整理のもと、上記の捉え方をそれぞれ受ける形で、ラーレンツ／カナリスは法学における類型の思惟形式を検討する。先ず i ）経験的頻発類型[25]が挙げられる。つづけて、ii ）において、上記に挙げた「平均類型若しくは頻発類型」も法学において大きい役割を、いわゆる一応の証明のもとで演じているとする[26]。

　しかし、法と法学においてそれ以上に意味のある類型は、上記の「全体類型若しくは形態類型」及び規範的観念類型の要素を受け継いだ、iii ）の規範的実在的類型である。この類型は、その特徴を言い表すメルクマールを、経験的に取得された全体的「現象像」に従い、標準的な現象の選択、及び類型の詳細な限定付けについて、それを規範目的及び規律の背後にある法思想を用いて行う。要するに、経験的に取得されたメルクマールの「現象像」と規

---

21) Larenz/Canaris, S. 290ff. 訳 717 頁以下。
22) Larenz/Canaris, S. 291. 訳 718 頁以下。
23) 例えば、自由市場経済の観念類型に対し、完全に指導された経済の観念類型の区別がある。これらは経済のため折々のある種の類型的推移を雛形によって明らかにする。Larenz/Canaris, S. 292. 訳 720 頁。
24) これは、ラーレンツ／カナリスによれば、現実の模写でなく、模範的典型または原型であろうとする意義をもつ（例：プラトンの国家）。たとえ目的像が十分な純粋さで実現されなくても、人々が模範として努めるべき像が示される。Larenz/Canaris, S. 292ff. 訳 720 頁。
25) 法規範が取引の慣行または商慣習を守るよう指示している場合には、これら指示によって通常期待されるべき容態方法である社会類型的な容態形式としての、経験的頻発類型が挙げられる。Larenz/Canaris, S. 293ff. 訳 721 頁以下。
26) Larenz/Canaris, S. 293ff. 訳 721 頁以下。
27) Larenz/Canaris, S. 294. 訳 722 頁以下。

律的観点が重要になる[27]。

　最後にiv）として、ラーレンツ／カナリスは、この規範的実在の類型をさらに掘り下げて、法的体系構成のために重要な類型を摘示する。すなわち、法的現実のなかで発生した規範形態の特徴を取り出して類型的規律を問題にする。そしてかかる規律の意味のある関連を捉えるならば、構造的な関連の要素を見出すのであり、構造的な要素の働きが類型形成的な特性をもつ[28]。この結果から、法的構造類型が示される。

　以上の法学にとって意味のある種々の類型のうちで、法的意味連関の発見のために、また、特定の部分規律の理解のために重要な認識価値を有するのが法的構造類型である[29]。

（2）法的構造類型の体系形成的機能

　法的構造類型は社会的現実の中に見つけるべき形成物であり、それはこの現実に対応してゆく規律であり、その発見が法律学の重要な課題になる。法律学はその際、制定法上の規範に対し、その有意味的結合において明らかになってゆく類型のいわば「指導像」（類型的規律の態様）に基づいて問いかけをして、その「指導像」から個別規範は再び解釈される[30]。

　法的構造類型の形成は、法学的な体系構成に寄与する。法的構造類型においては、相互に相関連する規律複合が問題であり、この複合の要素は不動的である場合[31]と、特定の指導的観点のもとに互いに付属されて、全体として可動的な体系とがある[32]。

　昭和28年独占禁止法改正による導入から時を経ない時期の優越的地位濫

---

28) Larenz/Canaris, S. 295. 訳724頁。法的構造類型はもっぱら規律目的に従うという規範的観点が前面に出るのであり、経験的要素も重要である規範的実在類型と異なる。「構造はここで類型形成的であり、すなわち、構造の要素の『合奏』における規律の意味ある連関である」（この部分の引用は Larenz/Canaris では削除されている。したがって、Methodenlehre der Rechtswissenschaft, 4 Aufl. の該当頁を以下に摘示する）。Larenz, 4 Aufl, S. 450. 訳724頁。

29) Larenz/Canaris, S. 295. 訳724頁。

30) Larenz/Canaris, S. 298. 訳727頁以下。

31) カナリスは、ドイツ民法の体系思考において、現行法は、不動的体系の部分と可動的体系の部分の両者を、前者を原則的に優先させつつ、合わせ持つとする。Canaris, Systemdenken, S. 80. 訳69頁。

用規制の理論展開の試みにつき、正田彬教授が、下請法の中小事業者の概念から、従属的な取引関係という要素に基づいて、下請法の要件規定に当てはまらない中小企業と卸売業者の同様な関係、そして百貨店業告示における百貨店よりも広く、大規模小売業者の概念を導いたことは、法的構造類型に基づく類型形成の試みであったと評価される[33]。

　まとめると、法的な思惟形式としての類型の認識的価値は、法的構造類型が自らの中に含まれた個別的特徴をその深い結合[34]によって明らかにする点にある。

（3）需要力濫用規制の実効性確保と法的構造類型

　以下の比較法的検討から示されるように、需要力濫用規制の実効的な法的枠組みを構築するためには、その規制で問題になる違反行為の類型化にとって、規範的実在的類型として、その類型系列が、単に経験的に取得された全体的「現象像」に従い、標準的な現象の選択、及び類型の詳細な限定付けに止まっているのなら、十分ではない[35]。制定法上の規範に対し、当該類型系列からその有意味的結合において明らかになった類型の「指導像」（類型的規

32）可動的体系は、類型系列の考え方（ラーレンツ／カナリスによる類型系列の形成態様）によれば以下のように例示される。結社的結合の説明において、一方で人的要素の部分規律が問題になる人的な社員権の要素に分類される態様（人的会社）があり、他方で、財産出資によって媒介された、資本持ち分に結びつけられた社員権の（物的な）要素による分類態様（資本会社）が挙げられる。このうち、人的会社の類型系列は、権利能力のない社団、権利能力のある社団、民法上の組合と合資会社の系列になる。資本会社の類型系列は、合資会社は資本会社への移行を形成し、有限会社はある程度の人的要素をもった資本会社として、株式会社は純粋な資本会社として系列に整序される。Larenz/Canaris, S. 300. 訳730頁以下。このような人的要素と物的要素の複数の要素間の移行が、可動性の類型的特徴を示す。Larenz/Canaris, S. 298f. 訳728頁以下、S. 265、訳686頁。法的構造類型のこういった要素の複合が異なる強さと結合によって現れる「類型学的な思惟」の働きの説明について、参照、伊藤・類型論164頁から171頁。
　　さらに独占禁止法における優越的地位濫用の規定に係って、可動的体系の意義について、後掲、Ⅵ．3．（5）、及び7．（1）を参照。
33）後掲、Ⅵ．3．（5）を参照。
34）このように、一つの類型にその場所が類型系列のなかで賦与されることにより、類型にとって特色的な、しかもまたそれを隣接類型と結びつける特徴がより明らかにされる。参照、Larenz/Canaris, S. 301. 訳732頁。
35）EU競争法における需要力濫用規制を論じたウォルター・シュロイプが競争制限や妨害とは別異の意義を持つ競争歪曲の概念によってその規制を基礎付けたことについて、シュロイプの類型系列が広範な違反類型となる規範的実在類型であって、経験的に取得された全体的「現象像」を類型系列の特色として示すに止まる問題は、参照、拙稿、体系構成31頁以下。

126　第3章　需要力濫用規制の体系構成

律の態様）を構造的な関連の要素として導きだしているかが重要になると考えられる。

　独占禁止法2条9項5号の課徴金賦課対象となる行為類型、優越ガイドラインにおける行為類型は、後述のように、有意味的結合において明らかな類型の「指導像」を摘示し得たことで、法的構造類型を達成していると考えられる。

5. 普遍的法原則の秩序としての内的体系
（1）法秩序の体系的理解
　先に本稿ではラーレンツ／カナリスの法律学的体系形成の課題を紹介するにあたり、その課題を、法秩序の機能を問題にして規範の根底にある価値決定を法思想のもとで正当化し、統一化する働きとして掲げた。このような理解からは、体系形成の作業は先ず、

ⅰ）統一的な、一貫性ある法秩序の在り方を問題にすること、

ⅱ）法秩序を支える要素として、法思想のもとで正当化され統一化される、価値決定が問題とならざるを得ないことになる。

カナリスは、このⅰ）とⅱ）を合わせてさらに、

ⅲ）価値判断的性格に即した体系は、目的論的秩序でしかありえない、

とする法秩序の体系的理解に対する掘り下げを行った[36]。

（2）個別的価値判断を超え出る基本的価値判断——普遍的法原則
　このように体系を価値論的・目的論的秩序として考えることは、次に、その価値判断につき具体的にいかなる価値判断が考えられているのか問題になる。この点から、目的論的な体系の発見にあたっては、「紛争解決」及び個別的価値判断に留まってはならず、より深いところに基礎を置く基本的価値判断、つまり普遍的法原則[37]に到達しなければならないとする[38]。

36）Canaris, Systemdenken, S. 41. 訳32頁。

（3）体系構築にあたっての普遍的法原則の機能の仕方（カナリスルール）

　普遍的法原則は「その固有の確信力の力でもって、法的決定を正当化することができる法的規範化の方向を定める尺度」[39]として、法秩序の統一性を支える重要な要素である。そうであるならば、次に、その普遍的法原則が体系を支える機能を果たす際の、方法及び態様が明らかにされなければならない。カナリスによって整序された普遍的法原則の機能の仕方は、以下の4つの特徴を持つ（カナリスルール）[40]。

　1）普遍的法原則は例外なく妥当するというわけでなく、相互に対立または矛盾することがありうる[41]。

　2）普遍的法原則は排他性を要請しない。ある特定の原則に特徴的である法律効果はまた他の原則と結びつきうる[42]。

　3）普遍的法原則は相互に補完し制限し合って、初めてその独自の意味内容を展開する[43]。

　4）普遍的法原則はその実現のために、独自の意味内容を持っている下位原則及び個別的価値判断による具体化を必要とする[44]。

---

37) ラーレンツは、普遍的法原則に該当する内的体系の構成要素として「法倫理的原理」の用語を用いる。Larenz, Methodenlehre, 4 Aufl., S. 458. 訳734頁。他方で、この法倫理的原理に関する体系構築にあたっての機能態様の説明は、カナリスの『法律学における体系思考と体系概念』における普遍的法原則の説明をかなりの部分で引用している。Vgl., a.a.O., S. 460ff., 訳739頁以下。このような観点も踏まえ本稿では、内的体系における価値決定の正当化と統一化に仕える評価尺度の構成要素は、それに関する明確な説明（後掲の「カナリスルール」を参照）に成功したカナリスの用語法に従い、普遍的法原則、あるいは法原則の用語を用いる。

38) Canaris, Systemdenken, S. 46. 訳36頁以下。この点から、カナリスは、「体系は普遍的法原則の一つの価値論的又は目的論的秩序として定義される」という。A.a.O., S. 47. 訳37頁。この点のカナリスのより詳細な説明は、参照、拙稿・体系構成、注43。

39) かかる原理のあるものは、憲法または制定法に明示され、他は制定法上の規律から、またその規律の意味連関から、全体類推を通じて、あるいは法律の意味（ratio legis）への遡及を通じて示される。大抵の場合それは、特定事案を顧慮する判例の中でまず発見され、つぎに一般的法意識における普遍的法原則に内在する確信力を通じて主張される。Larenz/Canaris, S. 302. 訳734頁以下。

40) Canaris, Systemdenken, S. 52ff. 訳42頁以下。

41) Canaris, Systemdenken, S. 53. 訳42頁以下（その理由として、法秩序の基本決定はさまざまの例外を免れないことから、個々の決定が正反対の結論に至る場合があることを挙げる）。

42) Canaris, Systemdenken, S. 53. ff. 訳43頁以下。

43) Canaris, Systemdenken, S. 55. 訳44頁以下。

44) Canaris, Systemdenken, S. 53. ff. 訳46頁以下

128　第3章　需要力濫用規制の体系構成

このような機能態様をもつ普遍的法原則について、その価値論的又は目的論的秩序として体系は定義される。この普遍的法原則から構築される秩序は、内的体系として法律学体系の全体構成に位置付けられる。

（4）機能を決定された法概念[45]

(4-1)　要件事実の包摂に適さない機能を決定された法概念

ラーレンツ／カナリスの法律学的体系において、法律要件要素として機能している包摂作用をもつ法技術的概念の傍らに、その基礎にある法原則をその内容へと取り上げ、まさにそれゆえに包摂には適していない、機能を決定された概念がおかれる。機能を決定された概念は、普遍的法原則をその意義が展開される具体化に還元する働きをする。類型（上記4.における（2）で述べた）と機能を決定された概念とは、それらとそのつど比較され得る法技術的概念よりも内容的に豊かである。

(4-2)　一体的に捉えられる機能を決定された概念と普遍的法原則

普遍的法原則と機能を決定された概念は自らを超え出るとされるが、その意味は、普遍的法原則はその意義が展開される具体化に還元されること、機能を決定された概念は普遍的法原則に還元されることを示す[46]。普遍的法原則と「機能を決定された概念は、そのつどみずからを超えて他のものになることを示しており、この他のもののなかで、それらは実現され、あるいは、基礎付けられるのである」[47]。したがって、普遍的法原則と機能を決定された概念は、一体的に捉えられて内的体系に位置付けられる[48]。

内的体系のために求められる普遍的法原則が使用されるとすると、それが抽象の程度が進むほどに内容のない単なる法技術的概念になってはならず、一つの規律の根底にある基礎的原則との意味関連が当然のこととして凝縮さ

45）Larenz/Canaris, S. 310ff. 訳745頁以下。

46）Larenz/Canaris, S. 314. 訳751頁。

47）この指摘は、ラーレンツの法学方法論第5版まで存し第6版で削除されたが、普遍的法原則と機能を決定された概念の関係をより敷衍する説明であり、この概念の理解に有益であると考えられ、ここで引用する。Larenz, Methodenlehre, 4 Aufl., 471. 訳733頁。

48）ラーレンツ／カナリスは、機能を決定された概念について、危険責任と人格権の二つの例をあげて、その目的論的特性を説明する。Larenz/Canaris, S. 310. 訳745頁以下。参照、拙稿・体系構成、注53。

れるにしても依然として認識される概念が、機能を決定された概念になる[49]。

(4-3) 機能を決定された概念としての公正競争阻害性

公正競争阻害性の法概念は、昭和28年独占禁止法改正により不公正な取引方法の立法化により規定された。この時点で、この法概念は「公正且つ自由な競争保護」という法目的に関する普遍的法原則を受けた下位の法原則であった。その後、この公正競争阻害性の法概念に基づき優越的地位濫用規制の具体的規制に関し、特殊指定や関連法規の類型系列の「指導像」を参考にして[50]、正田教授により自由かつ自主的な判断の阻害に係る固有の法原則が導かれた。公正競争阻害性の普遍的法原則は、優越的地位濫用の規定に係り、「みずからを超えて他のものになること」ことで、その規定の中で、公正競争阻害性は「実現され」、「基礎付けられ」て自由かつ自主的な判断の阻害の固有の法原則となった。この点から、公正競争阻害性の普遍的法原則は、機能を決定された概念としての働きを果たしたと考えられる。

6. 法律学的体系の構成要因 (まとめ)

以上から、ラーレンツ／カナリスの法律学的体系は、a) 法律要件要素として機能する包摂作用をもった法技術的概念からなる外的体系、また b) 法的構造類型（有意味的結合において明らかになる類型の「指導像」が、構造的特徴を持つ）を中心とした類型、そして c) 一体的に捉えられた、普遍的法原則と機能を決定された概念からなる内的体系、によって構成される[51]。

これらの内容を以下に、表1ラーレンツ／カナリスによる法の体系形成として図示する。

以下、ラーレンツ／カナリスの法律学的体系形成論を、需要力濫用規制に係る諸外国の理論学説と立法例に当てはめて、その問題点を検討し日本法への示唆を探る。

---

49) Larenz/Canaris, S. 310. 訳 745 頁以下。

50) 後掲、Ⅵ. 3. の（4）を参照。

51) Larenz/Canaris（前掲注 12 参照）、Kapital 6, Para. 3, "Das innere System". 訳、第6章、第3節「内的体系」。

図表1 ラーレンツ／カナリスによる法の体系形成

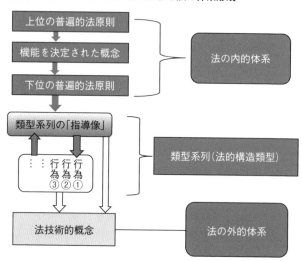

Ⅲ．英国における綱領審判官制──類型形成による体系構成

1. 市場調査の制度による類型形成と普遍的法原則の導出

　英国の審判官制に基づく行動綱領規制は、現行法の欠缺を補完する競争法制に固有な市場調査の制度によって、法的構造類型として類型系列をまとめる有意味な規律の複合である「指導像」を導いた。英国の競争法制は、「競争の歪曲」という機能を決定された概念を中心として構成される法の内的体系をもつが、かかる「競争の歪曲」概念が指し示す普遍的法原則は、健全な競争保護の理念であり[52]、自由競争の保護と公正競争保護の法原則間の関係把握を曖昧にする問題を抱える。かかる問題点を法的構造類型の「指導像」が補い、最終的に公正取引の保護に係る普遍的法原則に統一された不公正取引慣行の体系を整序した。

2. 英国競争委員会による市場調査制度（競争法の補完機能）

（1）綱領審判官制の概要[53]

英国の需要力濫用規制は、「食品雑貨綱領審判官法（Groceries Code Adjudicator Act 2013、審判官法という）」に基づき仲裁、審判機能を有する審判官制によっている。同法は、2009 年に競争委員会（当時）が策定し、指定大規模スーパーマーケットに遵守を義務付けた「食品雑貨サプライ行動綱領（The Groceries Supply Code of Practice, GSCOP という）」について、その遵守を監視し違反行為のエンフォースメントを行う。

（2）審判官制の制定に至る歴史[54]

(2-1) 2002 年企業法の市場調査制度

本審判官制は、EU 競争法とほぼ同様な実体規定をもつ 1998 年競争法と整合的な、市場における競争阻害を阻止する目的のもとに行動綱領のエンフォースメントとして整序された。すなわち、市場の反競争的効果を排除し阻止するため、1998 年競争法の規制で充分でない場合に、それを補う目的により 2002 年企業法の市場調査（market investigation）の措置をもとに、立法化された特徴をもつ。他方 GSCOP は、市場調査の「排除措置」として規定され特定大規模スーパーに対し命じられた。

(2-2) 2000 年競争委員会スーパーマーケット報告書

2010 年に発効した GSCOP は、それ以前の 2002 年スーパーマーケット綱領を改定、強化したものである。スーパーマーケット綱領は、1999 年の旧公

52）ウォルター・シュロイプは、競争の歪曲（Verfälschung）の概念（EU 機能条約 101 条と 102 条に規定される）が法律要件において示している普遍的法原則を論じている。それは、競争を「誤った（falsch）」ものにする、（取引先の）「選択を誤った（falsch）」ものにするという無価値判断を導く原則である。したがって、規範的評価の視点から、このような競争歪曲という消極的な概念に係っての無価値判断に相対するものとして、積極的な価値内容となる「健全な競争（unverfälschter Wettbewerb）」の法概念が挙げられ、それによって、「健全性（Unverfälschtheit）」の普遍的法原則の中に法価値が示されるとされる。Vgl., Schluep, Wettbewerbsverfälschung, S. 516　競争歪曲の概念は、自由保護によっても公正保護によっても包摂されることのできない行為態様を含む概念として、その禁止を求める健全な競争保護を要請するものとされる。A.a.O., S. 514.

53）拙稿・新展開における Ⅱ. の 2. を参照。

54）同、「Ⅰ. 綱領審判官制度の創設」を参照。

正取引庁（OFT という）による競争委員会への付託を制定の端緒とするものであり、かかる付託は、1973 年公正取引法（the Fair Trading Act 1973）50 条等[55]における独占調査の規定に基づく（「独占付託」monopoly reference）。付託を受けた同委員会の 2000 年報告書に基づき、2002 年にスーパーマーケット綱領が制定された。

(2-3) 競争委員会の 2000 年報告書

(a) 供給業者の競争機能を害する影響の調査（「複合的独占状況」）

　競争委員会は、第一に英国の 5 大スーパーマーケット（「主要な買い手」という）による価格設定行動について、第二に主要な買い手と供給業者間における行為について、それぞれ「複合的独占状況（complex monopoly situation）」を規定する公正取引法 6 条 1 項 c 号と同条 2 項に従い、競争法上問題になる反競争的効果を生じる行為状況について、調査、検討をした。その結果、主要な買い手の 30 慣行で、供給業者の競争機能を害する影響を行使し、かつその供給の市場における競争を歪曲すると結論付けた（さらに小売業者間の市場の競争を歪曲する慣行は 18 類型）[56]。

(b) 公正取引法 84 条の公共の利益に係る考慮

　2000 年報告書は、以下のように 27 慣行の違反行為を類型化した。競争委員会の調査は、複合的独占状況が存在するなら、次に公共の利益に反する態様で、かかる状況が運営される（あるいは、運営されると予想される）かについて検討がされなければならない[57]。その検討結果は、27 の慣行は公共の利益に反するというものであった[58]。

(c) 競争委員会の認定する排除措置

　公正取引法 54 条 3 項は、競争委員会に対し、その認定による独占状況における好ましくない影響を排除又は防止する措置を特定するよう義務付けてい

55）英国の旧公正取引法の条文は、以下のウェブサイトより入手した。
https://www.legislation.gov.uk/ukpga/1973/41/contents

56）拙稿・新展開のⅣ．1．を参照。CC, Supermarkets 2000, para. 2.539, 1.10, 2.550 (table. 2.14,column 5).

57）Coleman & Grenfell, Act para. 17.13（公正取引法 84 条 1 項のもとで、競争委員会が公共の利益について考慮する要因。）。公正取引法 84 条は 2002 年企業法第 4 部の第 2 章「公共の利益に関する事例」に移された。https://www.legislation.gov.uk/ukpga/1973/41/section/84

る（a 号）[59]。競争委員会は、上記 27 の慣行について、公共の利益に反する複合独占の状況から生じる反競争的な、好ましくない影響に対処する最も実効的方法は行動綱領であり、上記措置特定の方針に適合する行動綱領に従うべく主要な買い手は誓約を求められるとした[60]。

(2-4) 企業法 131 条の「市場調査」の規定に基づく競争委員会への付託

かかる経緯により制定された行動綱領が、2002 年にスーパーマーケット綱領である。スーパーマーケット綱領に対しては、2004 年の段階で OFT によって、その遵守状況に疑問が提示され、その改定や綱領の実効性確保につき OFT と関係者で議論が続けられた[61]。

その結果、2006 年に旧 OFT は、2002 年企業法 131 条の「市場調査」の規定に基づき競争委員会に付託をした。この点に関する OFT の規制方針としては、まず反競争性の疑われる問題行為について、1998 年競争法によって解決が図られるか考慮しなければならない。その可能性が存しない場合に、「市場調査」の付託がされる（企業法 131 条）。すなわち、需要力の濫用的行使に係り、競争法第Ⅱ編第 18 条の市場における反競争的効果をもたらす、単独又は複数の支配的企業による濫用を問題にする判例法の基準に当てはまるものでなく、その実体規定の違反に該当しないが、競争が行われておらない産業全体に及ぶ「市場の特徴」が存在し、さらに競争法の構造的排除措置ではエンフォースメントにおいて充分でない問題が存しなければならない[62]。そのうえで、OFT の市場調査に係る法令ガイドラインは、上記の 131 条にいう付託のテストに合致するほかに、一定の基準を充たすことを求めていた[63]。

(2-5) 2008 年の競争委員会による市場調査報告書[64]

ⅰ）2002 年企業法の第 4 部「市場調査」（Part 4 Market Investigations）が、

---

58) CC, Supermarkets 2000, para. 1.11, 2.541, 2.543-2.546, 2.548 & para. 2.550, Table 2.14 column 7. 複合的独占状況で競争を歪曲するとされた 30 の慣行のうち、公共の利益に反するとされた 27 の慣行を導いた検討の経緯は、参照、拙稿・新展開、103 頁以下。

59) 旧公正取引法 54 条の定めていた、競争委員会による独占調査の排除措置に係る関連規定の概要については、参照、拙稿・新展開 106 頁及び注 256。See, Cunningham, Trading, para. 9-02.

60) CC, Supermarkets 2000, para. 1.112, 2.578, 2.590. 拙稿・新展開 106 頁。

61) 拙稿・新展開 6 頁以下。

62) Whish, Competition Law, p.489, 494.

63) 市場調査の法令ガイドラインが規定する付託の基準につき、参照、拙稿・新展開、4 頁以下、106 頁注 256、186 頁以下及び注 368。See, OFT Investigation, para. 2.1, 2.5（page24）。

GSCOP と 2013 年審判官制度の創設を導いた。同法 134 条 2 項に従い、競争委員会は、市場調査において反競争的効果を認定した場合に、反競争的効果（a 号）又は顧客に対する損害的効果（b 号）の排除、軽減又は防止のため、委員会が合理的かつ実効的であると考える行動をとることを義務付けられている（企業法 138 条 2 項）。そして、134 条 4 項によりその効果の排除、緩和または防止のため、顧客（ここでは消費者を指す[65]）に及ぶかかる効果の損害が認定されなければならない。その場合、同上 5 項に従い、反競争的効果に関し顧客に及ぶ損害の認定がされる。

ⅱ）企業法 134 条 5 項にいう「将来の顧客」の要件に係る解釈が重要である。134 条 5 項は、以下のように、反競争的効果からもたらされる顧客への損害内容を明らかにし、損害を被る顧客が現在の顧客に限られない旨規定する。同項は以下の付託に関する要件が規定されている。競争委員会への

「市場調査の付託に関連して、以下の形態で現在の顧客または将来の顧客への損害効果が生じるならば顧客への損害効果は存する、

（a）英国市場において、高価格、低品質または財若しくは役務の選択の幅が狭まること：または、

（b）財または役務に関連してイノベーションの低下。」

委員会は、かかる要件の解釈について、反競争的効果の認定は、その効果の特徴または特徴の結合が同項の規定する「現在または将来の顧客」の利益に好ましくない影響を与えることで満たされるとする[66]。この場合の顧客は最終消費者を含むが、かかる顧客の被った損害を測る時間的な長さを規定す

64）CC. investigation 2008, 拙稿・新展開 107 頁以下、Ⅳ．2．を参照。

65）競争委員会は、先ず食品雑貨スーパーに係る市場調査における顧客の定義を取り上げる。この点につき、企業法 134 条 3 項の規定する反競争的効果と顧客の検討は、同項の「関連市場」を形成する同スーパーから食品雑貨を購入する個人である最終消費者をその定義は含むものと解する。CC. investigation 2008, para. 9. 4.

その根拠は、市場調査の付託は根拠規定である 131 条のもとで、OFT による本件付託が「英国における小売業者による食品雑貨の供給」（強調は競争委員会）について調査すべきとされたことによる。この小売業者の供給に係って、134 条 3 項の反競争的効果の検討は「関連市場」を画定して行われる。したがってかかる関連市場という文脈では「顧客」は消費者を指すこととなる。

他方で、食品雑貨の購入主体の利益に係っては、食品雑貨スーパーの流通チェーンにおいて卸業者や独立系小売業者が、かかる関連市場における競争機能の発揮に関係を有している。Ibid, appendix 2. 2, para. 4.

る企業法 134 条 5 項にいう「将来の顧客」の要件に係る解釈から、その反競争的効果の態様を考慮し、委員会は、長期の視点において消費者に及ぶマイナスの経済的影響を捉えるアプローチによった[67]。

その結果、大規模スーパーの濫用行為から供給業者の競争機能が損なわれ、長期的に消費者に損害が及ぶ結果の防止が保護法益になる。その際、消費者に及ぶ反競争的効果の影響は確定的である必要はない[68]。

ⅲ）行動綱領規制にとって重要な、不公正取引慣行の類型化が、2008 年市場調査報告書によりなされたことが注目される。

前記 2000 年の報告書は、供給業者の販売価格を競争レベル以下に抑えるとともに、不当にコストを引き上げて供給業者の競争機能に悪影響を及ぼす小売業者の慣行を整理する（30 慣行）。

2008 年報告書は、2000 年報告書が「競争の歪曲」（公正取引法 6 条 1 項 c 号）

66）市場における反競争的効果について、それの顧客（消費者）に対する影響の捉え方において、英国の市場調査は特色がある。CC, investigation 2008, para. 9.3, appendix 2.2, para.7. 競争委員会は、食品雑貨スーパーによる需要力行使による反競争的効果について、消費者へ損害が及ぶ態様の分析をして、「小売の提供（the retail offer）」が競争の妨害、制限または歪曲によって影響を受けるパターンを次のように類型化し、反競争的効果の法的評価をしている。

　すなわち、

①消費者へ特定された損害が及ぶことは求められない―「現在の顧客と将来の顧客」―そして、
②供給業者の投資とイノベーション活動への影響―「小売の提供」における消費者への損害―である。

　これらの敷衍的な説明に関し、参照、拙稿・新展開 111 頁以下を参照。

67）こういった競争委員会の「将来の顧客」の要件解釈によることで、消費者へ特定された損害が及ぶことは求められないという反競争的効果の認定を導くことは、以下のような法的推論上の特色をもつ。参照、拙稿・新展開 114 頁。

a）短期ではなく長期の視点で、消費者に及ぶ反競争的効果の影響は確定的である必要はないと解している特徴が挙げられる。

　現在の顧客（消費者）に確定的な影響が及ぶ認定に比較して、将来の顧客（消費者）に負の効果が及ぶことの認定は、様々な不確定要素の予測をともない困難が多い。かかる法執行上の問題を踏まえた解釈と考えられる。

b）現在の消費者に、供給業者を源泉とする需要力行使によった利得がもたらされることは、長期の視点で、将来の消費者に反競争的効果の損害が及ぶことに優位する違法性判断を導くものでないという競争委員会の判断が重要である。

　現在の消費者と将来の消費者を問題にする委員会の推論は、消費者厚生の極大化に係る経済的効率性の基準によった違法性判断を導く立場とは、異なる立場から需要力行使による反競争的効果を捉えたものである。その理由は、かかる経済的効率性を重視した消費者厚生の把握にあっては、供給業者に過剰なリスクと予期せぬコスト移転が生じることは軽視されるのであって、長期の視点で、消費者に商品選択の幅が狭まることで生じる損失は、問題にされない傾向があるからである。

68）CC, investigation, 2008, para. 9.3, appendix 2.2. 拙稿・新展開 111 頁以下。

136　第 3 章　需要力濫用規制の体系構成

の反競争性を認めた 30 慣行を 8 カテゴリーに類型化し、そのうち 26 慣行 6
カテゴリーについて過剰なリスクと予期せぬコスト負担の移転がされ、供給
業者に不確実性を生じさせるとした。競争委員会はこれら 26 慣行について、
反競争的効果を規定する企業法 134 条 1 項、2 項による「競争の妨害、制限
又は歪曲」の「市場の特徴」を認めた[69]。

(2-6) 主要類型の反競争的効果と法的構造類型の「指導像」

　企業法 134 条 1 項、2 項による市場の特徴として挙げられる反競争的効果
は、主要類型であった 26 行為をまとめるカテゴリーに共通するところの、
a) 過剰なリスクと予期せぬコスト負担を供給業者に移転する、
b) そのことにより供給業者の収益とコストに関して不確実性を生じさせる
可能性をもつ、という内容により示されている[70]。

　2008 年報告書は、この 26 慣行を上記 a) と b) の特徴に基づき、「供給業
者に対するリスクと予期せぬコストの移転をする結果として、供給業者の収
益とコストに関して不確実性を生じさせる可能性をもつ行為」と名付けて、
新たに 4 グループに類型化している[71]。以下にそれをまとめる。

　　A) 従前の合意条件につき、遡及的な価格又はそれ以外の条件の調整若しくは黙
　　　　示的な遡及的効果をともなう慣行；
　　B) 供給業者への予期せぬリターンの引き下げとなるような、食品雑貨スーパー
　　　　による搾取となりやすい慣行；
　　C) 供給業者に販売量関連のリスクを移転する慣行；
　　D) 遡及的に適用された場合にかぎり問題となる行為；

　以上のように、競争委員会による食品雑貨スーパーの需要力に対する市場
調査に基づき制定された GSCOP の禁止行為[72]は、競争法における一般的な
反競争的行為の禁止と区別される、特定の反競争的効果の観点から問題にな
る特定の行為の類型を集めた特色がある。2008 年報告書における反競争的効

---

69) 拙稿・新展開、90 頁以下、103 頁以下、132 頁以下、179 頁以下。
70) CC, investigation 2008, para. 11.270.
71) 拙稿・新展開、134 頁以下に挙げた脚注 302 の i) からⅳ) を参照。
72) CC, Order 2009, p.11, Schedule 1, The Groceries Supply Code of Practice. 2009 年食品雑貨サプ
　　ライ行動綱領（GSCOP）の禁止行為に係る各条項の紹介と検討は、拙稿・新展開 41 頁以下を参照。

果に係る類型化の特徴が、本研究の関心である法的構造類型の「指導像」を検討するうえで重要である。

3. 綱領審判官制の法理論的な検討

（1）「競争の歪曲」ないし「競争の妨害、制限又は歪曲」の概念の特徴

競争委員会の2008年報告書が違反行為の類型化の評価ポイントにした「競争の歪曲」ないし「競争の妨害、制限又は歪曲」の反競争的効果は、市場調査の根拠法規（企業法）の判断要件であり、また競争法の実体規定の要件でもある（企業法134条1項と2項、競争法2条）。すなわち、双方に連動する違反要件による評価がされた。

この点に関し「競争の歪曲」と「競争の妨害、制限」の関係が以下のように説明される（コールマン／グレンフェル）。競争の歪曲は、

ⅰ）競争阻害の程度が競争の妨害と制限より低い；

ⅱ）競争阻害に対する間接的な行使により生ずる；

ⅲ）競争の条件を人為的に変更し、そのことにより競争の刺激を緩和させる市場の行為である[73]。

このコールマン／グレンフェルの説明と前記4グループの特徴付け（供給業者へのリスク／コストの移転及び不確実性）を合わせ理解すると、リスクとコ

---

73) Coleman & Grenfell, Act para. 4.38. 拙稿・新展開180頁。コールマン／グレンフェルが英国競争法やEU競争法の運用例をもとに整理した競争の妨害、制限又は歪曲の区別は以下の通りである。

ⅰ）競争の制限は、次のⅱ）相互に競争を制限しあう競争の妨害と異なって、競争を停止するのではなく、当事者が競争する程度につき限定をする義務を容認するもので、例えば相手のテリトリーにおいて、宣伝活動や支店開設などについて積極的に販売促進をしないような場合がこれにあたる。

ⅱ）競争の妨害は、競争の阻害が全面的におこなわれる場合であり、たとえば2事業者に限られた販売者が地域分割協定により、相互に販売競争を全面的に控えることで、生じる競争の停止状態である。

ⅲ）競争の歪曲は、反競争性の要件規定において、最も阻害のレベルが低いもので、1998年競争法第Ⅰ編の禁止では競争に対する間接的な阻害まで、その影響把握が拡げられている。競争の歪曲は、当事者は相互に競争を停止する又は限定をする義務を実際に認め合うことはなくても生ずる。しかしその協定をなす効果は、それがなければ行われたであろう、市場における競争の全面的な働きが行われなくなる。その例としては、他者に対して恣意的であり、かつ当事者のなかには、不公正な競争優位を与えられる者がいる場合などが挙げられる。Coleman & Grenfell, Act para. 4.38.

スト移転を生ずる経済的な「利益強要」が長期的に供給業者の競争機能を毀損するなら消費者の損害が認定される[74]。すなわち、競争阻害から消費者へ損害が及ぶ市場のプロセスを競争の妨害、制限と比べてより間接的に捉え、かつ阻害のより低いレベルの影響となる競争条件の人為的変更を反競争的効果とする概念になる[75]。

（2）簡略な手続きによる相対的市場力の認定

　行動綱領の適用を受ける大規模スーパーは、英国内で売上高10億ポンド以上の小売業者である[76]。需要力の規制対象を簡略な手続きにより決定する。相対的市場力の認定につき、供給業者の回避可能性等の取引先選択に係る要件を求めない。これは、競争歪曲が、競争の妨害、制限と比べて競争阻害のより低いレベルにおいて、かつ間接的な影響によって競争の刺激を緩和させるなら反競争性が満たされ、さらに競争歪曲を禁止する行動綱領の規制は、自由な競争に対する公正な秩序付けを図る趣旨から、自由競争保護の要請による取引先選択の自由（契約自由）の問題は重視されない理由による（下記（3）（3-3）の（a）を参照)[77]。

（3）「制定法を超え出る法の発展形成」としての行動綱領規制

(3-1)「公正かつ適法な取引」に係る理念的原則を導いた類型形成の働き

　市場調査令に規定されたGSCOPは、その第2部に公正取引の総則的規定をおく。競争委員会は2008年報告書で、スーパーマーケット綱領には、行動綱領の総則的規定を欠くことから、指定小売業者の綱領違反が問題になる紛

---

74) 上記 2. の「(2-5) 2008年競争委員会市場調査報告書」のⅱ) における企業法134条5項の解説を参照。

75) したがって、「競争の歪曲」は競争の妨害、制限の上位概念として理解できる。拙稿・新展開、181頁以下。

76) 拙稿・新展開41頁、注126。2022年6月現在、GSCOPの禁止に係る名宛人事業者は14社に増えた。同年3月アマゾンが食品雑貨供給業者として名宛人に追加されている。Groceries Code Adjudicator のHP より、Business and industry の項目を参照。この件に関する競争及び市場庁 (Competition and Markets Authority)の決定については、Notice of Designation of Amazon.com, Incorporated under the Groceries (Supply Chain Practices) Market Investigation Order 2009 (9/02/2022)。

77) 拙稿・新展開188頁以下。

争について、その実効的な解決に資する一般的基準を仲裁人（2013 年審判官法では、審判官）に示すため、また他の GSCOP の個々の規定における解釈指針ともするため、「公正かつ適法な取引」に係る理念的原則に基づく先例的な試み[78]に倣って GSCOP に総則的規定をとりいれることとした。かかる理念的原則とは、以下のような「公正な取引の原則」とされた GSCOP2 条の規定である[79]。

§2. 小売業者は常に供給業者と公正かつ適法に取引しなければならない。公正かつ適法な取引は、供給業者との取引関係において誠実に（in good faith）、公式あるいは非公式の合意を問わず、強迫のない、取引におけるリスクとコストについて供給業者の確実性の要請を認識し、とりわけ製造、配送及び支払問題について行動することを小売業者に求めるものと解される。

要約すると、誠実性に基づいた「公正かつ適法な取引」を維持し、強迫のない取引におけるリスクとコストについて供給業者の確実性の要請を認識した取引関係を求めている[80]。このリスクとコストについて供給業者の確実性の要請とは、2008 年報告書が法的構造類型としてまとめた 4 グループ、26 慣行の類型化に係る「指導像」を指すところの、過剰なリスクと予期せぬコスト負担の供給業者に対する移転について述べられたものである。

「公正かつ適法な取引」は、行動綱領の法システムにとって、普遍的法原則を表しており、健全な競争保護の上位の法原則から機能を決定された概念である競争の歪曲の概念を通じて下位の法原則として導かれるべきものであるが、健全性の法原則はかかる下位の法原則を導くことができなかった（下記の（3-3）における、特に（b）を参照）。かかる問題点を、市場調査という企業法に独自な規定により、不公正取引慣行の類型形成を行う制度が克服したという評価ができる。

あらためて、需要力濫用規制における法体系的な考察を行ううえで、類型

---

78) 競争委員会は、消費者に対する商業上の不公正慣行に関する EU 指令（2005/29/EC）をあげている。CC, investigation 2008, para. 11.313 & 11.314.

79) CC, Order 2009, Schedule 1, Part 2-Fair Dealing.

80) 拙稿・新展開 41 頁以下。競争委員会は、先に挙げた EU 指令 2005/29/EC を引用する。同、注 128。

140 第3章 需要力濫用規制の体系構成

形成の機能が果たす重要性を示すものと言える。独占禁止法における優越的
地位濫用という制定法を超え出る法の発展形成にとって、特殊指定や関連法
規の整序により類型形成を通じた、固有の法原則―自由かつ自主的な判断の
阻害―を導出した結果に類比される成果として注目される。

(3-2) 英国競争法制における普遍的法原則と需要力濫用規制

(a) 新たな法的規範化の方向を定める役割として普遍的法原則の働き

ⅰ) 審判官制と GSCOP は、市場の反競争的効果を排除し阻止するため、
1998 年競争法の規制で充分でない場合に、それを補う目的により 2002 年企
業法の市場調査の措置をもとに設立、制定された経緯がある。その意味で英
国の行動綱領規制は、ラーレンツ／カナリスの法学体系論にいう「制定法を
超え出る法の発展形成」を実践したものといえる。そしてその法学体系論に
おいて、かかる立法化の試みで重要な役割を果たすとされるのは、法の内的
体系における普遍的法原則が、「その固有の確信力の力で法的決定を正当化
することができる法的規範化の方向を定める尺度」[81]として働く場合である。

ⅱ) ところが、この審判官制と GSCOP の制定を導いた 2008 年競争委員会の
報告書における需要力濫用分析に基づく法規制の提案にあっては、新たな法
的規範化の方向を定める役割として普遍的法原則の働きは積極的なものでは
い。むしろその方向を定めるうえで中心的役割を果たしたものは、類型形成
の働きであるといえる。以下のこの点を敷衍して説明し、英国の行動綱領規
制の法体系的な側面を評価する。

(b) 競争歪曲の法概念を用いて導かれた反競争的効果

ⅰ) 2000 年／2008 年報告書は、供給業者の被る販売価格抑圧／不当なコスト
引上げの問題慣行を網羅的に調査、検討し、競争法と企業法（2000 年報告書
に関しては公正取引法）に規定された競争歪曲（2008 年報告書に関しては競争の
妨害、制限又は歪曲）に係る反競争的効果を摘出し、そこから過剰なリスクと
予期せぬコスト負担という規範化の尺度を導いた。

ⅱ)「競争の歪曲」と「競争の妨害、制限」の関係につき、先述のように、需

---

81) 前掲、Ⅱ．2．及びⅡ．5．（3）を参照。Larenz/Canaris, S. 302. 訳 734 頁。後述のようにかか
る尺度は、ラーレンツ／カナリスの体系論では普遍的法原則が担うとされているが、2008 年報告
書は、かかる尺度を類型形成から導いている。

要力濫用規制に係っては、「競争の歪曲」は競争阻害から消費者へ損害が及ぶ市場のプロセスを「競争の妨害、制限」と比べてより間接的に捉え、かつ阻害のより低いレベルの影響となる競争条件の人為的変更を反競争的効果とする概念として説明できることを述べた。この点から、GSCOP に規定された指定小売業者に禁じられる不公正取引慣行は、競争の歪曲に係る反競争的効果が問題にされる類型であると考えられる。

(3-3) ラーレンツ／カナリスの法学的体系論と競争歪曲の法概念

(a) 機能を決定された概念（普遍的法原則）としての競争歪曲

ⅰ）ラーレンツ／カナリスの法学的体系論に即して考察すると、「競争の歪曲」は機能を決定された概念として法の外的体系である法の技術的概念に対し、普遍的法原則との意味関連を示すものとされる[82]。また、機能を決定された概念は普遍的法原則に還元され、普遍的法原則もその意義が展開される具体化に還元されるとも説明されている。この点と、「競争の歪曲」と「競争の妨害、制限」との反競争的効果に係る上記関係とを合わせて考えると、以下のような指摘が可能である。

ⅱ）買い手間にあって競争の態様は、先に挙げた需給不一致市場の買い手サイドで繰り広げられるより有利な取引条件の獲得競争が当てはまる。そして、より有利な取引条件の獲得をめぐる競争の保護範囲が、不公正取引慣行に係る濫用規制（「供給業者についてリスクとコストの確実性の要請」に基づく）で問われることになる。これは、ラーレンツ／カナリスの法体系論に即して捉えると、買い手の経済的行為自由の行使である自由競争の保護と不公正取引禁止の公正競争保護との関係になる。

ⅲ）こういった、普遍的法原則である自由競争保護と公正競争保護の相互関係において、競争歪曲の概念（ラーレンツ／カナリスの機能を決定された概念）は、「競争の妨害、制限」よりも競争阻害の低いレベルで反競争性を認定する。その限りで、自由競争保護に対して公正競争保護の原則が優位する結果を導くように思われるものの、その態様は不明である

82）拙稿・体系構成、27 頁以下の（2）を参照（シュロイプによる競争歪曲の概念は、自由保護の概念によっても、公正保護によっても包摂されない普遍的法原則を示す。この概念は法律要件の法技術的概念と上位の法原則との媒介として機能し、法原則間の意味連関も明らかにする）。

142　第3章　需要力濫用規制の体系構成

　この行動綱領規制における競争歪曲の機能を決定された概念と普遍的法原則の関係について、先のカナリスルールを当てはめて、本規制における法の内的関係に係る体系構成をみると、以下に挙げた問題点の指摘が可能である。

(b)　競争歪曲の概念から綱領審判官制に固有の法原則を導く困難

ⅰ）カナリスルールの1）である、普遍的法原則は例外なく妥当するというわけでなく、相互に対立または矛盾することがありうるというルールが、自由競争保護に対する公正競争保護の優位の規律から示され、この点に関して、2008年報告書は以下の問題点を指摘できる。自由競争保護と公正競争保護の対立、矛盾によって、競争歪曲に係る反競争性が生じたことが問題とされた。しかしかかる反競争性についても、ⅱ）で述べるように自由な競争保護と公正競争保護の対立、矛盾の具体的な態様については曖昧なままにされている。

ⅱ）競争の歪曲が競争の妨害や制限よりも競争阻害の低いレベルで反競争性が生じることは、より有利な取引条件の獲得をめぐる競い合いに係る自由な競争保護の法原則が、公正な競争保護の法原則をいかなる態様で阻害するか示すものでない。

ⅲ）その結果として、「制定法を超え出る法の発展形成」（前掲Ⅱ.2.）である、行動綱領規制に係る普遍的法原則の固有な意味内容が問題になる。すなわち、カナリスルールその3）の、普遍的法原則は相互に補完し、あるいは制限し合うことでその独自の意味内容を展開する、とされた行動綱領規制を導く普遍的法原則の独自の意味内容が問題になる。

ⅳ）この点に関する競争委員会の説明は、誠実性の原則に基づいた「公正かつ適法な取引」の法原則になる。行動綱領に結実する不公正取引慣行に関する公正保護の法原則から導かれるその独自の意味内容は、類型形成の作業から導かれた。2008年報告書の分析した不公正取引慣行の整理に注目してみると、「過剰なリスクと予期せぬコスト（excessive risk and unexpected cost）」の移転がされ、供給業者に不確実性を生じさせる結果が問題にされている。かかる過剰なリスクと予期せぬコスト負担という反競争的効果は、同報告書が問題にした26の取引慣行について、その類型形成から導かれたものであり、

類型を形成する場合の「指導像」である。競争委員会は、前記 GSCOP の総則的規定である2条に、「取引におけるリスクとコストについて供給業者の確実性の要請」として、この「指導像」を取り入れるとともに、そのことによって、誠実性の原則に基づいた「公正かつ適法な取引」の法原則を規定することが可能になったのである。

ⅴ）市場調査の不公正取引慣行の類型化作業から、行動綱領規制に係る下位の普遍的法原則が導かれ、競争の歪曲や健全な競争保護という上位の法原則からでないことが注目される。

(3-4) ケーラーの行動綱領規制案との比較

ⅰ）下記のⅣ．で述べるケーラーは、その綱領案の一般条項である〔不公正な取引慣行の禁止〕において、公正保護の法原則を明らかにしている。次に〔攻撃的な商慣行〕に係る一般条項では、「取引当事者の決定の自由」という、公正保護の下位となる普遍的原則が示されていた。そのうえで、全ての事情における不公正な取引慣行の「黒リスト」の類型とそれ以外の攻撃的商慣行の禁止につき、それら類型の形成に係る「指導像」として不当な影響行使（かかる影響行使がなければ下さなかった取引上の決定を下すことが誘引されるか、誘引されることになる）、というメルクマールが明らかにされる体系構成を示した。公正保護の普遍的法原則が、取引当事者の決定の自由という、下位の法原則を導く構成が重要である。取引当事者の決定の自由に係る法原則は、法の外的体系である法技術的概念の解釈のための具体的な違法性判断の導出に資するはずである。

ⅱ）かかるケーラー提案と 2008 年の英国競争委員会報告書とを対比するとき、競争歪曲という機能を決定された概念（あるいは、機能を決定された概念へと還元されるところの健全性保護の普遍的法原則）は、カナリスルールの1）である、普遍的法原則間の対立または矛盾を示す働きにおいて十分でなく、その3）にいう法原則間の相互補完、制限により独自の意味内容を展開する働きも欠いている短所を抱えると考えられる。

ⅲ）この点を、よりケーラー提案に即して検討すると、以下の英国競争法制における体系構成の問題に帰着する。それは、ケーラー提案が公正保護という上位の法原則について、不公正取引慣行の規制に特化した下位の法原則——

「取引当事者の決定の自由」―を導いたことに比べられる。つまり、公正保護の上位の法原則から、競争歪曲の法原則でなく、より需要力濫用規制に特化した下位の法原則を生み出す能力を、かかる英国の競争法制が有しているかの問題である。

iv）この問題は、英国の綱領審判官制が位置付けられる競争法制の体系において、競争の歪曲（健全な競争保護に係る普遍的法原則）に対する「公正かつ適法な取引」（誠実性）の法原則はいかなる関係にあるかについて、明確性を欠く問題として理解できよう。この点は、結論として、比較法的観点において、日本法の優位を示すと考えられる。優越的地位濫用の規制において、公正競争阻害性に係る機能を決定された概念は、自由かつ自主的な判断の阻害という下位の法原則を導く。かかる自由競争基盤の確保に係る法原則は、計算不可能な負担とあらかじめ計算・予測できない不利益（リスクに対処する機会の喪失を含む）の違法性判断基準をだけでなく、「直接の利益」の基準を導いている。これら成果は、従属的な取引当事者の意思決定の阻害を包括的に把握する、自由かつ自主的な判断の保護により適している。

(3-5)「類型形成」による「法的規範化の方向を定める尺度」の抽出

2002年スーパーマーケット綱領は、1973年公正取引法50条等における「独占調査」（「独占付託」）に基づく2000年報告書により制定された。スーパーマーケット綱領を改定、強化したGSCOPは、2002年企業法の第4部「市場調査」に基づく2008年報告書によって制定された。2008年報告書は、2000年報告書が反競争性を認めた30慣行を8カテゴリーに類型化し、そのうち26慣行（4グループ）について過剰なリスクと予期せぬコスト負担の移転がされ供給業者に不確実性を生じさせるとした。

このように、2008年報告書において競争委員会は、市場調査に基づく「類型形成」（ラーレンツ／カナリスの法体系論）から競争の歪曲に関する行為の特徴に即するものとして、「過剰なリスクと予期せぬコスト負担の移転」がされるという「法的規範化の方向を定める尺度[83]」を導いている（個別例から一般論の抽出をする帰納的手法）。他の尺度には、供給業者の競争機能の毀損が示

83）Vgl., Larenz/Canaris, S. 302. 訳734頁以下。

された。前者のリスク／コスト移転の尺度とともに競争機能の毀損に係る指標は、競争者の競争を行う基盤を形成する。

英国の行動綱領審判制という需要力濫用規制の新たな展開が、このような類型形成の働きにより、個別⇒一般の帰納的手法を用いた点が注目される。この類型形成の働きは、「過剰なリスクと予期せぬコスト負担の移転」、そして供給業者の競争機能の毀損という、法技術的概念に係る解釈指針並びに新たな違反行為類型の創出のための基礎を提供した。この点は、普遍的法原則がかかる解釈指針と新たな違反行為類型の創出を行う働きを担うべきであったが、競争歪曲という機能を決定された概念（あるいは、機能を決定された概念が還元されるところの、健全な競争保護の普遍的法原則）がこういった働きを遂行する能力を欠くという問題があったため、この問題を、類型形成の働きに依拠して、帰納的手法を遂行する市場調査という英国固有の制度が補ったという評価ができる。

競争の歪曲（健全な競争保護）の概念はEU競争法の基礎をなすという説明がされることもあるが、その概念が有するこれまで述べたような問題性を、加盟国（当時）が有する独自の競争法制の手段（市場調査）が補った例として興味深い。

Ⅳ．ケーラー提案における普遍的法原則と類型「指導像」の整序

1. ケーラーによる行動綱領提案に至る背景事情

2012年に集中的に進められた第8次GWB改正手続きにおいて、GWB19条2項5号（当該改正前の旧20条3項が審議対象）の受動差別禁止規定の問題点が論議された。その手続きにおいて連邦衆議院の経済技術委員会は改正法の公聴会を開催したが、ミュンヘン大学のヘルムート・ケーラーは、利益強要の規制に対する新たな提案としてGWB及びUWGの改正並びに特別法の立法がなされるべきことを述べた[84]。

翌年ケーラーは、「食品小売業における需要力と不公正取引慣行」と題する法律鑑定意見書において、独占委員会による需要力濫用規制の消極論（2007年）[85]に反対するとともに、その規制強化の理論的説明と具体的提言（行動綱

領案）を行っている[86]。以下、本鑑定意見書における行動綱領案をその提案に至る背景と合わせて本文（一部脚注）に紹介、検討する。その引用は、該当箇所を、鑑定意見書の頁数（S.〜の書式）のみで摘示する。

2. 不公正取引慣行規制としての行動綱領案

（1）現行法制による規制の問題点

（a）GWB19条2項5号；旧20条3項

2013年時点における旧GWB20条3項に対する法運用の乏しさを前提にして、解釈論レベルに係る現状認識と需要力濫用規制に係る本規定の根本的評価が述べられている。

同項は「その意義及び妥当範囲が、判例によって未だほとんど明らかにされていない不確定な一連の法概念によっている。その尺度として働く規定の意義に関する目的論的解釈の枠内において、規範の固有な保護目的についても何ら一致はない」。同項の要件は単に受動的差別行為を規制するに過ぎないもので、「格別に成功した訳でもない概念」であると批判がされた[87]。（S. 14f.）

（b）EU競争法（EU機能条約）による需要力濫用規制の可能性

EU機能条約102条による市場支配的地位の濫用禁止が需要者に適用される場合は、基本的に価格及び取引条件の要求を包括する。それはEU機能条

84）Ausschuss für Wirtschaft und Technologie 2012, S. 48. GWBにおける受動差別禁止の対象行為は、過料の刑事制裁を正当化するところの不正行為とは性質を異にする、犯罪となる不正が問題にならない不正競争防止法に移行されるか、あるいは、利益強要の規制に対する新たな立法提案がされた。後者は、業界団体と流通業の任務として新たに定められる行動綱領（Verhaltenkodex）に事業者を服させるべく、仲裁機能をよりよく果たすと考えられるオンブズ職（Ombudsstelle）が設立されるべきとする。この場合には「契約違反の非難」に対してオンブズ職が行動する。A.a.O., S. 48-49.

85）Sondergutachten 47 Tz. 77. 参照、拙稿・問題点［1］24頁以下。

86）Köhler, Rechtsgutachten. 参照、拙稿・問題点［1］34頁以下。

87）ケーラーは、需要者の競争者保護によった現行システムの不確実性を、次のように説明する。旧GWB20条3項によっては、需要力の搾取的利用の問題及び不公正な取引慣行の問題は、十分な解決は難しい。競争政策上の評価において、搾取に対する供給業者保護に代えて、需要者の競争相手を保護することは問題がある。このような規範の形成は、不確実性を避けられない。（S. 15-16）

約102条2項 a の「不当な購入価格の強制」と、有効な競争が存在すれば高度の蓋然性を持って生じると予測される、回避をする者に係る対価及びその他の取引条件に対応する。（S. 14）例えば、ドイツ食品小売業者に対する濫用禁止は、実際上、その大企業に対し、市場支配的地位の立証がされないため役割を果たさない。この点を除いてもカルテル庁も価格の規制は困難をともなう（想定競争価格等の審査が求められる事による）。（S. 13-14）

(c) EU 指令を基礎とした不公正取引慣行の規制

それゆえケーラーにとり喫緊の課題とされた食品小売業における需要力濫用問題は、専ら GWB のみ、かつカルテル庁にのみ委ねられるべきものではなく、UWG 及び契約法、そして特別法において、「不公正取引慣行」を禁止する規律によるべきものとなる。かかる不公正慣行の規律は、EU 指令を基礎として国内法で整備する手続き[88]が現行の EU システムに適合的である。（S. 2）

さらにケーラー提案は、業界団体と流通業の任務として新たに定められる行動綱領を策定し、そのエンフォースメントとして、仲裁機能をよりよく果たすと考えられるオンブズ職が設立されて、事業者はその決定に服するべきとする。（S. 4, 29）

（2）行動綱領の提案——範例となる消費者間の不公正取引慣行指令

ⅰ）これまで事業者対消費者の関係について、双方に妥当する欧州委員会指令が存在し、かかる指令が、新行動綱領を策定する範例となる。ドイツでは2005/29/EC（UGP-Lichitlinie）[89]（「不公正取引慣行指令」という）が UWG により国内法として編入され、契約法に関しては消費者契約の濫用的条項に関する指令 93/13/EWG[90]（「契約条項指令」という）がある。その上で、事業者間の関係について指令（案）が展開される。したがって、新しく創設される指令のタイトルは、「事業者間の不公正取引慣行指令（B2B-UGP-Richtlinie）」及び「事業者間の契約条項指令（B2B-Klauselrichtline）」である。（S. 21.）

---

88) Verordnung（EG）Nr. 1/2003, Erwägungsgrund 9.

89) 2005/29/EC.

90) Richtlinie 93/13/EWG, S. 29.

ⅱ）この事業者間の指令に係るエンフォースメントに関し、2005/29/EC と同様に、行政機関による執行か民事法規律による解決によるかは、加盟国に委ねられる[91]。(S. 4)

（3）「事業者間の不公正取引慣行指令」に係る提案

(3-1) 構成と体系

新たな行動綱領である「事業者間の不公正取引慣行指令」は、三段階の禁止構成となる。

第一段階として、全ての不公正な取引慣行について間隙のない、かつ欧州の統一的な把握を保証する。

第二段階に、誤認誘導的な及び攻撃的な商慣行に係る例示要件の禁止が付け加わる。

第三段階は、全ての事情で不公正取引慣行とされる「黒リスト」になる。「黒リスト」の要件を除外すると、規範を適用する場合に不可避となる柔軟性の要請をみたすため、禁止要件は個別事案の事情を考慮する。(S. 21.)

以下、この順に概観する。

(3-2) 不公正取引慣行の一般的禁止

一般条項の形で不公正な取引慣行を禁止する条項は、UWG の規制の基本枠組みに適合し、同時に受け皿の構成要件としての働きをする。それゆえ取引当事者に対する事業者の行為態様について、それ自体で誤認誘導的であるものでなく、また攻撃的とみられなくても、同時に取引の相手方に対する不当な不利益取り扱いとなる。このような一般的禁止は不公正取引慣行指令5条1項及び2項との関連を有して、以下のように規定される。(S. 21f.)

〔不公正な取引慣行の禁止〕

(1) 取引相手に対する事業者による不公正な取引慣行は、禁止される。

(2) 以下の場合に、取引慣行は不公正である；

91）ケーラーはドイツでの民事的解決を検討して、取引相手方の加わった事業者団体と競争相手の行う、差止と違反行為の排除による救済の請求が認められるべきとする。具体的には、裁判外紛争処理手続きによって、刑事罰をともなう停止宣言の言い渡しにより行為者を抑止に服させるか、仮処分ないし判決による司法手続きを考えている。Köhler, Rechtsgutachten, S. 4.

a）事業者の注意義務の要請に反し、かつ、製品に係る流通取引の契約につき締
　結前、その過程又は事後において、取引当事者の経済的行為に実質的な影響を
　与える場合。(S. 22.)

　事業者の注意の定義[92]は不公正取引慣行指令2条h項における定義によ
り、正直な市場慣行（anständigen marktgepflogenheiten）及び／又は信義誠実
の一般原則に基づく定義が置かれている[93]。

(3-3) 誤認誘導及び攻撃的商慣行の禁止

　誤認誘導の商慣行の禁止は、事業者の需要活動にも適用され、誤認誘導及
び比較広告に関する2006/114/EG指令における2条a項とb項に依拠する。
本稿では、需要力濫用禁止との関係が特に問題となる攻撃的商慣行の禁止を
取り上げる。(S. 22.)

(3-4) 攻撃的商慣行の禁止

　需要力（又は販売力）の利用が契約締結及び履行に実質的に含まれる影響行
使となる場合は、攻撃的商慣行の禁止が問題となる。このような考え方は不
公正取引慣行指令3条と同じように8条及び2条j項を志向している[94]。(S.
22.)さらに、2008年改正のUWG4a条1項はかかる考え方を攻撃的取引行為
として規定した[95]。以下に、ケーラー提案による攻撃的商慣行の定義を掲げ
る。

〔攻撃的な商慣行〕
(1) 具体的な事例における商慣行について、全ての事情を考慮して取引当事者の
　　決定の自由に対し、商品の契約締結ないし履行に係り強迫あるいは不当な影響
　　行使により、著しい不利益を与え、あるいは与えることができる場合、そして
　　かかる影響行使がなければ下さなかった取引上の決定を下すことが誘引され
　　るか、誘引されることになる場合には、その商慣行は攻撃的である。

---

92)「事業者の注意」は、事業者対消費者の関係におけるものであるが、UWG2条1項7号に規定
　　された「専門的な注意」の定義が参考になる（2021年改正法）。専門的な注意とは、「事業者が、
　　その行動領域において、消費者に対して、正直な市場慣行を顧慮して、信義誠実に基づき、遵守
　　することが正当に承認されうる専門的知識及び注意の基準」をいう。

93) Köhler, Rechtsgutachten, S. 22.

94) 不公正取引慣行における攻撃的な商慣行については、参照、上杉・攻撃的取引行為1頁以下。

150　第3章　需要力濫用規制の体系構成

（2）不当な影響行使は、事業者が力の地位を取引相手に対し不当な不利益を与えるために行使するなら存在する。不当な影響行使はとりわけ、取引相手について不当な条件や給付になるか、あるいは均衡を失した反対給付又は何ら反対給付の存しない、包括的な条件や給付を課される場合に存する。(S. 22.)

「取引相手に対する力の地位」という概念によって、「優越の形態、特に需要力を包含する」とされている。(S. 23.)

「強迫あるいは不当な影響行使」に係る要件によって、契約自由に対する法律上の介入を正当化するとされるのであるが、この点は、ビジネス取引で許容される「厳しい交渉」を可能とするためにも、契約の自由に対する介入は限定的であることに基づく。(S. 23.)「不当な影響行使」が存するか否かは、欧州共同体規則のVerordnung(EG)1/2003の検討理由に置かれた基準（9）[96]により判定される。その場合に個別事案の全体的事情が考慮されなければならない[97]。(S. 23.)

(3-5) 全ての事情における不公正な取引慣行の「黒リスト」

前記（2）のi）における不公正取引慣行指令の付録1における規制に対応して、「黒リスト」は全ての事情のもとで判断される。この点に関しては―欧州委員会グリーンペーパー（2013年1月）の提案[98]に依拠して―とりわけ、

---

95) UWG4a条に規定された攻撃的な取引行為は、以下のような内容になる。
　4a条1項1文：「消費者又はその他の市場参加者に、それがなければ行わなかった取引上の決定をさせ、または決定をさせるおそれのある攻撃的な取引行為をした者は、不正に行為するものである。」
　4a条1項2文：「取引行為が攻撃的となるのは、具体的な場合において、全ての事情を考慮して、消費者又はその他の市場参加者の決定の自由を、次の点を通じて重大に侵害した場合である、
　（1）迷惑行為、
　（2）有形力の行使を含む強迫、
　（3）不当な影響。」
　4a条1項3文：「不当な影響は、有形力を行使せず、またはそれを行使するとの脅しに至らないものであって、情報を有して決定を行う消費者又はその他の市場参加者の能力を、重要な程度、制限する方法で圧力をかけて、消費者又はその他の市場参加者に対する力の地位（Machtposition）を利用する場合に存する」。参照、原田・決定自由、275頁以下、原田・攻撃的取引方法、240頁以下、桑岡・民法学113頁以下（2014）。
96)「事業者は取引相手に対し不正な、均衡を欠く又は反対給付の存しない条件及び給付を獲得するかあるいはそれを試みることを禁じられる」。OJ L 1, 4.1.2003, p.3.
97) 流通業者にはその販売リスクを鑑み、何らの間接的な締約強制を課されない。むしろ流通業者は基本的に、その点で提示された価格を拒否する場合に、契約を拒む結果に任意でなければならない（消極的契約自由原則）。(S. 23)

以下の攻撃的取引慣行が考慮される。

全ての事情の下で、以下の行為は不公正である、事業者が、

1. 取引相手に不利益となる、不確実な又は多義的な取引条件を設定する場合；
2. 取引相手に濫用的である契約条項が、事業者間の契約条項指令のx条[99]の意味において設定される、あるいは取引相手に要求がされる場合；
3. 取引相手に、当該合意に係る書面による証明を回避する場合；
4. 自らの責任範囲に属するリスクを、取引相手に移転する場合；
5. 取引相手に対し、何ら反対給付が対置されないか又は仮装の反対給付のみが対置されるにすぎない給付について、対価を強制するかあるいは強制を要求する場合；
6. 取引相手に対し承諾のされた支払いを一方的に減額し、あるいは支払額の合意のない給付を取引相手の不利に要求する場合；
7. 取引相手について、価格又は条件の変更をその客観的理由が存在しないにもかかわらず、遡及的に強制し、あるいは強制を要求する場合；
8. 重要な理由を提示したということから、取引相手に対する取引関係を適切な告知期間なくして終了させるあるいは終了させると威嚇する場合。(S. 23.)

上記3、4と5の提案は、欧州委員会グリーンペーパーの5.4番で扱われている「商業的リスクの不当な移転」を基礎としている。(S. 23.)

（4）事業者間の契約条項指令に係る提案
(4-1) 構成と体系

事業者間契約条項の指令は目的論的に契約条項指令93/13/EWG[100]の構成と体系に従い、かつその用語法を可能な限り継受する。それは加盟国において既に信頼されており、経験の集積がされたからである。

この指令は一般条項と個別の禁止条項を取り入れる。(S. 24.)

98）前掲、第1章付属資料：「欧州食品サプライチェーンの機能改善」規制の展開」の2. を参照。
99）下記（4）「事業者間契約条項指令に係る提案」の（4-3）における2箇所のx）を参照。
100）前掲2.（2）を参照。

(4-2) 濫用的契約条項の一般的禁止

一般条項は、欧州共通売買法 (Common European Sales Law)[101]86条の濫用的契約条項の一般的禁止を事業者間の取引に取り入れる。同86条は、以下のように規定する；

「濫用的契約条項の一般的禁止」

(1) ある事業者が他の事業者に適用する個別に交渉されていない契約の定めは、それが信義誠実の原則に反し、かつ正直な契約関係の原則に反する良好な商慣行を専ら回避する場合には、不公正であり、そのため相互に拘束されない。

(2) 契約の規定に対する不公正の判定は、以下の事項が考慮されなければならない；

(a) 契約対象の本質

(b) 契約締結の事情

(c) その外の契約の定め、そして

(d) その契約の定めが依存しているその外の契約の規定。(S. 24.)

契約条項の規制については、事業者が販売リスクを担う場合、固有の価格合意にまで及ぶ結果は許されない。その限界は、一般契約法（ドイツ BGB138条2項による：「著しい不均衡」auffälligen Missverhältnis）及びカルテル法による限りで（GWB19条2項2号による）、契約自由を導く。(S. 24.)

(4-3) 個別条項の禁止

上記 (4-2) の一般条項は、個別の契約条項の禁止に係るリストによって補足されなければならない。その場合再び欧州共通売買法の技法に従い、当然違法である条項と、推定される違法性を規定する条項、すなわち反証可能である条項の間で区別がされる。(S. 24.)

特に「一般的購入条件」に関しては、事業者と消費者間の契約に係る規制（欧州共通売買法84条及び85条）に依拠して、一定の条項が禁じられる。この点は、以下の例示がされる。(S. 24f.)

先ず、事業者間の契約が不公正とされる場合である。

---

101) 内田他・共通欧州売買法。

契約規定は全ての事情の下で、その目的又は効果が以下の場合には不公正である；

x）事業者に供給された商品について、契約の遵守が欠けた（die fehlende Vertragsmäßigkeit der gelieferten Waren）排他的な権利を許す場合；

y）提供のない給付について、供給業者から支払を要求する場合；(S. 26.)

次に同じくその契約が不公正と推定される場合である。

契約の規定は、その目的ないし効果について、以下のような場合、不公正と推定される、

x）重大な理由を提示しないで、期間の定めのない契約を適切な期限を設けないで終了させる場合；

y）契約当事者に理由なく他の事業者に供給することを妨げる場合；

z）不当に長い支払期間ないし不当に高いボーナスを要求する場合。(S. 26.)

3. ケーラー提案の検討

（1）公正保護の普遍的法原則

(1-1) ケーラー提案における法の内的体系の構成

　ケーラーによる行動綱領案は、事業者対消費者の関係を規律する不公正取引慣行指令を範例として、事業者間の不公正取引慣行指令として策定され、また、不公正取引慣行の一般的禁止に係る一般条項をもち、さらに最も隣接する法領域として UWG（公正法）の規律の基本枠組みに適合する。このような基本的特徴の側面を勘案すると、同綱領案は、不公正取引慣行の禁止に係る類型系列を有し、この点から上位の普遍的法原則は公正保護になる。さらに、攻撃的商慣行の禁止において、「強迫あるいは不当な影響行使」に係る禁止要件をもって、契約自由に対する法律上の介入が正当化される。

　そのうえで、流通業者の販売リスクを配慮し、提示された条件を不充分として拒否する場合に、契約を拒む結果には任意とみなす（この限りで契約自由を承認する）結果を認める[102]。需要力濫用規制において、このような契約自由原則に対する基本的な制限を公正保護重視の判断から導く一方で、間接の

102）前掲 2.（4）の（4-2）を参照。

154　第3章　需要力濫用規制の体系構成

締約強制は否定するという立論は、普遍的法原則としての自由保護との調整も留意する特徴がある。

(1-2) カナリスルールに基づく評価──自由保護と公正保護

　以上のようなケーラーによる公正保護と自由保護の普遍的法原則間の調整は、カナリスルールによれば、先ず、その1）である、普遍的法原則は例外なく妥当するものでなく、相互の対立又は矛盾することがあるという機能の仕方を認めた点が注目される。前掲のように、需要力濫用規制に係って、健全性保護を重視する立場は、法体系的構成の側面で、公正保護と自由保護の普遍的法原則の間の関係把握において、以下のような問題があった。すなわち、「普遍的法原則の相互的な対立又は矛盾」は問題としない（シュロイプ）[103]、あるいは健全性保護の法原則を重視することから、公正保護と自由保護との普遍的法原則の検討において、相互の関係性を曖昧なままにする（パラッケ）[104]問題があった。ケーラーの、これまでの制定法の解釈理論の展開によるのでない新たな立法提案は、公正保護の法原則を明確に自由保護に対し優位に位置付けるものであり、公正保護と自由保護の抵触が問題になる場合には、公正保護が優先するというフィケンチャー理論の原則を認めた意義がある[105]。

　このように、ケーラーは「制定法を超え出る法の発展形成」となる需要力濫用に対する新たな規制を、自由保護に対して公正保護が優位した法体系的構成を有する規律形式、すなわち行動綱領を選択することにより試みている。

103）前掲、第3章Ⅲ．1．及び該当脚注を参照。その競争歪曲の概念の下で捉えられるEU競争法違反となる行為類型の系列は、公正保護の側が可能な限り自由保護と調和するように譲歩される特徴があった。拙稿・体系構成29頁以下を参照。

104）パラッケは、EU競争法及び「結合市場及び競争に関する議定書27号」に規定された競争の歪曲及び健全な競争の法原則を基礎にして、公正保護及び健全性保護の法原則を重視する視点から、違反行為の類型化と「競争者の競争に参加する権利」の構成を図った。なおその業績競争論の検討につき、第1章Ⅰ．2．（2）を参照。
　パラッケの類型化論と権利構成論の問題点は、以下の二点である。①需要競争で問題になる、より有利な取引条件の獲得を目指す自由な競争の的確な把握と、②このような競争で問題とされる、需要者による給付の要求に係って、反対給付の関係を把握する試みで曖昧さを残した。この結果は、自由保護の排他的な妥当性の主張に対する抑制として、公正保護が求められるという普遍的法原則の間における、精密な関係性の把握が疎かになっている。参照、拙稿・体系構成40頁以下。

105）後掲、第4章、3．（3）の（a）を参照。

（2）健全性保護の普遍的法原則に依拠しないケーラーの法体系構成

(2-1)「制定法を超え出る法の発展形成」となる需要力濫用規制の構築

UWG は一般に、公正法としてその特性を冠した名称を与えられる。ケーラーの行動綱領案は、その不公正取引慣行の一般的禁止の条項に関連して規定されるように、公正法の規制の基本枠組みに適合し、同時に受け皿の構成要件となるとされている。この点に関し、公正保護を重視した需要力濫用規制を考えるケーラーが、公正法における一般条項に直接依拠した需要力濫用規制の構想によらなかった[106]理由が探られるべきであろう。それは、利益強要禁止の判例が、この一般条項を基礎にして1980年代初頭まで展開されてきた経緯があるからである。

この点は、以下に述べるように、UWG の普遍的法原則に係るラーレンツ／カナリスの法体系的考察から、UWG について、その内的体系の抱える問題が、個別事件の解決への寄与に対する障害、さらに「制定法を超え出る法の発展形成」も視野に入れた的確な需要力濫用規制の構築を築く障害となる恐れを指摘できる。

(2-2) 自由保護と公正保護の間の関係性を曖昧なものとする健全性保護

(a) 公正法の法目的——「健全な競争に関する一般の利益」

先ず、UWG の一般条項である１条２文における健全な競争保護の法原則について、本研究のテーマである需要力濫用規制に関連する検討を行う。UWG1 条は法目的を以下のように規定する。

「本法は、競争事業者、消費者及びその他の市場参加者を不公正な取引行為から保護することを目的とする。本法は同時に、健全な競争（einem unverfälschten Wettbewerb）に関する一般の利益をも保護する」。

この検討に係り、先に「健全な競争」保護の理論動向に与する前述のシュ

---

106) 前述の 2.（3）(3-4) の注 95 に記した UWG4a 条１項は、消費者とその他の市場参加者に対する攻撃的な取引行為を禁止する。後者が規定された点で事業者間の攻撃的な取引行為の禁止は、既に 2008 年に実定法化されているとみられる。この規定については、立法過程において当初、政府草案によって、対消費者の取引行為のみが禁止されていたが、ケーラー等の批判によりその他の市場参加者に対する行為も禁止された経緯がある。Vgl., *Picht* in H/H, UWG 5. Aufl., §4a Rn 2, Fn 7.

156　第3章　需要力濫用規制の体系構成

ロイプとパラッケの立論が、その競争概念に即した普遍的法原則である健全性保護の捉え方で、困難な問題を抱える指摘をした[107]。この問題は、上記UWGの1条2文の健全な競争保護の規定について、同様の難点を指摘できる。すなわち健全性保護の考え方が、自由保護と公正保護の双方の普遍的法原則の間の関係性の検討を曖昧なものとするおそれが指摘される。

(b) 競争歪曲の概念が近年の立法活動で果たした役割（消極）

競争歪曲（verfälschter Wettbewerb）の概念は健全な競争保護の法原則から導かれるが、これまで見た競争法の法体系的考察に即して検討すると、かかる概念は、2004年UWGの大幅改正以来、禁止対象を拡大する継続的な立法行為に対して、その根拠規定の働きとして、さしたる貢献はないとした低い評価のされる点が注目される[108]。この低評価は、ケーラーが制定法を超え出る法の発展形成を目指した需要力濫用規制を築くうえで、競争歪曲とそれが示す健全性保護の普遍的法原則について、それらが確かな手掛かりとなり得なかった推察を導く。

このように、EU競争法制の法体系的考察にとって、健全性保護の普遍的法原則は競争歪曲の機能を決定された概念を媒介にすることよって、法の外的体系である法技術的概念の解釈と立法的展開に貢献するとされてきた[109]が、かかる働きは2000年代には疑問視されていたと評することができる。

(c) 一般の利益概念と市場関連的な不公正さ（一般的市場妨害）

i）利益強要禁止の試みについて、上記UWG1条に規定された一般性保護の法原則に依拠した検討がされる。健全な競争の保護が問題とされる「一般の利益」の概念については、この概念の母体になった旧UWG1条[110]に規定されていた、良俗違反行為の禁止という一般条項の解釈（主に1970年代から80

107）前掲、（1）の（1-2）を参照、さらに、拙稿・体系構成における、Ⅱ．1．（6）（6-1）及び2．（4）（4-1）ⅲ）を参照。

108）*Podszun* in H/H, UWG　5. Aufl., §1, Rn. 71. かかる低評価をするポーズンによれば、健全な競争における一般の利益保護というUWGの「裏口（Hintertür）」によった曖昧な競争概念によらずに、改正の行われた具体例が挙げられている。A.a.O. 参照、拙稿・体系構成注178。

109）このような見解は1980年代のシュロイプなどを例にして主張された。前掲、Ⅲ．1．及び拙稿・利益強要［2］37頁以下を参照。

110）「取引において良俗に反する競争目的によって行動する者は、その行動を中止及び停止され得るとともに、損害賠償義務を負う」（https://beck-online.beck.de/）。

Ⅳ．ケーラー提案における普遍的法原則と類型「指導像」の整序　　157

年代）に関連して、以下の問題を指摘できる。

　1909 年の UWG 制定時に規定された競争者の保護から始まり、その他の市場参加者の保護、消費者そして一般の利益の保護という保護対象の拡大を経験した UWG の一般条項に関連して、その改正の前後にわたって利益強要禁止を「市場関連的な不公正さ」によって根拠付ける学説[111]と判例が存在した。この学説・判例は、その根拠の基礎固めのために一般の利益（Allgemeininteresse）、一般性（Allgemeinheit）の法原則を用いた。この一般性保護の法原則は、伝統的に UWG の保護対象とされていた競争相手の保護から、保護対象を拡大するための理論構成であった[112]。その理論構成を行った背景事情は以下の通りである。

ⅱ）UWG1 条によって、市場関連的な不公正さに係る機能的競争の保護を図る学説・判例が主張された当時、同条の良俗違反に係って、UWG の経済政策的中立性の考え方を乗り越える必要が意識されていた。すなわち、一種の営業警察の任務として商取引の道徳的潔癖さに関する良俗違反の捉え方を、乗り越える必要である。

　当時、かかる商取引の道徳的潔癖さを問題にする規制の範疇では捉えがたい攻撃的な商慣行が登場する[113]に至り、その規制の必要から市場関連的な不公正さの理論が主張された。こういった従来の良俗概念―営業警察的視点―の範疇を超える不公正取引とは、業績競争の概念で捉えられていた。そ

---

111) Ulmer, Schranken, 63ff.

112) 競争相手の保護と消費者の保護の外に、一般の利益保護が認められるために、市場関連的不公正さに係る、競争の存続に危険となる市場の効果が問題とされなければならないとする説明が、ウルマーによりなされた。Ulmer, "Leistungswettbewerb", S. 565, 577.
　　さらに 1920 年代からの UWG 判例と学説の検討から、競争相手と消費者の利益に対し一般の利益は並行して認められてきたこと、ヨーロッパ経済共同体（EWG）の加盟国との比較法的考察から、一般の利益がドイツでは社会法的考慮に基づいていたことが指摘されている。Schwartz, Allgemeininteresse, S.349.
　　これに対し、2004 年改正法の 1 条 2 文における健全な競争における一般の利益とは、市場参加者の利益に対する独立した保護に係っての意義は何ら認められるものでなく、さらに市場参加者の利益は、競争の自由の概念により専ら捉えられるとする見解が対照的な立場になる。Schünemann, "Unlauterkeit", S. 935.

113) ウルマーがここで挙げる業績関連性を欠く攻撃的な商行為は、オリジナル商品を試供品配布（サンプリング）として提供し、競争者を排除する事例である。Ulmer, Schranken, S. 64. Vgl., BGH 1965 GRUR 1965, 489, 493―"Kleenex"；　GRUR 1969, 287, BGH 1968 "Stuttgarter Wochenblatt".

158　第3章　需要力濫用規制の体系構成

れは業績との関連性が持たないが（非業績競争）、それ自体倫理的な関係性が
なくても不公正とされる競争行為であり[114]、行為の結果が競争状態の危険
を基礎付ける。つまり、市場で有力な事業者による攻撃的な競争行為である
か、競争相手による模倣（伝播性）から市場の閉鎖性をもたらすことになる
とされる。このような競争の存続に危険となる市場の効果は、共同体におけ
る経済秩序に関する損害として、前記一般の利益の損害となると構成された[115]。
ⅱ）そして本稿の検討視角から、一般性の損害となる市場関連的な不公正さ
の違反類型をまとめる「指導像」（ラーレンツ／カナリスの類型論参照）が、上
記業績競争の概念で捉えられたことが問題とされる。この業績競争のメルク
マールによった競争の存続に危険となる市場の効果を UWG の一般条項によ
り捉える考え方は、類型形成のためより具体的な「指導像」として既に述べ
た業績比較論が唱えられた（ヘファーメールが代表的）[116]。

　このように UWG の目的規定における保護対象の拡大（一般性の保護）を試
みる場合に、業績との関連性を欠く市場関連的な不公正な取引行為（市場の
競争の存続に危険となる行為）を禁止する考え方があった。そして、ここで業

114）ウルマーは、それ自体倫理的な関係性がなくても市場関連の不公正となる慣行の特徴を明ら
　　かにするため、競争行為の三分類説を展開する。それによれば、古典的な不正行為である範疇と
　　典型的な業績競争の適法行為とされる範疇に対して、グレーゾーンとして、市場の競争機能に危
　　険となる非業績競争の行為が捉えられた。Ulmer, Die Anwendung, S. 488 f. この三分類説の詳細
　　については、参照、拙稿・体系構成注 183。
　　　このような把握に対しては、流通業の革新からもたらされる多様な便益をめぐる競い合いの展
　　開にマイナスとなる過剰規制の恐れが、反対説から主張されることになった。Sambuc, Monopo-
　　lisierung, S. 802（競争行為の三分類説において、白領域とグレーゾーンの境界は流動的であり、
　　白からグレーへの移行がいかなる基準によるかが問題になる）。
115）需要力濫用に係って、ウルマーによる競争行為の三分類説におけるグレーゾーン行為は垂直
　　的な競争阻害であるが、市場で有力な企業による市場地位の拡張として、間接的に水平的な競争
　　相手の負担が問題になり、違法性を生ずるとされた。Ulmer, "Leistungswettbewerb", S, 570.
116）Hefermehl, Lauterkeitsschutzes, S. 508f. 業績比較論の基本的視座は以下の通りである。
ⅰ）業績適合的な取引慣行に対して、業績適合的でない慣行を区別する業績原則の難点を克服する、
ⅱ）業績競争と区別される妨害競争の判定に起因する困難を回避する目的から、市場での機能的競
　　争を通じ可能となる、取引の相手方のなす選択の自由（業績の的確な比較がその前提になる）を
　　確保する市場に固有な機能に対して、その歪曲を問題にする、という基本的視座をもつ。Bur-
　　mann, Unlauterkeit, S 388ff.
　　　このような基本的視座に依りつつも、UWG の市場関連的な不公正について、業績比較論のよ
　　うな主観的基準によって判断するのではなく、取引のプロセスから区別された、行為者と競争者
　　間の並行プロセスにおける業績違反を客観的基準によってみる、すなわち、競争相手が取るに足
　　らないものでない販路を閉鎖されていることをみる、比較的近時のアプローチもある。Koppen-
　　steiner, Marktbezogene, S. 479, 489.

績関連性の判断基準として、行為者の要求に係る給付と取引の相手方に提供される反対給付との業績の比較に係る手法が用いられた。業績競争論については、利益強要禁止の根拠たる業績競争理論の基礎として、専ら反対給付の無償性の非難に集中する問題点が指摘される[117]。したがって、市場関連的不公正の理論的根拠としても、業績競争論が有する無償性の主張根拠について向けられた批判（業績比較を可能にする流通業の発展による成果が存在する）は妥当と考えられる[118]。

　市場関連的な不公正の理論は、2004年のUWG改正により政府草案がそれを「一般的市場妨害（allgemeine Marktbehinderung）」[119]と呼んだことから、その後この名称が用いられているが、この概念によった規制については反対論が主張され[120]、またその実際上の意義はかなり限られるという意見が有力である[121]。

(d) 健全な競争保護の普遍的法原則──その不明確さ

ⅰ）近時の傾向として、一般の利益として捉えられる健全な競争の保護について、学説は以下のように多様な主張がされる。

a）UWG1条の目的規定は、競争の目的として公正かつ健全な競争を保護する。公正な競争と健全な競争の概念は同意語である。したがって公正な競争のみが健全であり、健全な競争のみが公正である[122]。

117）その問題は、利益強要禁止の根拠たる業績比較論の基礎となる業績競争論が導く反対給付の無償性に関係する。この点は、業績競争論に対し、この当時向けられた多様な批判が参考になる。
　　先ず、需要力濫用規制に消極な立場からの批判である。販売促進の協力金を例にとると、一律に無償のレッテルが張られたことは一定の事業活動を狭く孤立して捉えており、主たる給付と付随的給付の本来的、密接な結びつきを無視する誤りがある。この点から業績比較論は、過てる上記のような推論を導いているとされた。Vgl., Mestmäcker, verwaltete, S. 70f（一定の継続的な商取引行為における無償性の意味）。
　　さらに需要力濫用規制に積極的なケーラーの立場からも批判があった。業績比較論の言う取引当事者の並行プロセスにおける業績比較の困難も、付随的給付の内容が明確化されれば可能になる。この点から、業績比較を可能にする現代流通業の多様かつ高度の発展の成果が強調され、次の批判がされた。すなわち、付随的給付に該当する各種業績が、新たな流通機能の革新からもたらされる便益として、これまでの給付パターンに縛られずに取引当事者間でやり取りされているという批判が続いた。Köhler, Konkurrenz S. 652（新たなあるいは通常のものでない販売手法などの市場行動を、それが今ある市場構造に影響するからといって、不正の烙印を押してはならない。かかる市場行動の判定は、競争のみがなし得るのであり、競争の機能に対する有害性のみを一般的に問題にし得るに過ぎない）。Pichler, Verhältnis, S. 294（流通業における進展する構造変化の表れと思われる、新たな事業概念と事業態様が絶えず存在する）。

160 第3章 需要力濫用規制の体系構成

118) シュロイプ、パラツケやフェファーメールが依拠した業績競争（業績比較）論は、取引の相手方が行う業績の比較を困難にする、付随的給付を曖昧のままにしたリベートや協賛金の要求、従業員派遣の要請をする商取引慣行を問題にするものであった。

　このような業績比較論の問題意識に対して、現在のドイツの判例は、以下の対照的な考え方を示す。すなわち、主たる給付に付随する給付に関して、その契約に直接的に関係する取引条件において、付随的な給付とその反対給付を対比して、不当な利益の提供を要求しているか判定する立場をとらない。利益強要が問題とされる付随的な給付の要求に対応する反対給付を、当事者間の契約関係を広く捉えて探索することを求めるアプローチをとる。したがって、業績の比較が曖昧なかたちでなく行われることを積極的に求めるものでない。前掲、第2章1.3.（7）を参照。

　これに対しては、後述（3）のケーラーの少数説は、需要力濫用規制に積極の立場から、付随的給付に関する給付と反対給付の関係を明確に把握するべきとの主張がされた。すなわち、付随的給付の形で需要者から要求されるリベートや従業員派遣の要請に対する、供給者に提供される反対給付が明確化されなければならないとの主張である。そして、このような需要者から供給者に提供される反対給付が、しばしば現代流通業の機能革新の成果として、供給業者にも便益をもたらすこともケーラーは理論化していた。このようなケーラーの主張は、業績比較論の立場に立つことを明示しないものの、結果的に付随的給付における給付と反対給付の関係を曖昧なままにすることは認めないものと評価できる。

　この点は、我が国でドイツの業績競争論について検討を行った岸井教授の論稿にも伺われる。岸井教授が肯定的に捉えられる業績比較に基づく業績競争論の、「独自性の重要なポイントの一つ」は、業績「比較の機会の縮減・喪失が問題にされている」ことである。そのうえで、その比較について、「品質価格・価格・サービス・広告といった業績競争の構成要素（いわゆる行為パラメーター）」の中で、価格品質の一体的・相関的な比較がなされることの重要性が強調されている。当該論文が執筆された1986年当時では、「現在の経済段階ではやはり製品（モノ）の品質が中心」であるとされるが、その論旨の中核は、業績「比較の機会の縮減・喪失が問題にされ」ることにある。そしてその比較の対象も価格や品質のメルクマールに限られていない。「いわゆる行為パラメーター」として、流通業等の機能革新の成果に開かれていると解され、この点は改めて評価されるべきと考えられる。岸井・業績競争96頁。行為パラメーターについては、第2章Ⅰ.2.（2）（2-4）を参照。

119) BT-Drucks. 15/1487（22.08.2003）S. 19. 改正法案の例示要件（3条3項参照）が排他的でないことから、3条の一般条項の下で、一般的市場妨害は展開される、という。

120) この違反類型について、これまで伝播性等で説明されていた市場への影響評価に関しては、GWBの市場力規定が優先して適用され（遮断効果；Köhler, Konkurrenz S. 648）、一般的市場妨害を固有の不公正要件として認める余地はないとする見解がある。例えば、2004年UWG改正により、4条で不公正な取引慣行の類型化が行われた。さらに、市場参加者の利益のために市場行動を規律するとして定められた、法律上の規定に違反した者について、UWGの不正行為に該当することを規定した同条11号（当時；現行法は3a条）の法違反の要件は、GWBの市場力要件を充たすことを求められるという。したがって、一般的市場妨害の固有の存在意義を認めない。Lux, Tatbestand, S. 415ff, 434. Köhler, in K/B/F, UWG, 41 Aufl. §3a, Rn 1, 37.

121) 一般条項を根拠に市場の機能的競争を保護して市場構造のコントロールを企図する一般的市場妨害の理論は、民事手続きで提示される証拠水準はそれほど高いものでないことが懸念されるから、高度の推測的判断を余儀なくされるとして、規制根拠の薄弱さも指摘された。Pichler, Verhältnis, S. 344f., 428.

　さらに、近時のEUの不公正取引慣行指令に基づく具体的な取引慣行の例示と新たな不公正取引慣行の要件化によって、一般条項の解釈に依拠する一般的市場妨害の適用可能性は乏しくなったとされる。von Ungern-Sternberg/Scaub, in G/L 5. Aufl. §27, Rn. 6 §27, Rn. 8, Pichler, Verhältnis, S. 348, Klippel/Beräer in Ekey［et al.］, 2 Aufl., UWG §1 Rn. 26（健全な競争における一般の利益は、競争の自由に係り市場参加者の利益に対し、結局何らの独自の意義を示すものではない）。

b) これに対し健全な競争保護を、自由な競争保護として捉える対照的な立場がある。健全な競争における一般の利益とは、制度としての競争の保護であり、その基本的な前提は競争の自由が考えられている[123]。

その他に、a）と b）の折衷的立場もある。一般の利益として捉えられる健全な競争の保護とは、「自由であって公正な競争」であり、UWG の下で展開する行為の規範は全体としてかかる目的に服する[124]。

ii）健全な競争概念についてのケーラーの考え方は、前述した EU 法制における健全な競争の多様な概念内容となる諸規定を踏まえ、この概念について幅広い捉え方がされる歴史的な経緯も検討して、次の定義付けを行う。健全な競争の阻害は反競争的な行為によって現実の競争プロセスに影響があるか、あるいはあり得る場合に用いられてきたとして、UWG では、不公正な取引行為により競争が歪められる、それにより自由な展開が阻まれる場合にこの概念が当てはまる。その意味では自由な競争保護ともいうことができるとする[125]。すなわち、かかる指摘からは、健全性保護の普遍的法原則は、現実の競争プロセスになんらかの影響を及ぼすというレベルで行為の禁止を導く、幅広い捉え方をされる問題をうかがうことができる。

---

122) *Götting* in G/N, UWG, 2Aufl. §2 Rn　30. 本文掲記の定義以上の具体化は、評価基準となる業績競争のメルクマールが法的評価の観点から非常に大まかなものであり曖昧であるから、困難である。A.a.O.

123) *von Ungern-Sternberg/Scaub* in G/L 5. Aufl., §27, Rn　6, Pichler, Verhältnis, S. 347f. 制度としての競争保護について、市場参加者の利益は、不正競争からの保護（1 条 1 文）によってカバーされ尽くすものでないので、自由な競争の展開と機能発揮に妨げとなる不正行為により、歪曲された競争からの保護が、より広く必要になるとされる。Vgl, *Sosnitza*, in O/S, UWG, 7 Aufl., §1 Rn 31. Lux, Tatbestand, S. 431（2004 年改正法の 1 条と 3 条の一般条項は、経済的競争の保護として競争の自由の意味で基準となる評価の視点に従う）。

124) Emmerich, Unlauterer, 10 Aufl. §3 Rn10.
　健全な競争の保護を競争の自由に読み替えることをせず、以下のような UWG の保障する機能的競争を通じてもたらされる業績競争（業績比較）の成果が確保されることで、健全な競争保護に独自の意味を認めるヘットマンクの見解も折衷説に入る。
　それによると、業績競争の概念は、業績／非業績の定義を明らかにする概念内容の確信力はもたない。しかし、市場の相手方が行為者段階の競い合いから提示される業績の審判者（Schiedsrichter）となって取引先選択が自由に行われるなら、機能的競争は維持されている。公正保護の理念的要請（UWG3 条 1 項の「不公正な取引慣行」により示される）は、かかる機能的競争が実効性を有することでみたされる。業績比較を妨げる行為者の評価では、自由な競争に対する脅威が問題にされる。Hetmank Lauterkeitsrecht, S. 440, 442f.

125) *Köhler*, in K/B/F, UWG, 41 Aufl., §1 Rn 43.

162　第3章　需要力濫用規制の体系構成

ⅲ）健全な競争の保護という法の指導理念は、解釈及び立法の目的論的な解決の指針を提供しない問題が指摘される。ラーレンツ／カナリスの法体系的考察によるならば、UWG1条の一般の利益における健全な競争保護の一般条項に関係して、次の問題を指摘できる。それは、健全性保護の普遍的法原則が、法の外的体系であるUWGの実体規定の解釈と、制定法を超え出る展開である立法との双方の解決にとって、目的論的な解決の指針に求められる明確性を欠く問題があった、ということである。すなわち健全性の保護に関する普遍的法原則は、抽象性、普遍性の勝った、法的思想に関する内容上の豊かさを欠く問題を指摘できる。この点は、独占禁止法の公正競争阻害性の法原則が、自由かつ自主的な判断の阻害に係る下位の法原則を導いた、概念内容の豊かさをもつ点と対照的である。

　したがって、ケーラーが行動綱領の立法措置を選択し、UWGの一般条項の解釈理論に依拠しなかったことは、以下の配慮に基づくと考えられる。EU、ドイツにおける需要力濫用規制が、健全な競争保護の法原則に依拠した結果、その効果的な展開を阻まれた経緯を踏まえ、かかる不明確な普遍的法原則の影響を受けるUWGの体系のうちに、自由保護と公正保護の対立が先鋭化する[126]需要力濫用規制を編入する様々な問題を意識したためと考えられる。

（3）ケーラー提案における体系構成の特徴
（3-1）行動綱領案の普遍的法原則による法の内的体系

　ケーラーの新たな立法提案は、前述のように不公正取引慣行の禁止によって、公正保護の法原則を明確に自由保護に対し優位に位置付ける特徴があった。かかる普遍的法原則の捉え方は、公正競争と自由競争という法原則を基礎にして、需要力濫用規制でこれまで多く主張された需要者間の購入に係る競争の影響、そして市場の相手方である供給者間の競争への影響を考える競争法のアプローチと異なっている。ケーラーは一貫して取引の規制に焦点を

---

126)　前掲、第2章Ⅰ．2．（3）の「(b) 需要競争の本質（取引相手方の回避可能性）から導かれる自由競争の限界」を参照。
　を参照。

絞った構成をとり、この点から、公正保護による公正な取引慣行を維持することで自由保護の法原則（契約自由）に対する制限が導かれている。

(3-2) 需要競争の多面的な特質と市場の機能不全

(a) 付随的給付に即したポジティブな需要競争の側面

次に、ケーラーの需要競争分析に係る貢献[127]は、需要競争の多面的な特質をあらわす競争モデルが提示された点が重要である。

すなわち、需要者が相互に可能な限り好都合な購入条件の達成を競う場合でも、以下のポジティブな需要競争の側面が維持されなければならないとされた。業績競争論による反対給付の無償性の非難（主たる給付と付随的給付の二分論）に対して、付随的給付に該当する各種業績が、新たな流通機能の革新からもたらされる便益として、これまでの給付パターンに縛られずに需要者から供給者に提供されるという反論を提示して、その経済的行為自由がより良く活用される側面を示した。

(b) 需要者間の相互的抑制に係る需要競争の側面

さらに、需要者は、その取引行為に係る多様な指標を市場に提示するにあたり、他の需要者の存在及び行為態様を配慮する（取引の相手方である供給業者を、他の需要者に奪われない配慮をする）ことを余儀なくされる。すなわち、より有利な取引条件の獲得努力に起因する需要者間の需要競争は、他方で回避可能性をもつ供給業者と取引する他の需要者からの抑制の下に置かれなければならない。したがって、供給過剰の市場では失われる、こうした需要者間の相互抑制的機能が、需要競争の重要な側面である指摘が意義をもつ。この点のケーラーの理論的貢献も銘記される[128]。

(3-3) 競争概念から遮断された取引慣行を規制する問題

このような需要競争の複合的な特質が維持されない、より有利な取引条件の獲得に係る需要競争の側面のみが優位する市場は、市場の機能不全に陥った評価がされる。

---

127) Köhler, Nachfrager, §11 "Die Funktion des Nachfragewettbewerbs", Köhler, Marktbeherrschung, S. 8ff., 107ff. さらに本書第2章、I. の2. を参照。
128) このようなケーラーの需要競争の本質論については、参照、拙稿・問題点〔1〕56頁以下、拙稿・相対的市場力313頁以下、316頁。

164 第3章 需要力濫用規制の体系構成

　競争法や独禁法の規制においては、かかるケーラーの需要競争のモデル理論に即して、市場の機能を踏まえた濫用行為の認定がされるべきと考えられる。供給過剰から供給業者間の激しい競争によって、需要力濫用が可能となりあるいは強化されていることの分析、さらに、濫用が下流段階の販売市場での需要者の激しい競争から生じている、またそれが強化されている分析が、個別事案の適切な解決のため必要になる。この点は、ケーラー提案（不公正取引慣行に係る行動綱領案）について、契約自由に対する制限によって自由保護の限界を画するが、需要力濫用規制として十分な判断枠組みを提供できるか、(3-4) で述べる日本法との比較と合わせて問題になろう。

(3-4) 競争概念と結びついた法原則の必要性

　独占禁止法では公正な競争を阻害するおそれの普遍的法原則を受けて、自由競争の基盤として自由かつ自主的な判断を行うことが捉えられて、その阻害が問題とされる。確かに違反行為の影響評価では、「一対一」の関係で、著しい不利益を受け入れていることが問題にされる。しかし、優越的地位の濫用が問題になる需給不一致市場における需要と供給の両サイドにおける競争状態の分析が、需要者側の供給者に対する要請の実態と供給者側のかかる要請を受け入れざるを得ない事情を明らかにする。需要サイドにおける需要者の下流での販売戦略をめぐる競い合いの状況が示されることで、問題とされる不利益行為の要請が行われた事情を説明する。対称的に、供給サイドでは供給者間の競争が交渉力（特に小規模事業者）の弱体化を招く例は多い。このような「取引力、交渉力の背後にある具体的な競争の実態[129]」の分析が、不利益行為を受け入れざるを得ない「優越的地位の濫用の実態をより正確にとらえる[130]」ために必要となると考えられる（優越的地位の濫用規制において明らかにされることを求められるセオリーオブハーム）[131]。

(3-5) 相対的市場力の概念に対する「優越の形態」の概念

　公正な競争保護と自由な競争保護の普遍的法原則が考慮されずに、専ら取

---

129) 舟田・序説 (1) 112頁。
130) 同上。
131) 拙稿・本質論252頁から254頁、同・セオリーオブハームのC. 1. (2) を参照。

引慣行の規律により示される公正保護と自由保護の関係に焦点を絞って、需要力濫用規制の枠組みを構築する問題点は、消費者保護の規制と同様な、行為者の力の地位という要件規定によることにも示される。すなわち、不公正取引慣行の要件である不当な影響行使は、事業者が力の地位を取引相手に対し不当な不利益を与えるために行使することにより行われたとみなされる。そして、「取引相手に対する力の地位」という概念によって、「優越の形態、特に需要力を包含する」とされている。

この「力の地位」という要件は、事業者対消費者の不公正取引慣行の規定[132]で用いられていた。力の地位を用いて行う不当な影響行使とは、決定を行う消費者又はその他の市場参加者の能力を、重要な程度、制限する圧力をかけるものとされている。

需要力濫用における取引相手方の従属性の認定を、消費者と全く同一の要件によって行うことは問題があり、供給業者のような事業者について、相対的市場力に係る市場における従属者の状況把握を省くことはできないと考えられる[133]。その理由を以下に敷衍する。

(3-6) 自由競争保護と公正競争保護の普遍的法原則によった体系構成

ケーラーの行動綱領案による需要力濫用規制の法体系的構成は、公正保護と自由保護の法原則に従う取引行為の規制概念を組み合わせた結果、以下の問題点を抱える。濫用行為の認定について、需要競争の二面的特質に即した市場の機能の働きについての分析が重要と考えられるところ、その点の把握が十分でない。この問題点に関し、優越的地位濫用事件であるが、対照的に以下の民事事件が参照される。すなわち、需要競争には、より有利な取引条件の獲得を買い手が競い合う競争と、売り手が買い手のこのような条件に係る要請を相互に回避することを可能にする（買い手による行為自由の行使を、相互に限定する買い手間の）競争との二面的特質をもつ。後者が超過供給の市場の条件により機能しないために、優越的地位の濫用に至った点を詳細に分析して違法性判断を導いた判例として、セコマ事件の札幌地裁判決が注目さ

---

132) 前掲 2.（2）及び（3-4）を参照。

133) 独禁法の相対的市場力の認定につき、優越ガイドラインの第 2、2 が取引上の地位に係る優越性の判断項目を規定するが、この点が参照されるべきである。

166 第3章 需要力濫用規制の体系構成

れる[134]。この判決のように、市場における競争の状況を的確に捉えて取引上の地位の格差を把握すべきであるのに、この点が十分でない。

　需要力濫用規制では、自由競争保護と公正競争保護の競争概念を含む普遍的法原則によりつつ体系構成を行う必要がある。

（4）攻撃的商慣行の類型形成を導く事業者の決定の自由という法原則

(4-1) 不公正取引慣行の類型を導く事業者の決定の自由という普遍的法原則

　ケーラーは、事業者の決定の自由という普遍的法原則に導かれた不公正取引慣行の類型を攻撃的商慣行としてまとめた。攻撃的商慣行として、全ての事情における不公正な取引慣行の「黒リスト」となる具体的行為の一覧を導く類型形成の「指導像」は、「強迫あるいは不当な影響行使」の概念になる。強迫は、民事法的規律あるいは不正競争の法制度により伝統的に違反とされた概念であり、需要力濫用規制の新展開につきその動向を検討する本稿の関心から、不当な影響行使の考え方を以下に検討する。

(4-2) 「取引相手に対する力の地位」による「不当な影響行使」

　この考え方が需要力濫用分析の観点から注目される理由としては、ケーラーの行動綱領案が支配と従属の関係とその関係を生む濫用の源泉につき、力の地位の概念によって、不当な影響行使を生じさせることに求めているからである。その場合、不当な影響行使が力の地位の需要力概念によって惹起される説明は次のようになる。契約締結ないし履行に係って不当な影響行使により、かかる影響行使がなければ下さなかった取引上の決定を下すことが誘引されるか、誘引されることになるという説明である。力の地位を行使することによって取引の相手方に対する影響行使が不当になるメルクマールは、その影響行使がなければ下さなかった取引上の決定を下すことが誘引されるか、誘引されることになるという、自由な意思決定の阻害に求められている。

(4-3) 取引相手方の自由な意思決定と「取引当事者の決定の自由」

　この自由な意思決定の阻害を、ケーラーは法的理念として捉えて、「取引当

---

134) 札幌地裁判平30・4・26（裁判所ウェブサイト）。参照、拙稿・本質論247頁以下。

事者の決定の自由」の名称のもとに、公正保護の普遍的法原則の下位概念として摘示している。「取引当事者の決定の自由」は、個別事案の具体的事実の包摂を行う違法性判断基準に適する抽象性・普遍性[135]を有する概念ではない。それは、黒リストの個別行為について、不公正取引慣行の禁止によって明らかになるところの公正保護の普遍的法原則の理念を、法技術的概念に伝達するという機能を担う。すなわちラーレンツ／カナリスの法体系論における機能を決定された概念となる。

(4-4) 機能を決定された概念としての「取引当事者の決定の自由」

　まとめると、ケーラーの行動綱領案による新たな需要規制論は、最上位の法原則として公正保護の法理念を持つ。そのもとに、「取引当事者の決定の自由」という、機能を決定された概念によって、黒リストの攻撃的商慣行について、公正保護の普遍的法原則を具体化している（不公正な取引慣行の禁止）。かかる黒リストの類型は、自由な意思決定の阻害に係る不当な影響行使によって捉えられる類型形成の「指導像」を用いることで法的構造的類型が形成されている。そして、かかる「指導像」である不当な影響行使の具体的内容は、その影響行使がなければ下さなかった取引上の決定を下すことが誘引されるか、誘引されることになるという条件関係の提示となる。

（5）類型形成の「指導像」に用いられた「不当な影響行使」概念の意義

　ケーラー理論において、攻撃的商慣行の黒リストに関し、取引当事者の自由な意思決定の阻害に係る、不当な影響行使として捉えられる類型形成の「指導像」が用いられた意義を、以下にまとめる。

(5-1) 外部選択の市場の客観的条件重視の類型把握

　ケーラー理論では、需要力行使によった取引相手方に対する影響行使の評価につき、不当性の判断が、当該影響行使に係って相手方が下す上記（4-4）の条件関係的な意思決定に求められている。これは、意思決定に関連して取引相手方の主観的側面に焦点を当てて、需要力行使の影響判断を行うものである。

---

135) 前掲第3章Ⅱ．における3．を参照。

168　第3章　需要力濫用規制の体系構成

これに対し、従前のインデルスト／ウェイによる交渉力モデルや、ブリュッセル／フィレンツェ報告書の外部選択理論による交渉力モデルに依拠した需要力行使の影響評価では、他の取引先への移行を可能とする外部選択の有無が評価指標とされていた[136]。外部選択の指標は、取引相手の交渉条件に関する任意の決定に対して、行為者が一定の制限を課すことができるかを問題にする、つまり、所与の取引先に拘束されないことの保証の程度に関して、それを審査する違法性判断—取引依存度や市場の買い取りシェア等の基準の重視—を導く。取引当事者の意思決定の自由に係って、このような市場の客観的条件—ケーラー理論の不当な影響行使が、取引相手方の主観的側面であるのと対照的に—が専ら問題にされる構成をとる。この特徴的な影響行使のパターン把握は、取引費用経済学の考え方に依拠する。

(5-2) 需給不一致市場における競争圧力が当事者の主観面に及ぼす影響

これに対し、ケーラーの類型論における「指導像」の根拠付けの説明には、専らこういった市場の客観的条件を取り上げる取引費用経済学に対して、批判的な理論モデルを用いることができる。それは、当事者間の主観的側面に焦点を当てた経済学説であり、交渉当事者の直面する、需給不一致市場における競争圧力に注目して、それが当事者に及ぼす影響の作用につき、当事者相互の主観側面における対立関係を生じさせる効果を分析する理論である（抗争交換理論）。

この理論で取引当事者間の基本的な関係は、以下のように描かれる。超過供給サイドの売り手（供給業者等）は、相互に、買い手との取引獲得をめぐり競い合う関係にある。相対的に過小需要の需要サイドの買い手は、下流市場の販売競争の激化から、売り手に販売促進の協力要請を強める。かかる買い手との取引を維持したい供給業者は、買い手の協力要請を拒めば取引を失う（ライバルにそれを奪取される）懸念に曝され、不当な「影響行使がなければ下さなかった取引上の決定を下すことが誘引されるか、誘引されることになる」。すなわち、当該売り手には、不当、不利な要求であってもそれを受け入れざるを得ない。このような懸念は、需要力を有する買い手による適切な交

136）前掲、第1章I. 2.（1）及びII. 2.（2）を参照。

渉を経ない、攻撃的な取引態様―権力及び権威という概念により説明される[137]―によって売手の主観面に及ぶ影響行使により生じたとみなされる[138]。

この売り手の主観面に及ぶ、攻撃的な取引による買い手の影響行使は、需給不一致の市場における競争がそれを可能にしているものであり、市場の競争と当事者間の対立（「抗争」）を一体的に捉えた抗争交換のモデル理論が、ケーラー提案における「不当な影響行使」の類型形成に関する「指導像」の根拠として妥当することは、重要な論点であると考えられる。そこで、ケーラー提案と抗争交換理論の相即性に関する意義付けを以下に列挙する。

(5-3) 不利益行為を受け入れている事実から従属性の推定

従属性の認定について、上記の取引費用経済学に依拠する需要力濫用規制理論が、取引依存度や買い取りシェア等の市場の客観的条件の基準を専ら重視することに対して、ケーラー提案は、「取引相手に対する力の地位」という概念を用いて、「不当な影響行使は、事業者が力の地位を取引相手に対し不当な不利益を与えるために行使するなら存在する」として、その認定がされる。すなわち「不当な影響行使がなければ下さなかった取引上の決定を下すことが誘引されるか、誘引されることになる」という主観的な効果によって「優越の形態、特に需要力」の認定がされた。これは、取引停止とそれ以外の多様な形態をとる制裁[139]を回避するために、自らに不利益となる買い手の要請であってもそれを受け入れて要請に従う、意思決定における主観的側面を示すものである。したがって、不利益行為を受け入れている事実から従属性の推定を導く理論構成となる[140]。

(5-4) 従属性の推定理論に対する掘り下げた根拠付け

ⅰ）次に、抗争交換の理論によって、「不当な影響行使がなければ下さなかった取引上の決定を下すことが誘引されるか、誘引されることになる」という主観面での効果について、掘り下げた内容提示が可能になる点が重要であ

137）前掲第1章Ⅲ.2.（5-2）、（8-2）、拙稿・本質論252頁及び注（9）、（10）を参照。

138）前掲、第1章Ⅲ.2.（3）を参照。

139）ケーラーは不当な影響行使に関して、取引停止以外の取引量削減等の多様な形態により、供給業者への圧迫行使による威嚇となるとする。拙稿・問題点［1］39頁及び注（120）を参照。

140）参照、拙稿・問題点［1］91頁以下を参照。

170 第3章 需要力濫用規制の体系構成

る。その理論が示す従属的な事業者の主観的側面の内容は「内生的選好」と呼ばれるが、その説明は以下のようになる[141]。

抗争交換のモデル理論によれば、供給者の心理構造は、

ア）「努力することの不効用」（この概念は行動経済学のプリンシパル＝エージェント理論の固有概念であり、例えば、供給者が負う販売促進の協力コストを指す[142]）、

イ）取引の主観的評価（例えば、供給者が行為者との取引及び行為者と密接に関連する他の関連業者との取引継続の双方を必要としていたというような事情）、さらには、

ウ）取引の打ち切りに係る自分のフォールバック・ポジション

などにより構成される。需要者は、これらの供給者の心理構造に利害関心もって自らの下流市場での販売促進に役立つ協力要請という供給者への影響行使を行う。

ⅱ）この内生的選好の構成要因である、ウ）の取引打ち切り時における自分のフォールバック・ポジションとは、以下のような供給者のおかれた困難な状況を指す。抗争交換理論によれば、超過供給下で需要者と取引できる供給者は、その取引ができない供給者には受け取れない利得、すなわち取引終了時に陥る状態を上回る利得を受けている。需要者による供給者に対する販売促進の協力努力を引き上げる要求は、かかる利得の獲得と維持を必要とする供給者の存する市場における競争の状態によって説明される。

かかる抗争交換理論の内生的選考の考え方を、先の「不当な影響行使がなければ下さなかった取引上の決定」という行動綱領案の規定に当てはめて、敷衍的に説明すると以下のようになる[143]。

ⅲ）買い手の販売促進の協力要請に直面した供給者は、それを拒めば、ウ）のフォールバック・ポジションに陥り、「需要者と取引ができない供給者には受け取れない利得」を失う懸念を抱く。またイ）に挙げた取引の主観的評価に係り、当該箇所の例示のほか、需要者の支援と救済を受けているような事

---

141) 参照、前掲、第1章Ⅲ. 1. （5）及び2. （3）、拙稿・枠組み114頁。

142) 参照、前掲、第1章Ⅲ. 1. （1）及び1. （5）の（5-7）。

143) 参照、前掲、第1章Ⅲ. 2. （8）、拙稿・本質論249頁以下。

情があるなら、それらを失う懸念も抱くであろう。他方で、ア）に摘示した販売促進の協力コストの負担との間で、悪しき損得勘定—"取引を失うよりは、不当な要求であってもそれを受け入れたほうがまし"[144]—を迫られる。その際、他の購入先への取引先転換の容易性や将来行為者との取引に復帰できる可能性等多様な事情も勘案して、不当な要請に応じたほうがましかどうかの決断を行うことになる。

このように、ケーラー理論における「不当な影響行使」の類型形成に関する「指導像」は、取引停止等の懸念から、需要者との取引が可能となることで初めて得られる利益を維持するため、需要者の要請に従ったほうがましと判断したこと、というようにその内容を敷衍して言い換えることができる。

以上は、取引費用経済学が説明する外部選択の市場の客観的条件の指標によっては十分に捉え難い、行為者の要求に相手方が従わざるを得ない従属性の関係を、主観的な側面において示した従属性の推定理論の掘り下げた根拠付けとして評価できる。

（6）攻撃的商慣行規制の前提となる契約交渉過程への規制
(6-1)「不公正取引慣行指令」と「契約条項指令」の一体的把握

ケーラー提案は、その需要力濫用規制の体系として、上記の事業者間不公正取引慣行に係る行動綱領案とともに、「事業者間の契約条項指令」というもうひとつ行動綱領案から構成される。後者の指令は、欧州共通売買法86条の濫用的契約条項の一般的禁止を事業者間の取引に取り入れた一般的禁止の条項（「濫用的契約条項」）と、それを補足する個別条項の禁止（当然違法の条項と推定される違法性を規定する条項、すなわち反証可能である条項の類型）からなる。

事業者間の契約条項指令はケーラー提案の体系構成的特徴として、以下の点が重要と思われる。

(6-2) 攻撃的商慣行と濫用的契約条項の類型系列間の「指導像」
ｉ）先に攻撃的商慣行の禁止に係る不当な影響行使について、抗争交換理論

---

144) 後掲のⅥ. 7.（2）(2-4) における長谷河評釈を参照。

の助けも借りて、その内容を取引の相手方に及ぶ主観的影響として捉えるべきことを論じた。すなわち、不当な「影響行使がなければ下さなかった取引上の決定を下すことが誘引されるか、誘引されること」とは、悪しき損得勘定—"取引を失うよりは、不当な要求であってもそれを受け入れたほうがまし"という状態を指すという敷衍的説明である。このような状態は、需要力を有する買い手による適切な交渉を経ない、攻撃的な取引態様によって、売り手の主観面に及ぶ影響行使により生じたとみなされる。

ⅱ）ケーラー提案は、このような主観面での不当な影響行使の結果である攻撃的商慣行に対する規制を類型化するとともに、攻撃的商慣行を生む、適切な交渉を経ない契約締結過程への規制も、その体系構成で一体的に捉えている。そうすると、攻撃的商慣行の類型と事業者間の契約が不公正とされる場合の類型を、統一的に捉える類型系列の「指導像」が問題になる。

　この点は以下のように考えられる。攻撃的商慣行を生ぜしめる原因は売り手の主観面に及ぶ不当な影響行使であり、また適切な交渉過程を経ないことから「不当な影響行使」は生じるのであるから、双方の類型系列を体系化に導く概念は、不当な影響行使の概念であると考えられる。

　攻撃的商慣行の類型系列と濫用的契約条項の個別条項の類型系列は、不当な影響行使の概念によって一体的に結びつけられる点が重要である。

(6-3) 機能を決定された概念——「取引当事者の決定の自由」

ⅰ）攻撃的商慣行は不公正取引として禁じられ、「個別に交渉されていない契約の定め」は不公正であるとして、双方の類型系列は不公正の概念に係って公正保護を上位の普遍的法原則としている。共通の普遍的法原則である公正保護の法思想を有し、不当な影響行使の類型形成の「指導像」により結びつけられている双方の類型系列は、機能を決定された概念も共通であることが可能である。かかる共通の機能を決定された概念を、先に攻撃的商慣行の禁止に係る普遍的法原則として示した「取引当事者の決定の自由」により考えることができる。

　攻撃的商慣行の禁止に係る類型系列のみならず、濫用的契約条項の一般的禁止と個別条項の類型系列も、「取引当事者の決定の自由」により機能を決定された概念を考えることができる。その理由は以下のようになる。個別に交

渉されていない「濫用的契約条項の一般的禁止」に係って、不公正の判定は、
(a) 契約対象の本質、(b) 契約締結の事情、(c) その外の契約の定め、そし
て (d) その契約の定めが依存しているその外の契約の規定を考慮したうえ
で、その判定がなされるとし、事業者間の契約がその目的又は効果の点で、
不公正とされる場合と不公正が推定される場合をそれぞれ x)、y) …という
ように列挙している[145]。

このような規定は、個別に交渉されていない契約という、基本となる全体
的な枠組みの基準により、契約締結の交渉過程を含めて、上記 (a)、(b)、
(c)、そして (d) を総合考慮して、契約当事者の意思決定の自由に関する実
質的な保護が問題にされている。すなわち、契約締結の事情や契約対象の本
質を勘案しつつ、個別の契約条項を交渉していることが、不公正判断の基本
とされている。そのうえで、その外の契約の定めと、当該契約条項が依存す
るその外の契約の規定まで視野に入れて、当事者の契約交渉が歪められてい
ない場合に違法としない余地を残した[146]と考えられる。

ⅱ) このように解される濫用的契約条項の解釈枠組みは、契約当事者の意思
決定の自由に関する「取引当事者の決定の自由」の概念が、解釈の指導理念
として公正保護の普遍的法原則を参照しつつ、上記法技術的概念である (a)
から (d) の規定の解釈を導いている (機能を決定された概念の働き)。

ⅲ) このように、攻撃的商慣行と濫用的契約条項の双方の禁止について、機
能を決定された概念は「当事者の決定の自由」である。この概念は、後者の
「濫用的契約条項の一般的禁止」の規律とともに規定された、信義誠実の原則
と正直な契約関係の原則 (個別に交渉されていない契約に対する違法性判断の解
釈基準を導く指導理念となる) について、機能を決定された概念としてこれら
規律の根底にある指導理念を示唆する機能をもつ。かかる指導理念とは、公

---

145) 前掲、Ⅳ. 2.（4）(4-2) を参照。

146) このような契約交渉過程が歪められずに、力の行使から免れて遂行される重要性は、独占禁止
法における優越的地位濫用規制において近時、「優越的地位の濫用規制の手続化」という考え方が
主張されているのと軌を一にする。この考え方は、行為者との取引を失えば得られない利得、す
なわち不利益行為を受け入れて得られる利得につき、それを失う懸念を生ぜしめる取引当事者間
の主観的関係に注目する立場から、取引相手が取引条件について主体的に判断できる事前協議の
機会を行為者に設けさせるよう仕向ける規制をするものである。拙稿・本質論 256 頁以下。参照、
平林・手続化 113 頁。

正保護と自由保護の抵触が問題になる場合には、公正保護が優先するフィケンチャー原則（第4章3.を参照）であると考えられる。

iv）以上のようなケーラーの需要力濫用規制について、その「概念形成と体系形成」は、以下表2のように、敷衍して図示されることになる。

図表2　ケーラーの需要力濫用規制における「概念形成と体系形成」

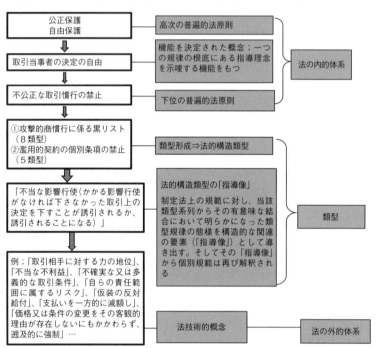

Ｖ．GWBにおける需要力濫用規制の体系的位置付け

ドイツの需要力濫用規制は、GWB19条2項5号の利益強要禁止規定を中心にする。以下、需要力濫用に対し実効的な規制の法的枠組みを構築する課題に関連して、市場支配的事業者の濫用監視を規定するドイツGWB19条において、その妨害、不当差別そして搾取の禁止を規定する同条2項以下の条項のうちに体系的一貫性を保って、その規制を位置付ける困難性について論

ずる（Ⅴ．の2．3．）。合わせて、かかる困難性を回避するため、需要者／供給者間の基本権地位に係る憲法上の要請に依拠することの困難性にも言及する（同4．の（2））。先ず、かかる検討の前提となる確認として、同条の需要力濫用規制の展開について、立法及び運用過程を振り返る（Ⅴ．の1．）。

1. ドイツ需要力濫用規制の展開——歴史と理論的展開

（1）需要力濫用規制前史

（a）流通業者の従属性が問題であった時代

　競争制限に対する欧州の規制当局は、歴史的に、有力な製造業者がもたらす力の効果に対して、その権限を行使してきた経緯があり、そこでの典型的な規制対象が水平的ならびに垂直の合意であった。このような製造業者に直面している流通業者について、その任意的な活動範囲が制限される従属性のほうが、競争法上の一般的な関心とされてきた。その結果は2000年代初めに至るまで、流通業者の展開に係る経済的有用性と消費者厚生について、需要力の集中化傾向は正の経済効果をもつものとして、肯定的に評価されてきた。とりわけ消費者の商品選択の幅を広げ低価格をもたらすことで、全体経済部門の視点においても、また購買の上流市場に係る視点においてもそれは、一種必然性をともなう傾向であるとの評価がEU加盟国の競争当局には存在したと指摘される[147]。

（b）GWBの制定当初の状況とその後の変化

　ドイツでは、需要力に係りその問題性は、経済学理論にあって比較的関心の低い主題であった。さらに競争政策の実践面でもGWBは1958年の創設時に、需要力ある企業に対する規律を欠いていたのであって、1973年の第二次GWB改正にいたりその規制が取り入れられたという指摘も上記欧州の動向と軌を一にする[148]。ドイツにおける需要力による競争侵害の負の効果が比

---

147) Mischitz, Einkaufskooperation S. 26f.

148) すなわち、GWBの旧26条2項2文が、需要力に係るGWBの初めての文言になる。下記、（2）の（2-1）を参照。Vgl., Dageförde, Diskriminierungsverbot, S. 3, 249. Bontrup & Marquardt, Nachfragemacht, S. 9. 70年代の需要力についての問題意識の高まりは、ケーラーによれば、流通事業者の急速な成長、合併そして購買協同組合や全国的の協同組合の形成と強化により、少規模流通業者の顕著な減少があり、市場にとどまっている小規模流通業者にあっても独立性を喪失したことが挙げられている。Köhler, Nachfragemacht, S. 11.

176   第3章　需要力濫用規制の体系構成

較的、明確に問題とされるのは、このように1970年代に入り、多くの市場で取引当事者間の力の関係に対し産業構造上の変化と景気動向の変動からする影響が及び、それとともに一方で供給過剰に起因し、他方で供給サイドにおける競争の高まりに端を発し、需要サイドからの圧迫の高まりが製造業者の被る濫用的慣行として認識されるようになってからである[149]。

（2）需要力濫用規制の導入

(2-1) 受動的差別禁止としての需要力濫用規制

　現行の19条2項5号による利益強要の禁止規定は、1980年の第4次GWB改正[150]により導入された旧26条3項に遡る。初期規定は、ボイコット、妨害と差別行為に係る旧26条に規定された。以下、旧26条のボイコット、妨害、不当な差別そして受動的差別のそれぞれの禁止に係る旧26条の構成について記述する。

　同条1項は事業者及び事業者団体が、他の事業者又は事業者団体に対して、一定の事業者への供給の排除ないし購入の排除を要求する不当な影響行使となるボイコット禁止を規定する[151]。第2項はその1文で市場支配的事業者による実質的正当化のない差別行為を禁止する。同2文は従属的事業者に対する、同様の差別行為を禁止する（市場で有力な事業者による差別禁止)[152]。さらに、同項3文は従属性の推定規定をおく[153]。

　そして3項1文において、他の事業者に対する実質的正当化のされない優

---

149) Palatzke, Nachfragemacht, S. 11. 1968年に、「ドイツ産業連盟(Bndesverband der Deutschen Industrie)」は、流通企業の行為が重大な懸念の対象となっており、従属的な製造業者が市場経済秩序の基本原則と相いれない手段によって強制を被り、市場で有力な需要者から搾取を受けている旨の声明を出したことを以下のボントラップ論文が伝えている。Vgl. Bontrup, Problem, 5.225. そしてこのような実際の経済における需要力の濫用的慣行に対する関心が、上記GWB改正の2年後に連邦経済省によって「不当行為リスト」策定を導いた。この連邦経済省の不当行為リストにおける「利益強要」の類型化に対する批判的評価について、第3章Ⅵ. 4.（2）を参照。

150) 参照、杉浦・第4次改正、1頁。

151) 参照、柴田・ボイコット203頁。

152) 「第1文は、他の事業者に回避する十分かつ合理的な可能性をもたない一定の商品役務の供給者又は需要者に従属する事業者及び事業者団体に適用する」。

153) 旧GWB「37条a2項に従った禁止手続については、需要者が一定の商品役務の供給者から取引上通常の値引き若しくはその他の反対給付に加えて、同種の需要者には与えられない特別の優遇を定期的に獲得している場合には、供給者は需要者に従属していると推定される」。

位の条件を提供させる勧奨行為を禁止する[154]。同2文は市場で有力な事業者に対し同様な行為を禁止する[155]。

旧26条3項は供給者による「受動的な」差別行為として規定された[156]。この点は、立法者意思から確認される。「新規定は、市場で有力な需要者によって強いられたゆえに、実際供給業者に責めを負わせられない外部から行われた差別行為も把握できるようにする」改正である[157]。さらに、旧26条3項は、上記の差別行為を禁止する旧26条2項1文と2文についての補完規定である立法者意思も明らかにされている[158]。

また同じく需要者が供給者に提供を勧奨する「優位の条件」の概念は、差別的行為であることを示すもので、本規定の適用範囲を限定する趣旨であると解されていた[159]。

(2-2) 需要力濫用規制に対する独占委員会の反対

本改正による受動的差別禁止規定の導入[160]には、以下に概説する独占委員会の反対があった[161]。

(a) 独占委員会によるメストメッカーの「隠れた競争」論の採用

独占委員会は、旧26条3項の制定は新規の競争状況を創出する「隠れた競争」の阻害になるとして以下の反論を展開した。

---

154) 旧GWB26条「2項1文の意味で市場支配的事業者及び事業者団体は、取引に際して、実質的正当化理由がないのに、他の事業者に優位の条件を提供するよう勧奨してその市場地位を用いてはならない」。

155) 旧GWB26条3項「第1文は、2項2文の意味で事業者が他の事業者及び事業者団体に従属する関係にある場合には、当該他の事業者及び事業者団体にも適用される」。この1980年26条3項2文は、この後1989年第5次GWB改正で、旧GWB26条2項2文が中小事業者の保護に限定された結果にともない、「従属する関係」について中小事業者に限られることになった。

156) L/N/R/S, Kartellgesetz, S. 936, Emmerrich/Lange, 14 Aufl. S. 260（需要者の競争者に及ぶ不利な効果に係る間接的妨害), Wanderwitz, Missbrauch, S. 43（「受動的な供給者による差別」).

157) BT-Drucks. 8/2136 S. 25.

158) BT-Drucks. 8/2136, S. 15.

159) BT-Drucks. 8/2136, S. 25. この点の詳細は、拙稿・問題点［1］注21を参照。

160) 連邦経済省の初期の政府草案では、「2項の意味での事業者は、取引に際して、実質的正当化理由がないのに、他の事業者に優位の条件を提供するよう勧奨してはならない」という包括的な規定であった。*Markert* in I/M, 1Aufl. §26 Rn. 324. 当該草案は、以下に述べる独占委員会などの批判を受けて修正された。後掲（2-3）を参照。

161) Sondergutachten 7. 拙稿・問題点［1］9頁及び注23を参照。

178　第3章　需要力濫用規制の体系構成

供給業者と流通業者間の一律に行われる値引きやリベートから、供給業者が個別需要者に、それぞれの競争者に知られることなく値引きやリベートを提供する場合を明確に区別する。その場合には、流通業者が便宜供与やサービス提供の反対給付を行う交渉、取引の一連の経過が存する。そして、前者の一律に行われる値引き等の場合に比較して、その競争上の意義を強調する特徴がある。そのため改正法の規制により、このような他の競争者に隠れて行われる競争が実質的に正当化のされない勧奨行為として禁じられる事態を懸念する[162]。このような棚貸し、開店リベートなど多様な形態をとって行われる取引や交渉はメストメッカーの「隠れた競争」論として主張されてきたもので、本意見書も本人が委員長となってまとめられた[163]。

(b) 販売市場に起因する需要者のコスト格差と差別禁止の実質的正当化

改正法案の規定する「優位の条件」の解釈について、以下の批判的指摘がなされた。「優位の条件」とは、供給業者によって需要者が他の需要者よりもより良い条件を提供されることを意味する。このような理解において改正法は、提供される利益の実質的な正当化を判断する基準について不確実性を導く。すなわち、下流市場で他の需要者と激しく競争する需要者の立場において、コスト格差の正当化を主張しえるか不明確である（独占委員会）[164]。

(c) 市場における差別的な競争制限の禁止原則からの逸脱

独占委員会は本規定の置かれた体系的構成による解釈を重視した、本改正法案の問題点を以下のように指摘する。

第4次GWB改正法案の規定（旧26条3項1文）によれば、旧26条2項2文の意味において、市場で有力な事業者に対し優位の条件を提供する勧奨が禁止される。差別禁止に係る旧26条2項2文は、BGHの確立した判例により競争の自由を志向した法目標の考慮の下で解釈され、市場の競争制限と結

---

162) Sondergutachten 7, Tz. 232. 独占委員会による見解の詳細は、拙稿・問題点 [1] 注24を参照。

163) メストメッカーは、「隠れた競争」を受動的差別禁止の旧GWB20条3項によって禁止するならば、新規の競争状況を創出することを妨げ、その結果は供給業者の寡占的な反応からする団結的成果であって、リベートカルテル以上に供給業者段階の市場構造の平準化（「管理された競争」）を導くとする。第3章Ⅵ.4.（6）を参照。

164) Sondergutachten 7, Tz. 231.

びついた差別行為のみを問題にする。これに対し改正法案の規定する差別行為は、需要者が供給業者にあって獲得する価格及びそのほかの取引条件の比較に結びついている。その結果旧26条2項の文言から逸脱した規定となっており、さらにGWBの目標からも逸脱がある（独占委員会）[165]。

(2-3) 因果関係を重視した政府草案の修正

独占委員会の反対を受けて、政府草案は力の地位利用に焦点を当てること、規範名宛人から価格拘束的な事業者を除くこと、市場で有力な事業者については従属関係に明白に限定することについて考慮した[166]。その結果、「その市場地位を用いてはならない」という、後に市場地位と濫用行為との因果関係問題として争われる文言が付加された経緯が注目される。当該文言は2017年に至って、第9次GWB改正により削除されることになる。

(2-4) 旧GWB26条3項に対する評価

(a) 体系的位置付けの問題点——直接の差別と受動的差別の二分論

需要力濫用規制の規定を創設した改正法に対しては、需要者が供給者に差別行為の教唆を行うことを禁止する規定の特異性が問題とされた[167]。受動的差別禁止の本規定は、旧26条2項に係る差別的取扱いの系列に置かれたが、需要力行使の特性を見失った結果、立法者の意図は達成されないとの予測があった。すなわち、市場の相手方に対する働きかけの態様に係り、以下の二点から同項の差別禁止との異質性が問題にされた。

第一に、供給業者に対するより有利な取引条件を獲得する努力はそれ自体で、実質的に正当化されない差別的行為として問題にされることはない[168]。

第二に、供給業者をして優位の条件を提供させるよう勧奨する働きかけについて、供給業者は、不利な需要者に対する差別的取扱いと構成されるものでもない[169]。

---

165) Sondergutachten 7, Tz. 230.

166) Vgl., *Markert*, in I/M, 1Aufl. §26, Rn. 324.

167) 受動的差別禁止の第4次GWB改正による立法化が、旧GWB20条1項の不当な差別的行為の禁止を補完するための「教唆要件」として導入された経緯については、拙稿・利益強要〔1〕79頁。

168) L/B, 9Aufl. §20, Rn. 209（本規定は、市場で有力な事業者がより有利な買取条件を獲得することを、相手方供給業者に係りなんら不当な妨害や差別行為とするものでない）

169) L/B, 9Aufl., §20, Rn. 209.

受動的差別の場合に行為主体は市場で有力な需要者であるが、勧奨により自己の競争者に対する優位の条件を獲得すると捉えられた。優位の条件の提供に係り供給者による受動的差別行為においては、旧26条2項における差別行為の規定から、規範名宛人がその需要者ないし供給者を異なって扱うのでなく、他の需要者に対する優位を供給者に供与させる手段が区別されて規定された[170]。かかる区別による差別的取扱いを規制する本規定について、政府草案に示された期待は実際上ほとんど満たされないと批判がされた[171]。この評価は、規範名宛人よる直接的な差別の場合と供給者に勧奨する場合の区別をする意義が見出し難いとする。すなわち、供給業者に対する需要力濫用規制として、差別禁止の体系によらしめた問題点を摘示するものである。

このような本来的に困難な実践的上の問題を内包する規定として、その適用の可能性に判例が言及する事例[172]が存したにもかかわらず、運用例が乏しく、立法者の期待に背く時期が続いたと評価された。

(b) 垂直的な市場の相手方保護に係る見解

他方制定当初から、需要者サイドの競争と競争者の競争機能を保護するだけでなく、供給業者サイドの競争と競争者の競争機能を保護するとの見解が主張されていたことが注目される[173]。需要力濫用監視の運用が実質的に機能する端緒となった立法的解決は、後者の垂直的方向での保護を進めるうえでの障害となる規定の改正（2017年）を待つことになる。

（3）中小事業者への保護の限定（第5次GWB改正）

1989年の第5次改正は、旧GWB26条2項の従属的事業者に対する実質的

170）政府草案理由書も述べる通り、旧GWB26条2項は供給者側のみならず、需要者側にも適用可能である（BT-Drucks. 8/2136, S. 25）。しかし、運用例は供給者側の事例に集中していたため、第4次改正は需要力の濫用に対処する旧26条3項を導入した。その背景的事情については、杉浦・第4次改正、23頁以下を参照。

171）L/B, 9Aufl., §20, Rn. 209.

172）OLG Hamm WRP 2002 747（2002）-Anzapfen. なお、ノースデュルフトは、この判例をあげて、裁判所は、GWBによらず不正競争防止法を用いて、その規範名宛人の地位を前提にしない独自の規制による解決を導いたとする。*Nothdurft,* in Bunte, Kartellrecht, 14. Aufl., §19, Rn. 243. この2002年のハンブルク控訴裁判所の判決については以下の拙稿で紹介、分析した。拙稿・利益強要［2］、10頁以下。

173）L/N/R/S, Kartellgesetz, S. 880.

V. GWB における需要力濫用規制の体系的位置付け　　181

に正当化されない差別の禁止について、従属的事業者を中小事業者に限る改正をした。その結果受動的差別禁止に係る旧 GWB26 条 3 項も、「2 項 2 文の意味で…従属的関係にある」事業者は、中小事業者に限定されることとなった[174]。

（4）旧 GWB20 条 3 項への移行（第 6 次 GWB 改正）

　その後、1999 年の第 6 次 GWB 改正[175]により旧 22 条（市場支配的事業者に対する濫用監視）は、旧 19 条に規定され、同じく改正前の旧 26 条 2 項から 4 項（差別行為の禁止、優位の条件供与禁止、中小規模の競争者に対する不当妨害の禁止）は旧 20 条 1 項から 4 項に移行された[176]。旧 26 条 3 項は内容の変更なく旧 20 条 3 項へ移行した。既に後に改正される供給業者に対する「勧奨」の文言に係る疑問が提示されていたが、今次改正では採用されるに至らなかった[177]。

（5）「要求」と「利益」（第 7 次 GWB 改正）
（a）「勧奨」と「要求」の併記

　2005 年の第 7 次 GWB 改正により、受動的差別に係る特徴を示す規定の一つである供給業者に対する「勧奨（Veranlassung）」について、「要求（Aufforderung）」の文言が併記された[178]。要求の文言は、結果として失敗に終わった要求の場合でも要件に含める立法者意図による[179]。交渉過程へ関与する立法者意図が示された。

（b）「優位の条件」から「利益」への転換

　さらに本改正では、それまで本規定が実際の運用例を欠く「根本的原因」とされた点に係り、「禁止要件の重要な質的変更」がされた[180]。それは、規

---

174) BT-Drucks. 11/4610（30.05.1989）S. 21f.

175) 泉水・ドイツ、における「1 ドイツの競争政策の目的と歴史」より、5) を参照。

176) Eisenkopf, Mehr, S. 630.

177) Vgl., Köhler, Verbot, 113.

178) Vgl., BT-Drucks. 15/5735, S. 2.

179) BT-Drucks. 15/3640, S. 74.

180) *Nothdurft*, in Bunte, 14. Aufl., § 19, Rn. 243, 262.

範名宛人の競争者との量的比較において規範的評価がされる「優位の条件」
について、適用範囲の限定を生ぜしめたその文言に代えて、「利益」が規定さ
れた点である[181]。2002年メトロ事件BGH決定は「優位の条件」の文言に格
別の意義は認めなかったが、市場における優位の捉え方を、行為者と市場の
相手方の間で垂直的関係を基礎にする考え方に即するものとした立法措置で
ある。

（6）中小企業保護に限定する規定の削除（2007年「価格濫用改正法」）

　2007年のいわゆる「価格濫用改正法」によって、旧GWB20条項2の意味
で保護される供給業者について、中小企業に限定していた旧20条3項2文の
規定を削除し、全ての従属的事業者（abhängigen Unternehmen）に改め、そ
の対象を広げた[182]。この旧20条2項の意味で保護される供給業者の範囲に
関する改正は、5年間の時限立法であった。

（7）大規模供給業者の保護（2012年第8次GWB改正）
（7-1）独占委員会による規制強化反対論
（a）大規模製造業者に対する保護（消極）

　第8次GWB改正[183]に先立ち独占委員会は、旧20条3項2文の保護範囲
を大規模製造業者に拡大することに反対する（上記5年間の時限立法の延長に
反対する）意見を公表した。すなわち2012年7月に公表された「流通業と
サービス業における競争の強化」と題された第19次定期報告書である[184]。
それによると、大規模製造業者は通常、中小規模の業者よりも個別流通業者
の実質的に正当化されない要求を防御できる状態にいる。また小規模な競争

181）本改正に関する立法過程の審議と修正の詳細は、拙稿・問題点［1］14頁注43を参照。Vgl.,
　　 BT-Drucks. 15/5735, S. 2, Zu Artikel 1, 3. b). *Markert*, in I/M, GWB, 5Aufl, §19, Rn. 367.

182）Gesetz zur Bekämpfung von Preismissbrauch im Bereich der Energieversorgung und des
　　 Lebensmittelhandels 18. 12. 2007 BGBl. I-2966 Zu Artikel 1, 2. a). 立法理由については参照、
　　 Bericht 2007 BT-Drucks 16/7156, S. 10.

183）§§19ff. GWB-neu gem. Art. 1 Nr. 5ff. BT-Drs. 17/9852（31.5.2012）und Nr. 1a）und b）
　　 BT-Drs. 17/11053（17.10.2012）. 本改正を中心として、独占委員会（2007年第47次特別意見書）
　　 とケーラーによって、食品小売業における需要力の存否、さらにGWBによる需要力濫用規制の
　　 是非にまで遡る論争が交わされた。この論争は、拙稿・問題点［1］24頁以下で紹介、検討した。

者よりもより良い製造条件を有し、より容易な回避可能性をもつ。さらに財源の大きさゆえに需要変動により生じるコスト増に耐える。カルテル法及び競争当局の特別の保護は必要としない[185]。

(b) 消費者厚生重視の規制強化反対論

また独占委員会は、需要力濫用規制の強化に反対する基本的立論として、販売力と異なる、需要力の消費者厚生にポジティブな効果について、それを損なう懸念を表明した[186]。かかる懸念は、需要競争の経済的厚生にプラスとなる効果を旧20条3項が損なうというものであり、需要力濫用に対する規制に根本的に反対する一般的な立論であった。

(7-2) 第8次 GWB 改正

(a) 需要力濫用規制の GWB 体系上の整備

上記の独占委員会の勧告にもかかわらず、2012年10月ドイツ連邦議会は第8改正案を可決した。受動的差別の禁止に係る、市場で有力な事業者に関する旧 GWB20条3項2文の規定は、第1文の市場支配的事業者による受動的差別の禁止と共に、新しく整備された19条の「市場支配的事業者の禁止行為」における第2項の5号に残された。改正法は、18条に市場支配的事業者に係る定義規定をおき、20条で「相対的ないし優越的な市場力ある企業の禁止行為」を類型化し、さらに21条に「ボイコットの禁止と他の競争制限行為の禁止」についての規定をおいた[187]。カルテル法上の需要力濫用規制に係る体系化の試みとして、19条の市場支配力の濫用監視に係る一般条項の規定に続く、例示規定を妨害、差別そして搾取の濫用禁止と共に整序する規定をおくものであり注目される。

---

184) Hauptgutachten 19, Tz. 1001ff. 本意見書の策定者である独占委員会の委員長ユストゥス・ハウキャップによる、需要力濫用の危険と集中の原因についての分析については、拙稿・問題点 [1] 54頁以下を参照。

185) Hauptgutachten 19, Tz. 1221. 独占委員会は、連邦政府が旧 GWB20条3項2文における保護範囲の大規模供給業者への拡張を2012年末で打ち切るとする考え方に賛成する。A.a.O., Tz. 1223.

186) Hauptgutachten 19, Tz. 1145. この点の詳細は、拙稿・問題点 [1] 注48を参照。

187) §§19ff. GWB-neu gem. Art. 1 Nr. 5ff. BT-Drucks. 17/9852 (31.5.2012) und Nr. 1a) und b) BT-Drucks. 17/11053 (17.10.2012) (18条から21条までの新規定).

184　第3章　需要力濫用規制の体系構成

(b) 大規模製造業者の保護；食品小売業者の集中化への対応

　2012年5月の第8次GWB改正の政府草案理由書は、規範の保護対象に大規模な供給業者を含める効力延長を認めなかった[188]。その後同年6月の両院協議会の協議により、垂直的関係における事業者の規模に言及せず、従属的事業者が保護される規定となった[189]。かかる立法過程における変更について、上記両院協議会の議案にはその変更理由の記載を欠くが、食品小売業における集中の進展により、大規模製造業者の自衛能力に限界を認めたものと解されている（ノースデュルフト）[190]。

(c) 時限立法の取り止め

　旧20条3項2文は2012年12月31日までの効力期間を限る時限規定であったが、さらに5年間の時限立法とする改正をしないで、永続的な規定とされた[191]。

（8）エデカ事件控訴審決定への対応（2017年第9次GWB改正）

(8-1) 法目的の変更の明確化

　エデカ事件控訴審決定がカルテル庁の主張を全面的に退けた結果を受け、立法者は第9次GWB改正により19条2項5号における「利益強要禁止の実効的な適用可能性」を図る改正を行った[192]。これは、立法者により同号の需要力濫用規制につき、「利益強要禁止」を目的とすることが明記されたもので注目される。

(8-2) 因果関係の立証問題に関する明確化

　市場地位の「利用（Ausnutzen）」に係る文言の削除により、市場地位と利益の要求の間の一般原則を超えて、因果関係に係る要件は要しないことの明確化がされた[193]。

188）政府草案は、カルテル庁の実務に係り、保護対象の拡大規定について効力延長の必然性は何ら認められないとする。BT-Drucks. 17/9852, S. 24. この点の詳細は、拙稿・問題点［1］注50を参照。

189）BT-Drucks. 17/13720（05.06.2013), S. 2.

190）*Nothdurft*, in Bunte, 14 Aufl §19, Rn. 243.

191）BT-Drucks. 17/11053, S. 18, B. Besonderer Teil, Zu Buchstabe b（Nummer 7).

192）BT-Drsucks. 18/10207（07.11.2016), S. 52, Zu Nummer 5 Zu §19 Zu Buchstabe a.

(8-3) 「勧奨」要件の削除

　実質的な正当化理由のない利益を提供させる「要求」の文言（2005年の第7次GWB改正により規定された）と共に併記されていた、「勧奨」の文言が削除された。利益提供の求めに対する結果が不成功に終わった場合でも、違法となり得る趣旨を明らかにした。この点は、結果の不成功により、市場力行使と利益要求との因果関係がない場合も違法とされる趣旨とされる[194]。

(8-4) 裁量衡量に係る例示基準による拡張

(a) 新たな追加文；改正の趣旨

　GWB第9次改正において19条2項5号の不当性要件につき、二項目の例示基準が追加された。ひとつは、要求の相手方が要求の根拠及び場合により要求の計算について「後付けできる（nachvollziehbar）」ことであり、立法者は透明性の要件とした[195]。いまひとつは、要求された利益と提示された要求の根拠との間に適正な関係が存することであり、立法者はかかる要件により給付／反対給付の比例性を問題にした[196]。

　この二項目は実質的正当化の検証を容易にし、かつ法的安定性を高める目的による[197]。また、それらは実質的正当化を欠くことの重要な指標であり、法目標の考慮のもと市場参加者の利益に対し「より細かな個別衡量」をなすためのものである[198]。

(b) 「特に」という文言の意味

　改正法文はかかる二項目を、「特に」考慮するとしたが、基準の列挙は限定的でなく、より広範な基準の導入を排除しない。すなわち、裁量衡量（Ermessensabwägung）に係る基準であるとされる[199]。BGHもエデカ事件でこの点を承認した[200]。この指摘は、立法者が実質的正当化の不当性要件について高

193）この点については参照、拙稿・問題点［2］136頁以下「4. 利益強要禁止と因果関係」。

194）Vgl., Murach, Anzapfverbot, Rn. 3.

195）BT-Drucks. 18/10207, S. 52 zu §19, zu Buchstabe a. 拙稿・問題点［1］注56を参照。

196）BT-Drucks. 18/10207, S. 52 zu §19, zu Buchstabe a. 拙稿・問題点［1］注57を参照。

197）BT-Drucks. 18/10207, S. 52 zu §19, zu Buchstabe a. L.. Murach, Anzapfverbot, Rn. 19.

198）BT-Drucks. 18/10207, S. 51 zu §19, zu Buchstabe a. Murach, Anzapfverbot, Rn. 19.

199）Vgl., Murach, Anzapfverbot, Rn. 21.

200）拙稿・問題点［1］19頁以下を参照。

186 第3章 需要力濫用規制の体系構成

度に個別事例に依存する衡量を要するとしていた点からも、より広い基準を
要請すると解されている[201]。

(c) 裁量衡量の二基準と利益衡量の関係

19条2項5号は、その実質的正当化の要件について、同条2項（妨害と差
別の禁止）の不当性の要件（「不当に」あるいは「実質的に正当理由なく」）に従っ
て、競争の自由の法目的を志向した考慮の下における包括的な利益衡量の一
般的定式により、個別事案の不当性が判断される枠組みになっている[202]。裁
量衡量の新たな二基準は、かかる個別事案に即した利益衡量の枠組みに取り
入れられる。従って、二基準の双方又は片方を欠く事案では、要求を受けた
事業者の有利な衡量がなされる[203]。

（9）GWB19条2項5号の立法史；まとめ

ⅰ）受動的差別禁止の初期規定から、利益強要禁止の現行規定へと目的の変
更があった。

ⅱ）初期規定は妨害・差別の禁止規定に編入され、その後2013年第8次改正
により、「市場支配的事業者の禁止行為」としてまとめられた濫用監視の
GWB19条に体系的な整序がされた。

ⅲ）初期政府草案に対する独占委員会の批判を考慮して、因果関係の問題と
して争われる市場地位の「利用」の文言を付加することで、本規制の導入が
認められた。その後エデカ事件で控訴審決定は、カルテル庁の主張を全面的
に退けたが、その主要な根拠とされた因果関係論はBGHにより否定され、
また「利用」に係る文言は、立法措置により削除された。以上の経緯から、
因果関係に係る主張が、本規制の発動に大きな負担となることが明らかにさ
れた。

ⅳ）本規制の初期規定以来、旧GWB20条2項の意味で保護される供給業者
について、中小企業に限定していた旧GWB20条3項2文の規定を削除し、
全ての従属的事業者その対象を広げた（第8次GWB改正）。需要者段階だけ

---

201) BT-Drucks. 18/10207, S. 52 zu §19, zu Buchstabe a. Murach, Anzapfverbot, Rn. 21.

202) Lettl, Anzapfverbot, Rn. 18.

203) Lettl, Anzapfverbot, Rn. 18.

でなく、供給業者段階においても集中化、寡占化が進展する産業構造下における相対的市場力規制の在り方について、模索が続けられているものと考えられる。

（10）利益強要（受動的差別禁止）禁止規定の運用実績と解釈論の水準

本規制は1980年の導入以来、エデカ事件とメトロ事件の両事例を除いて、40年近くの間、見るべき運用実績をあげていないとみられる。この点は、以下の調査と指摘による。

ⅰ）表１のように、カルテル庁の年次報告書は、連邦レベルと州カルテル庁の双方で、1981年以来の手続き開始数、禁止処分数及び行為中止ないし他事由による手続き中止数を調査し、掲載している。それによればカルテル庁の下した禁止処分数が皆無である[204]。

ⅱ）イメンガ／メストメッカー編集のGWBコンメンタールについて、その第５版（2014年）まで19条２項５号の担当であったマーケルトは、カルテル庁の実務で本規制は、「これまで大きな意義を有してこなかった」と結論付ける[205]が、かかる評価が学説の一般的傾向である[206]。さらに同コンメンタール第６版における19条２項５号の解説を引き継いだフックスは、後掲のBGHエデカ決定（2018年）が下された後でも同号は「大きな意義を有するものでない」とする[207]。

ⅲ）エデカ事件のカルテル庁決定は、「従属性」や「実質的な正当化理由のな

204）連邦カルテル庁のHPから、1981年から2020年までの年次報告書に基づき、GWBの過料手続き及び差止手続きに関する各条項の運用状況一覧表を基に、旧GWB26条３項、同20条３項、現行19条２項５号の手続き数を、「カルテル庁年次報告書による手続き数」としてまとめた（V. 1.（10）末尾の表１を参照）。BkartA, Bericht des Bundeskartellamtes über seine Tätigkeit in den Jahren 1981/1982〜2019/2020 sowie über die Lage und Entwicklung auf seinem Aufgabengebiet.

205）*Markert*, in I/M, 5Aufl., §19, Rn. 366 & Fn. 1237. マーケルトは、旧GWB26条３項による導入以来2012年末まで、カルテル庁は「80件だけの手続き」を取るに過ぎないとする。本規定導入以来の運用実績と解釈論のレベルに係る評価をまとめるならば、かかる手続きの数は、大部分、警告（Abmahnung）事案によると推察される。第６次GWB改正以後、非公式手続きとしての警告はカルテル庁の実務で通常に行われる。警告対象事業者が問題行為を取止めれば、正式手続きを略すことができるメリットがある。*Klose*, in Wiedemann Handbuch 3 Aufl. §53 Rn. 146ff. 警告通知の発した後、カルテル庁は何らの手続きを開始しない結果も許される。*Bach*, in I/M, 5Aufl. §54, Rn. 6.

い利益」の要件といった GWB19 条 1 項、2 項 5 号の濫用手続きにおける重要な「多数の問題が、初めて審査される」ことを認めている[208]。

iv）エデカ事件のデュッセルドルフ控訴裁判所は、そのカルテル庁決定につき、主文 9 項目全てを取り消した[209]。この控訴審決定に対し、利益強要の禁止規定は実際上の適用分野のないまま、「死せる法（totes Recht）」になるといわれた。当該規定に対する、このブンテ評釈の評価は、ほとんど見るべき運用実績を欠いている状況下で、カルテル庁がいわば再生を賭けて取り組んだ訴追を全面的に退けた、控訴審決定のもたらす効果について述べられている[210]。

v）ケーラーは、旧 GWB20 条 3 項の規制について効率的でなく、実際上これからも運用されることはないと予測していた[211]。さらに 2013 年時点における旧 GWB20 条 3 項に対する法運用の乏しさを前提にして、以下のような解釈論の水準に対する現状認識を指摘した。すなわち、受動的差別禁止を規定する同項は「その意義及び妥当範囲が、判例によって未だほとんど明らかにされていない、不確定な一連の法概念によっている」[212]。

206）マーケルトの他にも、19 条 2 項 5 号の運用実績の乏しさに関して、以下の指摘がある。*Schulz* in L/B, 9Aufl. §20, Rn. 220（1999 年のメトロ事件まで、カルテル庁は公式手続をとっていない）, *Westermann*, in Münchener, 2Aufl., §19, Rn. 173（この規定の実務上の意義は乏しい。カルテル庁の差止命令は 1999 年のメトロ事件までなかった）, Gayk, Hochzeitsrabattverfahren, S. 245（長期にわたり 19 条 2 項 5 号は、行政実務と判例において、「影のような存在」であった）, Lettl, Anwendung（Teil II）, 940 Rn. 38.（エデカ事件のカルテル庁決定は、19 条 2 項 5 号の適用により、相対的に市場力ある需要者と従属的供給業者の間における、契約交渉の当事者に対する一般的基準を初めて展開するものであった）, Dreher, 10 Aufl., §11 Rn. 1262（本規定は BGB134 条の民事法上の、そして GWB33a 条 1 項のカルテル法上の、双方の損害賠償請求権を認めるにもかかわらず、実務上何ら大きな役割を果たしてこなかった）, *Loewenheim*, in L/M/R/K/M-L, 4. Aufl. §19, Rn. 100.（本規定の実務上の意義は、数多くの不確定概念のために適用が困難であることから、これまで限定的なものであった）

207）*Fuchs*, in I/M, 6. Aufl., §19, Rn. 327.

208）BkartA, 03.07, 2014-B2-58/09-EDEKA, S. 6.

209）OLG Düsseldorf, 18.11.2015（VI-Kart 6/14（V）, NRWE の HP より入手。）, Rn. 29.

210）Bunte, Hochzeitsrabatte II, 158. Vgl., *Northdurft*, in Bunte, Kartellrecht, 14 aufl. §19 Rn. 248.

211）2012 年に集中的に進められた第 8 次 GWB 改正手続きにおいて、GWB19 条 2 項 5 号（改正前法 20 条 3 項）の受動差別禁止規定の問題点が論議されたが、連邦衆議院の経済技術委員会が開催した改正法問題の公聴会（6 月 27 日）において、ケーラーの述べた発言である。Deutscher Bundestag 17. Wahlperiode, Protokoll Nr. 17-74, Ausschuss für Wirtschaft und Technologie, Wortprotokoll, 74.Sitzung Öffentliche Anhörung, Drucksache 17/9852, S. 48. 参照、拙稿・酪農乳業 109 頁及び注 202。

以上のような、本規定導入以来の運用実績と解釈論のレベルに係る評価をまとめるならば、19条2項5号のGWBにおける規制の重要性が高いものと言うことは困難である。

【付録】表1；カルテル庁年次報告書による手続き数

年度	連邦カルテル庁				州カルテル庁				年度	連邦カルテル庁				州カルテル庁			
	手続開始	禁止処分	行為中止	その他中止	手続開始	禁止処分	行為中止	その他中止		手続き開始	禁止処分	行為中止	その他中止	手続き開始	禁止処分	行為中止	その他中止
1981	4			2	2		1		2000								
1982	11		3	8				1	2001	1				2**			1
1983	12		2	10					2002								
1984	2			2	3		2	1	2003	1							
1985	8			8					2004	1				1			1
1986	2			2					2005								
1987	3		1	2					2006								
1988	2		1	1					2007								
1989									2008					1			
1990					4*				2009	3							
1991					2			1	2010								
1992					1			1	2011			1					
1993					1			1	2012								
1994									2013								
1995					3			3	2014								
1996									2015	1			1				
1997					1			2	2016	1			3				
1998					1			1	2017								
1999					2			2	2018								
									2019	1						1	
									2020	2			1				

＊1981年度の州カルテル庁の開始手続きの内2件は他権限庁へ引き渡された。
＊＊2001年度の州カルテル庁の開始手続きの内1件は他権限庁へ引き渡された。

212）2013年法律鑑定意見書による（前掲Ⅳ．2.（1）を参照）。

（11）需要力濫用規制に係る現行法の規定（2021年競争制限禁止法第10次改正による）

第19条　市場支配的事業者の禁止行為
1項　一又は複数の事業者による市場支配的地位の濫用は、禁じられる。
2項　市場支配的事業者は、一定の種類の商品又は役務について供給者又は需要者として、特に以下の場合に濫用が存する
1号　他の事業者を直接又は間接に不当に妨害する、あるいは実質的な正当化理由なくして直接又は間接に他の事業者を同種の事業者と異なって扱う場合；
2号　有効な競争が存すれば、高い蓋然性をもって回避できた対価又はその他の取引条件を要求する場合；この場合に、特に有効な競争の存在する比較可能な市場を考慮しなければならない；
3号　その価格が実質的に正当化される同種の買い手の存する、市場支配的事業者自らの比較可能な市場よりも、不利な価格又はその他の取引条件を要求する場合；
4号　―その拒否が客観的に正当化されない限り、その市場での効果的な競争を排除する恐れがある場合に、適切な対価を支払う他の事業者に対し商品や商用サービスの提供を拒否すること、特にデータ、ネットワーク又はその他のインフラストラクチャ施設へのアクセスの許可、及び客観的に必要である場合に上流又は下流の市場におけるサービスに対応するためにアクセスの供給または許可を拒否すること；
5号　他の事業者に実質的な正当化理由なくして、利益の提供を要求する場合；その場合特に、他の事業者に要求が後付け可能であるか及び要求された利益が要求の根拠と適切な関係にあるかを考慮する。
3項―略
第19a条―略
第20条　相対的ないし優越する市場力をもつ事業者の禁止行為
1項　19条2項1号と合わせて19条1項は、中小事業者が商品または役務の一定の種類について供給者または需要者として、他の事業者に回避する十分かつ合理的な（zumutbar）可能性が存しない態様で従属する限りで、そのような事業者と事業者団体に適用する（相対的市場力）。一定の種類の商品又は役務の供給者は、取引上の慣例として価格割引や他の役務の対価について付随的に、同種の需要者には与えられない特別の利益を需要者に与えるのが通常の場合には、1文の意味でこの需要者に従属するもの推定する。
1a項　1項の意味における従属性は、事業者が自らの活動を実行するために別の事業者によって管理されている情報へのアクセスに依存している事実からも生じる。適切な対価と引き換えにそのような情報へのアクセスを拒否することは、19条1項、19条2項1号に関連して、1項に従って不当な妨害となる。これは、そのような情報が商業的に取引されていない場合でも適用される。
2項　19条1項は、2項5号と合わせて、従属的な関係にある事業者と事業者の団体にも適用する。
3項　中小の事業者に優越的な市場力をもつ事業者は、当該競争者を直接又は間接に不当に妨害することとなる市場力の行使をしてはならない。第1文の意味での不当な行使は、特に以下の場合に存する。
1号　事業者が食品及び飼料法（Lebensmittel-und Futtermittelgesetzbuch）の2条2項に規定する食料品を原価を下回る価格で販売する場合、または

2号 事業者が他の商品又は役務を、単に一時的でなく原価を下回る価格で供給する場合、または、
3号 事業者が後段階市場で商品又は役務の販売に関し競争関係にある中小事業者に対し、自らその市場で販売するよりも高い価格で当該商品又は役務を供給する場合。ただし、そのことが実質的に正当化される場合は、この限りでない。原価を下回る食料品の供給について、当該販売業者について通常正当とみなされる販売によっては、商品の腐敗ないし商品価値の毀損を生ずる恐れがある場合には、実質的に正当化されるものとする。食料品が公共的な施設での使用に供せられるために販売される場合には、不当な妨害は存しないものとする。

2. 市場支配的事業者の濫用監視（GWB18/19条）と需要力濫用規制

（1）メッシェルの市場構造志向論

（a）濫用監視の目的——競争制限の禁止

　市場支配的地位の濫用は、GWB18条の市場支配的地位の認定要件、そして同19条の濫用行為の総則的な禁止と例示的な禁止行為（妨害、不当差別そして搾取の個別の禁止）から構成される。19条は1999年の第6次GWB改正前には旧22条として規定され、18条は旧19条から2013年の第8次改正後に、市場支配的地位の要件を独立して定めるものとされた。市場支配的及びその他の競争制限的行為の定め（同18条から21条）は、その内容に関して、カルテル禁止（GWB1条から3条）、さらに35条以下の企業結合規制の規定とともに、GWB全体における中核的規定として法体系的にGWBの三本の柱を構成する[213]。この基本的構成に基づきメッシェルは、市場支配的地位の濫用監視に係る規範目的を問題にするにあたり、以下のように旧19条（2007年当時。以下単に19条と記す。）の法体系的な特徴を述べている。

　「企業を法秩序の特別のコントロールの下に置く場合に、その理由は広範なものが考えられる。しかし19条に関しては、この点は比較的狭い範囲で考えられるにすぎない。その規定は競争の自由を志向した法目的のもとでGWBの全体のうちに包摂され、…かつ、市場支配の（認定）要件を事業者の市場の影響に結び付けている。個々の規制目的はこの双方の点に原則的に体系付けられており、これらの点から法適用にあたっての派生的基準が等しく一般化される」[214]。

---

213) Vgl., Möschel, Recht, §9 Rn. 500, ders., in I/M, 4 Aufl., §19 Rn. 1.

192 　第 3 章　需要力濫用規制の体系構成

　このように述べたメッシェルは、市場支配的事業者の濫用監視が原始
GWB（1958 年）により実定法化される以前から、常に濫用監視の限界と目的
には争いがあったとして、競争ありせば存在した価格水準という市場成果に
係る規制を行うべきとする考え方（一般的「想定競争」概念）をあげ、それに
対する反論を行う。すなわち、GWB において濫用概念についての統一的な
メルクマールが存しないこと、その限りで「想定競争」概念のような濫用監
視の積極的な目的概念を導くことはできないとする。濫用監視の場合に、立
法者は競争制限（Wettbewerbsbeschränkungen）の禁止をもって、特定された
規制目的とし、それ以上に出て何らかの司法上執行可能な具体的な目的は、
それを導くことを認めてはいないとする[215]。

(b) 利益強要の禁止規定に関する変遷の歴史

　以上のようにメッシェルが、19 条の濫用監視について競争の自由を志向し
た GWB の目的に従う、競争制限の禁止を超えるそれ以上の何ら特定の規制
目標が存しないとした根拠に、19 条と GWB 全体の規定内容につき立法者の
意思が示されていない点を挙げることが注目される。この点を需要力濫用規
制に係る利益強要禁止の展開の歴史に即し検討すると、需要競争の重要な在
り方として買い手がライバルよりも有利な取引条件を獲得することを目指す
競争について、それが競争の自由として保護に値するとして、その場合に市
場の競争制限をさらに問題にするならば以下のアプローチが残されている。
先ず、受動的差別禁止の法理によって不当な差別行為として問題にされる
か、あるいは次に、GWB の保護する競争原理が働かないことを理由にして、
需要者たる行為者のなす抑圧的行為が例外的に規制されて、搾取濫用の監視
が図られることになろう。このような規制の展開は、実際に GWB19 条 2 項
5 号（改正前旧 20 条 3 項、それ以前の規定導入時は旧 26 条 3 項）の利益強要禁

---

214) *Möschel*, in I/M, 4Aufl., § 19 Rn. 5.

215) Ibid, § 19 Rn. 6. Moschel, Recht, § 9 Rn. 502. メッシェルは、市場支配的な企業を特別のコン
　トロールのもとにおく濫用監視を、GWB 全体と調和して同法に組み込む場合の解釈基準として
　は「競争の自由を指向した目標設定」という狭い枠組みしか許されていないとする。Möschel,
　Presskonzentration, S. 74. GWB の種々の濫用規制について、例外的なカテゴリーとして統一的
　な規制目標を考えることができたのは、現行の GWB では削除されたエネルギー供給産業の役務
　供給義務に係る初期の運用事例である。*Möschel*, in I/M, GWB 4Aufl. § 19 Rn.. 6 Fuß. 7.

止が、受動的差別の禁止として導入された後、規制の実効性を欠いた結果、搾取濫用禁止の特別規定として捉え直されて現在に至っている経緯と一致する[216]。

（2）競争秩序の機能保護に係る濫用監視の三段階説

上記のように、市場支配的事業者の濫用監視については、立法者意思として、競争の自由を保護する競争制限禁止の理論構成によるほかないことを述べたメッシェルは、濫用監視が有する競争秩序の機能保護に関する説明を三段階説として行う。この説明に依拠する場合、上記（1）の（b）で述べた。需要力規制を受動的差別の禁止あるいは搾取濫用禁止として捉えるしかないことが再度、確認されるが、メッシェルの三段階説はGWBの基本原則的な秩序形態の在り方に即して以下のようになる[217]。

(a) 濫用監視の第一段階の機能——市場の開放性維持

メッシェルによれば、GWBにおける競争秩序保護の原則にとって、市場への介入措置はそれが競争と適合的であるかの原則に従って介入の是非が問題とされなければならない。競争適合性の意味は、市場の成果を修正ないし操作する措置に対して、競争を促す措置に優位が認められるという関係性を指す。成果の規制でなく市場構造の条件整備が競争促進効果において優位が認められる。こういった関係性は、第一段階として、濫用規制は市場構造的視点を導く。かかる市場構造的視点が濫用監視で前提的な検討条件とされるのは、先に19条が、競争制限の禁止を特定の目的とするほか、市場支配的地位の認定要件を規定することをもって市場構造への関連を示しており、濫用監視の運用を行う上での数少ない理念的基盤を提供するとされていたことに基づく[218]。

具体的に市場構造的視点は、市場の開放性を損なう市場支配的事業者の行為が先ず問題とされる。市場支配的地位という条件のもとにおかれたにもかかわらず、市場は競争が展開され強化される可能性が存しなければならな

---

216) 前掲、第2章I．3、第3章V．1．を参照。
217) Möschel, Oligopolmissbrauch, S. 158f. Moschel, Recht, §9 Rn. 502.
218) *Möschel*, in I/M, 4Aufl. §19 Rn. 5.

194　第 3 章　需要力濫用規制の体系構成

い[219]。濫用監視に係ってこの可能性は、競争プロセスが事業者の支配的地位を解体する傾向性、市場の自動性調整メカニズムの働きを持つことにつき、それを助長するものでなければならないことを意味する[220]。

(b) 濫用監視の第二段階の機能——市場の不当差別（妨害的）行為の禁止

　競争秩序の保護機能の第二段階は、通常、市場の開放性を妨げる第一段階の行為態様以外のその他の妨害的競争が問題にされる。かかる妨害的競争は、支配的な市場やそれ以外の第三の市場に影響を及ぼす行為態様であり、間接的な取引拒絶に関連する類型として、市場の相手方に対し競争者との取引に関し差別を行わせる行為が重要になる(例えば地域的差別対価)。したがって、かかる相手方に対する効果は、搾取濫用行為として市場成果のコントロールを問題とするものでなく、行為者のライバルとの競争関係に焦点があてられる[221]。

(c) 濫用監視の第三段階の機能——緊急避難としての想定競争概念

　メッシェルによる競争秩序の機能保護を重視した観点からする濫用監視にあっては第三段階に至って、搾取濫用の「想定競争」概念によることが認められる[222]。

　市場支配的事業者の個別の競争制限的行為を禁ずる GWB は、この競争制限禁止という枠組みを超える補完的機能を、秩序形成的な競争維持政策と整合性を保ち、想定競争価格の規制を行う。すなわち競争制限禁止の枠組みにとって代わる国家的な監視を目指すのでなく、限られた範囲に留めた市場成果のコントロールを行う。その場合、例えば短期的に捉えられる消費者保護のような利益が、価格に対する介入を行うことによる中長期的な競争的市場構造の悪化の不利益と衡量される。後者の競争に係る市場構造上の不利益とは、搾取濫用の監視による価格引下げ命令から新規の参入意欲を減じて、既存の市場支配的地位を固定化させる危険を指している[223]。こういった市場の自動調整メカニズムの働きにマイナス効果となる市場成果のコントロール

---

219) *Fuchs* in I/M, 6 Auf., §19, Rn. 23, 25（濫用監視の出発点は、残存競争の保護と競争プロセスの開放性の維持にある).

220) Möschel, Oligopolmissbrauch, S. 158, Möschel, Presskonzentration, S. 77.

221) Möschel, Oligopolmissbrauch, S. 158f.

222) Möschel, Oligopolmissbrauch, S. 159f.

は、その必要性に係って「緊急避難（Notbehelf）」として特徴付けられるのであって、市場において競争機能が働かない限界的な事例に限り認められる[224]。

（3）三段階説に即した需要力濫用規制の在り方

ⅰ）メッシェルの搾取規制は、市場支配的事業者の濫用監視による三段階説に位置付けられた。三段階説において、市場の開放性維持に関する規制の第一段階で市場構造志向の立場が明らかにされ、第二段階の取引の相手方に対する働きかけが問題になる間接的な取引拒絶の類型においても、差別禁止の法理により、市場の競争制限が専ら問題にされる。そして第三段階に至って、搾取濫用としての価格監視について、それが市場構造における競争メカニズムの機能発揮にマイナスとなる副作用を十分に認識したうえで、極めて限定的に立法者によって命じられたものと解される特徴がある。

ⅱ）かかる特徴を需要力濫用規制の在り方に当てはめてみれば、第二段階でその規制は受動的差別禁止として捉えられるか、それが実効性を欠く場合には、第三段階で搾取濫用規制によることとなろう。この点は、上記のように利益強要禁止（GWB19条2項5号）の実際の運用の経緯に即する結果になる。さらに第三段階で搾取濫用規制として需要力の濫用が規制される場合でも、市場成果のコントロールが広範に行われる事態が回避されるべく謙抑的な介入とされるべきことになろう。

（4）三段階説の比較法的考察

この三段階説の特徴を日本法と比較法的に考察し、重要点を以下に摘示、分析する。

（a）需要力濫用規制を導く指導理念の在り方

第一にGWB19条において特定された目的である競争制限の禁止、そしてGWB全体における規制目的として競争の自由のほか、立法者によって需要

---

223) Vgl., *Fuchs* I/M, 5Aufl., §19 Rn. 38.
224) Möschel, Oligopolmissbrauch, S160. *Möschel*, in I/M, 4Aufl. §19 Rn. 151, *Fuchs*, in I/M, 5Aufl., §19 Rn. 38.

196   第3章　需要力濫用規制の体系構成

力濫用規制を導く指導理念は何ら与えられていないとされる点が重要である。具体的な違法性判断基準を導く指導理念が競争の自由の他に存しない点は、日本法につき優越的地位の濫用規制の指導理念として、自由競争基盤の確保、公正競争阻害性、そして法目的の「公正且つ自由な競争」の保護を段階的に整序しているのと対照的である。

(b) 取引の規制を不可避とする需要力濫用規制

ⅰ）三段階説の特徴は第二に、買い手間のより有利な取引条件を獲得する競争は、取引関係で買い手の売り手に対する積極的な働きかけを特徴とし、さらに、濫用行為に対する規制は取引の内容に対する介入を不可欠とする点において、他の競争法違反の行為類型と異なる点である。この点から、買い手間の競争を規制する場合に、取引関係に介入せざるを得ない結果をどのように規制の体系に位置付けるかが問題になる。

ⅱ）需要力濫用規制が取引の規制を不可避とすることは、需要競争の概念から導かれる結論となる。ケーラーの需要競争論によれば、より有利な取引条件を獲得することを目指す需要者間の競い合いは、かかる競い合いの行為自由が需要者間で抑制される機能も需要者間の重要な競争の要素とする。この点から、供給者の製品を販売する需要者のマーケティング代理業者としての業績（給付）の提供される競い合いが重要になる。したがって、かかる規制が維持されるために、供給者に対する業績（給付）の提供は、その反対給付が直接の利益の関係において濫用の審査がされ、需要競争は、その本質的要請として取引の相手方保護の機能を導く[225]。

　このように、需要競争の本質的要請として取引の相手方保護を導く需要力濫用規制は、市場支配的事業者の濫用監視における市場構造志向論や競争秩序の機能保護に関する三段階説においては、その位置付けの整合性に係り、本来的に想定されていないと考えられる。

(c) 緊急避難としての「想定競争」概念

ⅰ）こういった取引関係の把握を不可欠の前提とする規制は、メッシェルの競争秩序の機能保護に関する三段階説においては、一貫して濫用監視が市場

---

225) 前掲、第2章Ⅰ.2.を参照。

構造的視点により規律されることから、その規制の範疇において例外的な場合になる（前記の緊急避難としての「想定競争」概念）[226]。市場支配的事業者による濫用的な力の投入をコントロールすることによって、新規参入の促進や前方や後方市場における競争者の競争自由を保護すること（残存競争の維持）を目指すもので、垂直的な市場の相手方を直接的な保護対象としない構成がとられている[227]。

ⅱ）したがって、需要力濫用規制は、その市場構造を志向した競争秩序の機能保護を重視する立場では、その行使の可能性について競争原理（GWB19条における競争制限禁止の特的目的に基づく）の働かない例外的な場合に限られることになると思われる。

ⅲ）本稿では先に、GWB19条2項5号の利益強要禁止につき、1980年の初期規定の導入以来、適用事例及び違反事例の極端に少ない実情に触れた。また2018年までに確定した唯一の違反事例であるエデカ事件についても、BGHはカルテル庁決定が認定した違反9項目のうち6項目と1違反行為については、カルテル庁決定を取り消す控訴審の抗告不許可処分の上告を認めない決定を下している。このような違反行為の摘発、訴訟そして違法性の認定について、消極的な司法及びカルテル当局の姿勢は、以下の原因により説明される。すなわち、利益強要の禁止規定が市場支配的事業者の濫用監視の体系のうちにおかれ、市場構造志向論につきこれまで述べた、取引関係の把握を不可欠の前提とする規制を、例外的場合に限るという根本的考え方に大きく影響を受けたためと考えられる。

226）この点は前述（2）（a）のように、市場支配的地位の認定に係る市場力要件の存在から、市場構造志向の規制が優先して取られるべきとする主張が導かれることも重要である。

227）メッシェルは、GWBにより規制を受ける濫用の概念がそもそも市場の相手方を直接の保護対象にするものでないことを、独占委員会の次の文言を引用して典拠とする。なお、ここでいわれている「競争」とは、ケーラーのいう取引の相手方保護を含む需要競争の概念でなく、専ら水平方向の競争者間の関係を捉えた競争概念と思われる。「濫用監視は、競争によってコントロールされていない行動のありうる範囲を用いて第三者に負担をかけることを阻止する、という任務をもつ。安定性と一致しないあるいはほかの理由から全体的目標に矛盾する行為態様は、すでにこのような理由からGWB22条（引用者注；1999年の第6次GWB改正後の19条）の意味で濫用ではない。」Sondergutachten 1, Tz. 19, Möschel, Presskonzentration, S. 76. Vgl., Mestmäcker, Verpflichtet, S. 1800ff.

198 第3章 需要力濫用規制の体系構成

(d) 比較法上の示唆——市場の開放性が重視される市場構造的視点

　この点は比較法的に、優越的地位濫用規制に対して今村説[228]が、競争原理の働かないことを理由にした相手方への抑圧性をもって規制の根拠とするほかはないと結論付けたことと一定の共通性を指摘できる。この場合の競争原理とは市場の開放性が重視される市場構造的視点が基礎となっていると考えられ、この点から、既存の競争者や新規参入者への取引先転換の困難な相手方に加えられる抑圧性が、最終的に[229]搾取濫用として問題にされるほかはないと推論するに至ったと考えられる。

(e) 優越的地位濫用規制に係る立法者の判断

　三段階説の特徴として第三に、取引行為の規制が極めて限定的に解された、上記の規制理論を導く根拠付けが問題になる。この問題は、三段階説において、基礎的な意義付けを与えられる第一段階において、市場の開放性が重視されることから、市場の自動調整機能による競争の働きによって、濫用の重要な要因である市場支配的地位は固定化されないとした前提に基づいて説明されよう。その限りで、「想定競争」概念による介入のコストがその利益を上回るとした判断を導くことになるであろう[230]。そしてメッシェルの立場に即して検討すると、かかる判断は、買い手間のより有利な取引条件を獲得する競争に対する限界付けをしていない、立法者の意思によって根拠付けられる。

　この点につき日本法では、優越的地位濫用規制の導入に際し下された立法者の判断は対照的である。すなわち、市場の自動的な調整機能である、自由競争の機能を発揮させることにより需要力濫用の源泉たる市場支配力を解体するという考え方に専ら依拠しなかった。むしろ、独占禁止法に固有の需要力濫用規制を認める判断が下されたものと考えられる。その場合、上記ドイ

---

228) 今村・入門〔4版〕166頁。ただし優越的地位の濫用規制に類比される需要力濫用規制を別個に他の法体系の内に置く必要性は認める点で、市場の自動調整機構に過剰な信頼を置くものではない。参照、今村・独占禁止法〔新版〕148頁。

229) 今村説においては、いわゆる「間接的な自由競争阻害」といった自由競争減殺の理論構成がされた後に、最終的に公正競争阻害性は競争原理が働かない中での、相手方への抑圧に求めるしかないとされた経緯がある。参照、今村『独占禁止法〔新版〕』148頁。

230) 前掲2.（4）(c) の、メッシェルによる濫用監視の積極的な目的概念として「想定競争」概念を用いることはできないとする考え方を参照。

ツの考え方に即して検討するならば、優越的地位の濫用規制を行うことで生じる市場構造の固定化により生ずるコストが問題になろう。この問題に関しては、独占禁止法では、立法者によって規制の利益との衡量が果たされた結果、かかる導入に至ったと理解される。

3. 市場構造を指向した市場支配的地位の濫用監視──その捉え方の諸相
（1）支配を生む市場構造を指向した濫用規制
(a) 市場支配と濫用の相互的な関係性

　需要力濫用規制に関して行為者たる需要者と供給者の関係を取り上げると、GWB の市場支配的事業者の濫用監視の規定に即して以下の点が問題になる。需要者である市場支配的事業者の供給者に対する働きかけにおいて、その取引条件に係って競争者に対する妨害や不当な差別、供給者の搾取について、かかる濫用を行った流通業者を濫用規制のもとにおく場合、市場支配と濫用の間の相互的な関係性が問題になる。すなわち、濫用の法的評価における原因としていかなる事象を考えるかの検討が、濫用監視の目的をどのように解するかの理解を基礎として行われてきた[231]。

(b) 個別行為と支配の一体的把握

　この点について、議論は市場支配力の要件を前提にして、市場支配、個別行為そして濫用の諸概念を巡って行われている。先ず、「市場支配が道具として用いられるのでないとすると、個別行為が市場支配の働きでなければならない」[232]（メッシェル）して、市場支配が濫用の十分条件であることは否定するものの、他方で個別行為と一体的に捉えられた支配に濫用の原因が求められる。この点から、支配を生み出す重要な要因である市場構造を指向した規制が、支配的市場と、その前方と後方の市場での競争者の競争の自由の保護

---

231) Möschel, Oligopolmißbrauch, S. 206ff. メッシェルによれば、市場支配と濫用との因果関係は、市場支配が個々の行為それ自体を可能にするものでなければならないという意味までも求められるものでなく、市場力の存在に直面して、行為に競争上の危険性がともなう程度で充分とされる。A.a.O., S. 220.

232) A.a.O., S. 206. メッシェルの所説が、市場支配と濫用の関係について市場支配が道具として用いられて競争制限が可能になるとした一般的な説明を否定することは、拙稿・問題点（2）137 頁以下を参照。

200　第3章　需要力濫用規制の体系構成

を考慮して、探られることとなった。かかる市場構造を指向した濫用監視の
アプローチはメッシェルやメストメッカー、マーケルトによってとられてい
る[233]（市場構造指向論）。

（2）濫用監視の適用範囲に係る抽象的基準──予測可能性と法的安定性

ⅰ）市場支配的な事業者による不当な差別と妨害を禁止する GWB19 条 2 項 1
号は、一般条項として濫用を禁止する 19 条 1 項の下位規範と解される。総則
的特徴を持つ 19 条 1 項は、垂直的な保護方向にあって広い範囲で適用可能性
を示す。また、2 項の個別の濫用監視にあってその適用範囲が明らかにされ
なくてはならない。すなわち両規定において、競争の自由の法目標を志向し
た不当性基準を設定するという連関の枠組みに即して濫用の基準を考える
と、メッシェルは、より一般的な禁止基準よることで競争関係を固定化する
危険を懸念して、包括的な利益衡量による予測可能性と法的安定性を欠く結
果を踏まえた配慮が求められるとする[234]。この点から 19 条と 20 条（相対的
市場力）の両規定において、垂直方向の保護が広くなる場合に、競争の自由
の法目標を志向した不当性基準を設定するという連関の枠組みに即して濫用
の基準が考えられることになる。市場構造指向論によるならば、垂直的方向
での規制は、19 条 2 項の体系構成において限られた範囲とされていた点が重
要な意義をもつ。すなわち、このような体系構成を踏まえるならば、その場
合の違反が問題になる行為は GWB19 条の意味で濫用該当性のない、許され
る行為類型に入れられる傾向は強まるであろう。

ⅱ）このような観点から、濫用監視の規制基準は、メッシェルにあって、以
下の三方向について、「一定の抽象的レベル」で示される。
＊前方および後方に位置する経済段階に属するものが、その経済的行動の自
由において、市場支配的企業の力の行使を前にして、保護されるべきである。
＊事実上同じ経済段階に属して競争における妨害に直面するもの及び市場に
対する参入制限に直面した潜在的な参入企業が、保護されるべきである。

---

233) Möschel, Presskonzentration, S. 73ff., Mestmäcker, Mißbrauch, 23ff., Markert, Mißbrauch-
　　saufsicht, 36ff.
234) *Möschel & Fuchs*, in I/M, 5Aufl., § 19 Rn. 34.

＊市場支配的企業の側から第三の市場に対して、経済力の濫用的な投入が阻止されるべきである[235]）。

　法目的である競争の自由を受けて、19条1項の総則的な濫用監視の規定から同条2項における各号の個別の濫用を規定する段階に至っても、メッシェルの言う「一定の抽象的レベル」に止まるとした、規制基準の抽象性を認めざるを得ないことが注目される。かかる抽象性が、その個別規定の不当性を巡る解釈で、「競争の自由を指向したGWBの目標設定のもとで市場参加者相互の利益を衡量する」アプローチが現実的な選択手段として唯一とりうるとされる[236]結論を導く。GWBにおける市場構造を指向した市場支配的地位の濫用監視の特徴として、違法性判断基準の導出について、その根拠を競争の自由の指導原理のみに依存させるほかない法の体系構成の問題として、比較法的に重要な論点を提示する。

（3）市場構造への影響評価に限られる違法性判断（メストメッカー）

ⅰ）同じく濫用監視で市場構造を指向する基本的立場から、濫用の要件の内に市場構造と市場力の指標から乖離した市場成果を指向する基準を持ち込むことを厳しく批判するのがメストメッカーである。それによると、市場支配的事業者による濫用とは市場力の格別に高いレベルのゆえに、企業者の自己利益を指向する需要あるいは販売の組織が、第三者に不利益な影響を行使することとなる場合であり、この際の監視は、市場地位とそれにより可能となる企業の企てが長期に及ぶことから規制が必要になるという経験的要請からも根拠付けられている。ここでは濫用行為の評価が市場構造と密接に結びつけられているのであり、カルテル等の競争制限と異なる濫用の行為類型を評価する場合には、当該慣行が市場構造を悪化させる否か（市場の開放性が維持されるか否か）の視点に限るべきであり、競争相手との市場地位の関係や市場力評価とは独立した企業成果に係る評価は困難な競争政策上の矛盾に導くと

---

235) *Möschel*, in I/M, 4Aufl. §19 Rn. 11, Möschel, Presskonzentration, S. 77. Möschel, Oligopol-mißbrauch, S. 184.

236) *Möschel*, in I/M, 4Aufl. §19 Rn. 16. かかる利益衡量のアプローチは「弾力的基準説（Die Theorie der beweglich Schranken）」と言われる。山部・濫用、34頁以下。

されている[237]。

ⅱ）垂直的関係にある市場の相手方の不利益を生ぜしめた濫用行為の法的な性格付けに関して、前述のメストメッカーの言うところでは、競争の機能しない市場構造によりそれがもたらされることから、結果的に市場支配的事業者の行為につき企業者の自己利益が注目される。すなわち、それ自体は利潤極大化を目指す企業の事業者性によって説明される自己利益を追求する企業行動は、市場構造の機能不全の指摘と合わせて評価される。濫用行為の非難は、かかる企業者による固有の利益追求に係る性格をもつ取引行為であっても、一定の市場構造の観点からその効力につき相対化され、違法とされる市場関連の法的評価の枠組みにおかれる。したがって、濫用行動に関する違法性評価の第一の要因として挙げられるべきは、市場構造であるとみなされよう。そして第二の要因として、独占ないし高度寡占の市場構造下で許される企業行動の範囲について、市場支配的でない、あるいは高度寡占以外の寡占企業の場合に比べて狭いものとなるにもかかわらず、それを遵守し得なかった結果が挙げられる[238]。

ⅲ）メストメッカーの主張する、カルテル法における需要力濫用規制に係る違法性判断の枠組みは、市場構造への影響の視点に限られる特徴があり、かかる限定的な視点は、現行の法的救済システム全体の問題として、民事法規における契約解釈による解決によって支えられており、それに限る捉え方が特徴になる[239]。その場合、カルテル法の濫用監視にあっては、流通業者からの要求に対してコスト計算が可能であるかという「契約法の自明の基本原則」が挙げられることが注目される。しかしその契約法原則の確認は、市場の透明性確保の要請としてリスク計算可能性、そしてその結果が取引相手方につき需要者間で比較可能であるか否かの違法性判断基準として展開されること

---

237) Mestmäcker, Mißbrauch, S. 23, 25 (濫用監視で問題になる「市場成果としては、価格レベル、製品の品質や技術進歩が評価されるべきでなく、事業者がそのライバルに対し獲得する市場地位」が評価される).

238) Mestmäcker, Mißbrauch, S. 23.

239) Mestmäcker, Mißbrauch, S. 18 (拘束力ある契約の不履行や、契約的基礎付けを欠く給付要求あるいは受領拒否のような行為が大企業についてしばしば問題にされるが、この点は一般民事法が重要である。契約不履行や損害賠償請求に係る請求権が第一義的に契約条項の解釈において特定されなくては、カルテル官庁の介入の態様は明らかにならない).

はなく、むしろこのような要件指標の取り込みには消極的であり、先述した一般民事法の契約法解釈の問題であるとしてその範囲に止められている[240]。

（4）市場構造指向論の濫用監視に係る規範的特色；中立化目標

　以上から、市場構造指向論の立場からメッシェルのいうように、濫用監視の規範的特色は、濫用行動の積極的非難を重視するものとしては捉え難いのであって、その規範的目標が当該行為を競争秩序に従わせること（競争秩序への「統合化目標（Integrationsziel）」ないし当該行為の競争上の危険に対する「中立化目標（Neutralisierungsziel）」）であるとされることになる[241]。

（5）業績競争概念の曖昧さに対する批判（マーケルト）

ⅰ）さらにマーケルトによれば、ウルマーが主張する「非業績行為（leistungs-fremde Verhaltenweisen）」の概念に依拠して濫用として捉えられる妨害の種類・レベルを把握する試みは、規制当局の過剰介入を導くと批判がされた。すなわち、かかる妨害は、市場の競争阻害に係る比較的時間を置かない段階で、排他条件付取引のごとき「古典的な」市場閉鎖の慣行をもって類型的に捕捉できることを指摘して、ウルマー理論の明確な規制の発動枠を持たない問題を批判する[242]。この点は、業績関連性を欠く攻撃的な商慣行を禁止する市場関連的な不公正さの理論を主張したウルマーが、その競争行為の三分類説[243]で、ⅰ）古典的な不正行為、ⅱ）典型的な業績競争の行為、そしてⅲ）両者の中間領域としてのグレーゾーンの行為に分類したことに対して、適法な業績競争の行為とグレーゾーンの行為の間の境界の曖昧さを問題にするものである。需要力濫用規制における市場構造志向論に係っては、参入者が新規のマーケッティング手法の革新によった積極的な働きかけを供給者になし

---

240) Vgl., a.a.O.

241) *Möschel*, in I/M, 4Aufl., §19 Rn. 117, ders, Presskonzentration, S. 79, ders, Oligopol-mißbrauch, S. 206（過剰な市場力、いいかえると制御標準としての競争に服しておらないか、十分には服していない企業を、特定の行為規範の助けを借りて、ひとしく競争秩序に統合することが重要である。このような統合の目標、言い換えると中立化の目標が、決定的な（「行為の規範的評価のための」［引用者補注］）連結点である）。

242) Markert, Mißbrauchsaufsicht, S. 37.

243) 前掲、Ⅳ．3．(2-2)（c）を参照。Ulmer, Anwendung, 488f.

て市場の開放性を維持する働きは肯定されるのであって、グレーゾーン行為の曖昧さの問題を抱える業績競争論がこの働きを妨げることとなるとした批判は妥当であろう。

ⅱ）業績競争論の過剰規制の問題を指摘するマーケルトに関連して、市場構造指向論に対する評価については、以下の点が挙げられる。競争の自由という GWB の目的に対して、限定的に非難される濫用行為を是正するとされる手段との間で、法規制の比例原則に依拠して、補助的な行為要求によった禁止に止めた特徴が挙げられる。行為要求に係る補助的な禁止とは、当然違法の類型が限定されることを意味する[244]。かかる類型は、非市場支配的事業者に対しても禁じられて、広範な行為禁止の傾向をもつことは、市場構造指向論にとって、上記ウルマーによる「非業績行為」禁止の理論の持つ包括的な規制対象となると懸念される不明確さについて、その批判の根拠となっている[245]。

4. 市場構造志向論に対する批判

（1）ケーラーの GWB における利益強要禁止理論

　GWB の市場支配的事業者の濫用監視の体系における需要力濫用規制に係り、ケーラーの GWB 理論を取り上げる。従前のオルドーリベラリズムの系譜に連なる研究に対し、想定競争概念に依拠した、より積極的な規制の発動となる解釈基準の提示をする。結論的に述べると、ケーラーは 2010 年代に入って GWB によるアプローチから新規立法による行動綱領へ転換を図ったが、以下に見るように、GWB による需要力濫用監視の問題点を見据え、かかる解釈基準の問題性、困難性を自省したことによると思われる。

244）すなわち、例えばメッシェルによれば、競争制限的な排他的取引の場合における行為禁止の措置とは、競争上の特質を全く異にする禁止のテストとなることから、このように付随的な行為要求となるとされる。Möschel, Oligopolmißbrauch, S. 206, *Möschel*, in I/M, 4Aufl., § 19 Rn. 118f.

245）この点に関し、「非業績行為による重大な市場構造の悪化（schwerwiegende Marktstruktur-Verschlechtung durch leistungfremde Praktiken）」の基準によった 旧 GWB22 条 4 項 2 文 1 号の妨害濫用の要件に係るテスト（KG WuW/E OLG 1767., 1773 Kombinationstarif；WuW/E OLG 1983., 1985 Rama-Madächen）が、カルテル法において市場支配の法的評価として、その効果よりも行為態様を問題にする点で体系上異質であることが指摘されている。L/N/R/S, Kartellgesetz, § 22, Rn. 121. 参照、田中・市場支配力、46 頁以下。

(1-1) 想定競争概念（競争類推価格）と利益衡量問題

ケーラーは旧 GWB19 条 4 項 2 号における購買力の搾取的な価格濫用について、競争的な構造をもつ比較市場における価格によって濫用を認定する手法を、次の二段階の考慮に基づいて行う。第一に、購買者が購買の優位を後段階の販売市場へもたらす消費者の便益を積極に評価することについて、それは濫用の評価としては認められないとする。第二は、同号の競争類比価格にあってその乖離の程度に関し、市場支配的需要者において「重大な（erheblich）」程度で安く買っているものでなければならないか、それとも「感知できる（spürbar）」ものかの対立について、後者で足りるとする[246]。

(a) 供給サイドの搾取による不利益と後段階市場における消費者の利益

第一の問題、すなわち供給サイドが搾取されることによって問題となる不利益と後段階市場の消費者にもたらされる利益との衡量を行う点については、ケーラーは有効な競争が存すれば市場支配的企業が支払わなくてはならない比較価格の検討に即して論じている。かかる有効競争は、購買者間において上流の購買競争では、より有利な取引条件で買い入れる競い合いになり、下流ではより廉価で販売する競い合いの双方の機能的競争に関係する。こういった競争による相互的な力の限界付けの効果がもとになって、経済政策的な諸機能を実現するものとされる[247]。しかし、ケーラーは市場支配的な需要者が問題である限り、購買の優位を川下の消費者の便益としてもたらす政策的考慮も、需要段階の市場構造の悪化（弱体な競争相手の排除効果）によって消極に解されるとする。結局、かかる機能的競争の視点から競争類推価格を考えるべきでなく、市場支配的需要者がその力を喪失した場合の競争類推価格によらざるを得ないとする[248]。

(b) 搾取／妨害双方の効果に対する規制

次に、競争類比価格からの乖離の程度の問題に関し、搾取と結びついた妨害効果の生じている購買市場の競争的な市場構造を回復する意図と、市場支配的な需要者が後段階の販売市場で独占的戦略に着手する危険を防止する観

---

246) Köhler, Nachfragemacht, S. 71.

247) Kantzenbach, Die Funktionsfähigkeit, S. 16ff.

248) Köhler, Nachfragemacht, S. 52.

点からケーラーは後者の「感知できる」レベルに賛成する。さらに、市場支配的事業者が重大な価格格差に対して正当化理由の提示を許される立証手続きをとるならば、大量買い付けによるコスト優位や販売効率に係る正の経済効果は斟酌されることができるという事情も踏まえて、「感知できる」レベルで足りるとする[249]。

(1-2) 利益衡量論に係る衡量因子のウエイトの置き方

ⅰ）以上のような比較市場における競争類推価格をめぐるケーラーの解釈に対しては、市場構造指向論から、メッシェルが次の批判をしている。まず比較可能市場は容易には見つけ難いのであって、製品の非均質性によって流通業部門における供給者の従属の程度に格差があり、後段階の販売市場に対する競争上の戦略は異なることにより一般的な比較市場の水準を考えにくいとした事情から、批判がされている。次にケーラーが市場支配的事業者による買い入れの優位を消費者に移転する正の経済政策的効果に懐疑的であり、むしろこの後段階の販売市場で独占的戦略に着手する危険の防止という観点を重視する結論に対し、それでは競争の動態的な機能に係る評価で欠けるものがあるとし、競争類推価格（「感知できる」レベルに止めた）は、結局弱体な供給者にとって必要となる、人為的な操作を施した保護主義的な価格になる危険を指摘して批判をしている[250]。

ⅱ）かかる比較市場における競争類推価格に対する積極（ケーラー）と消極（メッシェル）の相反する見解は、市場支配的な需要者の買い入れ優位が後段階市場にもたらす経済的便益の評価（メッシェル）や、需要段階の市場構造の悪化（競争相手の排除効果）に係る評価（ケーラー）で見解を異にすることから明らかなように、利益衡量の衡量因子に対するウエイトの置き方について、各々で相違があることに起因する。利益衡量のアプローチが論者によって衡量因子の選択が異なる結果と軌を一にして、このアプローチが抱える問題性として、衡量を行う主体の主観性が結果に相当に反映せざるを得ない事

---

249) A.a.O., S.53ff. 競争類比価格からの乖離の程度が「感知できる」程度で足りるとする見解は、ウルマーの所説に従ったものである。Ulmer, Mehr, S. 337（「感知できる」レベルで濫用監視の介入を認めることは新規参入を促進させる要請にとってマイナスの効果もあるが、このレベルでの介入によって競争的な構造の市場を回復することを重視する）。

250) *Möschel*, in I/M, 4Aufl. §19 Rn. 178, S. 478.

情が挙げられる。

ⅲ）比較法的観点からこの利益衡量論アプローチの主観性問題を取り上げると、独占禁止法においては、自由かつ自主的な判断の阻害に係って、違法性判断基準の指導理念が「直接の利益」や「計算不可能な利益やあらかじめ計算できない利益」といった具体的な違法性判断の基準を導くことを可能にしており、従属的事業者の不当な不利益に焦点を絞って法解釈が行われ、衡量因子の選択とウエイトの置き方から生ずる広範な主観性の問題を回避していることが重要である。すなわち、GWB の体系によった場合の問題性が示された。

(1-3) 市場構造志向論における濫用監視と UWG による利益強要禁止

ケーラーは対価に係る搾取的濫用で、リベート、手数料や奨励金名目であっても、反対給付なしでの請求ないしその強制を市場支配的事業者が行うときは、「利益強要」類型に該当する不公正な取引行為として UWG 上で違法の評価がされるとする。さらに一般論としても、かかる不公正な取引行為は、市場支配的事業者による場合、常に GWB19 条違反である[251]ことを次のように述べる。それは、「市場力は不公正な行為を可能にして、それに効果面での特別の強度を付与する」ことから、UWG の私法上の救済から GWB の公法的な権限による救済を求める要請が働くのであり、GWB19 条違反になる旨述べている[252]。この市場支配的需要者のなした不公正な取引慣行に対する GWB による評価に係る推論は、以下の2点から市場構造指向論による批判を受けた。

(a) 不公正取引慣行としての需要力濫用に関連する問題

ⅰ）第一に、反対給付なしでの給付請求が「利益強要」として不公正な取引行為であるだけでなく GWB で常に濫用となるという主張は、以下の問題があるとされた。それは、UWG における「利益強要」行為の無償性問題に対する批判として、個別的な契約条項を超えた取引の束を全体でみて反対給付の後付けをなす正当化ができるという批判である。すなわち、メストメッ

---

251) Köhler, Nachfragemacht, S. 55. なお、UWG 違反とされた利益強要禁止の判例についてのケーラーの検討は、Vgl., A.a.O. S. 20ff.

252) Köhler, Nachfragemacht, S. 56.

カーが指摘する[253]、長期的な取引関係にある製造業者と流通業者間の契約で、製造業者の製品に対する流通業者の販売戦略の展開で示される協力に対する協賛金、そのほか取引開始の協賛金、陳列棚の賃貸料等についての要求は、無償性という判断要素では割り切れない「被強要者」側が受ける利益が存するとされる。これら受益は、伝統的な金銭や物品という反対給付の概念を超える。かかる受益を反対給付の提供とする考え方は、ケーラー自身においても、需要競争論の貢献がなされ、GWB の搾取濫用の不当性基準では捉え難い、違法性判断の枠組みを求める問題であるとされた（前掲第 2 章 I . 2 .)[254]。

ii）したがって、ケーラーが 2010 年代に至り GWB による需要力濫用規制の限界を指摘したことは、かかる限界の問題を内包する給付／反対給付の関係を指摘するものであった。この点でケーラーは、上記、自らの GWB による「利益強要」規制理論の問題点を認識して、新たな行動綱領による規制提案に移行したと考えられる。

iii）まとめると、GWB による妨害あるいは搾取濫用の規制によっては十分に捉え難い、不公正取引慣行としての需要力濫用に対する規制理論の構築が求められることが、1980 年代の上記論争から明らかになった。

(b) UWG 違反行為は当然に GWB 違反となるか

i）第二に、市場支配的企業による利益強要に限られない UWG 違反の不公正な取引行為は常に GWB 違反であるとのケーラーの主張は、GWB の違法性評価基準としては一貫した説明を欠く問題があった。すなわち、メッシェルの見解に即し市場における競争に対する負の影響という GWB 19 条 2 項の違反行為に対する評価基準に照らして検討してみるとき、かかる基準にとって異質な要素を UWG の違反行為から紛れ込ませるものとなる。そして、市場支配的事業者のなす濫用行為について、GWB による競争上の無価値判断は、新規参入と既存事業者の競争行為を妨げることで市場への影響を維持、増進する行為の禁止に向けられており、自由な競争プロセスの機能促進にその規制の方向性がおかれる。したがって、UWG 違反の行為で市場支配的な需要

253）Mestmäcker, Verwartete, S. 70.

254）不公正な取引慣行に対する行動綱領の規制が適切だとされた。後掲、第 3 章 Ⅳ . を参照。

者により行われたものであっても、かかる競争上の負の影響という平面で特定の強度を高める結果とはならない UWG 違反の行為類型は考えられるというべく、したがってメッシェルはその違反行為が当然の GWB 違反となることを否定的に解する[255]。このような UWG と GWB の違反行為の類型をめぐる解釈基準の相違は、メッシェルがこの基準につき市場における自由な競争関係への負の影響という一貫した GWB の指標による特徴がある。これに対して、ケーラーは UWG における違反行為の類型について、それが市場支配的事業者によって行われる場合の影響を必ずしも行為者の競争関係にとらわれることなく、取引の相手方や消費者にまで及ぶ範囲で捉えてその規制の必要なことを主張するものであり、違反行為の影響に着目した効果論的視点、あるいは UWG の法目標を達成することを重視する、目的論的視点から GWB の違法性評価基準を構成する試みであるといえる。

ⅱ）GWB の法体系的考察を行う立場から需要力濫用禁止の在り方を問題にするとき、メッシェルが 19 条の要件規定の特色として述べた、以下の指摘が参照される。すなわち、規制の方向性を鑑みるとき、競争制限禁止の特定目的を競争の自由という法目標が指導しているのであり、それ以外の指導理念を GWB は欠いている、との指摘である。したがって、メッシェルのアプローチは GWB の違法性評価基準として、その基準の要因間での整合性に重点をおくものである。

ⅲ）これに対して、ケーラーの目的的な効果論は、市場の競争関係へ負の影響を与えることに止まらない広い範囲に及ぶ違反行為の類型が、GWB の多くの違反行為の類型では市場への影響をみる基準によっているのに対し、そ

---

255) *Möschel*, in I/M, 4Aufl., §19, Rn. 12, 138, 230. 具体的には、テレビの番組内容に紛れ込ませた宣伝行為（Schleichwerbung）や消費者の誤認となる表示は、基本的に市場支配とは関わりがないとされていた。Ders, Oligopolmißbrauch, S. 197ff. なお、UWG 違反行為のカルテル法上の違法性問題に関連して、カルテル法以外の法規（EU データ保護規則）に反する行為の GWB19 条 1 項該当の問題について、2020 年の BGH フェイスブック決定により、以下のような基準が示された。GWB19 条 1 項の濫用禁止に関しては、カルテル法以外の違反行為が競争に負の影響を与えているのなら、市場における競争はもはや経済力の機能を有効にコントロールすることができない事態に至っているとして、濫用監視によりかかる力を抑制がはかられる。支配的事業者は濫用行為を阻止されるならば、その行動の範囲が十分にコントロールされていないことで市場の優位を得る試みは阻まれる。BGH, 23.06.2020-KVR 69/19-Facebook（bundesgerichtshof.de の HP より入手), Rn. 71, 74.

の違法性判断基準に矛盾なく整序されるのか明らかでないと考えられる。すなわち、GWB19条1項で取引の相手方に対し保護の対象が拡大されたという立法上の根拠とは別に、同条2項以下の違法性判断基準として取引の相手方や消費者に及ぶ市場支配力の影響が整合的に理論付けられなければならないのに、その説明に十分でなかった。

(1-4) GWB19条2項と不公正取引慣行（メッシェル/ケーラー論争のまとめ）

ⅰ）以上のごとく、市場構造指向論は市場の競争関係への負の影響という視点を基準として、①妨害、不当差別そして搾取の禁止に係る濫用監視は原則として、市場の垂直的な取引相手の直接的な保護を目的としない解釈の枠組みのうちにおかれ、その規制の態様は、②濫用行動の積極的非難でなく、自由な競争秩序への統合を目標とするもので、かつ③付随的な行為要求を命ずるにとどまるという規範的特色をもつ構成になっていた。そして④かかる特色は、19条の要件規定とGWBの法目標が濫用監視の積極的目標を明らかにしておらない法体系的な規定の仕方に基づくものであることが重要である。

ⅱ）これに対しケーラーの購買力濫用の規制理論は、市場における競争関係への負の影響という視点では説明困難なUWG違反の行為態様もGWBの違反行為に取り込まれていることからうかがわれるように、効果論ないし目的論的な視点が表面に出た理論構成であった。

ⅲ）結局、市場構造指向論が市場の競争関係への負の影響という視点から、濫用規定をGWB19条の体系（同条2項以下）に矛盾なく取り込む一貫性ある理論構成に留意していると評価できるのに対して、ケーラーのGWB理論は、濫用監視に係って取引の垂直的関係で供給者を保護する理論の構築に際し、GWBとUWGの法目的からするその規制の必要性は明らかにするものの、濫用監視と市場の競争関係への負の影響に係って、それらを矛盾なく接合できておらないと評せられよう。先に触れたように、ケーラーはこの点を自ら認め、2010年代に至りその需要力濫用規制の法理をGWBに依拠せしめることを断念し、法体系的構成を異にする、民事的規制法理に基づく行動綱領規制（提案）に踏み切ったものと考えられる。

（2）憲法上の基本権調整と力の行使を免れた交渉過程（ノースデュルフト）

(2-1) 需要者と供給者の基本権地位に関する法的な均衡

(a) ドイツにおける規制の実情に対する中庸論

ⅰ）GWB19条2項5号の法運用に関し、一方で大規模需要者による需要力の濫用的行使（食品小売業者がその顕著な例）に対し、競争政策上の否定的評価が高まっている。他方で、契約上の弱者保護政策により交渉成果／経緯に介入するなら、過剰規制に陥るとする反対論がある。これまでの学説や実務は、後者の過剰規制の懸念が優位する状況にあった。同号は、その運用実績を欠くばかりか、2015年のエデカ事件控訴審決定により「死せる法（totes Recht）」と化すという状況にあった[256]。

ⅱ）ノースデュルフトの需要力濫用規制の基本的立論は、このような需要力濫用規制について過小規制に陥った学説、判例の行き過ぎた傾向に対し「黄金の中庸」を探る試みとされる。その中庸論は、需要力の濫用に係る当事者間で力を分立（Gewaltenteilung）するシステムを中核におく（下記 (b) 参照）。

(b) 需要力濫用と憲法上の基本権調整

この経済的な力の分立システムは、当事者の基本権を規定する憲法上の前提条件に基づく。立法者は需要者と供給者の基本権の地位[257]に関し、法的な均衡の維持に努める権限を有し責務を負う[258]。

私人の基本権地位の保護では、市場の事象について経済的自由の権利行使として憲法上の視点から解釈して、問題となる行為者間の力の格差が存する場合に、介入が命じられる。この点をノースデュルフトは、以下のように敷衍して説明する。

256）*Nothdurft*, in Bunte, 14Aufl., §19, Rn. 248, Bunte Hochzeitsrabatte II, S. 158.

257）ノースデュルフトは、GWB19条の市場支配的地位の濫用禁止規定に係り、規範名宛人とその影響を受ける市場参加者の市場における相互間の関係について、基本権の地位が問題になるとする。そこで挙げられる経済的基本権の条項は、以下の通りである。ドイツ基本法2条1項（何人も、他人の権利を侵害せず、かつ憲法的秩序または道徳律に違反しない限り、自らの人格の自由な発展を求める権利を有する）、12条1項（すべてのドイツ人は、職業・職場および職業教育の場を自由に選択する権利を有する。職務の遂行は法律によって、または法律の根拠に基づいて規制することができる）、14条1項（所有権および相続権は、これを保障する。内容および制限は、法律で定める）。*Nothdurft*, in Bunte, 14Aufl. §19, Rn. 2.

258）*Nothdurft*, in Bunte, 14Aufl., §19, Rn. 249.

212　第 3 章　需要力濫用規制の体系構成

　私人間の権利行使による紛争を評価する場合、市場経済秩序の枠内で基本権は常に競争過程に対する参加のみを保証し、かかる過程からの成果や競争過程に止まり続けること、また競争者の保護を保証するものでない。契約当事者の自己決定を他者決定に変えることを防ぐため、憲法上の視点から、基本権に係る市場参加者の地位を維持することを目指すのが法の任務である。それ以外の市場参加者の保護につき、競争法の他の目標、機能が反映される。ここでは規範名宛人の特別の義務が前面に出る[259]。

　ドイツの需要力濫用規制の従来の学説・判例にあって、規制の消極／積極の両極端に対し「黄金の中庸」を目指す、ノースデュルフトの基本権調整に係る憲法論的な推論構成について、以下、若干の検討を行う。ここでは、19 条 2 項 5 号の実質的正当化要件に係る利益衡量について、その憲法論的な基本権調整の要請を基盤にする点が確認される[260]。

(2-2) 19 条 2 項 5 号の実質的正当化を導く参照基準

　具体的に、その憲法論的な基本権調整の枠組みで行われる GWB19 条 2 項 5 号の実質的正当化の基準設定は、以下の通りである。

(a) より有利な取引条件の獲得と力の行使を免れた交渉過程

ⅰ）一方で、ノースデュルフトは、以下の需要競争の本質論を認める。すなわち、前記ペイテレビ BGH 判決における「より有利な取引条件や価格を獲得する努力は基本的に競争と一致する」という前提的認識である。そこから、給付と反対給付の不均衡それ自体は、利益衡量の枠内において否定的な評価に結びつくものではないという命題[261]についても、市場で有力な需要者が、厳しい価格交渉を自らの販売市場の成果のため行うならば、競争適合的とする。それ故、過剰な濫用規制は、業績正当化のされる交渉成果をもたらす、市場経済の基本メカニズムを阻害する危険、及び競争プロセスのダイナミズムを害する危険を生ぜしめる[262]。

ⅱ）他方で、契約交渉の対象と成果について、前記経済的な力の分立システ

259）*Nothdurft*, in Bunte, 14Aufl., § 19, Rn. 2.

260）*Nothdurft*, in Bunte, 14Aufl., § 19, Rn. 249.

261）*Nothdurft*, in Bunte, 14Aufl., § 19, Rn. 268.

262）*Nothdurft*, in Bunte, 14Aufl., § 19, Rn. 249.

ムを維持する要請から、「力の行使を免れた交渉過程」に基づくか否かを審査する法的基準が求められる[263]。

(b) 利益衡量による実質的正当化の判断基準

ⅰ）しかし、以下のような、カルテル法上の市場支配的事業者の濫用監視の基準やカルテル法以外の法的システムにおける基準は、19条2項5号の実質的正当化に関して参照されないとする。

すなわち、

①搾取濫用についての想定競争（Als-ob-Wettbewerb）のモデル、

②事前決定された競売手続きの下で、需要者に最安価の提供となる競争入札、

③取引条件に関する搾取濫用の禁止（GWB19条1項、2項2号及び3号）に係って適用が議論される、約款規制法理（BGB305条以下）[264]、そして

④EU域内における食品流通業の自主規制（市場で有力な事業者による「サプライチェーンイニシアチブ（SCI）」の行動綱領：適正慣行原則)[265]、

といった指標は、「広すぎる（交渉）対象と成果」となる[266]。

ⅱ）ここでノースデュルフトは、実質的正当化を導く参照基準としてこれら①から④が不適切である理由を、直接に併記していない。従ってかかる参照基準として①から④の考慮が不適切とされ、次に述べる利益衡量に「立ち返る」理由がその参照基準に即して検討されなければならない。この点は次のように解される。

ⅲ）①の想定競争モデルは、その広い規制対象に対する懸念から、濫用を規定する「個別手法」（ノースデュルフト）として、それは回避されるが、この点に関係して比較市場概念の援用が19条2項2号により立法的に規定された事情が挙げられる[267]。

ⅳ）②は、需要者に常に有利に作用する交渉地位の互換性を欠く点に、一般

263）*Nothdurft*, in Bunte, 14Aufl., §19, Rn. 269.

264）前掲、第2章Ⅰ.3.（7-2）におけるⅳ）を参照。

265）2013年9月運用が開始された自主規制団体SCI設立の理念的基礎として機能した欧州委員会の2011年の「食品サプライチェーンにおける垂直的関係：適正慣行原則」が、ノースデュルフトにより契約交渉の適正審査に係る基準例として挙げられている。*Nothdurft*, in Bunte, 14Aufl., §19, Rn. 238, 269. 参照、前掲、第1章付属資料「欧州サプライチェーンの機能改善」。

266）*Nothdurft*, in Bunte, 14Aufl., §19, Rn. 269.

化できない問題がある[268]）。

ⅴ）③の約款規制法理（民法）及び④の行動綱領の指導理念については、このようなカルテル法以外の法システムに対して19条2項5号が開かれた価値理念を有するものかにつき、これまで学説・判例上解決をみていない[269]）。かかる学説・判例の状況を踏まえて、ノースデュルフトは③及び④のカルテル法以外の法価値と、カルテル法の競争の自由保護に関する調整の問題に踏み込まなかったとみられる。

ⅵ）結局ノースデュルフトは、力の行使を免れた交渉過程の参照基準として、競争の自由の法目標を志向した利益衡量の枠内における業績の正当化の考慮に「立ち返る」ほかないとする。この業績性の考慮は、19条2項5号の実質的正当化に係り、要求の根拠付け／適切性の審査基準として具体化され第9次GWB改正の追加要件となった。すなわち、当該要求につき他の事業者の後付け可能な根拠を与えられているか、そして要求された利益が要求の根拠と適切な関係にあるかの規定である[270]）。

(2-3) 業績性の考慮と要求の根拠付け／適切性の審査基準

ⅰ）利益衡量の枠組みに従い、実質的正当化の審査をする場合の判断基準である業績性の考慮は、上記第9次GWB改正により、要求の根拠付け／適切性の審査基準による。かかる改正法の審査基準の解釈に際し、力の行使を免れた交渉過程を維持する要請が参照されなければならない（ノースデュルフ

---

267) Vgl., *Nothdurft*, in Bunte, 14Aufl., §19, Rn. 142. ノースデュルフトのいう「個別手法」としての比較市場概念に係り、想定競争モデルでは必然的に企業活動全体の規制をもたらす懸念があるのに対し、比較市場の手法が「単に個別具体的な行為にのみ関わる」ことを論じた以下の論稿を参照、山部・濫用、24頁。

268) *Nothdurft*, in Bunte, 14Aufl., §19, Rn. 279.

269) 前掲、第2章Ⅰ.3.（7-2）を参照。

270) *Nothdurft*, in Bunte, 14Aufl., §19, Rn. 270-271. 前者の、要求の根拠及び計算に係る取引相手の後付け可能制の基準は、透明性の要請であり、利益供与に係り供給業者に告げられる根拠、つまり要求者の反対給付を検証可能な態様で提示する要請となる。ノースデュルフトによれば立法者は、かかる透明性の要請を行為者に課すことによって、エデカ事件控訴審決定の因果関係論を否定した。同決定は交渉成果に対する市場力行使の因果関係の立証を要求したが、正当化の範囲を広げた判旨に対して、否定的な評価が立法者から下された。Vgl., A.a.O. 同控訴審決定につき、参照拙稿・問題点［2］45頁以下。立法理由につき、以下を参照。BT-Drucks. 18/10207, S. 52.
　　次に後者の適切性の基準は要求された利益と反対給付の比例性の基準であり、明らかな不均衡がそれらの間に存することである。*Nothdurft*, in Bunte, 14Aufl., §19, Rn. 271. BT-Drucks. 18/10207, S. 51f.

ト)[271]。そして力の行使を免れた交渉過程を維持する要請は、憲法上の基本権調整の基礎付けに基づく。

ⅱ) ノースデュルフトの所説によれば、カルテル法上の需要力濫用規制は、2017 年改正法の業績性に係る具体的な審査基準の導入により、憲法上の基本権調整の要請によって、力の行使を免れた交渉過程を維持する目標に基づくことが明確化された[272]。すなわち、需要力濫用規制に関する法体系上の一貫性を得たという。

(2-4) ノースデュルフトの実質的正当化（利益衡量論）のまとめ

ⅰ) 19 条 2 項 5 号の実質的正当化の参照基準は、根拠付けとして、需要者／供給者間の基本権地位に係る均衡維持という経済的な力を分立するシステムを要請している。

ⅱ) かかる憲法上の要請からする経済的な力の分立システムは、より有利な取引条件の獲得を目指す需要競争論からする要請と、力の行使を免れた契約交渉のプロセスの要請との調和を、競争の自由の法目標を志向した利益衡量の枠組みにおいて実現する試みとされる。

ⅲ) 19 条 2 項 5 号の実質的な正当化は、その衡量の基準として専ら競争の自由に集中し、それ以外の他の法秩序における法的価値との調整の問題には踏み込まない。

(2-5) 硬直的な交渉プロセスを生む契約条件の全体的な観察手法

　ノースデュルフトは、憲法の基本権地位の保障に基づく、力の行使を免れた交渉過程を維持する法の理念的要請を重視する。この点から、BGH のエデカ事件決定が下した契約の全体的条件を観察して、間接的な利益が供給者に提供されるなら実質的正当化が認められるとする判旨を厳しく批判している。以下、ノースデュルフトの判例批判を検討する。

(a) 硬直的な交渉過程を導く外部選択重視のアプローチに対する批判

ⅰ) 私的自治と市場経済秩序の前提から、契約の当事者間で相互的な条件の譲歩が求められる（ノースデュルフト）。かかる前提条件の維持を困難にする、硬直的な交渉プロセスが問題になる。すなわち、供給者と需要者の交渉力に

---

271) *Nothdurft*, in Bunte, 14 Aufl., §19, Rn. 274.
272) 前掲、V. 1. の（8）を参照。

216　第3章　需要力濫用規制の体系構成

係る力の優位が固定的であり、自らが受ける反対給付について抽象的にしか
交渉し得ない事態である[273]。ノースデュルフトは近時の「経済学多用のアプ
ローチ（more economic approach）」や交渉学の成果を批判して、こういった
問題状況の原因を説明している。

ⅱ）それによると硬直的な交渉過程は、双方の側で、専ら事業経営上の計算
に係る交渉決裂時の回避の可能性（外部選択[274]）を探る特徴がある[275]。かか
る用語法は、カルテル法上の解釈論的視点からは、以下の（b）に記すよう
に、その事業経営上の計算につき価格譲歩と他の給付要求を基礎付けるもの
ではない。

（b）定量化と価格指標への還元の問題

ⅰ）この点は、交渉決裂時の最善の代替案を交渉過程の優先的な検討要因と
して捉え、相互的な譲歩が軽視されることから、次のカルテル法上の批判が
導かれる。

273）需要者は少なくとも供給業者の生産性向上とそれの分与は受けることができるのに対し、供
　　給業者はインフレ率に見合う値上げのみ可能といった場合が挙げられる。*Nothdurft,* in Bunte, 14
　　Aufl., §19, Rn. 279.

274）前掲、第1章Ⅰ. 2.（1）を参照。

275）*Nothdurft,* in Bunte 14 Aufl., §19, Rn. 280.

ⅰ）硬直的な交渉プロセスを問題にするノースデュルフトは、経済学多用のアプローチから、交渉
　　力に係る概念として外部選択の条件を用いて需要力の説明を行うインデルストとウェイの共同論
　　文をとりあげている。Inderst & Wey, Wettbewerbsanalyse, S. 471.

ⅱ）この共同論文の紹介は、本書の第1章Ⅰ. 2.（1）で行った。そこでは、交渉をリードする需
　　要者が外部選択の手段を行使して、交渉当事者たる供給者と需要者の共同利潤の極大化を達成す
　　る。また、需要力は一般的には、供給者と需要者の両面的な交渉のうちに置かれた力関係を意味
　　するが、この立場にあっては、価格差別の戦略による共同利潤の極大化を実効的に遂行するため
　　に、需要者が外部選択なすという需要力行使の在り方に係って、交渉力が提示されるパターンが
　　特徴的であった。

ⅲ）前述のように、インデルストとウェイは、契約当事者間における内部関係の状態改善（相互的
　　な契約条件の譲歩）よりも、契約破棄時の代替的取引先の確保という外部関係を重視した理論モ
　　デルであることは、ノースデュルフトの上記箇所でも摘示される。

ⅳ）次に交渉学の分野においても、外部選択に係る契約破棄時の選択を需要力の説明理論として用
　　いる傾向がある。この点は、ノースデュルフトによって交渉学のユング／クレプスの著作が挙げ
　　られている。*Nothdurft,* in Bunte 14Aufl., §19, Rn. 256, 280. Jung/Krebs, Vertragsverhandlung,
　　S. 15.

ⅴ）ノースデュルフトにより、以下の重要概念について、外部選択を重視したアプローチの交渉学
　　に基づく説明として引用されている。それは、契約破棄時における代替的取引の可能性に係る概
　　念であり、「交渉決裂時における最善の代替案（Best Alternative to a Negotiated Agreement）」、
　　略して「BATNA（バトナ）」と呼ばれる。*Nothdurft,* A.a.O., 参照、田村・交渉157頁以下。「交
　　渉決裂時における最悪の代替案」は「WATNA」である。Jung/Krebs, A.a.O., S. 78.

ⅱ）需要力濫用の規制で問題にされるリベートと付随的給付に関し、その広範な形態は、交渉決裂時の清算により、専ら双方の側の事業経営上の計算に解消されるだろう。すなわち定量化された、単一の価格に還元される。それにより専ら双方の利益になる価格として、手段の外観がもつ多様性はベールを被せられる[276]。

ⅲ）交渉の合理的なプロセスを保つため、19条2項5号により、規制の意義に基づき需要者の個別要求について、透明性を保った理由付けないし反対給付がそれに対置されなければならない（ノースデュルフト）[277]。

(c) 外部選択重視のアプローチと取引条件全体のセットの評価

ⅰ）経済学多用のアプローチ及び交渉学の成果は、ノースデュルフトによるカルテル法上の需要力濫用規制の視点から消極評価を下される。それらの成果は、間接的、そして基本的には、エデカ事件 2018 年 BGH 決定が依拠するファボリート事件 BGH 判決の問題を明らかにするとされる。

ⅱ）すなわち、ファボリート判決は搾取濫用の比較市場概念における濫用価格の判断について、契約成果全体について取引条件の束全部をまとめた価格を考慮する[278]。この考慮は、各取引を定量化され単一の価格要素に還元する必要があり、また還元可能な範囲は限られる。さらに取引条件の束全体で、有利な効果と不利な効果の均衡を計る困難もあった[279]。

ⅲ）さらにその批判のより直接的結果は、19条2項5号の利益強要禁止の判例[280]の問題を明らかにする。すなわち、これらの判決によるならば、取引条件全体のセットを評価する必要から、契約に含まれる各取引の価格について上記のように、調整され均衡を図る作業を前提にする。その結果、それら各々の取引条件と価格の多様性にベールが被せられてしまうという問題が

---

276) *Nothdurft*, in Bunte 14 Aufl., §19, Rn. 280.

277) *Nothdurft*, in Bunte, 14 Aufl., §19, Rn. 280.

278) ノースデュルフトはファボリート事件の BGH による判旨を批判的に引用する。*Nothdurft*, in Bunte, 14Aufl., §19, Rn. 281.

279) 前掲、第2章Ⅰ．3．における（7-2）、さらに拙稿・問題点［2］189頁以下を参照。

280) エデカ事件の BGH 決定は、特別交渉においてエデカによる個々の要求が実質的に正当化されるかでなく、供給業者にもたらされる反対給付との関係における全体条件のセットが決定的に重要であるとしていた。前掲、第2章Ⅰ．3．（7-2）を参照。

218　第 3 章　需要力濫用規制の体系構成

あった[281]）。

ⅳ）ノースデュルフトは結果として、取引の束全体を考慮するアプローチは、契約条件の遡及的調整等の審査を行う場合に、要求利益に対する「仮説的な利益（fiktive Vorteil）」の提供をもって実質的正当化を認めてしまう問題を指摘する[282]）。

ⅴ）取引条件全体のセットを捉えるアプローチが、個々の給付と反対給付を他の取引条件から隔離して検証(isolierte Prüfung)する業績性の判断でなく、リベートと付随的給付の広範な形態を事業経営上の計算に解消し、単一価格への定量化を促す誘因は、ノースデュルフトによれば経済学的な合理性理論のもたらす「オーラ」が働くことにある[283]）。

(2-6) 19 条 2 項 5 号の法体系的地位（ノースデュルフト）

(a) 2017 年第 9 次 GWB 改正と契約条件の全体的な観察手法

ⅰ）ノースデュルフトによれば、19 条 2 項 5 号が一般的濫用監視の法的特徴を有するとともに、その特別規定であることは、以下の需要力濫用規制の問題状況と立法の経緯から明らかとなる。

ⅱ）搾取濫用による規制は、価格又はその他の取引条件に係りファボリート判決における取引条件の全体的セットである給付の束について、その非業績性を審査する手法が継受された。

ⅲ）しかし、改正 19 条 2 項 5 号 2 文は、取引条件の透明性と要求の根拠に係る適切性の要請を明示した。かかる要請は、全体条件の非業績性を審査する困難によって生ずる立証上の問題を考慮したものである。したがって、かかる二要件が立法化されることで全体条件という結果に限られず、交渉プロセスのコントロールに濫用規制が及んだと考えなければ、「利益強要に係る特別規定（Sonderregelung）は、なんら実質的な付加価値（substanziellen Mehrwert）を、一般的な濫用監視の規定に対して有するものではなくなる[284]）」。

281）*Nothdurft*, in Bunte, 14Aufl., §19, Rn. 281, 282.

282）*Nothdurft*, in Langen/Bunte, §19, Rn. 281, 290.

283）*Nothdurft*, in Bunte 14Aufl., §19, Rn. 281.

284）*Nothdurft*, in Bunte, 14Aufl., §19, Rn. 260.

(b) 利益強要禁止の法体系的地位に関する要約（ノースデュルフト）

ⅰ）需要力濫用に対する供給者保護は、憲法上の基本権調整の要請に基づく。

ⅱ）需要者による搾取濫用は、妨害と差別に係る濫用とともにカルテル法上の一般的な濫用禁止に服する（GWB19条1項、2項）。搾取濫用の規制に係り需要者の行為は、19条2項2号と3号で価格及び取引条件に関連する規制を受ける他に、19条2項5号の利益強要禁止の特別規定に服する。

ⅲ）19条2項5号はGWB19条の体系内にあって、かかる妨害と差別、そして搾取の各禁止を合わせた「曖昧な（schillernd）」法的特性をもつ一般的濫用監視の特徴を示す[285]。

(2-7) ノースデュルフトによる需要力濫用規制の体系的問題点

(a) GWB の市場支配力濫用規制の体系的特徴

先にGWBにおける需要力濫用規制の体系的位置付けについて、市場支配的事業者の濫用監視（GWB18／19条）に係る代表的な見解として、市場構造志向論に依拠して検討した。そこでは19条の濫用監視の規制目的は競争制限の禁止であり、さらにGWB全体でも競争の自由に係る保護以外に特定の目的は存しないとされることをみた。また市場構造志向論のメッシェルによれば、市場支配的事業者のなす濫用行為について、GWBによる競争上の無価値判断は、新規参入と既存事業者の競争行為を妨げることで市場への影響を維持、増進する行為の禁止に向けられており、自由な競争プロセスの機能促進にその規制の方向性がおかれることも確認した。

ノースデュルフトの需要力濫用規制の法の体系構成は、このようなGWBの市場支配力濫用規制の体系的特徴に示された濫用規制の枠組みに対して、整合性を保てるのであろうか。

(b) ノースデュルフトの基本権地位の保障論

ノースデュルフトの体系的位置付けは、当事者間で経済的な力の分立のシ

---

285) 19条2項5号は、市場の相手方に対する搾取禁止の側面、市場で有力な需要者の競争相手に相対的な低価格購入となる条件を提示させない妨害行為を禁止する側面、市場で有力な需要者が供給業者にその競争者とは異なる取り扱いをさせる受動的な差別を禁止する各側面を有する「曖昧な」特徴をもつ。*Nothdurft*, in Bunte, 14Aufl., §19, Rn. 128. Vgl., Wanderwitz, Missbrauch, S. 38ff.

ステムを維持する要請があり、「力の行使を免れた交渉過程」が求められている。そして経済的な力の分立システム、並びに違法性の判断基準を導く根拠としては、市場参加者の市場における相互間の関係について、基本権の地位が問題にされる。市場参加者の相互関係を基本権の地位として捉えて、かかる地位の保証により「力の行使を免れた交渉過程」を実現する考え方である。

(c) より有利な取引条件の獲得をめぐる需要競争を限定する指導理念の欠如

ⅰ）より有利な取引条件を相互に獲得することを目指す需要者の競い合いが亢進して供給者の不利益が問題にされる場合に、ノースデュルフトによる基本権地位の保証に係る要請は、規制の根拠たり得るかにつき、以下の疑問がある。需要者のより有利な取引条件を獲得するための競い合いは、競争の自由の保護対象である経済的行為自由の行使であることは、判例の認めるところである。他方ここでは、競争の自由という自由な競争保護に係る法の指導理念それ自体に対する制限が認められるのかどうかが、問題になっている[286]と考えられる。

ⅱ）この点、ノースデュルフトは、次の問題を指摘される。「力の行使を免れた交渉過程」を導くために、供給者に関して基本権の地位の保障を実効的なものとする規制目的として、需要者の経済的自由の行使を限定するカルテル法上の指導理念が示されておらない。

ⅲ）さらに、19条2項5号の実質的正当化の基準設定としては、専ら競争の自由を志向した利益衡量に依拠すること、さらに、その基準設定において前記（2-2）(b)に挙げた③の約款規制法理（民法）適用のアプローチも退ける問題がある。すなわち、このような考え方は、経済的行為自由の限定を可能にする法の指導理念を明確化する―民事法原理の援用による―試みを封じるものである。

ⅳ）以上の検討を踏まえると、GWBの19条2項5号の規制に関連して、需要競争の本質的側面である、より有利な取引条件の獲得をめぐる自由な競争保護という法の指導理念について、その排他的な妥当性が問題になっている

---

286) 19条2項5号は不当な差別を禁止したGWB19条2項1号に係る判例のもとで設立された。前掲、判例の立場は、より有利な取引条件の獲得をめぐる買い手間の競争保護の法益を、競争の自由の指導理念により制限することを認める。

と考えられる。したがって、自由な競争保護の法の指導理念、それ自体に対する規制原理、すなわち公正な競争の指導理念によって、需要競争の在り方に対し限定がされなければならない。しかしながらGWBにおける公正競争保護に関する指導理念を規定した「競争規約」を用いた不公正取引慣行の規制（24条）は、後述のように法の創造的機能を判例により否定されている[287]。

　以上から、GWB19条の市場支配的事業者の濫用監視に体系に組み込まれたノースデュルフトの需要力規制理論は、結果的にBGHの2018年エデカ事件決定と同様に、競争の自由という指導理念に従う包括的な利益衡量による以上の規制は難しいと評せざるを得ない。すなわち、その理論は、法の運用範囲として、搾取濫用の例外的な規制を許されたものとならざるを得ず、「力の行使を免れた交渉過程」を実現する規制は相当な困難をともなう。

5. GWBにおける需要力濫用規制の体系的位置付け（まとめ）

ⅰ）市場支配的事業者の濫用監視を行うGWB19条にあって、妨害、不当差別そして搾取の濫用を禁止する同条2項に位置付けられた利益強要禁止は、需要競争の本質に即した濫用規制の在り方と大きな離齬を生じている。すなわち、供給者の回避可能性が失われた市場の機能不全から著しい不公正な取引が生じている事態に対して、規制の困難が問題になる。具体的には、著しい不公正な取引を生む需要者間の行為自由について、その過剰な亢進を抑制し、需要者間における相互的な抑制機能を回復する試みが困難になっている。かかる試みは、優越的地位の濫用規制では、協賛金や遡及的な合意条件の変更などの需要者の要求する給付や利益に対する、マーケティング代理業者の業績に係る反対給付を的確になさしめる規制となる。こういった規制は、取引関係の規制を正面から試みるものであり、市場構造志向論が垂直方向における規制を例外的規制とするように、GWB19条2項の規制体系では困難である。

ⅱ）この困難を回避するには、GWB19条1項に回避する必要があるが、需要力濫用規制に関しては、立法者は19条2項5号による規制を求めており、

287）後掲、Ⅵ. 4.（4）を参照。

222　第3章　需要力濫用規制の体系構成

BGH も同様であることから、この点も GWB19 条の体系によった規制の困難性を明らかにする。

iii）上記の体系構成における規制の困難性に加えて、法の内的体系における法原則の未整備が指摘される。それは、取引関係を規制する場合に垂直方向での保護が広範になるが、競争の自由を志向した不当性基準のほかに、具体的な違法性判断基準を導く法原則を欠く結果、包括的な利益衡量を余儀なくされた。この点も、優越的地位の濫用規制では、自由かつ自主的な判断の阻害に係る法原則を整備した独禁法と対照的である[288]。

iv）優越的地位濫用規制は、この自由かつ自主的な判断の阻害に係る法原則を、以下のような不公正取引慣行の類型形成により導いた。すなわち、下請法、特に特殊指定の活用により、需要力濫用に係る個別業種や特定の取引実態に即した問題事例の調査を通じた類型形成から、その法的構造類型に一貫する「指導像」を摘出して、公正競争阻害性の三分類における一つの普遍的法原則とした[289]。これに対して、GWB では、「競争規約」を用いたカルテル庁の法創造機能を活用した不公正取引慣行の類型形成は、判例により否定された結果、利益強要禁止の違反行為の類型形成はなされず、また当該規制に固有の法原則の導出もされていない。

Ⅵ．独占禁止法における優越的地位濫用規制の体系構成

1．独占禁止法の普遍的法原則と体系構成

（1）「公正且つ自由な競争の保護」と「公正な競争を阻害するおそれ」

（1-1）独占禁止法第1条と普遍的法原則

ⅰ）独占禁止法1条の法目的である「公正且つ自由な競争の保護」は、代表的学説によれば、以下の二つの考え方が主張されている。

ⅱ）今村説によれば「公正且つ自由な競争の保護」は、ⓐ市場における競争が自由であることを含んでいる。これは競争者の市場への参入・離脱が妨げられていないこと、また市場において競争者間の力の差があまり大きくな

288）後掲、第3章Ⅵ．3．（4）を参照。
289）後掲、Ⅵ．7．を参照。

く、また競争回避行動がないために、競争が自由に行われていることを意味する。次に、ⓑ「競争が自由に行われている状況のもとにおいても」、その競争が良質廉価な商品の提供又は役務の提供という能率競争を中心として行われることが必要であり、これが公正な競争と呼ばれる[290]。

iii）次に正田説によれば、「公正且つ自由な競争」は、以下の三点の要請を含むとされている。ⓐ競争当事者がその取引活動について、自主性・独立性を確保するとして、第一の考え方の市場の開放性が保たれることは、ここに含まれる。ⓑ競争が取引主体の営業そのものに固有な行為に関して行われることである。ここには第一の考え方の上記、能率競争の保護が含まれる。さらにこの考え方では、ⓒとして、取引行為が、企業性を前提として成り立ちうる行為であることが求められている[291]。

iv）「公正且つ自由な競争の保護」の内容理解をめぐる見解の対立は、条文の具体的解釈、特に不公正な取引方法において相違を示す[292]。しかし本稿の優越的地位濫用規制の体系的構成に係る問題に関しては、両学説の対立よりも、「公正且つ自由な競争の保護」について、公正な競争と自由な競争と分けて、別個、独立に法原則の理解がされていないという、両学説の共通点が注目される。今村説は、ⓐの「競争が自由に行われている状況のもとにおいても」、ⓑの公正な競争が維持される必要をいう。正田説も、「公正且つ自由な競争の保護」はⓐからⓒの内容が一体的に捉えられ、公正な競争と自由な競争とに分けられない。かかる見解と同様に、金井教授は、1条の法の直接目的は「公正且つ自由な競争」として「統一的にとらえる必要」があるとされる[293]。

(1-2)「公正且つ自由な競争の保護」という普遍的法原則の機能の方法と態様

この点は、ラーレンツ／カナリスの法学方法論[294]により考察すれば、ある法律において上位の複数の普遍的法原則について、その法原則が体系を支え

290）今村他・注解 23 頁。
291）正田・全訂 I、115 頁以下。
292）厚谷・経済法 46 頁。
293）金井・競争秩序と法 136 頁。
294）前掲、Ⅱ. 5.（3）におけるカナリスルールを参照。

る機能を果たす際の、方法及び態様の特徴を示す。それは、そのルール2)の、「普遍的法原則は排他性を要請しない。ある特定の原則に特徴的である法律効果はまた他の原則と結びつく」、という体系内のある規律に現れる普遍的法原則の機能の態様を、公正な競争と自由な競争の一体的に理解される法原則が示している。

(1-3) 優越的地位の濫用規制に係る普遍的法原則の体系構成

ⅰ）この公正な競争と自由な競争を一体的に把握する考え方を、優越的地位の濫用規制に即して法の体系的構成の観点からみると、以下のように敷衍できる。

ⅱ）「公正且つ自由な競争の保護」の最上位の普遍的法原則は、「公正競争阻害性」という機能を決定された概念を通じることによって、その普遍的法原則の意義を優越的地位濫用が規定される2条9項5号の規定に伝えている。

ⅲ）その場合、公正競争阻害性の三分類説によって、優越的地位濫用規制は、自由かつ自主的判断の阻害（自由競争基盤の侵害）という下位の普遍的法原則をもつ。このような法の体系的構成の観点において、自由かつ自主的判断の阻害という下位の普遍的法原則が導かれたことは、以下のa）とb）の意義を確認できる。

　　a）前記カナリスルール4）の「普遍的法原則はその実現のために、独自の意味
　　　内容を持っている下位原則…による具体化を必要とする」ことを示す。すなわ
　　　ち、かかる具体化の作業を昭和57年の独占禁止法研究会による報告は行った
　　　ことになる[295]。

また、この自由かつ自主的な判断の阻害に係る下位の法原則が導かれたことについては、

　　b）自由な競争と公正な競争の「普遍的法原則は相互に補完し制限し合って、初
　　　めてその独自の意味内容を展開する」というカナリスルールにおける3）の働
　　　きが重要である。すなわち、独禁法2条9項5号の要件規定に即して、公正な

295）昭和57年独禁研報告書51頁以下。この点の公正な競争と自由な競争の関係把握については後述（4）（4-3）を参照。

競争と自由な競争の相互補完と制限を行って、自由かつ自主的判断の阻害という独自の意味内容が展開された。

iv）このように優越的地位濫用の体系構成の理解においては、自由かつ自主的な判断の阻害という公正競争阻害性の三分類の導出において、下位原則の具体化と公正な競争と自由な競争の相互補完と制限の働きがされ、「公正且つ自由な競争の保護」の最上位の普遍的法原則の一体的捉え方（独禁法1条）が保たれる構成になっている。

（2）機能を決定された概念としての「公正な競争を阻害するおそれ」

ⅰ）不公正な競争方法から不公正な取引方法へ名称変更がされ、優越的地位の濫用規制が導入された昭和28年法改正により、その「公共の利益に反する競争手段」という基本的性格は「公正な競争を阻害するおそれ」に変更された。不公正な取引方法を構成する規律の類型が現行法の形にまとめられ、競争の実質制限という規律のグループにおける市場効果要件との体系的区分が明らかになった。

公正競争阻害性は、法の体系構成における最上位の法原則（「公正且つ自由な競争の保護」）が具体化された普遍的法原則であるという意義をもつ。しかし単なる具体化に止まるものでない意義を有する。それは不公正な取引方法を構成する行為類型を公正な競争が維持される形で秩序付ける[296]働きである。その結果、公正競争阻害性の三分類によって、不公正な取引方法の特徴的な行為類型のグループ分けが達成された。

かかる具体化によった不公正な取引方法の類型化による体系構成が行われた経緯に照らして考えると、公正競争阻害性の概念が導入されたことは、次の意義を見出すことができる。それは、優越的地位濫用の2条9項5号の具体的な規定に即して、「公正且つ自由な競争の保護」の普遍的法原則を展開するための、準備としての働きがある。かかる公正競争阻害性の働きが、「機能を決定された概念」としての働きになる。

296）正田・全訂 I 34頁。

226　第3章　需要力濫用規制の体系構成

ⅱ）先にラーレンツ／カナリスの法学方法論を紹介したが、普遍的法原則と「機能を決定された概念は、そのつどみずからを超えて他のものになることを示しており、この他のもののなかで、それらは実現され、あるいは、基礎付けられる」ことを述べた[297]。公正競争阻害性はそれ自体普遍的法原則であるが、自由かつ自主的な判断の阻害に係る下位の法原則が導かれることで、結果的に「公正且つ自由な競争の保護」という上位の法原則を具体化する下位の法原則を導く働きも果たしたことになる。

ⅲ）原始独占禁止法から存した「公正且つ自由な競争の保護」の普遍的法原則を法の外的体系である2条9項5号の要件規定に具体化する、公正競争阻害性（昭和28年改正により規定された）の働きに助けられて、自由かつ自主的な判断の阻害に係る考え方を提示したのは正田教授である。

　かかる自由かつ自主的な判断の阻害に係る市場効果要件は、「公正且つ自由な競争の保護」の下位の普遍的法原則に該当する。この点をラーレンツ／カナリスの法学方法論に即して評価すれば、カナリスルールその4）に挙げた、普遍的法原則はその実現のために、独自の意味内容を持っている下位原則による具体化を必要とするとの指摘が関係する。「公正且つ自由な競争の保護」の法原則は、昭和28年改正の優越的地位濫用の規制導入に合わせて、公正競争阻害性の概念が規定されたことで、かかる規制に固有の下位の法原則を必要としていたと考えられる。

　そして、上位の法原則を具体化する下位の法原則の導入を正田教授が果たすことができた背景には、教授の優越的濫用規制に関連する特殊指定と下請法の関連法規の研究の成果がそれを可能にしたことが挙げられる[298]。特定業種の違反行為と具体的な違反事例に係る類型化が行われることで、それらの類型系列を法的な構造としてまとめる「指導像」が得られる。これら「指導像」は、類型形成の試みを繰り返すことで、最終的に少数の普遍的法原則として法の内的体系のうちに位置付けられる。類型形成の働きと普遍的法原則の導出とが相即的に行われる特徴がある。

ⅳ）法の内的体系に係る普遍的法原則の働き、及び類型系列についての各々

297）前掲、第3章Ⅱ. 5.（4）(4-2) を参照。

の分析から、具体的な違法性判断規準の設定を指導する[299]下位の普遍的法原則を導く、正田教授の体系的考察に基づく法学方法論には学ぶべき点が多いと考えられる。

（3）比較法的検討；カルテル法の普遍的法原則と体系構成

ⅰ）独占禁止法が優越的地位の濫用規制をその法体系に適切に位置付けることができたのに対して、ドイツでは利益強要禁止について GWB において問題を抱える理由は以下の点が挙げられよう。

　a）GWB は法の目的規定を欠き、法律自体が法の目標を明確に規定しておらない。

　b）カルテル法にとって未開拓の規制の法分野である需要力濫用規制について、競争規約を通じた類型形成によって、その規制の指導理念を明らかにする可能性を減じられた。この点は、以下のⅱ）で敷衍する。

　c）需要力濫用規制は、市場支配力の濫用規制に係る市場の妨害、差別そして搾取に規制の体系に組み入れられた。この点は、以下のⅲ）で敷衍する。

ⅱ）競争規約の策定とその設定できる内容に明らかにした前掲 GWB24 条 2

298）既に昭和 31 年の峯村光郎教授との共著では、昭和 29 年百貨店業告示について独立の項目を立て、24 頁に及ぶ逐条解説が行われたほか、昭和 31 年制定の下請法については、独占禁止法とは別立ての篇目により 40 頁にわたる詳細な逐条解説がされた。さらに新聞業告示の押し紙の解説もされていた。峯村／正田、162 頁以下、173 頁以下、202 頁、583 頁以下。

　このコンメンタールでは、優越的地位の濫用規制に係る「基本的な理念は、事業者の對等取引權の確保」であるとされていた。同 158 頁。

　これに対し、その後 10 年を経たコンメンタールでは事業者に係る自主性の阻害という捉え方が明らかになる。すなわち、「公正な競争の要因である事業者の自主性を阻害し、あるいは自主性が阻害されている関係に乗じて、不利益を強制することが、公正な競争を阻害するおそれをともなうこと」とされている。これは後に 3.（4）で言及する、一般指定に規定された「不当な不利益な条件で取引すること」の解釈に係り、この条件を類型化する試みを正田教授が行ったことと重なる。かかる類型化によって、「相手方の自主的な事業活動を制限する」あるいは「自主的な競争機能の制限」といった概念が導かれたと考えられる。また同書においても下請法については、独占禁止法とは別立ての篇目により 75 頁に及ぶ一層詳細な逐条解説がされたことも、かかる成果を導いたと考えられる。正田・独占禁止法 284 頁以下、895 頁以下。

299）ラーレンツ／カナリスによれば、その発見が法律学の重要な課題になる法的構造類型は社会的現実の中に見つけるべき形成物であって、その有意味的結合において明らかになってゆく類型のいわば「指導像」（類型的規律の態様）に基づいて問いかけをして、その「指導像」から個別規範は再び解釈される。前掲、Ⅱ．における 4.（2）を参照。

項は、「公正な競争」の文言を規定する。競争規約による公正な競争の規範化
は、利益強要禁止に係るドイツの需要力濫用規制の歴史において、その禁止
規定が導入されてからから現行法に至るまで、実効的な規制を確保するため
の法創造機能を発揮していない。その原因は次のようになる。

①利益強要禁止（当時は受動的差別禁止）に係る初期規定（旧 GWB26 条 3 項）
　の導入前に制定された「共同宣言」の競争規約に対しては、独占委員会の批判
　があった[300]。
②その導入の後でも、メストメッカー、メッシェル等の競争規約は隠れたカルテ
　ルになるという批判が続いた。その結果、新たな需要力濫用禁止規定の要件規
　定を具体化する試みを競争規約の活用をして行うことはされなかった[301]。
③近時の BGH の判例は、競争規約の内容確定に際しての公正さに係る基準問題
　に関して、その不公正の判定は、もはや限られた意義を有するに過ぎないとし
　て、その兆候を示す程度の意義しか認めていない。したがって、カルテル庁の
　競争規約に対する認定は、実質的に法規範的効力を認められていない。この点
　について、UWG の判例では未だ明確になっていないグレーゾーンの取引慣行
　に対する禁止を、その一般条項の助けを借りて、競争規約を運用して行うこと
　は、メッシェル以来ボルンカムに至るまで GWB の禁ずる違法なカルテル行為
　とみなす見解が有力である[302]。

ⅲ）ドイツでは 2018 年エデカ事件 BGH 決定は、需要競争の在り方として、
より有利な取引条件を取引の相手方から獲得することを市場の買い手が競い
合う競争が、その在り方に適合するとした。同時にこのような、より有利な
取引条件を獲得する競い合いは、その濫用該当性について、搾取濫用禁止の
法的枠組みによって判断される。利益強要を禁止する GWB19 条 2 項 5 号は、
旧法の 26 条 3 項、同 20 条 3 項から移行をした約 38 年の間に、受動的差別の
不当な差別行為の禁止から、搾取濫用の禁止に法的な基本的性格付けの重点
を変えたことになる[303]。そしてかかる規制の基本的性格の転換は、自由な競

---

300) Sondergutachten 7, Tz. 27, 238, 239.（後掲、Ⅵ．4．（2）掲記のカルテル庁承認による競争規約
　　である「共同宣言」を引用して、競争規約は付随的業績の競争を排除する競争制限に導くとする）。
301) 後掲、4．（8）を参照。
302) 後掲、4．の（2）から（7）を参照。

争保護に係る競争の自由の普遍的法原則に従う法の内的体系に即して行われた[304]。さらに基本的性格の転換は、市場支配的事業者の濫用監視に係る19条2項以下の妨害、不当差別及び搾取を禁止する類型系列の枠組みにおいて行われた。

このように、取引の相手方から有利な取引条件を獲得する取引の関係と、ライバルよりも有利な条件を相互的に獲得する競い合いの市場の関係が交錯する、需要競争についての濫用判断が、競争の自由という自由な競争に係る単独の普遍的法原則に従って行われるGWBにおける法的体系構成の問題は以下のように考えられる。

　a）市場の競争阻害に専ら焦点を当てた、受動的差別禁止の濫用該当とする法的
　　構成では、BGHも認めるように「最も重大な競争上の危険」（需要独占の場合）
　　を看過するのであって、需要力濫用規制の本質を捉え損なっていた。
　b）次に搾取濫用の視点を重視する近時のBGHによる利益強要禁止の規制は、
　　需要者が競争の高まりから供給者へ協力要請を強化する点につき、当該要請が
　　主たる給付に付随する給付の場合、それが競争への対応として自由な競争保護
　　の観点から評価できるか、慎重に考慮する[305]。
　c）また、市場支配的事業者の濫用監視に係る19条2項以下の体系においては、
　　搾取濫用に係る垂直的方向での規制は、例外的措置に留まるべきという規制の
　　抑制論が有力に主張されていた（市場構造志向論）。

かかる判例や学説の主張を踏まえると、利益強要禁止の規制において運用例が極端に少ない理由は、当該規制が受動的差別禁止によっては、市場の競

303）このような、基本的な性格付けの変貌を遂げた本規定の現在の位置付けに関して、GWB19条2項5号は、搾取濫用に関する同項2号及び3号の特別規定と解されている。*Nothdurft* in Bunte, 14Aufl. §19, Rn. 235.
　　さらに利益強要禁止の本規定について、GWB19条が市場支配力の濫用に係り、妨害、差別そして搾取に係る濫用の要件上の本質的任務に従うことから、同条に組み込まれた本規定は、かかる三つの特質を併せ持つハイブリッドな性格を目的論的にもつとする見解がある。Wanderwitz, Nachfragemacht, S. 43, 187f.
304）前掲、第2章Ⅰ. 3.（7）、第3章Ⅴ. 1. における（9）及び5. を参照。
305）参照、拙稿・問題点［2］185頁以下（2-3）（搾取濫用のファボリート事件におけるBGHによる行為者のリスク負担の考慮）、186頁以下（2-4）（同判決における行為者段階の自由な競争についての考慮）、189頁以下（同判決に反対する少数説の紹介と検討）を参照。

230 第3章 需要力濫用規制の体系構成

争阻害に専ら焦点を当て、搾取濫用の視点を重視する場合にも、市場の自由
な競争保護に専ら注目する結果、垂直方向での需要競争の機能不全、すなわ
ち供給者の回避可能性の欠如に対する的確な規制の枠組みを構築できなかっ
たことによると考えられる。

iv）したがって、需要力濫用規制の的確な構築には、濫用を生ぜしめる市場
の機能不全を、保護に値する需要競争の本質論に即して確実に把握すること
が求められ、さらにかかる要請に適合する規制の枠組みを構築する作業が求
められる。

（4）需要競争と「公正且つ自由な競争の保護」の普遍的法原則
(4-1) 需要競争の本質論（需要競争の二面的特質）

ⅰ）買い手間で行われる需要競争は以下の二面的側面を持つ。

ⅱ）一つの側面は、買い手が、より有利な取引条件の獲得を相互に競い合い、
売り手に積極的に働きかける側面である。ドイツではこの側面が重視され
る[306]。

ⅲ）いま一つの側面は、この売り手に積極的に働きかける買手の経済的行為
自由が、買い手間で相互的に抑制される側面である。ケーラーはこの側面の
分析を進めて、買い手が売り手から引き出すより有利な取引条件の給付を受
けたことに対する、反対給付に該当する各種業績を示した。それは、新たな
流通機能の革新からもたらされる便益として、これまでの給付パターンに縛
られずに提供される反対給付である。この点に関し買い手は、その取引行為
に係る多様な指標を市場に提示するにあたり、他の買い手の存在及び行為態
様を配慮することを余儀なくされる。つまり、より有利な取引条件の獲得努
力に起因する買い手間の需要競争は、他方で回避可能性をもつ売り手と取引
する他の買い手からの抑制の下に置かれなければならない[307]。

ⅳ）ケーラーは、需要競争の本質には売り手の回避可能性に係って、取引の
相手方保護の機能があるとして、以下の展開を予測していた、すなわち、濫

306）前掲、第2章Ⅰ.1.を参照。
307）前掲、第2章Ⅰ.2.を参照。

用規制が的確に行われることにより、ⅲ）に挙げた流通機能の革新からもたらされる便益や利益が売り手に提供され、マーケティング代理業者の業績（給付）に係る市場が整備される予測していた。

ⅴ）日本においても、前者の伝統的な給付パターンに縛られずに提供される新たな便益を、買い手が売り手から引き出すより有利な取引条件の給付を受けたことに対する反対給付として捉える稗貫教授の指摘がある[308]。さらに、独占禁止法2条4項2号の競争の定義には買い手間の競争が含まれることを前提に、公正かつ自由な競争の法目的について、上記の需要競争の二側面が保護対象となるとする考え方が和田教授により唱えられている[309]。すなわち、より有利な取引条件の獲得に係る競い合いの側面と、かかり競い合いを回避する取引の相手方である供給業者を、他の買い手に奪われない配慮をする他の買い手の存在と行為態様に配慮をする買い手間の競争の側面である。

(4-2) より有利な取引条件の獲得競争と「公正且つ自由な競争の保護」

和田教授の言われるように、独占禁止法の「公正且つ自由な競争の保護」の法目的には、前記の需要競争の二側面が含まれると思われる。そうすると、優越的地位の濫用が問題となる、より有利な取引条件の獲得に係る前者の側面が市場において専ら活発化し、後者の経済的行為自由の行使を買い手間で相互に抑制する競争が機能しない場合は、「公正且つ自由な競争の保護」の法目的に仕える法の体系的理解からは、かかる市場の機能不全はどのように評価されるのであろうか。

「公正且つ自由な競争の保護」における公正な競争と自由な競争の一体的理解（今村／正田／金井）に係り、法の体系的構成の観点から、普遍的法原則の問題としてカナリスルールに依拠して、以下に、この点を考察する。

(4-3) 法原則の相互補完と制限による独自の意味内容の展開

ⅰ）独占禁止法にあって、この「公正且つ自由な競争の保護」に関する一体的把握の考え方によれば、自由な競争のみが排他的に、独立して保護されることは認められないであろう。このことはカナリスルールその1）の「普遍

308）稗貫・解説 266 頁。
309）前掲、第 2 章Ⅱ.2. を参照。

的法原則は…相互に対立または衝突する」場合においても、2）に挙げた「普遍的法原則は排他性を要請しない。ある特定の原則に特徴的である法律効果はまた他の原則と結びつきうる」の定式が当てはまる。需要競争の機能不全が生じたことにより、自由な競争保護の要請は公正な競争保護の要請と合わせて考慮されることで、公正な競争を阻害するおそれの防止という観点から、不公正な取引方法の規制が求められる。そのうえで、そのルール4）の「普遍的法原則はその実現のために、独自の意味内容を持っている下位原則…による具体化を必要とする」が適用される。そしてこの具体化が、3）のルールに従って、「普遍的法原則は相互に補完し制限し合って、初めてその独自の意味内容を展開する」ことで、優越的地位の濫用規制に即して、公正競争阻害性の三部類が行われた。この結果として、自由かつ自主的な判断の阻害という下位の法原則が独自の意味内容を展開したのである。

ⅱ）以上の普遍的法原則に関する公正な競争と自由な競争の間で行われた、相互の補完と制限によって独自の意味内容を展開した結果が、自由かつ自主的な判断の阻害の法原則の導出である。自由かつ自主的な判断の阻害は、自由競争基盤の侵害とも捉えられることから、自由な競争保護に関する独自の意味内容が展開された意義を有することになる。

（5）公正な競争と自由な競争の一体的理解──比較法的考察

(5-1) 普遍的法原則について、その相互補完と制限から独自の意味内容の展開が可能になり、上記（4）における（4-1）の需要競争の本質論が示された。すなわち、市場でより有利な取引条件の獲得に係る側面が専ら活発化し、経済的行為自由の行使を買い手間で相互に抑制する競争が機能しない場合の規制の在り方が問題になった。その場合、普遍的法原則に関するカナリスルールに即して、公正な競争と自由な競争の関係が検討され、優越的地位の濫用規制が適切に導かれた理由として、「公正且つ自由な競争の保護」の法目的について、公正な競争と自由な競争の一体的理解が要請されていたことが重要であった。

(5-2) 上記（3）におけるⅲ）の市場の競争関係を重視する観点にあっては、取引交渉を長期的観点から捉えて、需要者の要請に対応する反対給付の存否

を契約の全体条件のセットとして追跡する違法性判断基準が導かれた。長期の視点で契約条件の全体的セットを捉える基準は、給付と反対給付の関係に対し、自由な競争の多様な展開として間接的利益を含めて把握する理論である[310]が、以下のように、需要力濫用規制の本質的効果の徴表を捉え損なう懸念がある。

　ア）英国の行動綱領審判官制を導いた 2008 年市場調査の類型形成の作業と GSCOP2 条の規定が明らかにした、取引の相手方に及ぶ過剰なリスクと予期せぬコスト移転の効果（類型系列の「指導像」）に具体化される「公正かつ適法な取引」の理念的原則に照らして、かかる効果を等閑視して、需要力濫用規制の本質を捉え損なう懸念がある[311]。

　イ）ケーラーの行動綱領提案において、不公正な取引慣行とされる攻撃的な商慣行の類型系列の「指導像」は不当な影響行使であり、この不当な影響行使の効果を導く規制の体系的理解に照らして、需要力濫用の本質的徴表を捉え損なうおそれがある。

　ウ）独占禁止法 2 条 9 項 5 号の下で、審判決、関連法規、ガイドラインの類型系列を検討した根岸教授が明らかにした優越的地位濫用規制は、「一対一の取引当事者間で過大な不均衡、すなわち著しい不公正な取引の受け入れを余儀なくさせることそれ自体を」規制するという捉え方であり、かかる理解に照らして、需要力濫用規制の本質的徴表を捉え損なうおそれがある。

　上記ア）の過剰なリスクと予期せぬコスト移転の効果について、あるいはイ）不当な影響行使「がなければ下さなかった取引上の決定を下すことが誘引されるか、誘引されることになる」という力の地位につき、その存否は、根岸教授の言う「一対一の取引当事者間」における関係に焦点を当てることになる。すなわち、より有利な取引条件の獲得をめぐる競争から生じる濫用の効果を把握することは―その競争は買い手間で繰り広げられるのである

310）拙稿・問題点 [2]、103 頁（BGH は給付／反対給付の直接的関係は見ない）、107 頁（BGH の契約の全体条件のテスト）。

311）拙稿・新展開 132 頁から 138 頁（英国競争委員会による 2000 年調査及び 2008 年調査によるサプライチェーンの需要力濫用に係る行為類型の検討）。

が―「一対一の取引当事者間」の関係で捉えられるほかないと考えられる。対照的に、搾取濫用規制における給付／反対給付の関係を、直接的利益でなく間接的利益、取引条件の全体的観察において捉えるアプローチは、「一対一」の関係でなく、買い手間の水平的関係にあって自由な競争への対応として、自由な競争保護の観点からの評価が重要になる。

　ドイツのGWBによる需要力濫用規制の体系的枠組み限って考えると、競争の自由という普遍的法原則に導かれた19条の市場支配力濫用に係る規律の体系構成によることで、自由な競争保護の普遍的法原則は自らを排他的に主張する傾向をもつと解される。この点は、UWGを含む競争法体系の枠組みに即して検討すれば、特徴的なものとして捉えられるのであり、需要力濫用問題について、結果的に自由な競争保護は公正な競争保護に対する優位、ないし排他性の傾向を示す。

　これに対し上記ア）からウ）に挙げた需要力濫用規制のアプローチでは自由な競争保護の普遍的法原則は、その排他性を主張するものでなく―特に独占禁止法においては―、公正な競争保護の普遍的法原則との対立を経て、法原則相互の間で補完と制限が行われ、独自の意味内容を展開した結果、自由かつ自主的な判断の阻害[312]という下位の法原則を生み出すことに成功した。
(5-3) 需要力濫用規制において、需要競争の本質として、より有利な取引条件の獲得に係る、買い手間で行われる取引相手方に対する積極的な働きかけが法の保護に値することが認められるのであれば、この自由な競争保護の普遍的法原則が公正な競争保護の法原則と対立する結果に無関心であってはならないと考えられる。以下、独占禁止法における優越的地位の濫用規定の導入から、現在に至る法の展開過程を概観することにより、自由な競争の公正な秩序付けに係る体系構成上の要請がどのように果たされたかについて、検討する。

---

312) 他国の例では、上記ア）の英国GSCOPにおける「（取引におけるリスクとコストについての）供給業者の確実性の要請」、あるいは、上記イ）ケーラー提案の「取引当事者の決定の自由」という下位の法原則が導かれている。

2. 原始独占禁止法における不公正な競争方法の制定

(1-1) 公正な競争保護を目的とする違反行為の類型化

不公正な取引方法の名称は、原始独占禁止法の制定時においては、「不公正な競争方法」であり、その2条6項は①取引拒絶、②差別対価、③不当廉売、④不当な取引勧誘・強制、⑤排他条件付取引、⑥拘束条件付取引・役員選任の承認であって、自由競争減殺型の行為が中心となり規定されていた。制定過程において、萌芽理論的アプローチによって独占禁止法上の体系的位置付けが明確化されたものの、起草者らは不公正な競争方法を独占形成の予防手段とのみ位置付けることはせず、後により広く競争手段として不公正な行為も不公正な競争方法に含めることが可能な余地も残していた[313]。

また原始独占禁止法の2条7項は、上記2条6項の「各号に掲げるものの外、公共の利益に反する競争手段であって…公正取引委員会の指定するもの」が不公正な競争方法に新たに付け加えられることを認めていた。

米国の連邦取引員会法（FTC法）5条が「不公正な競争方法（unfair method of competition）」を禁ずるとのみ定めて、その具体的内容の定義付けを回避しているのに対して、本項は、上記六つの行為類型と「公共の利益に反する競争手段」としてある程度、明確化を試みている[314]。

以上の制定過程における整理は、次のような不公正な競争方法規制の展開に係る意義を確認できる。原始独占禁止法の不公正な競争方法の規定は、独占形成の予防手段とのみ位置付けられない幅広い内容の規定を含むことを可能にしていること[315]、公取委の指定によって違反行為の範囲を拡大できる制度が備えられたこと、そして不公正な競争方法の類型化に資する行為の特徴を示す定義付けを行ったことは、公正な競争保護の観点から違反行為類型を整備、拡充する基礎を築いたものといえる。

---

313) 平林・歴史（上）146、148頁。商工省企画室・解説40頁。橋本・獨占禁止法158頁には、私的独占の予防規定として捉えられる規定だけでなく、より広い不正競争防止法の枠組みに属する行為も規定している旨の記述がみられる。

314) 参照、土田・継受519頁以下。

315) 参照、西村／泉水・制定過程95頁以下。

(1-2) 自由競争保護の法原則は排他性を求めない

上記の、規制における公正競争保護の要請に係る基本的な性格把握が、立法担当者により、次の様になされたことが注目される。

「競争は、自由になればなるほど、より公正に行われなければならない。競争の自由は、競争の激しさを意味し、それが激しくなればなるほど、その手段方法を択ばない傾向が強くなるからである[316]」。

この指摘は、自由な競争保護と公正な競争保護の普遍的法原則の関係につき、不公正な競争方法の各規律の類型において自由な競争保護が排他的な妥当性を要求しないことを認めたものとして重要である。カナリスルールにおけるその2）に即して述べるなら、この点は以下のように説明できる。「普遍的法原則は排他性を要請しない。ある特定の原則に特徴的である法律効果はまた他の原則と結びつきうる」と、同3）の「普遍的法原則は相互に補完し制限し合って、初めてその独自の意味内容を展開する」の双方の定式において、「排他性を要請しない」こと、公正な競争保護の原則が、自由な競争保護を「制限す」ることを認めたものである。そのうえで、同ルールのいう、「ある特定の原則に特徴的である法律効果はまた他の原則と結びつきうる」こと、及び普遍的法原則の「独自の意味内容を展開」させることは、以下に述べる独占禁止法の将来の運営、立法的展開に委ねられた。

3. 昭和28年改正による優越的地位濫用規制の導入

（1）優越的地位の濫用規制導入に関する立法者意図

ⅰ）昭和28年法改正では、不公正な競争方法を不公正な取引方法に改め、その基本的性格について公共の利益に反することから、公正競争阻害性の規定に変えた。

当時から、不公正な取引方法は独占禁止法の実体規定において重要な位置付けが与えられていた。それは私的独占及び不当な取引制限の規制と並ぶ独禁法の「三本の柱」[317]の一つであると言われている。

316）石井・獨占禁止法242頁。

ⅱ）独占禁止法の重要な規制の柱である不公正な取引方法の立法化に際し、横田正俊公取委委員長（当時）により、優越的地位濫用の規制をそこに取り入れる必要性が述べられている。以下の説明は、本規制の基本的性格を述べたものとして重要である。

「競争が激甚になるとともに、たとえば特定の事業者を市場から排除するための不当な取引拒絶ボイコット、ダンピングと称せられる不当な廉売による競争者の駆逐、他の事業者に対する不当な差別的取扱い、競争者の取引相手の強制奪取、取引上の優越した地位を乱用（ママ）する一方的な取引条件の強制…のような不公正かつ不健全な取引方法が現われて、これが公正な競争秩序を侵害する…ことは、戦前の日本経済の実情に照らし、また戦後の実情をご覧いただいてもおわかりになること[318]」と述べられている。

この改正案の理由説明から、優越的地位の濫用規制に係る法体系的考察を行う場合に示唆される重要なポイントは以下のようになる。

ａ）優越的地位の濫用について、その現象が競争の「激甚」化することにより生ずるとされている。この場合の競争とは、前後の文脈から行為者段階の販売競争及び取引の相手方の顧客獲得競争を指すと解される。すなわち、自由な競争が行き過ぎる場合に、取引の相手方に対し取引上の地位の不当利用のされることが、黙示的な前提とされた。

ｂ）優越的地位の濫用が、自由競争減殺や不当な取引妨害の不正手段型といった、後に公正競争阻害説の三分類説に従って分類される行為類型とともに、独立して取り上げられている。

ｃ）優越的濫用のような不公正な取引方法は、戦前また戦後の日本経済の実情で問題となっていた。

上記ａ）は、先の原始独占禁止法の立法担当者（石井課長）による、不公正な競争方法の立法化の説明として述べられた「競争は、自由になればなるほど、…その手段方法を擇ばない」傾向を生ずるとの考え方と一致する。

317）今村・独占禁止法3頁。石井・獨占禁止法50頁。これに対して、商工省企画室・解説10頁には、「私的獨占と不當な取引制限という二つの中心的な行爲を禁止し」の文言が見られる。

318）昭和28年7月3日の衆議院経済安定委員会において、横田政府委員が行った昭和28年独占禁止法改正案についての提案理由に係って補足説明の答弁である。二十年史538頁。

238　第3章　需要力濫用規制の体系構成

　同じくb）は、c）の我が国の下請け取引に係る実情をも鑑みた結果である
とみられるが、取引相手に対する不当な利益の要求をする行為を、不公正な
取引方法の他の行為類型に依拠して、法解釈上の操作を通じた規制によるこ
とをしなかったことを示す。比較法の視点から、ドイツの受動的差別禁止に
よった利益強要禁止の企てが、当該規制の立法当初から試みられた例と対照
的である。

　立法担当者のこのような説明は、優越的地位濫用規制が行為者段階の自由
競争の激化に伴い、取引の相手方に対する積極的な働きかけが取引行為でな
され、その結果取引上の地位の不当な利用につながることを、規制の根拠付
けとしている。私見では、このような根拠付けの前提には、競争と取引の関
係を融合的に捉える発想の萌芽がある。この点で、本稿の結語で述べる、よ
り有利な取引条件の獲得をめぐる競争の概念を認めることが、取引と競争の
関係を融合的に捉えることと一定のつながりを見出すことができる。

（2）特殊指定による不公正取引慣行の類型化（百貨店業告示）

　i）さらに、旧法の公取委による追加指定の制度[319]を改めて、改正法2条7
項各号に規定されたものから、限定列挙された不公正な取引方法の行為類型
について、公取委が指定を行うものとした。これは、追加指定主義から具体
化主義に改めたものと説明される[320]。

　28年改正で新たに不公正な取引方法として規定された優越的地位濫用に
係る法文は、「自己の取引上の地位を不当に利用して相手方と取引すること」
とされ、非常に簡潔、包括的な規定ぶりであった[321]。この優越的地位濫用の

319）旧法は、2条6項本文において、「この法律において不公正な競争方法とは、左の各号の一に
　　該当する競争方法をいう」と柱書に規定して、六つの行為類型を挙げた後に、7号として「前各
　　号に掲げるものの外、公共の利益に反する競争手段であって、第71条及び第72条に規定する手
　　続に従い公正取引委員会の指定するもの」と述べていた。この「前各号に掲げるものの外」の文
　　言が追加主義を指すものとされ、新たに指定する行為が、前各号に該当するものの外の行為であ
　　るかどうかが問題とされることになっていた。

320）昭和28年改正2条7項は、その柱書を次のように規定する。「この法律において不公正な取引
　　方法とは、左の各号の一つに該当する行為であって、公正な競争を阻害するおそれがあるものの
　　うち、公正取引委員会が指定するものをいう」。

321）参照、新・不公正な取引方法208頁（金子晃「第八章　優越的地位の濫用」）。

2 条 7 項 5 号の規定のみならず、同項のその他の各号も抽象的、包括的な規定であった。行為の具体化、明確化は、公取委による指定に委ねられたのである[322]。

ⅱ）この指定制度に依った意義は、次のように説明されている。つまり、審決によれば不公正な取引方法の規制が、複雑かつ流動的な取引実態をもつ経済現象の規制に求められる弾力性ある規定となるように、規制の前提となる経済実態とその変動の把握、それに即応した規制基準の設定、変更を公取委に行わせる趣旨によると[323]述べられ、解説書もそれに従う[324]。この説明は、法の要件規定における抽象性、包括性を指定により明確化、具体化する要請と、経済実態とその変動の把握、それに即応した規制の要請とを分ける必要がある。

そこで、この考察において、先ず改正法と同時に行われた一般指定の制定（昭和 28 年告示 11 号の「不公正な取引方法」）以後、その改定は、昭和 57 年まで約 30 年の長きにわたり一回の改正や新たな不公正な取引方法の追加も行われなかったことが問題になる。

したがって、法の要件規定における抽象性、包括性を指定により明確化、具体化する要請は、改正法と同時に施行された上記一般指定の策定により一定程度満たされるにしても、経済実態の把握とそれに即応した指定の変更を公取委に行わせる要請には疑問が残るだろう。とすると、私的独占及び不当な取引制限と並んで、独占禁止法の最も重要な禁止行為の一つである不公正な取引方法の具体的内容を、何故に法律で規定せず、行政機関である公正取引委員会の指定に委ねたか、検討の必要が残る（かかる委任の問題について合憲性の疑いはクリアーされる[325]にしても、）。

ⅲ）この点は、（先述の判決が述べた）改正法の制定趣旨について、複雑かつ流動的な取引実態をもつ経済現象の規制に求められる、規定の弾力性によっ

322）不公正な取引方法の特定行為の内容は、きわめて抽象的に表現されているので、これによって直ちに取締りを行うことは法的安定を害し、妥当でないとされた。石井幸一・獨占禁止法 3 頁。

323）育児用粉ミルク再販事件最高裁判決（昭 43・10・11）審決集 15 巻 91 頁。

324）今村他・注解 164 頁（金子晃執筆）。

325）和光堂事件最高裁判決（昭 50・7・10）審決集 22 巻 177 頁。長谷川・政策 143 頁以下。

240　第3章　需要力濫用規制の体系構成

て示される要請が、本改正の前後の経緯においてどのように生かされたかを検討することが有益である。

　すなわち、不公正な取引方法に関連する公取委の指定制度等に関連する特徴的な事がらに注目することが求められる。そして、この改正前後の事情とは、改正前の旧2条6項7号に基づく指定であるしょう油業、みそ業、海運業等に関する特定の取引分野における特定の不公正な取引方法に関する指定も同時に、改正法2条7項による特殊指定として第71条の手続を経て指定し直された。またこれら以外の特殊指定が、昭和28年から36年まで断続的に行われたことが注目される[326]。

　さらに改正法の優越的地位の濫用に係り、翌29年に制定された百貨店業に関する特殊指定が、以下の行為類型を禁止する。それは、不当返品、一度納入した商品についての不当な値引き要求、委託販売取引における不当な不利益の強要、特売・廉売用商品の不当買い叩き、不当な受領拒否（特別受注商品）、不当な手伝い店員の派遣要求、以上の不公正な取引方法に係る要求等の行為を実現するためその要求を拒否した納入業者に対する報復措置の禁止である。そして、景品・招待附販売方法について百貨店業における不公正な取引方法として特殊指定がされた[327]。

iv）当時のこのような事情から示されるように、追加指定主義から具体化主義への変更は、特殊指定を活用することを意図した改正である[328]。不公正な取引方法に係る事業者間の不公正取引慣行について、法の規定は違反行為の簡潔、包括的な特徴を捉えることにとどめ、具体的な経済実態と取引実態で問題となる行為を、問題が生じている産業ごとに個別に摘出して、禁止される行為類型のグループを作る作業を特殊指定が担ったと考えられる[329]（指定の数が多い行為のグループとして、不当表示、景品規制）。そして優越的地位濫用

326）昭和28年にソース業、カレー又はこしょう業、ゴム履物業の特殊指定が行われ、翌29年から31年にかけてマーガリン又はショートニング業、マッチ業の特殊指定が行われた（以上は景品提供の告示）。それ以外で、新聞業（30年）、海運業（34年）などがあり、昭和36年の畜肉、鯨肉のかん詰業と食品かん詰め又はびん詰業の不当表示を内容とする特殊指定まで制定が続いた。三十年史147頁以下。

327）百貨店業告示（邦文引用文献略語表を参照）。峯村／正田697頁以下。

328）平林・不公正な取引方法67頁。

規制では、百貨店業に関する特殊指定が、その後の違反行為の類型の整備に向けた具体的な違反行為の特定化、類型化に向けた作業の第一歩になった[330]。

（3）関連法規等による不公正取引慣行の類型化

ⅰ）さらに改正法に規定された優越的地位の濫用規制に係り、かねてより中小企業から要望の強かった下請代金支払遅延等の実態調査を行い、昭和29年3月に「下請代金の不当な支払遅延に関する認定基準」を公表した[331]。この基準は、以下の策定理由によっている。それは、いかなる場合に親事業者が下請事業者に対しその取引上の優越した地位を「不当に利用」したものと評価されるべきかについての判断は、代金支払の遅延等の行為について、理論上必ずしも容易でないことから策定されたものである。ところが、かかる実体規定に関する基準の策定をもってしても、手続面での問題が残り、独占禁

---

329) 不公正な取引方法の制定当初からその規制に関し、以下のような困難性が指摘されていた。すなわち、

ⅰ）「不当に」や「正当でない」といった違法性基準の解釈運用上の困難、

ⅱ）取引慣行の行われる業界の複雑、多岐である状況に応じて生じる類型化の困難、

ⅲ）公正かつ自由な競争秩序に関する保護法益の内容が抽象的であることから、違法性判断基準を導くうえで生じる困難、

が問題にされていた。

　かかる困難を克服する手立てとして模範にされたのが、米国における連邦取引委員会規則に基づき運用されていた、商慣行会議（trade practice conference）手続を経た、業界の自発的な矯正措置である商慣行規則（trade practice rule）に依った不公正な競争方法の規制である。かかる商慣行規則に倣って、我が国の特殊指定が導かれた。妹尾・商慣行会議74頁。参照、三十年史449頁以下。

　優越的地位の濫用規制の体系構成を問題にする本稿の関心から、妹尾論文の上記ⅰ）からⅲ）の指摘は、以下の意義を確認できる。特殊指定の働きにより程度の差はあれ、具体的な違法性判断基準の導出がはかられたこと、「公正且つ自由な競争」保護という上位の普遍的法原則を具体化する自由かつ自主的な判断の阻害という下位の法原則の導出がされたこと（後掲（4）を参照）、さらに「不当に不利益な条件」という要件解釈の具体化がされたこと、という各課題に資する役割を果たしたと評価できる。

　特殊指定は商慣行規則と異なり法的効力を有するが、委員会と業界が共同で作成し、かつ自主規制組織を設ける点で共通していた。平林・歴史（上）、224頁。参照、今村・研究67頁以下。

330) 追加指定主義から具体化主義への変更が予定していたのは、多数の産業について、特殊指定の積み重ねによる不公正な取引方法の具体化であった。長谷川・政策158頁以下、平林・歴史（上）、224頁。

331) この認定基準は、石井幸一・獨占禁止法302頁以下、鈴木・新下請法24頁以下に収録されている。

止法の手続によっては解決し得ないことから、同法の補助、補完法として、下請代金支払遅延等防止法が制定された（昭和 31 年）[332]。

　下請法は、親事業者の禁止行為を独占禁止法の立場から具体的に定めることで、「実体規定の適用をめぐる不明確さがいちおう解消された」[333]。すなわち、その 4 条 1 項に「親事業者の遵守事項」として、製造委託または修理委託をした場合の禁止行為が列挙された。それによれば、受領拒否、支払い遅延、下請代金の値引き（減額）、不当返品、不当な買叩き、購入強制といった、その後の独占禁止法の運用で問題になる行為の類型化がされている。正田教授によれば、この禁止類型の規定が「本法の中心をなすもの」であり、「独占禁止法にいわゆる不公正な取引方法、とりわけ取引上の優越した地位の不当利用の禁止規定の内容をなす」とされた[334]。

ⅱ）また昭和30年には、新聞業に対する特殊指定が新聞販売をめぐる顧客獲得の競争について行われた。その指定は、新聞販売に係る競争手段が、新聞自体の価値によらず、景品提供、その他販売店への強制など新聞業者の巨大な資本力を利用した不当な方法により行われることを規制するものである。具体的な違反行為の類型は、ａ景品招待付販売、ｂ無代紙又は見本誌の配布、ｃ地域又は相手方による差別定価又は差別的定価販売、ｄ発行本社の販売店に対する押紙を不公正な取引方法とするものである。このうち、ｄの押紙が優越的地位の濫用に関係する[335]。

ⅲ）このような、親事業者／下請事業者間の取引上の優越した地位を不当利用した禁止行為の立法化及び百貨店業告示の特殊指定、そして新聞業の特殊指定がされることにより、抽象的、概括的な 2 条 7 項 5 号の規定を明確化する試みが進められることになる。

332）三十年史、109 頁以下。

333）正田・独占禁止法 895 頁以下。下請法に係って、正田教授により独占禁止法の補助、補完の意味として示されている事がらは、本文掲記の実体規定の不明確さを一応解消することのほかに、公取委及び中小企業庁を中心とした行政官庁の監督・調査権限が強化され、下請取引の明確化と実態把握に資することとなったこと、さらに、下請取引に対する行政指導的機能を果たす勧告制度が設けられた、ことも合わせて挙げられている。同 896 頁以下。

334）正田・独占禁止法 928 頁。

335）峯村／正田、196 頁以下。

（4） 学説による優越的地位の濫用規制の類型化の試み

ⅰ）一般指定 10 項は、「自己の取引上の地位が相手方に優越していることを利用して、正常な商慣習に照らして相手方に不当な不利益な条件で取引すること」と規定していた。特殊指定や下請法の立法による具体的な違反行為の類型化が進められるなかで、学説にあって、一般指定に規定された「不当な不利益な条件で取引すること」の解釈に係り、かかる条件を類型化する試みが行われた（正田教授）[336]。

第一の類型は、低価格又は高価格の強制の条件を典型とする、不当であるか否かを専らその不利益の程度により判断する場合がこれにあたる。この場合には、取引が対等に行われた場合に予想される条件が基準となる。低価格又は高価格それ自体を問題にする場合には、反対給付としての対価の決定という交渉過程とその結果に踏み込む審査となることから慎重さが求められる類型になる[337]。

第二の類型は、当該取引の客体たる経済上の取引に当然に付随する拘束とは捉えられないで、「相手方の自主的な事業活動を制限する」性格のものとされる。公正な競争を支える「自主的な競争機能の制限」にほかならず、そのこと自体が不当なものとされる。典型的行為として、先に挙げた百貨店における手伝店員派遣の強制、納入後の値引きなどが挙げられる[338]。

ⅱ）このような下請法の違反類型の検討[339]、さらに特殊指定の具体的な違反行為の類型化や審決例の個別違反事例を踏まえて、不当な不利益という濫用行為について、その要件レベルで類型化が行われた。かかる作業によって、後に優越的地位濫用の規制についての普遍的法原則としてまとめられる、自由かつ自主的な判断の阻害と近接性をもつ「相手方の自主的な事業活動を制限する」あるいは「自主的な競争機能の制限」といった概念が導かれたことが注目される。

ⅲ）この点は、優越的地位濫用規制に係る法的体系構成の試みを評価する点

---

336) 正田・独占禁止法 292 頁。
337) 参照、正田・独占禁止法 292 頁。
338) 同、292 頁以下。
339) 前掲、（3）のⅰ）を参照。

244　第3章　需要力濫用規制の体系構成

から、以下の示唆が得られる。特定業種の違反行為と具体的な違反事例に係る類型化が行われることで、それらの類型系列を法的な構造としてまとめる「指導像」が得られる（ラーレンツ／カナリス）。これら「指導像」は、類型形成の試みを繰り返すことで、最終的に少数の普遍的法原則として法の内的体系のうちに位置付けられる。正田教授の基礎付けによる「自由競争基盤の確保」という公正競争阻害性に係っての下位の普遍的法原則は、かかる位置付けをもつ類型形成の働きと普遍的法原則の導出とが相即的に行われて導かれた特徴がある。

（5）優越的地位濫用規制の導入時から一貫する類型形成の試み

ⅰ）以上に挙げた優越的地位濫用規制の初期における類型形成の試みは、下請取引・百貨店取引・新聞業における取引を取り上げたもので、取引上の優越的地位の不当利用に係る、最も典型的な表れとされた[340]事例にあたる。この点につき、正田教授は、次のように説明されている。

ⅱ）下請取引につき、それと同様な取引が生産業者である中小企業と、それに対して支配力を有する卸売業者との関係に現れる。

　また百貨店の概念に当たらない大規模小売業者、とりわけスーパーマーケットをめぐる取引が百貨店取引と同種の問題を提起する。それぞれの前提とする取引関係と実質的に同質である場合、特殊指定の本項の適用にあたっては、準用に類似した結果になる[341]とする。かかる百貨店業告示による特定業種における濫用行為の類型化は、流通業のそれ以外の業種に拡大されるものであることが指摘されている。

　下請法と百貨店業告示に対する独禁法の優越的地位濫用の規定に係って、類型系列のより大きなグループの形成に向かう、端緒の作業がされたとの評価と考えられる。

ⅲ）このような類型系列のより大きなグループに向かう類型の整序は、ラーレンツ／カナリスの類型論における法的構造類型の考え方と類似する。ここ

340）正田・独占禁止法293頁。
341）同294頁。

VI. 独占禁止法における優越的地位濫用規制の体系構成　　245

では、上記の取引関係の実質的同質性という要素が前面に出て、類型の拡大が試みられている[342]。特殊指定、下請法の策定、並びにそれらに対する正田教授の評価を踏まえると、昭和28年改正法の不公正な取引方法、特に優越的地位濫用規制に係る不公正取引慣行の類型化作業を、本稿の分析手法であるラーレンツ／カナリスの法体系構成における類型論に即して検討してみるならば、以下の示唆が得られるであろう。

　a）2条7項5号（当時）の簡潔・抽象的な規定ぶりを補う意義があった。

　b）現行法（2条9項5号イ、ロ、ハ）に規定された法定違反の行為類型（不利益行為）については、法的構造類型（ラーレンツ／カナリス）としての有意味な規律の複合をすでに達成していると考えられるが、このような類型行為の相互に緊密な関連性をもたせた類型形成の試みの端緒であった意義をもつ。

　現在の優越的濫用規制の実務は、法運用に係るガイドラインである「優越的地位の濫用に関する独占禁止法上の考え方」（平成29年改正）に基づくが、このガイドラインが行った各違反類型を有意味に複合する試みに関して、その端緒とされる意義もある。

iv）以上のように、独禁法の優越的濫用禁止の規定によった我が国の需要力濫用規制の体系化の試みは、法的構造類型における規律複合の有意味な関連を達成することを目指した、特殊指定とそれを受け継ぐ運用ガイドラインの違反行為の類型形成の果たした意義が大きい。その意味で行政委員会制度における、準立法的権限の有意義な試みの例とされるであろう。

（6）違法性判断基準を導く指導理念の基礎になった類型系列

　優越的地位濫用規制の具体的な違法性判断基準を導く指導理念である普遍的法原則は、自由かつ自主的な判断の阻害であり、また、ガイドラインに規定された各違反行為の解釈にあたって指針となる、「今後の取引に与える影響を懸念して当該要請を受け入れざるを得ない場合」という概念も、かかる本規制とほぼ時を同じくした類型形成の試み（百貨店業告示）端緒として、その後のさらなる類型形成の試みを継続することにより、その相互に相関連す

---

342) 前掲Ⅱ．4．（2）参照。Canaris, Systemdenken, S. 74ff. 訳64頁（可動的体系において、諸要因のうちの一つ要因が特別の程度で現れてくる場合）。

246　第3章　需要力濫用規制の体系構成

る規律複合を導く作業を繰り返した結果として、最終的に明らかにされ、確立したと考えられる。

4. 独占禁止法の需要力濫用規制に係る類型形成の意義（比較法的考察）

（1）英国の市場調査による成功とドイツ GWB の競争規約による失敗

わが国では上記のような意義を有する類型形成の働きによって、需要力濫用規制の体系構築が行われたと考えられるが、かかる意義は先に見た、英国の 2009 年 GSCOP の策定を導いた 2008 年競争委員会の市場調査報告書における類型形成の試みにおいても、一定程度、確認されるところであった。この論点につき、これら成功例とは反対に、類型形成の働きを競争法における需要力濫用の禁止規定に係り、その策定と解釈に生かす試みで失敗した例に触れておく。

その失敗例は、ドイツの利益強要禁止に係る GWB19 条 2 項 5 号の規制と同 24 条の競争規約[343]の規制との関連の問題として以下の様に示される。

（2）ドイツの初期の事例（「業績競争確保のための」行動綱領と競争規約）

ⅰ）1974 年当時の連邦経済省は、需要力を用いた「競争の歪曲に導く行為態様の事例」をまとめた（「不当行為リスト［Sündenregister］」)[344]を策定した。そのリストは、「新規開店時特別給付金」、「投資援助金」、「多重リベート［Rabattkumulierungen］」あるいは「特別に長い支払い猶予期間」のような行為を含んでおり、このリストが、後に流通業及び食料品産業の 15 の民間経済団体が策定した「共同宣言」に採用されることになった[345]。そしてこの「業績競争の確保のための営業的経済の諸組織による共同宣言」は、商標連盟（Markenverband）の作成にかかる競争規約として、1976 年に連邦カルテル庁によって承認されるに至った[346]。カルテル庁は、かかる民間事業者の自主規制に関する動向を受けて、1980 年の第 4 次 GWB 改正による利益強要禁止の

---

343) 参照、舟田・不公正 191 頁以下。
344) BMWi, S. 24–32.
345) Gemeinsamen Erklärung, 1975, S. 594. Gemeinsame Erklärung, 1984, S. 712ff.
346) Drucksache 8/704, S. 33. WuW/E 1633 ff., WuW 1977, S. 45ff.

原始規定である、GWB26条3項（当時）の策定に至ったことを説明している[347]。また、この「共同宣言」やUWG1条の一般条項により違法とされた利益強要禁止の判例を整理して、UWGの機能的競争保護の観点から差止請求の認められる不公正取引慣行の類型化を立法提案として提示した学説もあった[348]。

ⅱ）この「共同宣言」のカルテル庁承認は、UWG1条の一般条項によった禁止を、当時の旧GWB28条に規定された競争規約によって定めることができると指定していたことに基づく[349]。そしてこの「共同宣言」による競争規約は、1980年代に入ってもカルテル庁の承認は更新されていた[350]。

　当時のこのような傾向に対して、この制度の存在に根本的な疑念が提示された[351]。かかる批判は、協調行為による競争制限を警戒する立場から以下の様になされた。競争規約による禁止がUWGにより明白に禁じられている行為であるならば、競争制限の問題は生じない。それ以上に出て、UWGの判例では未だ明確になっていないグレーゾーンの取引慣行に対する干渉を企てる場合に、広範な中小企業保護の目的により競争規約が運用されるとすると、競争の展開に障害となる。それは、市場秩序が競争規約の参加企業により廃棄される事態に対する、古典的に継受されてきたカルテル行為の正当化に回帰することになるという批判である（メッシェル）[352]。

ⅲ）ドイツにおいてはかかるメッシェルの批判から40年近く経た現在においても、UWGの判例では未だ明確になっていないグレーゾーンの取引慣行[353]に対する禁止を、その一般条項の助けを借りて、競争規約を運用して行うことは、GWBの禁ずる違法なカルテル行為とみなすべしとの見解が有力

347）エデカ事件の連邦カルテル庁決定は、GWB改正を導いた要因が、不公正取引慣行の民間の自主規制であったとする。BkartA, 03.07, 2014-B2-58/09 Rn. 255.

348）Tilmann, Verhältnis, S. 833f.

349）参照、舟田・不公正191頁以下。

350）Gemeinsame Erklärung, 1984, S. 712.

351）メストメッカーが、競争規約による業界団体の自主規制を「管理された競争」として批判したことが代表例である。後掲（6）における、特に（6-4）を参照。

352）Möschel, Recht, §7 Rn. 362, 373. 競争規約がGWBの制定過程で度入された経緯と制定当初のカルテル庁が限定的な活用にとどめた経緯について述べられている。A.a.O., Rn. 359.

353）前掲、Ⅳ. 3.（2-2）（c）ⅰ）及び脚注114におけるウルマーによる三分類説を参照。

248 第3章 需要力濫用規制の体系構成

である[354]。この点に関連して、上記「共同宣言」の現在の意義について、2006年の「シュテルン誌お試し購読」事件のBGH判決（後述）により、もはや重要性の存しないことを、F. イメンガが確認している[355]。

（3）GWBにおける競争規約──公正な競争と自由な競争の架橋

GWB第4章における24条1項から3項は、競争規約の策定とその設定できる内容について、以下のように規定する。

(1) 経済団体及び職業団体は、自己の領域に関し、競争規約を定めることができる。

(2) 競争規約とは、競争における公正な競争の原則又は業績競争の実効性の原則に反する行動を禁止し、競争におけるこれらの原則に適合した行動を促進することを目的として、事業者の競争における行為を規制する規約をいう。

(3) 経済団体及び職業団体は、カルテル庁に、競争規約の認定を申請することができる。

さらに、26条1項と2項は、競争規約の設定できる内容に係って、カルテル庁の認定権限を規定する。

(1) 認定はカルテル庁の処分によってこれを行う。その処分では、GWB第6章によりカルテル庁に付与された権限を行使しないことを述べる。

(2) 競争規約が、1条に該当しかつ2条若しくは3条の適用除外に該当しない、または本法の規定、UWG、他の法律規定に違反する場合には、カルテル庁は認定の承認を拒否しなければならない。

26条2項が不正競争防止法や他の法律規定との関係を規定し、24条2項が「公正な競争の原則」に触れているように、競争規約の内容は、通説的に不正競争防止法における公正な競争の原則と結びついていると考えられており[356]、さらに「UWGの外部にあって、公正法（UWG）の特質をもつ特別の

---

354) 以下に挙げる（5）のⅲ）を参照。
355) *F. Immenga* in I/M, 6Aufl., §24, Rn. 144.
356) *Sack* in L/M/R/K/M-L, 4. Aufl., §24 GWB, Rn. 32.

規定である」[357]とされている。

BGH は、GWB33 条以下による民事訴訟の請求と UWG の民事訴訟の請求に関する関係において、UWG 違反の観点からカルテル法（GWB）違反となり得るという先例を 2006 年に覆した[358]。立法者は、GWB の民事請求においては、カルテル法上の規定が排他的な規律となるよう考えているのであり、それは、以下の理由により示される。つまり、UWG が他の法律違反の行為に対する差止請求を 3 条及び 4 条 11 号（当時、現行法は 3a 条）によって認めているのに対して、GWB はかかる規定を欠き、UWG の助けを借りてカルテル法上の濫用に係る法形成を図る意図をもたないことである[359]。

（4）競争規約による法創造機能の終焉──2006 年 BGH 判決

ⅰ）上記のように、2006 年の BGH 判決が、それまで学説によって唱えられてきた競争規約に対する批判を受けて、その役割を極めて限定する判断を下した。「シュテルン誌お試し購読」事件の BGH 判決をについて、以下に判決の段落番号を本文に掲記して引用する。

a）競争規約に係って、一定の慣行が不公正なものと判定されるべきかの問題は、もはや限られた意義しかない。過去にあって不公正さの基準に関する問題に関して、取引倫理、取引を支配する事実上の慣習といった事がらと同様に、理性的な平均的営業者の節度に焦点が当てられたが、今日では普通に行われている行為が規範レベルの違法性に達した場合に、競争が重大に（bedenklicher）制限されていると判断することで一致がある。その場合、競争規約は不公正さの基準問題に関し、兆候を示す程度の意義しかもち得ない。（Rn. 27）

b）カルテル庁の競争規約に対する認定は、法規範的な効力を有さない。そ

---

357) *Sack* in L/M/R/K/M-L, 4. Aufl., §24 GWB, Rn. 33.

358) BGH, 07.02.2006-KZR 33/04-"Probeabonnenments", https://lexetius.com/2006, 1564 para. 21. その事実関係は、販売店が週刊誌シュテルンの販売促進策「お試し購読（"Probeabonnenments"）」を行い、13 週分を 40% 割引（景品提供あり）で提供した行為に対し、ドイツ雑誌発行者連盟（Verbannd Deutscher Zeitschriftenverleger）は、その競争規約（2004 年 5 月カルテル庁認定）に違反する（最長 3 ヵ月、値引率 35% を超えない、景品はお試し価格と適切な比例関係にある事）として提訴した、というものである。

359) A.a.O., para. 22, 24.

250 第3章 需要力濫用規制の体系構成

の認定の法的意義は、競争規約の成立によっても、GWB1条違反に対する追及は可能であるという意味で、カルテル庁による自制である以上のものではない。(Rn. 28)

c）これまで競争規約の一般的意義について、公正法（UWG）上の一般条項の具体化や、不確定な法律概念の明確化といった働きが挙げられてきた。これに対し連邦憲法裁判所は、基本法12条の職業選択の自由に係って連邦弁護士法43条の具体化（弁護士の職業上の義務に係る基準原則）につき、法律上の指示なくしてはかかる具体化の役割は果たされないと述べる。この点からUWG3条の一般条項の具体化についても、競争規約は法律上の効果をもつものでないと解される。(Rn. 29)

ⅱ）BGHの上記判旨は、競争規約の内容確定に際しての公正さに係る基準問題に関して、一定の慣行が不公正なものと判定されるべきかの問題は、もはや限られた意義を有するのみと断じた。すなわち、不公正さに係って、その兆候を示す程度の意義しかもち得ないという結論を、カルテル庁の競争規約に対する認定が法規範的効力を有さないとした前提的理解から導いている。さらに競争規約の一般的意義について、UWGの一般条項の具体化や、不確定な法律概念の明確化といった働きに求める見解に対しても、法律上の指示なくしてはかかる具体化の役割は果たされないとして、その働きを法律上の効果をもつものでないとして極めて限定する特徴がある。

ⅲ）このように、BGHは公正法の一般条項からの指示に基づいて一定の慣行が不公正なものと判定されるべきかを競争規約により具体化する試みに対して、消極の判断を下す。かかる判断は、競争の制限が重大であるかの基準によるべきであるという、同じ判例の上記ⅰ）のa）における理由付けによることが注目される。ここでいう競争の制限が重大であるかの基準とは、以下（5）から（7）に挙げる学説によって敷衍的説明が可能である。

（5）競争規約に依拠した競争の最適化論に対する批判（F. イメンガ）

ⅰ）GWB24条2項の業績競争の実効性の原則に係り、非業績的な競争として禁じられる取引慣行を規定する競争規約の設定の限界が問題となる。フランク・イメンガは同項の目的として、競争の実効性を保護ないし促進する[360]

場合に限って、競争規約の策定が認められるとする。競争の実効性確保が、業績競争の実効性原則に関する24条2項の目的であるとの意味は、競争が、その経済的機能において十分に最適化されていないとの観点から、競争の実効性に消極の評価となる規制を行うことは認められないということである[361]。

　かかる理解に基づく業績競争の実効性原則に関し、競争規約で規定できる不公正取引慣行の限界について述べられたイメンガの指摘は、需要力濫用規制に関して、競争規約によった規制の試みの限界として以下のような含意をもつであろう。

ii）ドイツでは判例と通説的な学説が、買い手間の競争について、売り手からより有利な取引条件を獲得することを買い手が相互間で競い合う競争をGWBの保護に値するとしている。この点から、GWB24条2項の業績競争の実効性確保について、競争規約の役割を述べた規定の解釈として、次の指摘がされることとなる。すなわち、需要力濫用規制の法的枠組みの考察においては、より有利な取引条件の獲得をめぐる競争に対して、先述のように、公正保護の要請から一定の制限を設け、自由な競争保護に対する限定的な枠組

360）F. イメンガによれば、判例や（一部異論はあれど）学説は競争の実効性という概念には一般的に業績性を含めて捉えている。
　　他方、GWB24条2項は業績競争だけを規定するのでなく、競争の実効性に関しても明示的に規定する。競争規約の検証にあたっては、業績適合性だけが問題になるのではなく、競争の実効性を阻害することに対する保護を目的とし、競争の実効性それ自体を促進する競争規約が許される、と理解される。「競争の実効性それ自体を、保護するあるいは促進する規約が、業績競争の実効性も保護ないし促進するのである」。F. Immenga in I/M, 6Aufl., §24, Rn. 74, 73.
　　このような「業績競争の実効性の原則」という文言によって、業績競争のみでなく、競争の実効性という概念によって、GWB1条による競争の制限や阻害から保護されることを意味すると捉える見解は、同じGWBコンメンタールの第3版（ウルリッヒ・イメンガ／メストメッカー編）のケラーマンによってもなされている。Kellermann in I/M, 3Aufl., §24 Rn. 41.
361）F. Immenga, in I/M, 6Aufl., §24, Rn. 80. F. イメンガが、24条2項の業績競争の実効性確保の規定に係り、競争の経済的機能を最適化する試みを認めるものでない根拠は、以下の理由が挙げられている。
i）立法者が、GWBにおける競争規約を通じた市場への介入に係る要件を明らかにしていないこと、
ii）むしろ立法者の意図は、経済団体や職能団体の合意により競争規約が可能な限り広く運用される結果に対し、その危険を回避する点にあるみられること、
iii）カルテル規制当局の現状について、競争経済につき競争規約を限定する傾向にあること、などが理由とされている。A.a.O., §24 Rn. 82.

みを、競争規約によって行うことは許されない。このような自由競争の保護に対する公正な競争保護の要請からする調整は、上記（5）ⅰ）の、競争がその経済的機能において十分に最適化されていないとの観点から、競争の実効性に係る微調整を行う企てとして問題を抱えると指摘される。

ⅲ）F・イメンガにとっては、UWG等の公正保護に関する法の解釈によりGWBの保障する自由な競争を損なうように、競争規約を通じた事業者間のカルテル行為が認められる結果は、「GWBによって保護される価値が、公正に関する法の妥当性と適用を検証しなければならない」という基本原則に反することになる。先に「シュテルン誌お試し購読」事件のBGH判決が、競争規約は不公正さの基準問題に関し、兆候を示す程度の意義しかもち得ない、と判示したことは、以上の基本原則に即するものと解される[362]。

（6）メストメッカーによる「管理された競争」（競争規約）批判

(6-1) 中小企業保護に係る競争規約の規制についての競争政策との異質性

メストメッカーは、前記「不当行為リスト」の行動綱領規制の試みにおいて、競争歪曲に係る利益強要の取引慣行が非難される根拠として、競争政策とは異質の所得分配効果が重視される問題を指摘する。

また、その「不当行為リスト」における違反行為のカタログの解説では、利益強要は力によって条件付けられた所得移転を行うとされる。そして、価格方針に基づく付随的給付として正の値を示す対価の設定がなされていないことが問題にされた[363]。

このような「不当行為リスト」における違法性判断に反対して、メストメッカーは、市場成果に係って市場行動の評価をなすという競争法政策からの逸脱があるとする。さらに、力によって条件付けられた企業行動の所得移転効果に対する法的評価に関しても、カルテル庁よりも課税官庁の任務であるとする[364]。かかるメストメッカーの所得移転効果論は、力の行使が前面に出る

---

362) *F. Immenga*, in I/M, 6Aufl., §24 Rn. 59, 60（「シュテルン誌お試し購読」事件のBGH判決における、上記（4）のⅰ）の判示を引用）。

363) BMWi, S. 24.

364) Mestmäcker, Verwaltete, S. 15f.

厳しいビジネス取引における現実を直視すべきであるという主張とも解されるが、相対的市場力行使に係る従属性問題に対する適切な理解に欠く問題を指摘できる。

(6-2)「隠れた競争」を封じる競争規約による「管理された競争」

メストメッカーは、UWGにより明確に不正と規定された慣行が競争規約の合意に関する許容範囲を画するのであり、自由な競争と公正な競争はその場合にのみ必然的に一致するという原則判断を示す。この点は前述（2）のメッシェルによる、UWGの判例で未だ明確になっていないグレーゾーンの取引慣行に対する禁止を、その一般条項の助けを借りて、競争規約を運用して行うことを認めない立場と一致する。さらにメストメッカーは、UWGによる利益強要禁止の初期判例に対する批判も以下の（6-3）に挙げたように行っている。このような批判は、健全な業績競争を維持する標語のもとに中小企業保護が求められて、取引機会の平等が合意されるなら、GWB1条のカルテル禁止政策の後退を招くとした実践的な警告がされている[365]。中小企業保護の経済構造政策のために競争規約が利用されることを警戒するメストメッカーは、他方で競争規約の規制が、流通サイドにおける供給者／需要者間で繰り広げられる動態的で多様な形態をとる「隠れた競争」を危機に陥れると注意を喚起する。

(6-3) UWGによる利益強要禁止の初期判例に対する批判

メストメッカーは、ドイツにおける1980年代までの判例による利益強要禁止の試み（UWGの一般条項の解釈による）[366]に対し、それは市場秩序の一貫性を維持するものでなく、これまで供給者／需要者間の双務的な販売戦略につき築かれてきた信頼を毀損するのであるから、以下の理由によって規制を行うべきでないとする[367]。

第一に実態認識として、商業上の合理的な営業取引として、契約取引を長期の視点でとらえるならば、「無償で便宜供与を受けている」という流通業者に対する非難（利益強要の禁止論による）は、流通業の実態にそぐわない事実

---

365) A.a.O., S. 20ff.

366) 参照、拙稿・利益強要 [2] 7頁以下。

367) Mestmäcker, Verwaltete, S. 71.

誤認があるとする。具体的に、供給業者に行わせる値札付けあるいは従業員派遣は、合理的な双務的取り決めとして、流通業者の販売戦略上の協力に対し事業支援として製造業者の支払う報酬の性格をもつ[368]。さらに同じく、取引開始協賛金や棚貸し料、販売エリア賃貸料（Platzmieten）、ショーウィンドー貸し料の禁止にあっては総じてこの意図がうかがえる。これらの事例の理由付けに加えて、例えば開店リベートは、将来の商品提供を視野に入れての営業開始前の一定の商品納入についての価格面での適法、自由な取り決めとして捉えられるとする。このことから、契約法の自明の基本原則として、流通業者からの要求に対して準備ができコスト計算が可能であれば、供給者／需要者間の双務的な販売戦略としての合理性を看過すべきでないとする[369]。

　次に判例理論に対する第二の批判は、供給業者は無償の便宜供与を強いられるという評価は誤解に基づき、的外れだとする点である。かかる誤解を生んでいるのは、上記判例の評価の背後に、その便宜供与があるべき流通業の機能と業態のモデルから逸脱しているとの認識が隠れているからだとする[370]。結局メストメッカーにとって、「無償性による非難」は、一般的に営業取引の標準化を阻害されないことが前提にされているとみなされる[371]。そしてその非難の実践的意図も、メストメッカーからは、以下のように批判される。かかる便宜の提供を付随的業績として価格政策ないし市場秩序の一

---

368) このような労務の提供は、需要者の購買価格の引下げに代わる代替手段として求められ、またメストメッカーの言う販売努力に対する報酬の意味を認める見解として、以下の論稿がある。Wilde, Wettbewerbsverzerrungen, S. 120.

369) Mestmäcker, Verwaltete, S. 70. このように、メストメッカーによれば、取引当事者間における販売促進の協力要請に対しては、経済的な合理性が推定される。この点につき、市場経済における利潤極大モデルを、需要者／供給者間に措定することで説明できる（クノップフレ）。
　クノップフレによれば、市場経済における業績というものは、経済の目的に従って規定されることを前提にする。かかる経済の目的は、需要者／供給者間の取引においては公衆に係る可能な限り有利な配慮について、公衆が望む財と役務を業績の配分に即してなされる場合に当てはまる。この業績の配分は、需要者の望むものに従って供給がよりよくなされるほどに、またそれが有利であるほどに、供給の基礎になっている業績は大きくなる。
　業績が存するか、かつ存する程度について決定することは、需要者の市場経済的な本性のうちに探られる。かかる業績が購買を決定する。これにより業績は購買の増加により、購買力ある需要増によって、需要それ自体を認める程度で存することになる。Knöpfle, marktbezogene, S. 60ff.

370) Mestmäcker, Verwaltete, S. 70f.

定の態様から不信の念をもって過小評価する、業績競争論に内在する過てる見方による、と批判される。すなわち、判例や非業績競争の基準に基づく市場関連的な不公正さ（一般的市場妨害[372]）の理論にあっては、主業績／付随的業績の区別が恣意的であること[373]、そしてこのように区別された付随的業績に対し正当な法的評価がされていない点を問題にするものといえる[374]。

(6-4)「隠れた競争」と「管理された競争」

かかる非難と対照的に、メストメッカーの立論によれば、上記便宜供与の禁止は、供給業者と流通業者間の一律に行われる値下げやリベートについては問題にせず、個別に遂行されるそれらの行為を競う「隠れた競争」に対しては、それを封じ込めるものとして、新規の競争状況を創出せしめることを

371）このメストメッカーの考え方の基礎にはハイエク流の「発見の過程としての競争」論が存すると考えられる。

　メストメッカーの批判（上記本文参照）は、UWG の一般条項に依った利益強要禁止の判例に反対して、それら判例に独自の、あるべき流通業の機能と業態のモデルを、誤って当然視しているとみなすものであるが、同様な考え方に立つ、オルガ・ヴィルデの説明に依拠して、両者の考え方の基礎にある競争過程の捉え方を探る。

　ヴィルデの「発見の過程としての競争」論は、問題を指摘される利益強要禁止の判例について、以下の批判をする。その判例は、例えば市場構造や市場成果、あるいは供給業者／流通業者間で繰り広げられる事業機能の配分（例：流通業者が販売する製品を、納入業者が値札付けを行う）又はリスクの配分、といった競争の結果について、何らか案出された積極的「当為」の観念（例：「流通業者は自ら販売する商品の名札付けについては、自らで行うべし」）をそれらに当てはめて、そこからの逸脱を非難してきた。このような非難の態度は、社会経済的な調整手続きとしての正しく捉えられた競争過程の理解から、ヴィルデにより誤りとされる。その考え方によれば、発見過程としての競争にあっては、その過程における個別事案に即した行為進行の具体的な形成を事前に積極的に描くことはできないし、シミュレーションをすることもできない。それは、上記の積極的「当為」の観念というものが、競争参加者に必要となる知識を外部観察者には欠いたままで、その観念が何らか案出されていることよる（下記のハイエクの指摘を参照）。したがって、上述の積極的「当為」の観念に基づくそこからの逸脱の判断は、市場の調整過程としての競争機能の阻害に関する何らの基準足りえない、とされる。Wilde, Wettbewerbsverzerrungen, S. 123.

　メストメッカーが、「無償性による非難」に対して、営業取引の標準化を阻害されないこと（あるべき流通業の機能と業態のモデル）が前提にされているとみなす背景には、ヴィルデの言う何らか案出された積極的「当為」の観念に対する批判的視点が含まれることになろう。

　メストメッカーとヴィルデの批判は、利益強要禁止の判例が当為の観念を先行させた、あるべき流通業の機能モデルを当然視しているという問題性を指摘するものである。その批判の根底には、かかる判例について発見過程としての競争の本質を捉え損なっているという、ハイエク流の競争論が措定されると考えられる。Vgl., Hayek, Discovery, 179, 181ff. ハイエク・発見手続としての競争190頁以下（発見手続としての競争が問題になる場合には、特定の状況を発見する能力が問題になっているのであり、それはこの知識の所有者が、どのような種類の財やサービスをどれだけ緊急に必要とされているかという情報を与えられていなければならない）。

372）前掲、Ⅳ．3．（2）（2-2）における（c）を参照。

256　第3章　需要力濫用規制の体系構成

困難にするか、妨げるもので、むしろ供給者の寡占的な反応からする団結的
成果であって、リベートカルテル以上に、供給者段階の市場構造の平準化に

---

373) 主業績／付随的業績を区別して無償性の非難をする判例に対し、その不当であることを強く
　訴える見解として、ゾースニザの価格評価の不可能論がある。付随的業績の価格評価が不可能で
　あることは、以下の理由付けによる。
ⅰ) 多くの付随的業績について市場価格が存在しないこと、
ⅱ) 市場に流通する一般の財、サービスにあって売り手と買い手の客観化できる評価要件の存する
　場合と比較して、コスト構造が異なっていること、
ⅲ) 付随的業績に対する非常に異なる評価基盤の存すること、
　　以上のためにコスト構造がまさに主観的な評価基盤に依拠せざるをえない、あるいはしばしば
　操作可能な評価指標を提供しないという問題を提供するのが、付随的業績であるとされる。
　　結局このような評価問題を内包する付随的業績は、主業績と本来的に結び付いた関係にあると
　みなされる。したがって、有償／無償の販売事業上の評価視点は放棄せざる負えないのであり、
　主業績／付随的業績を一括する「複合財」として単一の全体評価を導くと推論する。
　　すなわちゾースニザにあっては、判例による付随的業績に対する無償性の非難は、機能的に、
　買い手に対する価格割引に他ならないもの、さらには原則的に価格競争に他ならない価格の形成
　活動を、利益強要として非難する的外れの古典的な価格理論にとどまるものだと評されている。
　Sosnitza, Wettbewerbsbeschränkungen, S. 120ff.
　　このような付随的業績に対し価格評価の不可能であることから、価格割引とみなして適法な競
　争行為であるとした原則的評価を導くことは、その推論の展開過程に以下のような問題を残すと
　思われる。
　　先ず、付随的業績の価格計算が難しいことから、主たる業績に対する価格割引に他ならないこ
　との断定がどのようにして可能になるのか、という疑問が生ずる。当初の契約に係って付随的給
　付の対価相当額が判明して初めて、後の段階での割引率に係る契約交渉が可能となり、価格割引
　の合意がなされるのではなかろうか。また、主業績／付随的業績を単一に捉える、複合財に対す
　る価格交渉も可能になるのでなかろうか。
　　結局価格というものは、取引される財や役務を明確に当事者間の交渉において対象として取り
　上げて、対価決定に係る合意を目指す努力が払われることなくしては、それは明らかになるはず
　もない。このように考えると、価格評価の不可能論は、付随的業績についてかかる努力が実際に
　払われることが少ないという事実に対して、それを価格評価の不可能であるという断定に直ちに
　結びつける推論を行っていることになる。
　　かかる推論過程は、取引の交渉過程に対する介入によって価格決定が可能かどうか検討するス
　テップを省いている問題がある。ケーラーによる行動綱領案が、濫用的契約条項の一般的禁止と
　個別条項の禁止により、「個別に交渉されていない契約の定め」は不公正であるとして「取引当事
　者の決定の自由」が保障されるべきことを言うのは、かかる趣旨に基づくものと考えられる。前
　掲Ⅳ．3．(6)(6-3)のⅰ)を参照。
　　さらにゾースニザの推論は、付随的業績に対する価格評価の視点を曖昧にすることにより、複
　合財として捉えられるとされた主業績／付随的業績の全体的価格の計算について、以下のような
　規範的評価の問題を生ぜしめる。すなわち、そこでは「取引開始」や「品揃」等のいわゆる便宜
　に係る付随的給付の対価相当額の計算がされず、またそのことからその結果に係って、需要者間
　の業績に対して供給者のなす評価が困難となる。結局、供給者に対する需要者間の競争は歪曲さ
　れているとの評価を導くことになるであろう。
374) Pichler, Verhältnis, S. 294 (主たる業績に関連して機能上価格割引にほかならないもので、区
　別は恣意的である)、Möschel, in I/M 4 Aufl., §19, Rn. 149 (付随的業績とされるものは、供給者
　と需要者間の包括的な交渉パッケージにおける特別条件の要素である)。

Ⅵ．独占禁止法における優越的地位濫用規制の体系構成　　257

導く恐れが指摘される[375]。

　メストメッカーの隠れた競争論は、前述の、判例や学説がGWBの保護に値する競争として認める買い手が相互間で、売り手からより有利な取引条件を獲得することを競い合う競争と一致点がある。かかる隠れた競争を行わないことを競争規約によって産業内の競争者が合意することは、GWB1条のカルテル禁止政策の後退を招く「管理された競争」になるというのが、その批判の主眼点になる[376]。

　前記の初期判例による利益強要禁止論に対する批判として、供給者の金銭的負担や労務の提供が反対給付を欠くという無償性の非難に対しては、契約取引を長期の視点でみることによって、供給者の負担に対応する需要者がなす便宜供与を広くとらえるアプローチがとられる。

　このようなメストメッカーの負担／便宜の対応に係る流通実態論は、認識論的視点と規範的視点との混同がみられるというべく、取引の継続まで含めて幅広く便宜供与として対応関係に含めることになるのなら、意味のある違法性の判断基準を提示する可能性は閉ざされると批判されよう。すなわち、供給者の上記負担等に対し、規範的視点から、需要者のなす正当な範囲を逸脱した便宜供与とされるものはどのようなものとなるかの基準がここでは問われているのである[377]。

（7）行動綱領を通じた類型形成に対する批判（ボルンカム）

　2005年に欧州委員会が制定した事業者対消費者間における不公正取引慣行の指令は、加盟国に、かかる慣行の禁止を具体化する国内法化の問題に関

375）Mestmäcker, Verwaltete, S. 283f.

376）メストメッカーによれば、「管理された競争」とは、カルテル庁によって管理された競争と団体によって自主規制された競争に分けられるのであり、競争行為を「組織」化するものである。他方、「隠れた競争」に関して、GWBによる競争自由の保護を適切に実現するとともに、UWGの公正保護について、実定法規と判例により明確に不正とされた行為の禁止に限ることで、それを自生的秩序（spontane Ordnung）として展開せしめることが、競争法規と競争政策の正しい在り方とされる（ハイエクの自生的秩序論に依拠した「秩序」と「組織」の二分法）。A.a.O., Vorwort, S. 5.

377）上記（6-3）に注記（注373）した、付随的業績に関するゾースニザの価格評価の不可能論に対する批判を参照。

し、行動綱領（ドイツでは競争規約が該当）によるか、立法（ドイツでは UWG 改正）によるかを委ねた[378]。BGH の裁判官を務めたボルンカムは、EU 指令の国内法化の手続で競争規約が注目される欧州の傾向に批判的な立場から、上記の競争規約に依拠した行動綱領の方法をとるならば、法律の承認を経ずに国内法とされる先例となる懸念を表明した。競争規約は不公正な行為として立法者が明らかにした行為のみを禁ずることに限れば、EU 競争法 101 条 1 項に衝突しない。競争規約が、公正法（UWG）によって競争者に許されている行為を競争者に一様に行わせないことを競争規約の先例に従って企図するならば、カルテル法違反の問題を生ずる。UWG の一般条項の具体化を、かかるカルテル行為によってなすことは許されない。ボルンカムの見解はこのように要約される[379]。

（8）GWB における公正な競争保護の確保（競争規約）——その批判的考察
(8-1) 法的構造類型の「指導像」に基づく需要力濫用規制法理の開拓

　ドイツではカルテル法の保護に値する需要競争として、買い手の行う取引相手に対するより有利な取引条件の獲得をめぐる買い手間の競争は、自由な競争の発露として保護される（判例）。かかる買い手間の競争が高じて、GWB 上の濫用該当を判断することが求められるならば、現在 GWB の先例が限られる状況において、自由な競争について公正競争保護の観点から限定を設けることは、公正法（UWB）等の他の法律の明確な禁止類型を根拠にする以外に方途は存しないことになる。それは、我が国や英国のように、特殊指定や行動綱領等に依った特定業種における問題事例を蓄積して、違反行為類型に該当することとなる行為のグループについて、その規律の複合である「指導像」を摘出し、そこから、これまで未開拓であった需要力濫用規制の法理を導くことが上記 4.（2）から（7）で述べたように困難であるから、実効的な規制の可能性を狭める懸念があるだろう。

---

378) 2005/29/EC, (20). 前掲、Ⅳ. 2.（2）における i ）を参照。

379) Bornkamm, Verhaltenskodizes, 72f., 75.

(8-2) 需要力濫用規制における競争規約に基づく類型形成の試みの挫折

　ドイツカルテル法による本格的な需要力濫用規制は、1980年の第4次GWBで導入された旧26条3項が端緒となった。同項は、UWGの一般条項を通じた業績競争の確保を理念とする初期判例を受け、かかる理念を具体化する競争規約の規制を継受するとの考え方もあって導入された[380]。しかし、この規定は、従前の拙稿で検討したように、受動的差別の禁止規定として、ボイコット、妨害と差別行為に係る旧26条のうちに規定され、垂直的な関係における市場の相手方の保護を問題にしない理論構成を採用していた。したがって、GWBの受動差別禁止法理は、UWGの判例による規範論理との乖離が顕著であった[381]。GWBの競争規約の手法によった類型形成の働きは、従前の学説の批判（メッシェル、イメンガ、メストメッカー、ボルンカム）が示すように、旧26条3項、旧20条3項そして現19条2項5号の規定の展開においても、行われておらないとみられる[382]。

5. 昭和57年の一般指定の改正

（1）本改正の意義

　公正取引委員会は、昭和57年に一般指定の全面改正を行った[383]。約29年間一度も改正されることなく、不公正な取引方法を定める基本的な規定として機能してきた旧指定の改定は、以下の理由から行われた[384]。

　ⅰ）一般指定は、ある程度一般性、抽象性をともなうにしても、その度合い

380）前掲Ⅵ.4.（2）ⅰ）及び注347及び348の連邦カルテル庁の決定とTilmann論文を参照。

381）拙稿・利益強要［2］13頁以下に挙げた、旧UWG1条の良俗違反に係る利益強要禁止の判例を整理したペーター・ヘールマンの三基準を参照。

382）1995年、カルテル庁長官のヴォルフは、カルテル庁が競争規約の承認に消極である理由を以下のように述べる。当時約80の競争規約がカルテル庁より承認を受けているが、メストメッカーの「管理された競争」を引用して、競争規約がGWB1条のカルテル禁止を回避して、それ自体許されており、望ましくもある価格競争を競争規約が不公正とみなすことは批判されるのであって、この観点からとりわけ、本質的に価格競争を制限する競争規約の承認を行わないことを明らかにした。ヴォルフにとって、競争規約は前記のメッシェルと同じく、UWGによって明確に禁止されている慣行を超えて、公正競争の基本原則に即した行為を促す企図から規制が試みられることが問題にされた。Wolf, Vergleich, S. 544.

383）昭和57年6月18日公正取引委員会告示15号

384）田中・改正20頁。

260　第3章　需要力濫用規制の体系構成

が強すぎると、それが規制を受ける事業者の日常の経済準則であることから好ましくない。

ⅱ）旧指定の12の行為類型のなかには、制定以後の経過により不公正な取引方法に相当する多様な行為を包含するに至っているものがあり、経済取引の実態に即した定め方として、いくつかに分離・整理するのが適切であるものがある。

ⅲ）不公正な取引方法の予防効果を期待して、その明確化を図る。

　優越的地位の濫用に係る新14項の創設は、これら三点の理由付けのいずれも妥当すると考えられる[385]。

（2）昭和57年一般指定の違反行為類型とその展開

　新一般指定14項は以下の行為類型を規定する[386]。

①購入・利用強制

②協賛金等の負担・従業員等の派遣

③相手方の不利益となる取引条件の設定と変更

④取引の条件又は実施についての不利益の供与

⑤役員選任の不当干渉

　上記①から④の一般指定14項の優越的地位の濫用規定に係って制定された特殊指定やガイドライン、関連法規等による類型系列の展開状況については、別稿において概観した[387]。そこで明らかにされたように、広範に展開さ

385）旧10項とその根拠規定である独占禁止法2条9項5号とがいずれも一般性・抽象性において差がないことは、上記の理由付けがそれぞれ妥当すると考えられる。また、旧9項に定められた役員選任に対する不当干渉を新14項に統合したのは、ⅱ）の整理に当たる。なお、田中・改正20頁は、要件の明確化と類型化による規制対象の明確化の理由付けから、新14項創設の理由として類型化のみを挙げる。

　　なお、上記以外の改正理由として、旧10項と旧9項の規定文言に存した不備が指摘されている。旧10項の「条件で取引する」に対して、旧9項は「条件を付けて…取引する」とされていた。これらの点につき、取引本体の契約関係等に明示され、一部となっているものに限られず、相手方が事実上不利益な事情として考慮せざるを得ない状況を含むことから、これら条件の文言が新14項では修正された。参照、新・不公正な取引方法226頁（金子執筆）。

386）新・不公正な取引方法207頁。このうち⑤の役員選任の不当干渉は、旧指定9の役員選任の不当干渉と同10の優越的地位の濫用の適用事案があるのみで、新指定のもとでの事案はない。しかし平成21年最終改正の新指定の下でも残されている（13項）。

れた類型形成の試みを通じて、"具体的な経済実態と取引実態で問題となる行為を、問題を生じている産業ごとに個別に摘出して禁止される行為類型のグループを作る作業"（前掲 3.(2) におけるⅳ)) が行われた。かかる作業の貢献として、平成21年改正独占禁止法による課徴金賦課対処となる特定優越的地位濫用の規定が整序され、また優越ガイドラインによる類型系列の整序に結び付いたと考えられる。

6. 改正法2条9項5号の類型形成──民事法規律との連続性
（1）平成 21 年改正独禁法における特定優越的地位濫用の規定

平成21年の独禁法改正は、課徴金賦課の対象を排除型私的独占や不当廉売に拡大した。その立法過程では、優越的地位濫用の違反に課徴金を課すことにより違反行為の抑止に重点をおくよりも、継続的な取引関係の中でその被害を受けたものが民事訴訟を提起して救済を求めることは困難であるから、被害者の被った損害の回復を命ずることが公取委の権限として認められる改正がされるべきとの意見があった。これに対し、政治的な動向も踏まえて、その違反に課徴金を課すこととされた[388]。

改正法2条9項5号は、自己の取引上の地位が相手方に優越していることを利用して、正常な商慣習に照らして不当に、以下の行為をすることを濫用行為としている。

イ　継続して取引する相手方（新たに継続して取引しようとする相手方を含む。ロにおいて同じ。）に対して、当該取引に係る商品又は役務以外の商品又は役務を購入させること。

ロ　継続して取引する相手方に対して、自己のために金銭、役務その他の経済上の利益を提供させること。

ハ　取引の相手方からの取引に係る商品の受領を拒み、取引の相手方から取引に係る商品を受領した後当該商品を当該取引の相手方に引き取らせ、取引

---

387) 拙稿・体系構成、126 頁以下。参照、根岸・注釈（根岸執筆）487 頁以下。
388) 長澤・平成 21 年改正 32 頁。さらに課徴金対象とされた経緯の詳細については、参照、平林・歴史（下）396 頁以下。

の相手方に対して取引の対価の支払を遅らせ、若しくはその額を減じ、その他取引の相手方に不利益となるように取引の条件を設定し、若しくは変更し、又は取引を実施すること。

（2）改正法2条9項5号における類型系列の特徴把握

ⅰ）標記の改正法の濫用行為について、長澤弁護士によって次のような類型化とその特徴が述べられている。

　①いったん合意した内容を反故にする行為類型

　　いったん合意した内容を反故にする行為類型は、改正法2条9項5号ハに規定された行為のうち、

・受領拒否

・返品

・支払い遅延

・代金減額

・その他取引の相手方に不利益となるように取引の条件を変更し、又は取引を実施すること

である。

　②合意内容が著しく不公正な行為類型

　　改正法2条9項5号に挙げられる行為のうち、合意内容が著しく不公正な行為類型に該当するものは、

・購入強制（改正法2条9項5号イ）

・利益提供強制（改正法2条9項5号ロ）

・取引の相手方に不利益となるように取引の条件を設定すること（改正法2条9項5号ハ）

である[389]。

ⅱ）課徴金対象となる優越的地位の濫用が法2条9項5号に列挙されたことで、法定の違反行為の類型系列が示された。長澤弁護士の類型化の特徴把握によれば、①のいったん合意した内容を反故にする行為類型は、契約を破る

389）長澤・平成21年改正、93頁以下。

行為であって、それ自体不公正であって、行為の相手方にあらかじめ計算の
できない不利益を与える。そのため、たとえ相手方が合意内容の変更等に同
意したとしても、真の自由意思の基づかない場合には、正常な商慣習に照ら
して不当な行為となる[390]。

　この①の契約違反に係る類型把握は、私法秩序を形成する民事法規による
契約当事者を保護する規律にもとる類型として解される。そして長澤弁護士
による②の合意内容が著しく不公正な行為類型とともに、根岸教授の主張さ
れる優越的地位濫用規制に係る「現にあるルール」の特徴把握と、以下の様
に共通点、類似点を見出すことができる。

　すなわち、根岸教授は、審判決、特殊指定及び独禁法の補完法たる下請法
を検討し、「現にあるルール」の内容として、「一対一の取引当事者間で過大
な不均衡、すなわち著しい不公正な取引の受け入れを余儀なくさせることそ
れ自体を」規制するのが一般指定14項であるとした。さらに優越的地位の濫
用規定の公正競争阻害性として、「公正な取引が確保されていることが自由
競争の基盤であって、著しい不公正な取引の受け入れを余儀なくさせられる
ことは自由競争の基盤が侵害されている」ものとして解されるという。この
ような一対一の公正取引の要請が自由競争の基盤と考えられることは、民事
法による著しい不公正な取引から契約当事者を保護する従来の規律との連続
性が明らかあって、この点も優越的地位濫用に対する「現にあるルール」の
特徴とされる[391]。

ⅲ）このように根岸教授による優越的地位濫用規制の「現にあるルール」の
理解は、a）一対一の取引当事者間における過大な不均衡である著しい不公正
な取引の受け入れを（余儀なくさせることそれ自体）を規制するというもので
あり、さらにそのルールは、b）民事法による従来の規律との連続性が顕著
である、という指摘に要約できる。

　したがって、a）の一対一の取引当事者間における過大な不均衡である著し
い不公正な取引は、長澤弁護士の②の合意内容が著しく不公正な行為類型の

390）長澤・平成21年改正、93頁以下。
391）根岸・年報27号26、29頁。なお、後掲7.（3）を参照。

把握と共通点をもつ。さらに b) の民事法による従来の規律との連続性の指摘は、長澤弁護士の契約違反類型の捉え方が民事法規に固有の理解であることと一致点を見出すことができる。なお a) の「余儀なくさせることそれ自体」の概念については、下記の 7.（2）で述べる。

7. 優越的地位の濫用規制における類型の「指導像」と法的構造類型の達成
（1）民事法規律との連続性を保った規制を行う類型形成

　上記のように、根岸教授の審判決と関連法規の検討に基づく本規制の特徴把握と長澤弁護士の 2 条 9 項 5 号も類型系列の特徴把握において、共通点と一致点の存することが注目される。

　独占禁止法の優越的地位濫用の規定は、昭和 28 年の制定時においては、「自己の取引上の地位を不当に利用して相手方と取引すること」とされ、非常に簡潔、包括的な規定ぶりであった。その後半世紀を経て審判決、関連法規、ガイドラインの蓄積を経て、特定優越的地位の濫用に係る類型系列にまとめられた。

　本稿の問題関心であるラーレンツ／カナリスによる法の体系構成における類型系列の考察によれば、民事法による従来の規律との連続性を保った、著しい不公正な取引について規制を行う類型系列を整序したという特徴把握（かかる特徴に依った可動的体系と考えられる）ができる。したがって、平成 21 年改正の独占禁止法 2 条 9 項 5 号の類型系列は、かかる規制の特徴把握をもって、法的構造類型としての有意味的結合において明らかになる類型の「指導像」（類型的規律の態様）を確立したと考えられる。

（2）行為者の要求に屈する取引の相手方の主観的事情
（2-1）著しい不公正な取引の受け入れを「余儀なくさせること」

　優越的地位の濫用規制に係る法的体系がいかなるものとして構成されるかの検討では、先に、その類型形成の働きに関して、根岸教授の「一対一の取引当事者間で過大な不均衡、すなわち著しい不公正な取引の受け入れを余儀なくさせることそれ自体」という定式に即して、不利益概念に関する検討を行った。そこで、次にその定式における「余儀なくさせること」という残さ

れた従属性の指標に関し、これまでの優越的地位の濫用規制の運用成果とし
ての意味を持つと考えられる、優越ガイドラインに即して以下に検討する。

(2-2)「今後の取引に与える影響を懸念して」(優越ガイドライン)

　同ガイドラインは、「今後の取引に与える影響を懸念して」取引の相手方が
不利益行為を受け入れざるを得ない場合の濫用該当を八か所にわたって規定
する（以下、「懸念の定式」と呼ぶ）[392]。これはそれぞれの濫用行為における取
引の相手方について従属性を表す概念として捉えられる。相手方との取引停
止のみならず取引量削減、あるいは新規出店に際しての取引拡大に与れない
など多様な「今後の取引に与える影響」が「懸念」される供給業者の主観的
事情が問題とされている。

(2-3)「懸念の定式」(供給業者の主観的事情) に係る比較法的検討

ⅰ）欧州委員会による不公正取引慣行に対する規制の基本的考え方（2013年
グリーンペーパー）に影響を受け、近時、相対的市場力を有する行為者による
利益強要の要求に従わなければ、取引停止等の不利益を被ることを恐れ、そ
の要求に受け入れるという従属的事業者の主観的側面を類型形成の指導像に
用いて、違反行為の類型化を図る試みが表れている。かかる主観的側面は、
「恐れの要因（fear facter, Angustfaktor）」といった概念構成によって違反行為
の類型形成を行う。この恐れの要因は、法的構造類型の指導像に該当すると
考えられるが、かかる指導像により統一的にまとめられる類型が「不公正な
取引慣行（Unlautere Handelspraktiken）」として、明確に不正あるいは不公正
という法的価値に還元されることから、公正保護の普遍的法原則に基づくも
のと考えられる。

ⅱ）かかる研究の試みとして、ティル・ゲックラーによる「恐れの要因と不
公正取引慣行」を概観する[393]。以下この論文からの引用は、該当箇所を(S.〜)
の体裁で本文に注記する。

　まず同論文が基礎にする欧州委員会のグリーンペーパーが言う「恐れの要
因」とは次のような概念である。

　他のビジネスパートナーへ転換する困難及び現在の取引関係を停止するこ

---

392) 優越ガイドライン第4、1における（1）等。

393) Göckler, Angstfaktor.

266　第3章　需要力濫用規制の体系構成

との困難は、不公正取引慣行の展開にとって鍵となる要因である。さらに、弱い当事者は、自ら不服を申し立てるならば取引停止を招く関係であることについて恐れを抱いている。このような「恐れの要因」は、この不服申し立てを実質的に起こりにくいものとしてしまうし、さらにエンフォースメントの仕組みに係る適切さを評価する際に検討されるべき、最も重要な事がらの一つになる[394]。

ii）この弱い当事者は自ら不服を申し立てるならば取引停止を招く事態となりうる商業上の関係とは、ゲックラーの解釈によると、不公正な取引慣行を禁ずる民事法上の権利行使の障害として、取引関係で相対的に弱い当事者が以下のような状況にある場合を指す。それは、取引交渉で民事法上の請求権があるにもかかわらず、正当な司法手続きを介してでも自らの請求権を追求できない状況にある場合である。この状況は、取引停止等の不利益を被ったとしても、代替的取引先を見つけることが困難な状況にある結果に起因する。(S. 107ff)

iii）そして、相対的市場力を有する、このような不公正な取引慣行の行為者との取引において、合意によらざる場合の代替的取引先を欠くことにより、当該取引を失う「恐れの要因」から弱い当事者が自らの正当な請求を断念してしまう不公正な取引慣行が類型化されている。それは以下のような取引慣行である。

　　①遡及的な契約合意の変更。(S. 17ff.)
　　②取引当事者間における商業上のリスクの不当な移転。(S. 30ff.)
　　③製造業者のノウハウ・知的財産権を対象とした情報の濫用的な利用。(S. 38ff.)
　　④取引関係の不当な終了。(S. 51ff.)

　このうち④は、例えば正規販売店契約等で、投下資本を維持する格別の必要がある場合などの事案について問題となる。

iv）このような市場で有力な事業者による機会主義的行動である不公正な取引慣行について、取引の相手方である中小事業者が自らの正当な民事法上の

394）前掲拙稿・枠組み、245頁。

Ⅵ. 独占禁止法における優越的地位濫用規制の体系構成　267

請求権を行使できない「恐れの要因」は、その原因が、取引先転換が困難なことによる市場内外の客観的要因に求められる特徴があるとされる。(S. 335)

ⅴ）①から④の不公正な取引慣行の類型をまとめる「指導像」として、自らの権利主張を控えるという「意思決定の主観的要因（subjektive Elemente der Entscheidungsfindung）」(S. 334) である「恐れの要因」にゲックラーが注目したことは、当該類型系列からその有意味的結合において明らかになった類型規律の態様を構造的、法的な関連の要素として導き出す試みであると考えられる。

(2-4) 濫用行為からの優越的地位の「推認」と取引の相手方の主観的事情

標記の事情に係り、様々な不利益を被る「懸念」によって行為者の要求に屈する点について、長谷河教授からその事情を掘り下げた分析が提示されている。日本トイザらス事件審決の優越的地位濫用の認定方法（濫用行為からの優越的地位の「推認」）を、肯定的に評価した審決批評で取り上げられた考え方である。

それによれば、小売業者に納入する供給業者は「取引依存度にかかわらず、その取引が失われるよりはましと判断する要素（取引額を減少させたくない、将来の取引増に期待するなど）があれば、取引継続のため仕方なく濫用行為を受け入れておく」というものである[395]。

(2-5) "取引を失うよりは、不当な要求を受け入れたほうがまし"

この説明では、今後の取引の与える影響が濫用行為によって被る不利益のレベルと比較されて、行為者による要請の受入れを余儀なくされる従属性の分析が行われている。

この分析と類比されて、先に挙げたケーラーの行動綱領案は、取引の相手方についての主観的事情（懸念の定式に相当する）に焦点を当てた需要力行使の把握が行われていた。すなわち、濫用行為の不当な「影響行使がなければ

---

395) 参照、長谷河・優越的地位 4 頁。上記の傍点は著者。このような、取引における従属的事業者の判断の歪みを問題にして、不公正取引慣行を類型化する際の指標とするアプローチは、後述のケーラーや、前掲 (2-3) に挙げたゲックラーの「恐れの要因」に係る「意思決定の主観的要因」説にもうかがうことができる。

268　第3章　需要力濫用規制の体系構成

下さなかった取引上の決定を下すことが誘引されるか、誘引されることとなる」という要件は、"取引を失うよりは、不当な要求であってもそれを受け入れたほうがまし"という悪しき損得勘定を含むのであり、それによって従属性が示される。そしてこの悪しき損得勘定を生む攻撃的商慣行に関する類型系列の「指導像」が「不当な影響行使」であった。そして、ケーラーの行動綱領案はこのような「不当な影響行使」による「指導像」によって類型形成の試みについて、有意味な規律の複合を保った法的構造類型を達成していた。

(2-6) 懸念の定式（優越ガイドライン／長谷河定式）

　同様な指摘が、基本的に、上記（2-2）に記した優越ガイドラインの違反行為に係る類型系列についても当てはまる。優越ガイドラインの懸念の定式とそれの敷衍的説明をした長谷河教授の定式を統一的に捉えると、以下のようにまとめることができる。

　　"今後の取引に与える影響を懸念して、その取引が失われるよりはましと判断する要素（取引額を減少させたくない、将来の取引増に期待するなど）があれば、取引継続のため仕方なく濫用行為を受け入れておく"

　かかる定式化によって、優越ガイドラインにまとめられた違反行為に係る法的構造類型の「指導像」が明らかにされた。その「指導像」は、優越的地位濫用の従属性の指標としては、根岸教授の先の定式における著しい不公正な取引の受け入れを「余儀なくさせること」の部分に該当する。

（3）法的構造類型の「指導像」（根岸定式）

　以上の検討によって、改正法2条9項5号における特定優越的地位の濫用の行為に係る特徴として、民事法の規律との連続性を保った著しい不公正な取引について規制を行うという類型系列の「指導像」が明らかになった。さらに優越ガイドラインの類型系列の「指導像」としては、"今後の取引に与える影響を懸念して、その取引が失われるよりはましと判断する要素（取引額を減少させたくない、将来の取引増に期待するなど）があれば、取引継続のため仕方なく濫用行為を受け入れておく"という定式となる。これは上記のように、著しい不公正な取引の受け入れを「余儀なくさせること」の内容を具体

化したものとして捉えられる。これらを総合して、独占禁止法の優越的地位
濫用規制に係る類型系列の「指導像」は次の根岸教授の定式としてまとめら
れる（後掲、「図表3　独占禁止法における優越的地位の濫用規制に係る『概念形
成と体系形成』」を参照）。

　"優越的地位濫用規制は、「一対一の取引当事者間で過大な不均衡、すなわ
ち著しい不公正な取引の受け入れを余儀なくさせることそれ自体を」規制す
る"

（4）需要力濫用規制の歴史的展開——総括的評価

　競争法の体系においては、需要力濫用規制は本稿が取り上げた比較法の対
象国、そして我が国において、理論的に未開拓のフロンティアであった。か
かるフロンティアの領域にある規制理論の構築のためには、先ず、現実に濫
用問題が生じる取引の実態を探って、問題ある取引慣行の類型系列をつく
り、その規律の複合に対する「指導像」を摘出する作業が求められる。その
作業の結果について、競争法の高次の普遍的法原則と整合的な、需要力濫用
規制に固有であって独自の意味内容を持つ、下位の法原則を導く努力が求め
られると考えられる。

　このような類型形成と普遍的法原則の構築に係る意義付けから、優越的地
位の濫用規制の歴史的展開について振り返ると、昭和28年改正により本規定
が導入されるに伴い特殊指定の活用に係る法改正が行われた経緯が注目され
る。当該改正に対する強い反対を押し切る形で導入された特殊指定を活用
し、優越的地位濫用の違反行為に係る類型形成が行われた。当時の公取委に
おける担当官の判断について、歴史的な意義が確認されるべきと考えられ
る[396]。

---

396) 参照、三十年史 449 頁以下。当該担当官については、平林教授の業績を回顧した論稿がある。
　平林・軌跡 127 頁。

270   第3章 需要力濫用規制の体系構成

図表3 独占禁止法における優越的地位の濫用規制に係る「概念形成と体系形成」

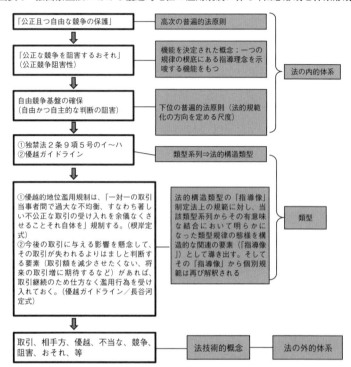

第4章　比較法的検討に基づく日本法への示唆

1. 需要競争の本質論

（1）独占禁止法

(a) 需要者が受動的に選択される需要競争の側面と取引先選択の自由

ⅰ）独禁法学説における競争の本質的徴表として、「他を排して取引の機会を得ようと努力するという競争の本体をなす部分」が挙げられてきた[1]。この点について需要競争の場合は、以下のように考えられる。

ⅱ）我が国における需要競争の一般的な理解では、先ず、以下の側面が挙げられている。需要者間で、相互に供給者に有利な対価を提示し合い、供給者から受動的に選択され取引を獲得するという競争である。その場合調達市場で希少性の高い財や役務を供給される前提的理解のもと、対価支払いで高く買う競争を行う。需要競争のこの側面は、取引の機会を獲得するために供給者側から需要者が受動的に選択される結果を競う点に特徴がある[2]。

ⅲ）この側面の理解では、供給者には取引先選択の自由を有することが前提にある。他方ドイツで強調される需要競争の側面は、(b) で述べる需要者が積極的に供給者に働きかける特徴をもつ競争であるが、回避可能性をもつ供給者はこの積極的な働きかけを抑制する。

(b) 需要者が供給者に積極的に働きかける需要競争の側面

ⅰ）そこで、需要者が供給者に向け積極的に働きかけて、ライバルの需要者に競争優位を得るため、より有利な条件で取引機会を獲得するよう努力することも、「他を排して取引の機会を得ようと努力する」競争の重要な指標とされるであろう。このような需要者が供給者に対し積極的な働きかけをして、

---

1) 今村・独占禁止法〔新版〕46頁。
2) 参照、白石・講義10版34頁。そして、需要者による供給者に対する働きかけとしては、基本的に対価の競り上げという側面が中心となり、それ以上の積極的な働きかけはイメージされない傾向を指摘できよう。

272 第4章 比較法的検討に基づく日本法への示唆

ライバルに対しまた従前の取引に比較して、より有利な取引条件を需要者間で競う需要競争の側面も、優越的地位の濫用に係る禁止が問題になるガイドライン等において、法の保護に値するとの評価を与えられていると考えられる。

ⅱ）この点に関し、食品小売業者のような需要者がライバルに対し競争優位を獲得するため、売り手である納入業者に対して行われる積極的な働きかけであって、納入業者に便益や利益をもたらす、自社にとって有利な取引条件を引きだす誘因的行為は、以下が挙げられる[3]。

　①「品揃えの広がり（生産物及び製造物の数）」、「品揃えの厚さ（製品毎のブランド数）」を高めること、また全面的品揃えの方針により、当該納入業者の取扱商品を増す[4]。②小売業者の店舗内売り場スペースあるいは商品棚において、顧客の最も目につきやすい場所に売上げの期待できる商品を置くこと[5]により、当該納入業者の製品の売上を拡大する。③催事、広告等の販売促進活動[6]で当該納入業者の製品を特別に優遇する。④物流センター等の流通業務用の施設を使用させることで[7]、当該納入業者にコスト節減効果をもたらす。⑤柔軟な安売り、大幅な値引き[8]で当該納入業者の製品の売り上げ拡大を目指す等である。

---

3) 以下に述べる、供給者に対する積極的な働きかけであって、流通業者にも有利であって納入業者に便益や利益をもたらす誘因的行為の説明は、現代的な小売商業の機能を論じた以下の商学理論に依拠しつつ行った。森田・商業51頁（流通機構の末端に位置する小売商業は生産と消費の間の人的・時間的・場所的隔離である経済的間隔を架橋すべく、卸売商業からいわばバトンを受けて最終消費者が求める商品を提供することを担い、最終消費者の商品選択・購買を容易にする役割をもつ。そのための機能として、商的流通機能については品揃え形成、在庫管理、販売等のマーチャンダイジング、物的流通機能として商品納入、在庫の保全・配送、助成的機能では金銭負担、危険負担が挙げられ、さらに促進的機能として消費動向の情報提供支援が指摘できる）。

4) 前掲、第2章Ⅰ．2．(2-4) を参照。

5) 参照、越知・課題28頁。

6) 催事、広告等により納入業者の販売促進につながるなど、当該納入業者にとっても直接の利益となる場合に、流通業者の負担金要請に対して、取引相手方の自由な意思によって応じる場合には優越的地位の濫用の問題とならない。優越ガイドライン、第4、2、(1)、イ、を参照。

7) 優越ガイドライン、第4、2、(1)、イ、＜想定例＞の⑥を参照。流通業者が自社で物流センターを設けて、仕分けや店舗までの配送等を行えば、納入業者としては同センターへ納品するだけで足り、費用削減になる。このように取引相手の費用削減に結びつく業務合理化経費の負担はその額や算出根拠等について十分協議され、納入業者が納得の上負担するものであれば、独禁法の濫用行為に該当しない。長澤・解説4版273頁以下。

8) 前掲、第2章Ⅰ．2．(2-4) を参照。

ⅲ）上記ⅱ）で掲げた納入業者に提供される便益や利益によって、流通業者がより有利な取引条件を獲得する誘因行為を行うことは、独禁法においても需要競争の保護対象に含まれる。すなわちかかる便益や利益を提供する反対給付として、協賛金やリベートを受け取り、ライバルに比して有利な取引条件を獲得する正当な需要競争と認められる。

ⅳ）買い手による供給源を求めての張り合いやそのプロセスを意味する需要競争について、より有利な条件への変更・修正を売り手に要求するいわゆる買い手市場の状況においても、売り手に取引先を回避・変更する自由があれば、かかる代替的な買い手の存在のゆえに、買い手からの値引き等の要求は限定を受ける。したがって、この回避可能性の存する限りで、買い手間に、上に挙げた張り合いは存すると捉えるのが和田理論[9]である。同理論は、上記ⅱ）とⅲ）の、需要者が供給者に積極的に働きかける需要競争の側面における、協賛金やリベートに対する納入業者の便益や利益という給付／反対給付の関係について、そこで現れる需要競争の展開について、基礎的な理論付けをなすものである。

（2）カルテル法
(a) 専ら需要者の積極的な影響行使を重視する需要競争論

ⅰ）独禁法の需要競争論で一般に考えられてきた、上記（1-1）、(a) の需要競争の側面は、ドイツでは、論議される傾向は比較的乏しい。相手方から受動的に選択され、取引機会の獲得ために高く買う競争への関心は低い。

ⅱ）ドイツにおける需要競争の本質論の重点は、需要者が積極的な影響行使をして、より有利な取引条件を獲得する競争の側面にある。この側面はマーケルトにより分析され、1996年のペイテレビ BGH 判決及び 2018 年エデカ事件 BGH 決定で肯定され、さらに独占委員会の需要力濫用規制反対論ないし強化反対論の根拠となった[10]。

---

9) 前掲、第2章Ⅱ. 2を参照。

10) 前掲、第2章Ⅰ. 1. 及び3. を参照。さらに独占委員会の委員長であったメストメッカーの「隠れた競争」論も、より有利な取引条件の獲得を目指した需要競争論に重点をいた立論になっている、参照、前掲、第1章Ⅳ. 3.（1）、第3章Ⅵ. 4.（6）。

274 第 4 章 比較法的検討に基づく日本法への示唆

ⅲ）より有利な取引条件の獲得をめぐる需要競争に関し、その影響行使は、以下の二態様になる[11]。

①需要者の負担する給付に対し、得られる反対給付の可能な限り良好なレベルを求めることから、影響行使の結果につき当事者間で給付と反対給付の均衡しない傾向を示す。

②その影響行使が、全ての供給者に同様な態様で行われることは求められない。また他の需要者について、同様に良好な取引の結果が生じなくても、さらに同じく良好なチャンスの獲得が妨げられても、直ちに違法となるものでない。

①の不均衡が需要力濫用規制として問題にされる場合、GWB19条2項2号の搾取濫用の規制と整合性に重点が置かれ、比較競争市場における価格等の条件について、競争との関連性が重視されて審査がされる[12]。

(b) ケーラーによる需要競争の二面的把握

ⅰ）かかるドイツの傾向にあって、ケーラーの指摘した需要競争の二面的な特性が注目される[13]。それは、需要者の積極的な影響行使の側面とともに、取引の相手方（供給者）から受動的に選択されるものとして、需要者相互間で需要者の行為自由を抑制し合う側面を需要競争の重要な側面とした。ケーラーは、需要者がその取引行為に係る多様な指標を市場に提示する場合、他の需要者の存在及び行為態様に係る配慮（取引相手方を他の需要者に奪われない配慮）をすることを余儀なくされる制約に、重要な需要競争の本質をみていた。

ⅱ）しかしながら、近時の供給過剰とライバル買収による集中化により、調達市場の需要力が著しく増す市場構造の変化が進行し、需要者の行為自由を相互的に抑制する需要競争の側面は、機能不全に陥った。ケーラーは、競争政策上の実践提案（公正法体系における需要力の要件化）が要請される、という[14]。

11）前掲、第 2 章 I . 1. (1) 及び (2) を参照。
12）後掲 2. における (2) を参照。
13）前掲、第 2 章 I . 2. を参照。
14）前掲、第 3 章Ⅳ. 2. を参照。

（3）検　討

ⅰ）カルテル法においては、受動差別禁止の規定導入以来、2005年まで「優位の条件」という競争者間の優位と劣位を表す規定に従って、需要力濫用規制が行われ、結果的に実効的な法運用は阻まれた。その後、搾取濫用の特徴を強めて利益強要禁止の規制が試みられたが、学説や判例は、より有利な取引条件の獲得をめぐる需要競争の側面を重視することに変わりない。そして、需要競争の本質論について、それ以上の理論的な検討は、ケーラーの二面的な需要競争の把握以外に、特に見当たらない。

ⅱ）その場合に、市場の相手方に対し需要者がなす積極的な影響行使[15]の結果である給付と反対給付の不均衡[16]は、結論として、自由な競争保護の問題にいわば解消されるであろう[17]。その理由は、競争の本質的な属性を、専らより有利な取引条件の獲得をめぐる競い合いとして捉えることは、法政策上、著しい不均衡の問題を的確に位置付ける余地を排除するからである。

ⅲ）このように、より有利な取引条件の獲得をめぐる需要競争の側面が優位したドイツの状況をみた。これに対するケーラーの批判において、需要力濫用規制の在り方に係って需要競争の本質論の展開が図られた。需要者の行為自由を相互的に抑制する、取引の相手方から受動的に選択される競争に係って、供給過剰と集中の進行による需要力の増大が、市場の機能不全を生じさせている認識に立つ。この点に関し需要競争において、取引条件のある面で活発な競争があっても、他の面で不均衡かつ不適正な条件形成が生じる市場の機能不全の起こることは、搾取濫用に関するブンテ理論からも肯定される[18]。

ⅳ）こういった機能不全の競争がもたらす負の効果としては、給付と反対給付の著しい不均衡が問題にされる。この是正のため、カルテル法上の解釈論として、ケーラーは代金減額問題で行為基礎障害の法理によって、リスク配

---

15) 前掲、第2章Ⅰ.1.（1）(1-4)において、この点に係り、「GWBの目標設定としての競争の自由」に「本質内在的である」とするマーケルトの見解に触れた。

16) 前掲、第2章Ⅰ.1.（2）を参照。

17) カルテル法における運用例の極端な低さは、この点を示唆する。参照、第3章Ⅴ.1.（10）を参照。

18) 前掲、第2章Ⅰ.3.(7-2)におけるⅳ）を参照。

276 第4章 比較法的検討に基づく日本法への示唆

分に関する契約法的な捉え方をとった[19]。さらに、カルテル法による規制の限界を指摘したケーラーは、民事法的規律を根底においた不公正な取引慣行を規制する行動綱領の提案をするに至った[20]。

ⅴ）近時、我が国の優越的地位濫用の規制において、協賛金や従業員派遣といった供給業者の提供による給付に対して、流通業者の提供する便益を反対給付として捉え、直接の利益の関係で審査する法運用が図られている[21]。これは、ケーラー理論の言う機能不全に陥った需要競争に対する、矯正的な介入の試みとして評価できる。かかる給付／反対給付の取引から構成される流通業者の提供するマーケティング代理業者としての給付の市場[22]を整備することは、より有利な取引条件の獲得に係る競い合いに対する供給業者の回避可能性を欠く市場の機能不全に対処する試みとして理解できる。

ⅵ）理念的な需要競争の捉え方において、需要者が供給者から受動的に選択される機能とは供給者の取引先選択の自由を意味する[23]が、ケーラーの理論展開にあっては、需要者の経済的行為自由を、供給者による「決定の自由」[24]に係る市場の機能を回復するため、制限する試みがなされる。この試みによって供給者の取引先選択の自由は回復されないものの、より有利な取引条件の獲得に係る自由な競争を限定する、公正な競争確保の要請が示された。

ⅶ）需要者の供給者への積極的な働きかけに係る側面と需要者が受動的に選択される側面の二面的特質からなる需要競争の本質論を踏まえて、需要力濫用規制の本質に係る論議に移行する場合には、供給者の「決定の自由」が働かない市場の機能不全が生じている認識が重要であり、かかる市場の機能不全に対処するため、需要者の経済的行為自由が限定される。

19）前掲、第2章Ⅰ．1．(6-2)、さらに拙稿・契約合意23頁以下に挙げた「(5) 行為基礎の障害法理の適用」を参照。

20）前掲、第3章Ⅳ．2．を参照。

21）拙稿・課題21頁、拙稿・ジュリ1581号102頁。

22）第2章Ⅰ．2．(2) における (2-3) を参照。

23）上記1．(1) の (b) におけるⅲ)、ⅳ) を参照。

24）前掲、第3章Ⅳ．2．(3-4) 及び3．(4) (4-1) を参照。

277

2. 需要力濫用規制の本質論

（1）独占禁止法；自由競争基盤の侵害

ⅰ）優越的地位の濫用規制における公正競争阻害性の理論的内容に即して、従来、需要力濫用規制の本質論が以下のように、主として二つの立場で論じられてきた。

ⅱ）一つの考え方は、取引上の地位の不当利用とは、取引先選択の自由に係る競争原理が働かないことを利用しての、優越的地位の濫用行為であること自体に求めるより外はないもので、この行為の不当性は、市場における競争秩序に直接影響を及ぼすことにあるのではないとする[25]。

これに対し、不公正な取引方法を「力」の濫用を規制すると捉える説から、優越的地位の濫用規定は「取引の場における力の不当利用」の総括的規定であるという位置付けをする[26]。

ⅲ）現在の通説は、前に言及した「独禁研報告書の3つの視点」のうち、自由競争基盤の侵害をもって、優越的地位の濫用規制の根拠付けを行っている。すなわち、「取引主体が取引の諾否及び取引条件につき自由かつ自主的に判断することによって取引が行われ」るという自由競争基盤の侵害である[27]。

ⅳ）上記に挙げた、優越的地位の濫用規制について公正競争阻害性に即し論じられた需要力濫用規制の根拠付けは、市場における競争機能の不全による優越的地位の濫用それ自体により規制が根拠付けられるとする立場も、また「取引の場における力の不当利用」を問題にする立場、そして自由競争基盤の侵害説も、濫用行為による市場への影響を問題にしない点で共通点があった。

ⅴ）これに対し、間接競争阻害説は取引の相手方段階と行為者段階の競争上

---

25) 今村・入門［4版］165頁以下を参照。競争政策の必要性の観点からは、不当な結果を規制の対象に取り入れることは、何ら背離あるいは不自然なことではないとする。同167頁。岸井他・経済法9版287頁（川島富士雄執筆）（優越的地位の濫用行為の公正競争阻害性は、競争原理が働かないなかでの相手方への抑圧に求められる）。

26) 正田・全訂Ⅰ、410頁。この立場から、取引の場における支配力の所有者が、その力を行使することで公正な競争を阻害するおそれに連なる理由が以下の通り示されている。「公正な競争秩序の一つの基本的な要素である事業者の自主性、競争機能の自由な行使が制限されたり、あるいはかかる状態を前提として、事業者の自主性、競争機能の自由な行使が確保されていれば受けることのない不利益…を強制されること」がその理由である。同410頁以下。この立場では、需要力濫用規制の根拠が、事業者の自主性の確保、自由な競争機能の発揮に求められている。

27) 昭和57年独禁研報告書を参照。

278 第4章 比較法的検討に基づく日本法への示唆

の優位・劣位という市場の競争への影響を問題にする特徴があった。この説は、当該規定の定着と存続のため主張されたという特殊事情により主張された。

（2）カルテル法；市場の競争への影響を重視する一般的傾向

ⅰ）利益強要禁止の規制は、規制の導入時及び初期には受動的差別禁止と解される傾向が一般であった。1980年第4次GWB改正及び1999年の第6次GWB改正による旧GWB26条3項には、「優位の条件」の文言が存した（競争者間の優位・劣位を表す）。この文言は、市場支配的事業者の濫用監視に係る実質的正当化のない差別の禁止規定と結びつき、2005年の第7次改正まで存続した[28]。

ⅱ）2012年の第8次改正は、需要者と相手方との垂直的関係を規律する方向に修正を図り、2017年の第9次改正と2018年エデカ事件BGH決定は、本規制を主に搾取濫用規制として捉えている[29]。搾取濫用の判断は、取引条件の全体的セットを観察するテストによる[30]。かかるテストは、需要市場の競争の在り方について、競い合いの取引行為が、主たる給付／付随的給付に多様な展開をする自由な競争の在り方に対する関心が強い。この点で、行為者（需要者）のリスク負担が、その競争能力を維持する要請から重視される[31]。

ⅲ）利益強要禁止の規制にあっては、給付と反対給付の不均衡の問題よりも、このように需要市場における自由な競争の在り方に重点を注いだ濫用の判断基準が採用される。この点は、19条2項5号が市場支配的事業者の濫用に関する具体的な例示規定として19条2項の末尾に位置付けられることとも合わせ、GWBの体系的整合性には即している。

ⅳ）これに対し、同号について同項の他の濫用規定と異なる扱いをする、ノースデュルフトの少数説は、BGHの採用するところではなかった。ノースデュルフトは同号を19条2項の1号から4号までの一般的濫用監視の規定と

28）前掲、第3章Ⅴ.1.（1）から（8）を参照。
29）前掲、第3章Ⅴ.1.（8）及び第2章Ⅰ.3.（7）を参照。
30）前掲、第2章Ⅰ.3.（7-2）を参照。
31）拙稿・問題点［2］107頁以下、185頁以下特に（2-4）及び（3）を参照。

異なる「付加価値」を与えられた、特別規定と解する。かかる「付加価値」は、契約条件の全体的な観察手法を否定することにより生じるとされるが、BGHは新たな利益強要禁止の体制において、この観察手法によることを明らかにし、ノースデュルフトの見解を否定した[32]。

ⅴ）需要力濫用規制の本質論に係り、ノースデュルフトの力の行使を免れた交渉過程論は、以下の特徴をもつ。より有利な取引条件の獲得を目指す積極的な働きかけにともなう自由な競争の保護と、力の行使を免れた契約交渉のプロセス維持の要請が、競争の自由の法原則に従う利益衡量の枠組みにおいて折衷される[33]。この点で契約当事者間の一対一の関係を規制する、ブンテ、メッシェルによる一般条項のアプローチと対照的である。

ⅵ）搾取濫用の法的側面を強めたと考えられる新たな利益強要の禁止法制に対して批判的視角から注目されるべきは、取引条件を全体的に観察するアプローチに反対する、ブンテやメッシェルの搾取濫用の民事法的な規制理論（GWB19条１項による）である。

　利益強要が問題になる市場では、搾取濫用の場合と同様に、「広範で重要な競争の指標でなく」、価格に対する一方的な方向付けによる条件形成や、取引「条件の競争が何ら重要な意義をもたない条件形成」が行われる。「この点は活発な競争による市場でも、現実には不均衡かつ不適切な条件形成が一般的であり得る」ことに起因する。19条１項の一般条項アプローチにおいては、市場の競争とは独立に取引相手方のリスク負担を考慮する[34]。ドイツの市場支配力濫用規制の動向にあって、重要な考え方である。

ⅶ）さらに上記需要競争の本質論で言及したケーラーの民事法的アプローチは、同様な意義を確認できる。GWBの解釈理論として、遡及的契約条項の変更問題に対して、行為基礎障害の法理を援用して当事者間のリスク配分問題を論じ、さらに従属性の認定問題で、長期的な契約関係をみる立場を退け

---

32) 参照、前掲、第２章Ⅰ.３.（７）、第３章Ⅴ.４. における（２）、特に（2-6）を参照。

33) 前掲、第３章Ⅴ.４.（２）を参照。

34) 前掲、第２章Ⅰ.３.（7-2）におけるⅳ）、さらにブンテ理論については、拙稿・問題点［２］注820、メッシェル理論については、拙稿・問題点［２］194頁以下を参照。また2020年BGHフェイスブック決定が、民事法原則に基づく19条１項の一般条項によるアプローチを展開した意義については、拙稿・セオリーオブハームにおけるA.Ⅲ.１.及びC.３.を参照。

て給付と反対給付の直接的対応を問題にした。また、民事法原理に基づく事業者間の不公正取引慣行に対する規制（行動綱領）を、公正法体系における需要力の要件化を図る競争政策上の実践提案をした[35]。ケーラーの立論は、需要力濫用規制の本質を、市場の競争関係を規律するものでなく、一対一の関係で民事法的に規律する点に求めている。

（3）検　討

(a) 法的体系構成の相違

　独禁法において、市場における競争機能の不全から優越的地位の濫用それ自体に規制の根拠付けを見出す立場は、搾取濫用として当該規制を捉える点で、カルテル法の近時の動向例（搾取濫用としての利益強要禁止）と共通点がある。しかし前者の優越的地位の濫用規制は、濫用行為による市場への影響を問題にしない。これに対し、後者のカルテル法による規制が、当該契約の競争志向の特徴により分析、提示される、需要者の存する市場の競争の在り方が濫用概念を規定する点（契約の全体条件のセットを観察する手法）で、大きな相違がある。この点は、後者のカルテル法の規律が19条2項の市場支配的事業者の濫用監視の体系の内に整序されているのに対し、独禁法における搾取濫用説は、公正競争阻害性に係る不公正な取引方法の体系の下におかれたことによると考えられる。

(b) 需要者の供給者に対する働きかけと市場の機能不全

ⅰ）ところで、需要競争の本質論として需要者の積極的働きかけの側面に係っては、エデカ事件でBGHは、契約条件の全体的観察をする手法がその働きかけを検証する。それは、働きかけをする需要者の存する市場における自由な競争の在り方を重視するものであった。他方、このような需要者のなす自由な競争への活発な参加の態様について、供給者に及ぶ回避可能性を欠く事態をケーラーの需要競争理論は競争の制限として捉えていた[36]。

ⅱ）相対的市場力規制の体系において、需要力濫用規制の本質をどのように捉えるかについては、需要者の供給者に対する関係において需要競争をみ

---

35) 前掲、第3章Ⅳ. 2. さらに拙稿・問題点［2］87頁以下を参照。
36) 第2章Ⅰ. 2.（1）、（2）参照。

て、積極的な働きかけをなす側面と受動的に取引先を選択される側面との二面的理解が欠かせない。供給過剰と需要力の増大は、より有利な取引条件の獲得をめぐる第一の需要競争の側面について攻撃的な商慣行を可能としている。

(c) 供給者の競争機能に対する法的評価

ⅰ）この慣行が問題となるのは、市場の機能不全が生じる結果として需要者が取引の相手方である供給者から受動的に選択される、供給者の取引先選択の自由が働かない場合である。ケーラーはかかる事態に対し一対一の民事法的規律による需要力濫用規制を適用する。GWB の規制体系を離れて、不公正競争法制の体系における不公正取引慣行の規制として規制の実効性と体系的整合性を図る点で評価されよう。

ⅱ）これに方向性を同じくして、我が国では、行為者のなす競争志向的な行為態様が存する場合であっても、行為が差し向けられている取引の相手方における取引の自由の保護を問題にして、公正な競争秩序に照らして法解釈論を導くことが舟田教授により主張された[37]。相対的市場力による濫用行為について「実質的概念としての取引の自由」の侵害を問うアプローチは、需要競争の二面的な本質把握を行い、著しく不公正な取引の受入れを余儀なくされている供給者に及ぶ市場の機能不全に対し、需要力濫用規制の本質を探る試みにおいて示唆を与える。

(d) 取引当事者間のリスク負担の衡平

　カルテル法における搾取濫用規制で、全体的な契約条件のセットの観察手法に批判的なブンテやメッシェルが、約款規制法理の民事法的規律による目的から、19 条 2 項 2 号における比較市場概念による濫用の判断を避けて、同条 1 項の一般条項によったことが注目される。

　上記のように搾取濫用に契約の全体条件のセットを観察する手法を適用する立場では、規範名宛人に及ぶ市場の競争の在り方が問題になり、競争圧力のもとにある相対的市場力をもつ事業者のリスク負担が考慮された[38]。これに対し、約款規制の民事法規律によるならば中心的な問題とされるのは、相

37）舟田・再検討 50 頁以下。
38）前掲、第 2 章Ⅰ. 3.（7-2）を参照。

282　第4章　比較法的検討に基づく日本法への示唆

手方とのリスク負担の衡平な配分の考慮である。利益強要禁止でも、かかる当事者間のリスク負担の衡平は、搾取濫用法理の適用と相まって、問題になるであろう[39]。そして我が国の優越的地位濫用規制においても、当事者間のリスク配分の適正さは重視されてきている[40]。

(e)　市場における取引条件の競争と取引当事者間のリスク負担

　リスク負担の配分に係る衡平は、著しい不公正な取引の受入れを余儀なくされている供給者について、その取引の自由の侵害（上記の (c) ii）を参照）を問題にする場合にも重視されると考えられる。ケーラーが需要市場における供給過剰の問題から市場の機能不全をいう点は、ブンテやメッシェルによる「広範で重要な競争の指標でなく」、価格に対する一方的な条件形成や、取引「条件の競争が何ら重要な意義をもたない条件形成」が行われる市場状況に対応する。このような活発な競争が行われる市場でも、現実に不均衡かつ不適切な契約条件の形成が一般的である場合には、市場における自由な競争の状況から離れて、専ら一対一の関係で、民事法原理に基づく契約条件の形成に係る不均衡と不適切さを問題にするべきと考えられる。その理由には、市場の競争とは独立に取引相手方のリスク負担を問題にすることが必要な点が挙げられる。

(f)　「広範で重要な競争の指標でなく」民事法原理が重要な理由

　優越的地位濫用の規制においても、市場の自由な競争が行われている状況とは独立して、契約条件の形成に係る不均衡と不適切に対して専ら一対一の関係で、民事法原理の適用を問題にすることが求められる。この要請を本稿の検討から確認するならば、それは独禁法とカルテル法を比較して以下の点に基づく。

①従属性の認定を、不利益行為を甘受している事実からの推定によっている。これは、かかる推定を否定する BGH が行為者の要求に係り給付と反対給付の長期的な契約関係をみるのとは対照的に、直接的な対応関係を問題にする。かかる関係は、当事者間の相対的な力関係が如実に反映されるのであ

---

39)　拙稿・問題点［2］199頁以下「(3-3) 新たな利益強要の禁止体制の問題点」における (c) を参照。

40)　前掲、第3章 I . (1) を参照。

り、一対一の関係を捉えている[41]。

②相対的市場力の認定につき、カルテル庁とBGHが行う綿密な市場画定[42]は必要なく、取引先変更の可能性の判断に際し、「一定の商品を具体的に取り上げて」、行為者における需要競争の状況の分析等は「ある程度必要」とされるにとどまる[43]。

③要求された利益の給付とそれに対する反対給付の関係は、カルテル法においては、行為者のおかれた市場の競争の在り方を問題にする。すなわち、契約の全体条件のセットを観察する手法である。これに対して、優越的地位の濫用では、直接の利益となる給付の対応関係をみる[44]。

④カルテル法の「遡及的な契約条件」の変更問題では、需要者間で繰り広げられた保護に値する自由な競争の在り方に従う形で、需要者と供給業者間の契約保護に係る利益の衡量が図られた。BGHの判決は、基本的に市場の競争在り方に対する関心が理論的基盤をなしたと評価できる。これに対し、優越ガイドラインの「減額」問題では、一対一の当事者間の衡平に係る契約法的な捉え方が特徴的である[45]。

⑤契約交渉過程の適正さの問題では、カルテル法において、最終成果を重視する契約の全体条件のセットをみて濫用該当を判断する。これは、規範名宛人のおかれた市場の競争の在り方を踏まえて交渉の各段階の評価がされることを意味する。需要市場における自由な競争の保護に重点を置いて、取引当事者間の交渉過程の評価がされている。これに対し独禁法では、取引への影響を懸念して不利益を受け入れるという、一対一の関係における自由かつ自主的な判断の阻害が、違法性判断の重要な指針となっている[46]。

---

41) トイザらス審決（公取委審判審決平27・6・4）審決集62巻119頁、エディオン審決（公取委審決令元・10・4）（公取委HP）審決書66巻53頁。BGHについては、前掲、第2章I．3．(7-2) を参照。さらに前掲、第3章VI．4．(2-4) を参照。

42) 参照、拙稿・問題点 [2] 7頁以下、119頁以下の「(5) BGHによる相対的市場力の認定」。

43) 柴田・トイザらス63頁。BGHによる相対的市場力に認定に係る一般的要件は未だ明らかになっておらないと考えられる。他方、上記本文掲記の独禁法におけるアプローチが、需要力濫用規制の本質適合的であることは、拙稿・問題点 [2] 216頁以下の「(2-3) 検討」を参照。

44) 独禁法の場合の優位として第3章I．(1)、優越ガイドライン第4，2における (1) 等を参照、カルテル法による場合の問題点は、第2章I．3．(7-2) を参照。

45) 優越ガイドライン第4，3，(4) を参照。日本法の評価は、拙稿・契約合意37頁以下を参照。同じくカルテル法に対する評価は、同35頁以下を参照。

284　第4章　比較法的検討に基づく日本法への示唆

以上の諸点はいずれも、優越的地位の濫用規制にあってはカルテル法による場合に問題になる課題を克服して、一対一の当事者間における民事法的な規律原理が需要力濫用規制の本質に適合的であることを示している。

(g) 取引関係における公正保護——その自由な競争保護に対する優位

ⅰ）以上のような結論的確認を踏まえて、独占禁止法においては、実効性ある優越的地位濫用規制を可能にするとともに、競争概念の拡張を図ることから保護の対象となる、より有利な取引条件の獲得をめぐる動態的な競争の保護との、適切なバランスを保った規制の在り方が探られているとみられる。このような、より有利な取引条件の獲得をめぐる自由な競争保護の要請と優越的地位濫用規制に係る公正な競争保護の要請との調整は、優越ガイドラインが取引の相手方が受ける反対給付の内容を、要請の負担と「直接」的にかつ明確に比較して協議するよう仕向けた規制になる。

ⅱ）この給付／反対給付の関係を「直接」的にかつ明確に比較して交渉することを取引当事者に義務付ける規律は、より有利な取引条件の獲得をめぐる競争に対する規制の諸問題を克服する意図による。そもそも給付と反対給付を各々計算して、比較することには以下のような困難をともなうにもかかわらず、それの克服を意図する意義がある。その困難さとは、供給業者の提供する給付のリベートや協賛金、派遣従業員についてはコストを把握することが比較的容易であるのに対し、流通業者等の提供する反対給付は、以下のような測定の困難がある。かかる反対給付は、現代流通業の革新の成果としての様々な、かつ新規である便宜であり、前述したドイツの主業績／付随的業績の二分論に批判的学説（ゾースニザ）が指摘するように、評価指標や評価基盤に関する以下のような問題を提供する。それは、市場価格が存在しないこと、市場に流通する一般の財、サービスにあって売り手と買い手の客観化できる評価要件の存する場合と比較して、コスト構造が異なっていること、付随的業績に対する非常に異なる評価基盤の存すること、という給付／反対給付の評価が、まさに主観的な評価基盤に依拠せざるをえない、あるいはしばしば操作可能な評価指標を提供しないという問題がある[47]。

---

46) カルテル法の場合の問題点として、拙稿・問題点［2］233頁以下を参照。日本法の評価は同234頁以下の「(7-3) 検討」を参照。

285

ⅲ）ケーラーはこういった便宜について、「マーケティング代理業者の業績に係る（販売）市場」を考えて、その反対給付となる協賛金やリベート等を要求する取引について、一対一の取引当事者間で給付と反対給付につき直接の利益の関係で交渉がされる規制を行う（「濫用的契約条項の一般的禁止」）、とした[48]。

ⅳ）我が国の規制では、流通業者がこのようなマーケティング代理業者の業績の提供を行った実例が蓄積されつつある[49]。従業員派遣の給付に対する、流通業者による商品展示や実演の反対給付（エディオン事件審決）、返品受け入れと減額による値下げ原資の提供という給付に対する、旧製品の処分と新製品の早期展開という反対給付（トイザらス事件審決）、金銭提供（給付）に対する、ウェブサイト上の商品情報の掲載の反対給付（アマゾン確約認定における「共同マーケティングプログラム」）などがその例になる。流通業者は、消費動向をより的確に把握した納入業者の製品販売を目指し、対納入業者向けコンサルティングを行う。そして流通業者間にあっては、この供給業者向けコンサルティングに代表されるような様々なマーケティング業務の提供に関する競争が行われているとみることができる。さらに、このようなマーケティング業務の提供という競争は、その取引における反対給付である、減額、協賛金や従業員派遣といった利益の提供をもたらす。そのため、かかるマーケティング業務の提供が活発に行われる競争においては、その反対給付である減額、協賛金や従業員派遣といった利益の獲得競争も、買い手にとってより有利な条件を獲得しようとする競争として独禁法の保護に値するものとなる。すなわち、法の保護に値する需要競争の内容が明らかになってきている。この点は、競争法において明確でなかった需要競争の本質につき、市場の相手方保護の機能を有することを示すものとして、上記のケーラー説の正当性を、約四十年の時を経て実証するものとなる。

ⅳ）さらに我が国の規制では、流通業者の提示する反対給付である便宜・付

47）前掲、第3章Ⅵ．4．（6-3）及び注373を参照。

48）前掲、第2章Ⅰ．2．（2）における（2-3）、さらに第3章Ⅳ．2．（4-2）を参照。

49）エディオン事件審決（令元・10・4審決集66巻53頁、142頁）、アマゾン確約認定（公取委Web）、トイザらス事件審決（平27・6・4審決集62巻130頁以下）。参照、稗貫・解説264頁、拙稿・ジュリ1581号104頁。

286　第4章　比較法的検討に基づく日本法への示唆

随的業績の評価困難性を、交渉において取引当事者が「直接」的、明確に比較することを義務付けて解決を図った（優越的地位濫用規制の手続化）[50]。この点は、規制の基本的枠組みを「一対一の取引当事者間で過大な不均衡、すなわち著しい不公正な取引」を規律することとしたことの現れであり、「一対一」という取引の当事者の関係で、過大な不均衡を是正する限度で解決を図ったことは、先の便宜・付随的業績の評価困難性に配慮したものである。取引関係における公正保護の要請が重視された結果、より有利な取引条件の獲得をめぐる自由な競争保護に対する優位が示される結果となった。

3. 需要力濫用規制の「ある法」と「あるべき法」

（1）独禁法

　根岸教授は、優越的地位の濫用規制における「現にあるルール」と「本来あるべきルールを」を論じ、後者を検討するため「現にあるルール」を明らかにする重要性を説く。そして審判決、特殊指定及び独禁法の補完法たる下請代金支払遅延等防止法を検討し、「現にあるルール」の内容として、「一対一の取引当事者間で過大な不均衡、すなわち著しい不公正な取引の受け入れを余儀なくさせることそれ自体を」規制するのが一般指定14項であるとした。さらに優越的地位の濫用規定の公正競争阻害性として、「公正な取引が確保されていることが自由競争の基盤であって、著しい不公正な取引の受け入れを余儀なくさせられることは自由競争の基盤が侵害されている」ものとして解されるという[51]。

　このような一対一当事者間の公正取引の要請が自由競争の基盤と考えられることは、民事法による著しい不公正な取引から契約当事者を保護する従来の規律との連続性が明らかあって、この点も優越的地位濫用の「現にあるルール」の特徴とされる[52]。

50）参照、平林・手続化113頁。

51）根岸・年報27号26頁。

52）根岸・年報27号29頁以下。

（2）ドイツ法；「あるべき法」としての不公正な取引慣行の規制

ⅰ）同じくケーラーは、ドイツにおける需要力濫用規制における「ある法」と「あるべき法」を検討した。EU機能条約、GWBにおけるカルテル禁止、市場支配的地位の濫用禁止による規制の困難性を指摘し、旧GWB20条3項による受動的差別禁止につき、規範の固有の保護目的、規定の意義と妥当範囲の不明確な状況、そして将来的な規制の困難さが「ある法」として指摘された[53]。他方、BGHの判例批判として、前述の代金減額問題につき、行為基礎障害の法理によりリスク配分に関する一対一の当事者間の衡平に係る契約法的な捉え方をカルテル法上の解釈論において展開する。また、民事法的規律を根底においた公正法の系列に属する不公正な取引慣行を規制する行動綱領の立法を提案するに至っている（公正法体系における需要力の要件化）[54]。したがって、ケーラー理論においては、一対一の契約法的な捉え方に基づくGWBの解釈論や立法提案は「あるべき法」として主張されている。

ⅱ）カルテル法において、利益強要禁止の要件規定の解釈は、以下のGWB19条の体系的な基本的構成と連携がされている。市場画定の問題は市場支配力の濫用監視と合併規制の連関による基本構成を無視することはできないと考えられる[55]。実質的な正当化の要件に係り、違法性判断の解釈準則が競争の自由の法的指導理念に従うほか、無限定であることは、GWB19条2項1号の一般的な差別禁止に従う。さらに利益強要禁止の実質的な正当化の判断につき利益衡量による理由として、同号の判例、通説に従っている。また、利益強要禁止の濫用該当性の判断が、搾取濫用における全体条件のセットを観察する手法によることも、市場支配力の濫用監視に係る体系的整合性の求めるところであった。

ⅲ）かかるGWB19条等の体系的な基本的構成を「ある法」として、利益強要禁止は同条2項に規定されている。その結果、給付と反対給付の不均衡を是正する一対一の民事法規律は、自由な競争秩序保護を重視する要請による

---

53) Köhler, Rechtsgutachten, S. 2, 13f.

54) 代金減額問題については、契約合意22頁以下、行動綱領提案については、第3章Ⅳ．をそれぞれ参照。

55) 前掲、2．（3）（f）の②を参照。

制約の下におかれ、大きな障害に直面している。需要力濫用規制の本質的要請から、「ある法」としての GWB の体系的構成は不適合の問題を生ぜしめている懸念がある。

ⅳ）以上の認識からケーラーは、「あるべき法」の立法提案の主張に至った。すなわち自由な競争秩序保護の要請から独立する法体系において、公正な取引確保の要請により一対一の当事者間の関係に対し適正な調整を図るため、公正法体系における需要力の要件化が計られた。

（3）検　討
（a）フィケンチャー命題；「公正な競争のみが自由である」

ⅰ）このような自由な競争秩序保護の要請と公正な競争秩序維持の要請との調和をはかる試みは、既に GWB 制定から 10 年を経ない時期に、フィケンチャーによる以下の指摘により、その必要性が確認されていた[56]。

　「競争における自由保護と公正保護の競合と抵触は、以下のように定式化される；競争が自由になればなるほど、競争の手段は公正とみなされるものでなければならない。しかし競争が行き過ぎるならば、不公正な手段が用いられるのであるから、競争は不自由なものになる。すなわち、自由保護と公正保護は形式的には対置されるのであるけれども、なお共通の目標に向けて補完されなければならない。それは自由かつ公正な競争秩序（freien und lauteren Ordnung des Wett-bewerbs）である」。

　一定の行動が公正さの規律の観点から否定される場合であって、他方で競争の自由の要請からは正当化される場合には、競争における公正保護と自由保護のあり得る抵触が問題になっている。かかる「抵触事案の解決のためには、公正な競争のみが自由である（nur der lautere Wettbewerb ist frei）という原則的確認が想起されるであろう」。

ⅱ）フィケンチャーは 1966 年のこの論稿において、GWB による競争の自由

56）Fikentscher, Verhältnis, 182, 185. Vgl., Koenigs, Wettbewerbsregeln, S. 593（公正な競争の要請と競争の自由は利益衡量が許されるものでなく、後者の保護が前者の負担で行われることは認められない）. 上記本文の引用部分とほぼ同内容の記述が、以下の翻訳により我が国に紹介されている。フィケンチャー・権利保護 306 頁以下。

保護からする自由な競争秩序の要請と公正法である不正競争防止法によった公正な競争秩序の要請との調和が、「公正な競争のみが自由である」という原則によって、双方の法律の協働を通じて達成されるよう促していた。しかしその後の両法規の協働の試みは、需要力濫用規制に係っては、どちらの法制によっても、公正な競争秩序の維持される限りで自由な競争秩序の範囲を画する協働の試みに失敗したことが明らかになった[57]。この意味でケーラーによる「ある法」の綿密な検討を経た、「あるべき法」としての公正法体系における需要力の要件化に係る立法提案は、フィケンチャーのいう「公正な競争のみが自由である」という原則に立ち返るものと評価することができる。

iii) これに対しカルテル法の「ある法」においても、一対一の取引当事者間の著しい不公正な取引条件に対し、それを是正する需要力濫用規制の本質を捉えた少数説の試みが存する点も看過されない。

　それは、ブンテ教授やメッシェル教授の民事法規律のアプローチである[58]。このアプローチは19条2項2号の搾取濫用における比較市場概念の援用を回避して、19条1項の一般条項に戻って、約款規制法理の援用を主張する。搾取濫用規制のこれまでの法運用が抱える困難を踏まえたこれらの議論は、搾取濫用の特徴を強めた利益強要禁止の規制をとる判例の傾向に対し批判的に向けられていると解される。かかる約款規制法理によった民事法アプローチは、法秩序の統一性確保という一般的であるが、高い理念的な法律上の価値に基づき、カルテル法と民事法規の一体的運用の方途を探っている。需要力濫用規制の「あるべき法」としての本質的理念に即した、「ある法」としてのカルテル法の解釈の可能性を探る方向性を示すものであろう。

(b) 正田命題；「自由な競争の公正な秩序付け」

ⅰ) 優越的地位の濫用を規定する独禁法においては、需要力濫用規制の本質に適合した違法性判断基準と法目的をもち、その本質に適合的な要件規定の体系構造をもつ。すなわち、民事法的な規律原理が適切に具体的な違法性判

---

57) 利益強要規制に係るドイツ不正競争防止法の運用については、参照、拙稿・利益強要 [2]、7頁以下。

58) 前掲、第2章Ⅰ．3．(7-2)、拙稿・問題点 [2] 193頁以下、同・セオリーオブハーム A．Ⅲ．1．及びC．3．を参照。

断の基準を導くことを可能とする法の体系構成が保たれている。この点は、既に本書第3章Ⅰ．で言及したように、公正かつ自由な競争保護に係る法目的の下、公正競争阻害性の不当性の基準を有し、この不当性基準は競争の実質的制限に係る自由な競争秩序維持の要請から明確に区別される規定の体系を、自由競争基盤の侵害という違法性判断基準を導く指導理念により整序し規定している。「一対一の取引当事者間での過大な不均衡、すなわち著しい不公正な取引の受け入れを余儀なくさせることそれ自体」を規制する、需要力濫用規制の本質的要請に適合する法の体系的構成を満たしている。具体的には、前記2.「(3) 検討」の (f) における①から⑤でまとめたように自由な競争秩序維持の要請に対して限定を設け、一対一の取引当事者間の著しい取引の不公正を是正する規律が整序された。

ⅱ）この意味で、需要力濫用規制について「自由な競争の公正な秩序付け」[59]という自由な競争秩序の要請と公正競争秩序の要請との調和は、独占禁止法という一つの法律によって達成されたということができる。したがって、「現にあるルール」と「あるべきルール」は基本的に一致している。

---

59) 正田・全訂Ⅰ、34頁。

事項索引

あ 行

「ある法」と「あるべき法」‥‥‥‥‥‥286
意思決定の主観的要因‥‥‥‥‥‥‥‥267
一般の利益‥‥‥‥‥‥‥‥‥‥‥155, 157
因果関係‥‥‥‥‥‥‥‥‥179, 184, 199
エデカ事件 BGH 決定‥‥‥‥110, 184, 273
欧州共通売買法‥‥‥‥‥‥‥‥‥152, 171
恐れの要因‥‥‥‥‥‥‥‥‥26, 40, 265

か 行

買い手寡占‥‥‥‥‥‥‥‥‥‥‥‥‥‥4
買い手市場‥‥‥‥‥‥‥‥95, 114, 273
買い手独占‥‥‥‥‥‥‥‥‥‥‥‥3, 70
カナリスルール‥‥‥‥‥127, 154, 224, 231
回避可能性‥‥‥‥‥‥‥‥102, 115, 221
外部選択‥‥‥‥‥‥‥‥6, 55, 168, 216
隠れた競争‥‥‥‥‥‥‥‥73, 178, 253
過剰なリスクと予期せぬコスト負担‥‥142,
  144
可動的体系‥‥‥‥‥‥‥‥124, 245, 264
間接競争阻害説‥‥‥‥‥‥‥‥‥‥277
機会主義‥‥‥‥‥‥‥‥‥23, 35, 59, 66
機能を決定された概念‥‥128, 141, 167, 225
基本権（ドイツ基本法）‥‥‥‥‥‥‥211
強制の利益（レント）‥‥‥‥51, 52, 56, 59
業績競争‥‥‥‥‥‥‥‥157, 203, 248, 251
業績比較論‥‥‥‥‥‥‥‥‥‥158, 160
競争規約（GWB）‥‥‥‥‥‥‥‥‥246
競争上のチャンスの平等‥‥‥‥‥‥‥12
競争とコンフリクトの融合的理解‥‥58, 59,
  64, 68
競争の歪曲‥‥‥‥‥‥‥131, 137, 141, 156
協調解‥‥‥‥‥‥‥‥‥‥‥‥‥29, 32
「共同宣言」‥‥‥‥‥‥‥‥69, 228, 246
共同利潤‥‥‥‥‥‥‥‥‥‥‥‥‥6, 16
強迫‥‥‥‥‥‥‥‥‥‥‥‥‥‥7, 149
繰り返しのゲーム‥‥‥‥‥‥‥‥27, 36
グリーンペーパー（欧州委員会）‥‥79, 150,
  265

緊急避難（Notbehelf）‥‥‥‥‥‥102, 195
経済学多用のアプローチ‥‥‥‥‥216, 217
契約交渉過程の適正さ‥‥‥‥‥‥173, 283
契約条件の全体的観察‥‥111, 215, 280, 283
懸念の定式‥‥‥‥‥‥‥‥‥‥265, 268
権威‥‥‥‥‥‥‥‥‥‥‥‥18, 38, 63
健全な競争‥‥‥‥‥‥‥131, 139, 155, 159
限定合理性‥‥‥‥‥‥‥‥35, 36, 59, 66
権力（経済的権力）‥‥‥‥‥‥60, 63, 64
行為パラメーター‥‥‥‥‥‥‥‥96, 160
攻撃的な商慣行‥‥‥‥‥149, 151, 157, 171
交渉力‥‥‥‥‥‥‥‥‥‥‥5, 20, 164
「公正且つ自由な競争」‥‥‥‥117, 222, 231
公正競争阻害性（「公正な競争を阻害する
  おそれ」）‥‥‥‥‥‥‥‥117, 224, 225
抗争交換‥‥‥‥‥‥‥‥‥‥42, 58, 168
行動綱領‥‥‥‥‥‥‥‥79, 130, 143, 147
コミットメント‥‥‥‥‥‥‥25, 29, 32, 37
コンフリクト‥‥‥‥‥‥‥‥57, 58, 64

さ 行

最適な抑止‥‥‥‥‥‥‥‥‥‥‥33, 38
サプライチェーン・イニシアチブ
  （SCI）‥‥‥‥‥‥‥‥‥25, 79, 213
三段階説（濫用監視の）‥‥‥‥‥‥‥193
三分類説（公正競争阻害性の）‥‥‥119, 224
下請法‥‥‥‥‥‥‥‥‥‥‥‥242, 244
「指導像」（類型的規律の態様）‥‥‥124, 143,
  158, 169
市場関連の不公正さ‥‥‥‥‥‥157, 255
市場構造志向論‥‥‥‥‥‥‥‥193, 200
市場調査‥‥‥‥‥‥‥‥‥‥‥131, 133
市場の開放性‥‥‥‥‥‥‥‥‥193, 195
シュテルン誌事件 BGH 判決‥‥‥‥249, 252
受動的差別‥‥‥‥‥‥‥‥5, 88, 146, 177
準立法的権限‥‥‥‥‥‥‥‥‥‥‥245
正田命題‥‥‥‥‥‥‥‥‥‥‥‥‥290
消費者厚生‥‥‥‥‥‥‥‥‥10, 90, 135
将来の顧客‥‥‥‥‥‥‥‥‥‥134, 135

食品雑貨サプライ行動綱領
　（GSCOP）・・・・・・・・・・・・・・・131, 139, 246
新聞業特殊指定・・・・・・・・・・・・・・・・・・・・・・242
想定競争・・・・・・・・・・・・・・・・・・・192, 205, 213
遡及的契約合意の変更・・・・・92, 266, 279, 283

た 行

直接の利益基準・・・・・・・・・・・・・・・・117, 207
中立化目標・・・・・・・・・・・・・・・・・・・・・・・・・203
統合化目標・・・・・・・・・・・・・・・・・・・・・・・・・203
特殊指定・・・・・・・・・・・・・・・・・・・・・・240, 269
独占委員会・・・・・・・・・・・・・・・・・・・・177, 182
取引相手に対する力の地位・・・・・77, 150, 165
取引依存度・・・・・・・・・・・・・・・・・22, 169, 267
取引転換コスト・・・・・・・・・・・・・・・・・・・・・・22
取引当事者の決定の自由・・・・・・149, 167, 172,
　276
取引の自由・・・・・・・・・・・・・・・・・・・・・・・・281
取引費用経済学・・・・・・・・・・・・・・・・22, 35, 60

な 行

内生的強制・・・・・・・・・・・・・・・・・・・46, 52, 57
内生的選好・・・・・・・・・・・・・・・・・・・53, 77, 170

は 行

発見過程としての競争・・・・・・・・・・・・・・・・255
百貨店業告示・・・・・・・・・・・・・・・・・・240, 244
ファボリート事件 BGH 判決・・・・・・・111, 217
フィケンチャー命題（理論）・・・・・・・154, 174,
　288
フェイスブック事件 BGH 決定・・・・113, 209,
　279
フォールバック・ポジション・・・・47, 49, 68,
　170

不完備契約・・・・・・・・・・・・・・・・・・・15, 45, 61
付随的業績・・・・・・・・・・・・・・・・・・・・256, 284
不正競争防止法（UWG）・・・・・155, 208, 248,
　253
「不当行為リスト」・・・・・・・・・・・・・69, 246, 252
不当な影響行使・・・・・・・・・・・77, 150, 166, 268
普遍的法原則・・・・・・・・・・・・117, 126, 153, 224
プリンシパル＝エージェンシー理論
　（エージェンシー問題）・・・・・・・・43, 45, 62
ペイテレビ BGH 判決・・・・・86, 107, 212, 273
法的構造類型・・・・・・・・・・・124, 167, 244, 264
ホールドアップ・・・・・・・・・・・・・・・14, 25, 59

ま 行

マーケティング代理業者・・・74, 95, 276, 285
民事法規律・・・・・・・・・・・・・・・・・263, 264, 276
無償性の非難・・・・・・・・・・・・159, 163, 208, 254
メトロ事件 BGH 決定・・・・・・・・・・・・91, 182
目的論的概念構成・・・・・・・・・・・・・・・・・・・118

や 行

約款規制・・・・・・・・・・・・・・・・・・112, 213, 281, 289
優越的地位濫用規制の手続化・・・・・・173, 286
より有利な取引条件の獲得・・・・86, 106, 110,
　231

ら 行

濫用監視・・・・・・・・・・・・・・・・・・・・・・・・・・191
利益強要・・・・・・・・・・・・・・・・・・・・・・・17, 184
利益衡量・・・・・・・・・・・・・・・・・・186, 201, 206
利益の剥奪（GWB34 条）・・・・・・・・・・・・・・41
リスク負担の衡平・・・・・・・・・・・・・・・279, 281
類型形成・・・・・・・・・・・・119, 136, 144, 226, 244

著者紹介

森平 明彦（もりだいら あきひこ）

1984 年 3 月　青山学院大学大学院法学研究科修士課程修了。
2019 年 6 月〜高千穂大学経営学部長。
2006 年〜2017 年日本経済法学会監事、2017 年〜2023 年同理事。

優越的地位濫用規制の基礎理論
──比較法研究を通じた体系的考察──

2024年11月10日　初版第 1 刷発行

著　者　森　平　明　彦
発行者　阿　部　成　一

〒169-0051 東京都新宿区西早稲田1-9-38
発行所　株式会社　成文堂

電話 03（3203）9201　Fax 03（3203）9206
http://www.seibundoh.co.jp

製版・印刷　三報社印刷　　製本　弘伸製本

© 2024 A. Moridaira　　　Printed in Japan

☆乱丁・落丁本はおとりかえいたします☆　検印省略

ISBN978-4-7923-2811-5 C3032　　　検印省略

定価（本体 6500 円＋税）